裁判員裁判の臨床的研究

林　弘　正　著

成　文　堂

Die klinische Untersuchung über das Saiban-in Gericht
Hiromasa HAYASHI
Seibundo, 2015

捧呈
　　寺崎　修先生古稀
　　藤田弘道先生古稀

　　　　　　　　　　　　　　　林　弘正

題　　言

　司法制度改革は、2004年開設の法曹養成機関としての法科大学院制度と2009年開始の裁判員裁判制度導入を両輪として実現の緒に就いた。

　筆者は、法曹過疎地松江に開設された島根大学大学院法務研究科に刑法担当研究者教員として赴任し、法曹への明確な目的意識を持った優秀な院生諸君と議論する機会と研究に凝想する時間に恵まれた。

　大学院法務研究科でのRoutinearbeitが軌道に乗った2009年秋、島根県裁判員裁判第1号事件を傍聴し、コメントする機会を得た。全国で新たに展開される裁判員裁判の現況報告は、法科大学院研究者教員の責務と考え、以後、鳥取地裁平成24年12月4日判決を傍聴し、東京に戻ってから東京地裁平成25年5月21日判決及び広島高裁松江支部平成26年3月20日判決を傍聴し考察を重ねた。

　裁判員裁判傍聴に際し配意したことは、公判廷での裁判員及び補充裁判員の方々の表情である。職業裁判官のみで構成される法廷では、時に黙想する裁判官の姿を目にすることもあった。裁判員裁判の合議体では、裁判員及び補充裁判員の方々が真剣な眼差しで一つ一つの証言等を詳聞している。新たな合議体の光景は、法曹3者も空気で感じ、従来のマンネリ化した法廷に活力を与えている。

　筆者の裁判員裁判への関心は、刑事裁判に市民が関与することにより生起する問題である。裁判員及び補充裁判員が、法廷という非日常的空間で人を裁く行為に参加し、量刑判断等を迫られることはストレスフルな時空体験である。

　裁判員裁判研究は、従前、手続法研究者や実務家の木を見る緻密な研究を契機に多くの知見が集積されてきた。本書は、実体法研究者の森を見る研究であり、臨床的方法による研究に特色があるものと自負する。検討対象とする裁判員裁判は、3事案に過ぎないが、裁判員裁判における重要な論点である責任能力の問題、死刑判決の問題及び公判前整理手続の問題等を包含する事案である。

　渥美東洋先生は、「日比谷辺りで時間の空いた時には、裁判所を覗くと面白いよ。僕はそうしている。」と30余年前に裁判の傍聴を勧められた。先生のアドバイスは、刑事訴訟法の研究と並行して裁判所規則制定等の立法実務にも関

与された立場から、裁判所で日々生起している現実を注視するようにとの含意と理解している。当時、裁判傍聴は、珍しく、著名な事案で時に傍聴券を求めて市民が列を作ることがあったに過ぎない。この7、8年は、「裁判ウォッチング」と称し多くの市民が、裁判の傍聴に裁判所を訪れている。特に、裁判員裁判が、スタートして以来、裁判所は日常的に多くの市民が傍聴に訪れる場となり、東京地裁では裁判傍聴「御宅」とも言える市民まで出現するに至っている。法廷でのメモ解禁に関する平成元年3月8日大法廷判決（民集43巻2号89頁）も相待って、司法記者さながらに詳細なメモを取る市民も居り、開廷を待つ廊下で互いに裁判長の寸評や興味深い裁判の情報交換まで交わされている。

　本書のタイトルの来歴について一言したい。

　伊東研祐教授は、学問的蘊奥のみならずカリフォルニアワインにも通暁し、七夕的インタバルでグラスを傾ける機会がある。一夕、伊東教授から「刑事法研究者で心理学マスターはいるが、臨床心理学マスターは林さんくらいでは。」と言われた。筆者の臨床心理学への関心は、児童虐待研究の展開からであり、裁判員裁判研究でも視座は変わらない。本書のタイトルを『裁判員裁判の臨床的研究』とした由縁は、前著『相当な理由に基づく違法性の錯誤』の研究継続の契機と同様に伊東教授の一言にある。感謝する次第である。

　2015年4月11日古稀を迎えられた藤田弘道先生、12月24日古稀を迎えられる寺崎　修先生に大慶の念をこめ本書を捧呈申し上げたい。

　裁判員裁判研究は、島根大学大学院法務研究科及び武蔵野大学法学部の豊裕な学問的気風と同僚諸兄姉との交誼に負うところ大であり、感謝申し上げたい。

　筆者の成文堂との所縁は、故土子三男取締役との1993年ゴールデンウィークの被害者学研究第2号拙稿締切に始まる。本書は、成文堂での6冊目の刊行であり、土子イズムを継承した編集部篠崎雄彦氏に多大の御尽力を頂いた。

　優れた書籍の刊行を継続する成文堂阿部耕一会長、阿部成一社長及び社員の方々に敬意を籠め感謝申し上げたい。

　2015年5月2日

　　　　　　　　　　　　　　　　　有明の研究室にて

　　　　　　　　　　　　　　　　　　　　　林　　弘　正

目　次

題　言
初出論文一覧

序　論 1

第 1 章　松江地裁平成21年10月29日判決 11
第 1 節　島根県裁判員裁判第 1 号事件 13
第 2 節　刑事確定訴訟記録法 4 条 1 項に基づく保管記録 47

第 2 章　裁判員制度実施 1 年の状況と課題 87

第 3 章　鳥取地裁平成24年12月 4 日判決及び控訴審
　　　　　判決 147
第 1 節　鳥取地裁平成24年12月 4 日判決 149
　　　　　【付記】鳥取地裁U被告事件裁判傍聴記 180
第 2 節　広島高裁松江支部平成26年 3 月20日判決 185

第 4 章　東京地裁平成25年 5 月21日第 1 刑事部判決
.... 237

結　語 365

跋　文 387

初出論文一覧

- **序　論**　書き下ろし
- **第1章**　松江地裁平成21年10月29日判決
  - 第1節　島根県裁判員裁判第1号事件
    「裁判員裁判に内在する諸問題－島根県裁判員裁判第1号事件を素材として－」島大法学53巻4号（2010年）1-54頁
  - 第2節　刑事確定訴訟記録法4条1項に基づく保管記録
    「裁判員裁判に内在する諸問題－松江地裁平成21年10月29日判決刑事確定訴訟記録法4条1項に基づく保管記録を素材として－」武蔵野大学政治経済研究所年報第10号（2015年）1-67頁
- **第2章**　裁判員制度実施1年の状況と課題
    「裁判員制度の運用実態と問題点の考察－刑法の視点から－」法政論叢47巻1号（2010年）185-210頁
- **第3章**　鳥取地裁平成24年12月4日判決及び控訴審判決
  - 第1節　鳥取地裁平成24年12月4日判決
    「裁判員裁判制度に内在する諸問題－鳥取地裁平成24年12月4日判決を素材に－」島大法学56巻3号（2013年）1-152頁
    【付記】
    「鳥取地裁U被告事件裁判傍聴記（1）」（2012年）
    　　http://www.lawschool.shimane-u.ac.jp/school/staff/TV1.html
    「鳥取地裁U被告事件裁判傍聴記（2）」（2012年）
    　　http://www.lawschool.shimane-u.ac.jp/school/staff/TV3.html
  - 第2節　広島高裁松江支部平成26年3月20日判決
    「裁判員裁判制度に内在する諸問題－広島高裁松江支部平成26年3月20日判決を素材に－」武蔵野大学政治経済研究所年報第9号（2014年）1-130頁
- **第4章**　東京地裁平成25年5月21日第1刑事部判決
    「裁判員裁判制度に内在する諸問題（1）－東京地裁平成25年5月21日第1刑事部判決を素材に－」武蔵野法学1号（2014年）1-101頁
    「裁判員裁判制度に内在する諸問題（2）－東京地裁平成25年5月21日第1刑事部判決を素材に－」武蔵野法学2号（2015年）1-116頁
- **結　語**　書き下ろし

＊初出論文の資料編判決文はTKC等でアクセス可能となり裁判員裁判実施状況データとともに削除した。尚、収録に際し誤植の訂正と必要最小限度の加筆を行った。

序　論

　1．裁判員裁判は、司法制度改革の眼目として刑事司法制度に新たな変革を齎す可能性を内在する裁判形態である。裁判員裁判制度導入理由の一つは、市民の刑事裁判への参加による職業裁判官の判断と市民意識との乖離の解消が挙げられる[1]。その背景には、死刑判決が確定し再審で無罪となった免田事件[2]、財田川事件[3]、松山事件[4]、島田事件[5]及び無期懲役が確定し再審で無罪となった足利事件[6]等を契機に市民の刑事裁判への疑訝がある。一連の冤罪事件における職業裁判官の判断は、強要された被告人の自白、捏造された証拠や初期の不精確なDNA鑑定の採用など検察官主張への無批判的なものであり、無罪推定原則を等閑視するものと批判される。

　刑事裁判は、無罪の推定（assumption of Innocence）を原則とする。渥美東洋教授は、無罪推(仮)定及び合理的疑いを容れない程度の立証を求める原則について「告発者には告発事実を主張・立証する責任があり、被告発者に無実を主張・立証する責任を課したり、公訴事実の主張・立証に協力させてはならないのである。その結果、告発以降の公判では、被告人には刑事責任が全くないとの前提で手続が開始され、公訴事実が証明されたときにはじめて被告人は有罪とされることになる。しかも、刑事手続が無辜（いけにえ）を処罰し、圧政や犠牲の目的に利用されないことを保障するには、刑事責任の追及が、本来法や政府が保護すべき基本法益である人の生命、自由、財産を剥奪するという重大な結果にいたるものであることに着目して、告発者には十分に有罪を立証する責任が課される。政府が告発の任に当たることになれば圧政の危険は増すので、その責任は重くされ、そこで、刑事手続での有罪立証の十分性の程度は『合理的な疑いを容れない程度』とされている。また、論争・当事者主義の下では、被告人側に政府の主張・立証に反駁・挑戦する公正な機会が与えられなければならないが、この証明の十分さについての原則に見合って、被告人が、公訴事実について、『合理的疑い』を挿しはさむ程度の立証をし、それがそのままにされれば、無罪判決が下されるべきことになる。けっして、双方の証明のいずれが優越しているかの『証明の優越』は原則とされてはならない。」と説明する[7]。裁判官は、

評議に際し渥美教授の指摘する無罪推定原則の含意に留意し合議体を構成する裁判員及び補充裁判員に対し無罪推定原則を適宜・三復し説明すべきである。

　裁判員裁判制度導入の更なる理由は、長期裁判により迅速な裁判を受ける権利（憲法37条1項）の侵害に起因する市民の裁判制度への信頼喪失を復原することが挙げられる。訴訟遅延は、時宜を得た公開裁判の要請に違背し刑事裁判制度の否定と同視され（Delay of justice is injustice.）[8]、訴訟の促進は従前から課題とされてきた。最高裁判所は、日本国憲法制定直後から訴訟促進の方策を検討している[9]。

　2．裁判員裁判研究は、多様なアプローチからの考察が可能な研究領域である。第1は、制度設計の考察であり、制度設計の中核となった司法制度改革審議会の検討等が主要な研究対象である[10]。第2は、「裁判員の参加する刑事裁判に関する法律（平成16年法律第63号）」（以下、裁判員法と略記する）の立法の経緯と解釈である[11]。第3は、裁判員法施行に伴う刑事訴訟法の改正により生起する問題点及び改正法の解釈である[12]。第4は、裁判員裁判の各論的研究であり、個別のテーマないし裁判員経験者等のアンケート調査等の統計的分析研究である[13]。第5は、裁判員裁判の臨床の研究である。

　本書は、第5の裁判員裁判の臨床的研究であり、具体的裁判員裁判の傍聴を契機として問題点の所在を確認し考察するものである[14]。筆者が傍聴し考察の対象とした事案は、強盗致傷罪等に問われた松江地裁平成21年10月29日判決、強盗殺人罪及び窃盗罪等に問われた鳥取地裁平成24年12月4日判決及び殺人未遂罪に問われた東京地裁平成25年5月21第1刑事部判決である[15]。筆者の考察方法は、各事案の細部まで特に確定した事案については刑事確定訴訟記録法4条1項に基づく保管記録閲覧を経ての縦断的考察である[16]。

　松江地裁平成21年10月29日判決では、被害者参加制度を利用して被害者が3日間公判廷に立会い検察官と同席し審理の経緯を注視していた。被害者は、事件後被告人と同年代の男性を見ると恐怖を覚えたと証言するが、3日間延べ3時間15分の在廷が被害者に心理的影響を齎さなかったのか危惧される[17]。

　鳥取地裁平成24年12月4日判決は、情況証拠のみに基づく死刑求刑事案として評議がどのように展開し死刑判断に至ったのかそのプロセスが不分明である。特に、判決公判終了後、裁判員及び補充裁判員全員10名が、裁判所の設定したマスコミとの会見に臨み、75日間の裁判を終了した昂揚感からチーム10

としての一体感すら感じられ、死刑判決の無言のプレッシャーを分散している[18]。また、本事案では、弁護人が被告人の黙秘戦術を採用したことにより、被告人の法廷での発言は、第1回公判罪状認否の際の「2件の強盗殺人については、私はやっていません。」及び第16回公判の最終陳述での同一文言の繰り返しのみであった。裁判員及び補充裁判員は、直接主義・口頭主義を意図する裁判員裁判の合議体で被告人の口を介しての供述を得られぬまま量刑判断を強いられた[19]。

東京地裁平成25年5月21日第1刑事部判決は、生後1か月の次女を殺害しようとして鼻口部を手で塞いで窒息させ心肺停止状態に陥れ蘇生後脳障害を負わせた行為を「中絶して、どうしてもこの妊娠をなくす……押さえていたときは、中絶しないと私の気がおかしくなっちゃう、中絶するんだという気持ちでした。」と供述する被告人の証言は裁判員及び補充裁判員には理解不能であった[20]。

鳥取地裁判決及び東京地裁判決では、弁護人の力量が問われ、裁判員及び補充裁判員に被告人の行為をどのように了解可能とするか検察官とのプレゼンテーション能力の顕著な懸隔が量刑に影響を及ぼした事案である。

本書の基本的視座は、裁判員裁判固有の構成主体である裁判員及び補充裁判員が市民として司法に参加することにより裁判実務に如何なる変化を齎すのか、裁判員及び補充裁判員は合議体構成員として如何なる問題を内包しているのか等である。

3．司法制度改革審議会は、司法制度改革の眼目として新たな法曹養成機関としての法科大学院の設置と市民の司法参加としての裁判員裁判制度の創設を挙げる。法科大学院問題及び裁判員裁判の現状と課題は、本書での中心的論点として各章で検討する。

司法権の確立及び最高裁判所の在り方は、忘れられてはならぬ司法制度改革の重要な論点である。『司法制度改革審議会意見書−21世紀の日本を支える司法制度−』は、「憲法は、国会、内閣と並んで、裁判所を三権分立ないし抑制・均衡システムの一翼を担うにふさわしいものとすべく、民事事件、刑事事件についての裁判権のほか行政事件の裁判権をも司法権に含ませ、更に違憲立法審査権を裁判所に付与した（第81条）。裁判所は、これらの権限の行使を通じて、国民の権利・自由の保障を最終的に担保し、憲法を頂点とする法秩序を維持する

ことを期待されたのである。裁判所がこの期待に応えてきたかについては、必ずしも十分なものではなかったという評価も少なくない。前記のように、静脈の規模及び機能の拡大・強化を図る必要があるという場合、その中に、立法・行政に対する司法のチェック機能の充実・強化の必要ということが含まれていることを強調しておかなければならない。（中略）違憲立法審査制度については、この制度が必ずしも十分に機能しないところがあったとすれば、種々の背景事情が考えられるが、違憲立法審査権行使の終審裁判所である最高裁判所が極めて多くの上告事件を抱え、例えばアメリカ連邦最高裁判所と違って、憲法問題に取り組む態勢をとりにくいという事情を指摘しえよう。上告事件数をどの程度絞り込めるか、大法廷と小法廷の関係を見直し、大法廷が主導権をとって憲法問題等重大事件に専念できる態勢がとれないか、等々が検討に値しよう。また、最高裁判所裁判官の選任等の在り方についても、工夫の余地があろう。」と指摘し、更に、最高裁判所裁判官の選任等の在り方及び任命過程の透明性に関し、「内閣による指名及び任命に係る過程は必ずしも透明ではなく、同裁判所裁判官の出身分野別の人数比率の固定化」を指摘する[21]。

4．本書は、4章より構成されておりその概要は以下の通りである。

第1章は、島根県裁判員裁判第1号事案である松江地裁平成21年10月29日判決を考察するものである。第1節は、同裁判の傍聴を基に内在する問題点を分析し考察する。第2節は、同判決確定後、刑事確定訴訟記録法4条1項に基づく保管記録閲覧を契機に公判前整理手続を中心とした問題点を分析し考察する。

第2章は、裁判員制度実施1年の状況と課題について分析し考察するものである。

第3章は、鳥取地裁平成24年12月4日判決及び控訴審判決を考察するものである。第1節は、公判期日75日の長期に亘る強盗殺人罪及び窃盗罪に問われ、強盗殺人罪については否認事件である鳥取地裁平成24年12月4日判決の傍聴を基に裁判員裁判に内在する問題点について分析し考察する。なお、付記として「裁判員裁判傍聴記」を節尾に掲記する。第2節は、鳥取地裁平成24年12月4日判決の控訴審広島高裁松江支部平成26年3月20日判決を分析し考察する。裁判員裁判の控訴審の在り方は、裁判員裁判制度設計の際にも論議された重要な論点である。最高裁平成24年2月13日第一小法廷判決は、原原審千葉地裁平成

22年6月22日刑事第1部判決を事実誤認として破棄した原審東京高裁平成23年3月30日第9刑事部判決を破棄し控訴を棄却し、裁判員裁判の事実認定を支持した[22]。最高裁平成26年3月20日第一小法廷判決は、保護責任者遺棄致死罪の成立を認め被告人両名をそれぞれ懲役6年に処した原原審広島地裁平成23年7月14日刑事第1部判決を審理不尽として破棄し広島地裁に差戻した原審広島高裁平成24年4月10日第1部判決を刑訴法382条の解釈適用を誤った違法があるとし、原判決を破棄し広島高等裁判所に差戻した[23]。

第4章は、東京地裁平成25年5月21日第1刑事部判決の傍聴を基に裁判員裁判に内在する問題点について分析し考察するものである。本章は、同判決確定後、刑事確定訴訟記録法4条1項に基づく保管記録閲覧を契機に公判前整理手続を中心とした問題点を分析し考察する。

各章で考察対象とした裁判員裁判は、社会的注目を集めた鳥取地裁平成24年12月4日判決を除き実体法及び手続法上特別な争点を有するものではなく全国の裁判員裁判合議体で日常的に展開されている事案である。それ故、裁判員裁判に内在する固有の問題を顕在化する事案であり、今後の裁判員裁判に示唆すると思慮する。

5．裁判員制度施行5年を迎え法曹3者からの論議が、活発に展開されている[24]。裁判員法改正が、論議の俎上に載っている。裁判員制度に関する検討会は、平成25年6月21日開催第18回検討会において論議の集約として『裁判員制度に関する検討会・取りまとめ報告書』（平成25年6月）を作成し法務大臣に答申した[25]。今崎幸彦最高裁刑事局長は、平成26年11月13日開催第25回裁判員制度の運用等に関する有識者懇談会において配布資料「裁判員法を改正する法律案関係資料」に基づいて裁判員法改正の概要として長期間の審判を要する事件等の対象事件からの除外等について説明する[26]。

今後、立法府では、5年余の実施状況をも踏まえ、現行法改正審議がなされる予定であるが、審理の長期化等を理由とする対象事件除外等安易な改正は本法立法趣旨に違背する懸念がある。裁判員裁判制度の真価は、長期化事案及び否認事件等の困難事案等での裁判員の参加する合議体での審理においてこそ問われている。

1) 渥美東洋教授は、「60年間にわたる刑事手続への国民の信頼の低下（刑事裁判は自分達の関心ではないとの、広く行き渡っている国民意識も、いわばそれは国民の刑事手続のネグレクト

である）への懸念が、司法改革の主な動機だとみるのが、少なくとも研究者も含めた法曹の常識であったと思う。」と司法改革の主因を指摘する。渥美東洋『全訂 刑事訴訟法』、有斐閣、2009年、ii頁参照。
2) 熊本地裁昭和58年7月15日判決は、被告人にアリバイの成立を認め無罪を言渡した（判時1090号21頁）。判例評釈として、福井 厚「免田事件再審無罪判決」、ジュリスト臨時増刊815号185頁以下参照。
3) 高松地裁昭和59年3月12日判決は、「被告人の自白はその真実性に疑いがあり直ちにこれを有罪の証拠とすることができない。」と判示し無罪を言渡した（判タ523号75頁）。
4) 仙台地裁昭和59年7月11日判決は、「被告人の自白は、客観的証拠に符合する事実が多く含まれているものの、容易に信用しがたく、また、本件犯行当時被告人が使用していたとされる掛布団の襟当てに多数の斑痕が付着し、これらから被告人方家族に由来するものではなく、被害者家族に由来すると考えて矛盾のないA型人血が検出された事実が認められるが、捜査員が押収したときですでに鑑定時のように付着していたかについて疑問の余地があるばかりか、その付着状況は被告人の自白から窺われる付着経緯にそわず、むしろこれと矛盾していると思われ、これをもって本件犯行と被告人を結びつけることはできず、かえって、本件犯行態様から犯人の着衣には相当多量の血液が付着したと推認されるにもかかわらず、犯行当夜被告人が着用していた蓋然性の高いジャンバー、ズボンからはこれにみあう血痕は検出されず、当初から付着していなかったかなり高度の蓋然性が認められるのである。」と判示し無罪を言渡した（判タ540号97頁）。判例評釈として、椎橋隆幸「松山事件再審無罪判決と死刑再審事件における身柄の取扱い」、ジュリスト臨時増刊838号204頁以下参照。
5) 静岡地裁平成元年7月31日判決は、「被告人の自白調書以外に犯行と被告人を直接結び付けるに足る証拠がなく、被告人の自白調書も、その変遷が少なくなく、不自然あるいは客観的事実に反すると思われる供述が含まれているばかりか、再審公判における検察官の補充立証にもかかわらず、本件石を成傷用器とするには、なお幾多の疑問が残り、被告人の自白に基づいて本件石が発見されたとしても、自白の信用性を高め得る『秘密の暴露』があるとみることができず、また、被害者の死体にみられる特異な所見と整合するという一次ショックの臨床症状が被告人の自白と符合しているともいうこともできず、そのうえ、被告人の資質上の特性を考慮すると、被告人が捜査官らに示した犯人であることを窺わせる言動も重大視することができないのであって、他に自白の信用性を裏付ける確実な事情が認められない限り、被告人の自白が虚偽ではないかとの疑いを拭いきれず、被告人の自白は信用性に乏しいと判断される。」と判示し被告人に無罪を言渡した（判タ700号114頁参照）。
6) 宇都宮地裁平成22年3月26日判決は、「本件半袖下着に付着していた本件犯人のものと考えられるDNA型が被告人のDNA型と一致しないことが判明した上に、本件確定審で主な証拠とされた2つの証拠について、本件DNA型鑑定には証拠能力が認められず、自白についても信用性が認められず虚偽のものである。」と判示し無罪を言渡した（判時2084号157頁参照）。
7) 渥美東洋『刑事訴訟法〔新版補訂〕』、有斐閣、2001年、219頁参照。渥美教授は、無罪推（仮）定及び合理的疑いを容れない程度の立証を求める原則について「この二つの原則は、現行法の下では弾劾主義に由来する派生原則である（その根拠は、したがって、憲法38条1項の自己負罪拒否特権にある）。訴追者・検察官は訴追・立証・論証に当たり、被告人に協力を求める権利がない（無権利）。したがって、起訴後、起訴＝訴因事実を立証・論証する義務はあげて検察官にある。出発点では、何も立証・論証されていないとの前提に立つので、これを無罪の仮定・推定・前提と表現しているまでのことである。（中略）科刑は重大・深刻な人生への影響を及ぼすので、刑事訴訟では『通常人』を標準に、合理的疑いを容れない程度の立証が有罪認定の基準とされている。その基準に従って裁判官が認定者（この場合は検査官の役割を負う）として、合理的な『戸惑い』＝疑いを払拭できないとき、逆にいえば、それを払拭して合理的に『確信』を抱いたときにはじめて有罪と認定することが許されることになる。この弾劾主義に由来する無罪仮（推）定の前提に立って、対抗当事者である被告人には、合理的な疑いの程度の立証をする公正な機会が付与されなければならず、被告人にはその機会を与えら

れる権利があるとするのは、当事者・論争主義の立場である。弾劾主義と当事者・論争主義の要件の充足を求めれば、このような帰結となる。」と指摘する。同『全訂 刑事訴訟法〔第2版〕』、有斐閣、2009年、271頁以下参照。無罪の推定についてのより詳細な説明として、同『レッスン刑事訴訟法［上］』、中央大学出版部、1985年、179頁、同『レッスン刑事訴訟法［中］』、中央大学出版部、1985年、1頁参照。

8) See, Walter Savage Landor, in his Imaginary Conversations, from L.B.Orfield, Criminal Appeals in America, Boston, Little, Brown and Company, 1939, p123.

9) 昭和25年7月開催最高裁判所裁判官会議の議を経て裁判手続の運用に関する協議会が設置され、同年9月15日第1回の答申がされている。岸 盛一「迅速な裁判」、刑事法講座第5巻1101頁（同『事実審理と訴訟指揮』、有斐閣、1979年、32頁以下所収）。迅速な裁判に関する判例として、最高裁昭和47年12月20日大法廷判決参照（刑集26巻10号631頁）。

10) 司法制度改革審議会の設置過程及び審議状況の研究は、議事録等1次資料に基づいてなされる。團藤丈士法務省司法法制部参事官の一連の論文は、司法制度改革審議会の審議経緯を明らかにする史料である。團藤 丈士「司法制度改革審議会の設置及び調査審議の経緯（1）設置及び海外実情調査までの調査審議の経緯」、J&R96号（2000年）4頁以下、同「司法制度改革審議会の設置及び調査審議の経緯（2）海外事情調査後、中間報告までの調査審議の経緯」、司法法制部季報98号（2001年）4頁以下、同「司法制度改革審議会の設置及び調査審議の経緯（3）中間報告後、最終報告までの調査審議の経緯」、司法法制部季報99号（2001年）4頁以下、同「司法制度改革の経緯〈1〉-司法制度改革審議会意見書提出から司法制度改革推進本部設置までの経緯」、司法法制部季報101号（2002年）5頁以下、同「司法制度改革の経緯（2）平成14年1月～7月の間の経緯」、司法法制部季報102号（2002年）3頁以下参照。司法制度改革審議会の主要なメンバーによる司法制度改革審議会意見書の説明として、佐藤幸治・竹下守夫・井上正仁『司法制度改革』、有斐閣、2000年、特に332頁以下参照。『司法制度改革審議会意見書-21世紀の日本を支える司法制度-』を踏まえての6回の公開講座の記録として、須網隆夫・宮澤節生・水島朝穂・加藤哲夫・高橋 龍・田口守一『司法制度改革と市民の視点』、成文堂、2001年、土田和博「司法改革をめぐる諸潮流-審議会の発足と今日の情勢（司法制度改革審議会ウォッチング-1-）（特集 司法改革への展望）」、法律時報72巻1号（2000年）、98頁以下、堀部政男他『高窪貞人教授古稀記念祝賀論文集 刑事司法への市民参加』、現代人文社、2004年、柳瀬昇『裁判員制度の立法学-討議民主主義理論に基づく国民の司法参加の意義の再構成』、日本評論社、2009年参照。拙稿「裁判員裁判に内在する諸問題-島根県裁判員裁判第1号事件を素材として-」、島大法学53巻4号（2010年）1頁以下（本書11頁所収）、拙稿「裁判員裁判に内在する諸問題-松江地裁平成21年10月29日判決刑事確定訴訟記録法4条1項に基づく保管記録を素材として-」、武蔵野大学政治経済研究所年報第10号（2015年）1頁以下（本書47頁所収）参照。

11) 辻 裕教「法案提出に至る経緯と法案の概要」、ジュリスト1268号（2004年）49頁以下、安東 章「裁判員の参加する刑事裁判に関する法律の経緯と概要」、法律のひろば57巻9号（2004年）4頁以下、上富敏伸「裁判員制度導入のための法整備」、現代刑事法67号（2004年）34頁以下、池田 修『解説 裁判員法［第2版］立法の経緯と課題』、弘文堂、2009年（初版、2005年）、参照。

12) 龍岡資晃「裁判員制度と刑事裁判についての若干の覚え書」（龍岡資晃他『小林 充先生・佐藤文哉先生 古稀祝賀刑事裁判論集 下巻』、判例タイムズ社、2006年、706頁以下所収）参照。刑事訴訟法第2編第3章第2節（平成16年法律第62号追加）「争点及び証拠の整理手続」等に関しては、多数の研究が集積されている。

13) 裁判官による主要な研究として、原田國男『裁判員裁判と量刑法』、成文堂、2011年、杉田宗久『裁判員裁判の理論と実務』、成文堂、2012年、青木孝之『刑事司法改革と裁判員制度』、日本評論社、2013年等参照。刑事訴訟法研究者による近時の研究として、小早川義則『裁判員裁判と死刑判決』、成文堂、2011年、平良木登規男『国民の司法参加と刑事法学』、慶應義塾大学出版会、2014年、渡辺 修『現代の刑事裁判』、成文堂、2014年等参照。実証的な（evidence-based）調査研究として、松村良之・木下麻奈子・太田勝造編著『日本人から見た裁判員制度』、勁草書房、2015年参照。裁判員経験者による提案として、田口真義編著『裁判員のあたまの中-14人のは

じめて物語』、現代人文社、2013年参照。ダニエル・H・フット教授は、数量的データとインタビュー調査双方からのアプローチを採用するジョン・ギャスティル教授らの論文（See, John Gastil, E. Pierre Deess, Philip J. Weiser&Cindy Simmons, The Jury and Democracy: How Jury Deliberation Promotes Civic Engagement and Political Participation, Oxford University Press, 2010）を評価する（田口真義編『裁判員のあたまの中-14人のはじめて物語』、197頁）。

14) 大阪刑事実務研究会の「裁判員制度を巡る諸問題」の連載は、裁判員裁判に関与する大阪高裁管内の地方裁判所（支部を含む）裁判官及び研究者による実証的研究として示唆するところ大である（判例タイムズ1390号（2014年）以降継続）。大出良知教授は、裁判員裁判を横断的に12事件ずつ傍聴して問題点を指摘する。大出良知「裁判員裁判 傍聴席からの報告①」、季刊刑事弁護80号（2014年）196頁以下、同「裁判員裁判 傍聴席からの報告②」、季刊刑事弁護81号（2015年）120頁以下参照。

15) 個々の具体的裁判員裁判についての考察は、担当弁護人によるレポートとして季刊刑事弁護に掲載されている。

16) 刑事確定訴訟記録法のコンメンタールとして、押切謙徳・古江頼隆・皆川正文『注釈刑事確定訴訟記録法』、ぎょうせい、1988年、古田佑紀「刑事確定訴訟記録法（昭和62年法律第64号）」（藤永幸治・河上和雄・中山義房（編）『大コンメンタール刑事訴訟法第8巻』、青林書院、1999年、所収）5頁以下、特に32頁以下、福島 至編著『コンメンタール刑事確定訴訟記録法』、現代人文社、1999年、3頁以下、特に87頁以下参照。押切謙徳他『注釈刑事確定訴訟記録法』は、「刑事訴訟法を改正する法律案」の審議経緯特に訴訟記録の公開等に関する刑訴法53条の立法府での審議状況、昭和61年12月31日現在の訴訟記録の保管件数及び昭和57年から昭和61年までの5年間の訴訟記録の閲覧状況等のデータを紹介する。福島 至編著『コンメンタール刑事確定訴訟記録法』梅田 豊「総論」は、立法の背景をも視野に詳細な検討を加える。

17) 前掲註10）拙稿「裁判員裁判に内在する諸問題-島根県裁判員裁判第1号事件を素材として-」、島大法学53巻4号12頁以下参照。

18) 鳥取地裁平成24年12月4日判決の公判日数75日間は、さいたま地裁平成24年4月13日判決（LEX/DB【文献番号】2548141。控訴審東京高等裁判所平成26年3月12日第5刑事部判決（LEX/DB【文献番号】25503368）は、事実誤認とする弁護人の主張に対し、原判決の判断を論理則、経験則等に適った合理的なものであるとし控訴を棄却した）の公判日数100日間に続く当時2番目の長期裁判であった。鳥取地裁75日間の裁判記録は、BSS山陰放送制作ドキュメンタリー「裁判員裁判75日 鳥取連続不審死事件の法廷」とのタイトルで平成24年12月28日山陰地区で放映された。同番組は、裁判員裁判の実態と問題の所在を考察する上で好個の資料であり、公益財団法人放送番組センターのライブラリーに収集されより多くの人々の視聴が可能となった。

19) 拙稿「裁判員裁判制度に内在する諸問題-鳥取地裁平成24年12月4日判決を素材に-」、島大法学56巻3号（2013年）20頁及び27頁（本書147頁所収）参照。

20) 拙稿「裁判員裁判制度に内在する諸問題-東京地裁平成25年5月21日第1刑事部判決を素材に-」武蔵野法学1号（2014年）80頁以下（本書237頁所収）参照。

21) 司法制度改革審議会『司法制度改革審議会意見書-21世紀の日本を支える司法制度-』、11頁及び85頁以下参照（http://www.kantei.go.jp/jp/shihouseido/report/ikensyo/pdfs/iken-1.pdf）。阿部泰隆教授は、最高裁判所判事の任命に関し裁判実務を重視し司法行政にのみ卓越した裁判官の任命を拒否するより厳しい見解を主張する。阿部泰隆「司法改革の本当の課題（2）」、自治研究86巻5号（2010年）3頁以下参照。

22) 刑集66巻4号482頁参照。拙稿「裁判員裁判制度に内在する諸問題-広島高裁松江支部平成26年3月20日判決を素材に-」、武蔵野大学政治経済研究所年報第9号（2014年）30頁以下（本書185頁所収）参照。

23) 刑集68巻3号499頁参照。前掲註22）拙稿「裁判員裁判制度に内在する諸問題-広島高裁松江支部平成26年3月20日判決を素材に-」、武蔵野大学政治経済研究所年報第9号36頁以下参照。なお、差戻し後控訴審広島高裁平成26年9月18日第1部判決は、被告人両名の控訴を棄却した（LEX/DB【文献番号】25504894）。

24) 刑事法ジャーナル39号（2014年）は、特集「裁判員制度見直し論の検討」において渡辺 修「裁判員裁判対象事件」、青木孝之「公判手続・公判前手続」、宇藤 崇「被害者等に対する配慮のための措置について」、大城 聰・牧野 茂「裁判員の義務・負担」の論稿を掲載する。法律のひろば67巻4号（2014年）は、特集「裁判員制度施行5年を迎えて」において池田公博「裁判員制度の運用状況」、前田裕司「裁判員裁判のこれから－弁護士の視点」、田野尻 猛「裁判員裁判のこれから－検察官の視点」、安東 章「裁判員裁判のこれから－裁判官の視点」、岡田幸之「刑事責任能力判断と裁判員裁判」の論稿を掲載する。

25) http://www.moj.go.jp/content/000112006.pdf

26) 長期間を要する事案については、下記の条文が示されている（http://www.courts.go.jp/saikosai/vcms_lf/808025.pdf）。

第3条の2　地方裁判所は、第2条第1項各号に掲げる事件について、次のいずれかに該当するときは、検察官、被告人若しくは弁護人の請求により又は職権で、これを裁判官の合議体で取り扱う決定をしなければならない。

一　公判前整理手続による当該事件の争点及び証拠の整理を経た場合であって、審判に要すると見込まれる期間が著しく長期にわたること又は裁判員が出頭しなければならないと見込まれる公判期日若しくは公判準備が著しく多数に上ることを回避することができないときにおいて、他の事件における裁判員の選任又は解任の状況、第27条第1項に規定する裁判員等選任手続の経過その他の事情を考慮し、裁判員の選任が困難であり又は審判に要すると見込まれる期間の終了に至るまで裁判員の職務の遂行を確保することが困難であると認めるとき。

二　第2条第1項の合議体を構成する裁判員の員数に不足が生じ、かつ、裁判員に選任すべき補充裁判員がない場合であって、その後の審判に要すると見込まれる期間が著しく長期にわたること又はその期間中に裁判員が出頭しなければならないと見込まれる公判期日若しくは公判準備が著しく多数に上ることを回避することができないときにおいて、他の事件における裁判員の選任又は解任の状況、第46条第2項及び同項において準用する第38条第1項後段の規定による裁判員及び補充裁判員の選任のための手続の経過その他の事情を考慮し、裁判員の選任が困難であり又は審判に要すると見込まれる期間の終了に至るまで裁判員の職務の遂行を確保することが困難であると認めるとき。

2　前条第2項、第3項、第5項及び第6項の規定は、前項の決定及び同項の請求を却下する決定について準用する。

3　第1項の決定又は同項の請求を却下する決定をするには、あらかじめ、当該第2条第1項各号に掲げる事件の係属する裁判所の裁判長の意見を聴かなければならない。

第1章　松江地裁平成21年10月29日判決

第1節　島根県裁判員裁判第1号事件

Ⅰ．問題の所在

　1．司法制度改革審議会は、政治改革に端を発するわが国の一連の改革の総決算として司法制度改革を提言する。同審議会は、司法制度改革を「我が国は、直面する困難な状況の中にあって、政治改革、行政改革、地方分権推進、規制緩和等の経済構造改革等の諸々の改革に取り組んできた。これら諸々の改革の根底に共通して流れているのは、国民の一人ひとりが、統治客体意識から脱却し、自律的でかつ社会的責任を負った統治主体として、互いに協力しながら自由で公正な社会の構築に参画し、この国に豊かな創造性とエネルギーを取り戻そうとする志であろう。今般の司法制度改革は、これら諸々の改革を憲法のよって立つ基本理念の一つである『法の支配』の下に有機的に結び合わせようとするものであり、まさに『この国のかたち』の再構築に関わる一連の諸改革の『最後のかなめ』として位置付けられるべきものである。」と自己規定する。

　更に、同審議会は、司法制度改革の柱として、国民の期待に応える司法制度の構築（制度的基盤の整備）、司法制度を支える法曹の在り方（人的基盤の拡充）、国民的基盤の確立（国民の司法参加）の3点をあげる[1]。

　伊東研祐教授は、司法制度改革を刑事実体法領域における潮流の変化と一体的に捉え、「刑事解釈論の時代」を経て犯罪化・重罰化による「刑事立法の時代」に刑事司法制度改革の潮流が合流したものと位置付ける[2]。

　司法制度改革は、かかる理念に基づいて2つの大きなテーマの下に展開された。

　第1のテーマは、国民の司法参加という視点から裁判員制度の創設、即ち、国民的基盤の確立（国民の司法参加）である。裁判員制度の制度設計者は、「国民が訴訟手続に参加する制度の導入等により司法に対する国民の信頼を高める。」ことをその趣旨とする[3]。「裁判員の参加する刑事裁判に関する法律」（以下、裁判員法と略称する）第1条は、立法の趣旨を「司法に対する国民の理解の増進とその信頼の向上に資する」ことと規定する[4]。

司法制度改革の背景にある社会的事実は、職業裁判官による裁判制度の硬直化を改革し、裁判に市民感覚を導入し、国民の感覚と著しく乖離した職業裁判官の意識変革をも視野に入れるものである[5]。

　従来現実に実践されてきた裁判制度は、職業裁判官の専門性を前提に基本的に職業裁判官の専権事項であった。若干の例外は、最高裁判所判事の構成及び陪審法の実施に見られる。最高裁判所は、15名の裁判官から構成され、法曹界からは裁判官、検察官、弁護士が選任され、学識経験者として法曹資格のない者5名を任命することができる。裁判所法は、最高裁判所裁判官の任命資格について「識見の高い、法律の素養のある年齢40歳以上の者」とし、法曹資格を持った者（裁判所法41条1項1号ないし5号）及び大学の法律学の教授及び准教授（同項6号）と規定する。学識経験者として任命される裁判官は、研究者のほか行政官在職経験者が従来任命されている[6]。

　このような裁判官の任命システムは、職業裁判官の専門性ゆえの社会的現実に対する判断力の固定化を招来し、市民感覚と乖離する結論を齎すこととなった。最高裁判所は、その弊害を打破するために判検事の相互交流、行政機関等への出向、民間企業等への派遣、海外留学、在外公館への派遣等の対応を図った。

　裁判員制度は、このような従来の方策を更に超克し、国民自らの司法への参加を制度化したものである。

　裁判員制度導入の評価については、従来の職業裁判官による裁判システムとの整合性をどのように解するのか、市民の司法参加の意義をどのように解するのかについての理解の差異により見解が分かれる。第1は、裁判員が裁判システムに参加することにより市民の意識を踏まえた妥当な結論が形成されるとの見解である。第2は、従来の職業裁判官による裁判システムの問題点の解明と検証を経てからより適切な裁判システムを構築すべきであり、裁判員裁判はその選択肢の一つであるとの見解である。法曹三者の理解は、市民が刑事裁判に参加することにより、司法に対する国民の信頼が向上するとの見解である[7]。

　裁判員制度の導入は、民主主義の確立という視点から嘗て陪審員裁判が制度化された歴史的事実を想起し、その異同について検討することが重要である。

　わが国における陪審員制度は、大正8年7月25日内閣総理大臣原敬が臨時法制審議会に対し陪審制度に関する諮問第2号を発し、大正9年7月3日臨時法制審議会総裁穂積陳重より陪審制度の採用を可とする『陪審制度採否ニ関スル

答申書』が提出されたことに端を発する[8]。法案の検討がなされた後、大正12年4月18日法律50号により陪審法が制定され、昭和18年4月1日法律88号で一時停止され今日に至っている[9]。

陪審法は、陪審の評議に付す対象事件として、死刑又は無期懲役若しくは禁錮に該当する事件（陪審法第2条）及び長期3年を超える有期懲役又は禁錮に該当する事件で地方裁判所の管轄で被告人の請求のある事件（同法第3条）とし、刑法第2編第1章乃至第4章及び第8章の罪等一定の事件を除外する（同法第4条）。また、陪審法は、陪審員を一定の身分の者に制限する（同法12条ないし16条）。

第2のテーマは、司法制度を支える法曹の在り方として「司法制度を支える法曹の在り方を改革し、質量ともに豊かなプロフェッションとしての法曹を確保する。」との趣旨から、人的基盤の拡充の一方策として法科大学院を中心とした法曹教育の提案である。

司法制度改革審議会は、「法曹人口については、平成16（2004）年には現行司法試験合格者数1,500人を達成した上、新たな法曹養成制度の整備状況等を見定めながら、平成22（2010）年ころには新司法試験の合格者数を年間3,000人にまで増加させることを目指す。法曹養成制度については、21世紀の司法を担うにふさわしい質の法曹を確保するため、司法試験という『点』による選抜ではなく、法学教育、司法試験、司法修習を有機的に連携させた『プロセス』としての法曹養成制度を整備することとし、その中核として、法曹養成に特化した大学院（以下、「法科大学院」と言う。）を設ける。」と提言する。更に、同審議会は、「法曹人口については、計画的にできるだけ早期に、年間3,000人程度の新規法曹の確保を目指す必要があると考える。具体的には、平成14（2002）年の司法試験合格者数を1,200人程度とするなど、現行司法試験合格者数の増加に直ちに着手することとし、平成16年（2004）には合格者数1,500人を達成することを目指すべきである。さらに同じく平成16（2004）年からの学生受入れを目指す法科大学院を含む新たな法曹養成制度の整備の状況等を見定めながら、新制度への完全な切替え（詳細は後記第2『法曹養成制度の改革』参照）が予定される平成22（2010）年ころには新司法試験の合格者数を年間3,000人とすることを目指すべきである。このような法曹人口増加の経過を辿るとすれば、おおむね平成30（2018）年ころまでには実働法曹人口は5万人規模（法曹1人当たりの国民の数は約24,000人）に達することが見込まれる。なお、実際に社会の様々な分野で活

躍する法曹の数は社会の要請に基づいて市場原理によって決定されるものであり、新司法試験の合格者数を年間3,000人とすることは、あくまで『計画的にできるだけ早期に』達成すべき目標であって、上限を意味するものではないことに留意する必要がある。」と具体的数値目標を設定する[10]。

　2．裁判員制度は、国民の司法参加という視点と同時に司法の担い手としての法曹の質的・量的充実を基底に検討されるべきである。

　司法制度改革審議会の提案する新たな法曹養成制度は、文部科学省に設置された中央教育審議会大学分科会法科大学院特別委員会で法科大学院教育の質の向上という視点からの検討に付された。同特別委員会は、2008年12月19日「法科大学院教育の質の向上のための改善方策について（中間まとめ）」を公表した。これを受け日弁連は、法科大学院をめぐる問題に検討を加え2009年1月16日「新しい法曹養成制度の改善方策に関する提言」を行った[11]。中央教育審議会大学分科会法科大学院特別委員会は、2009年4月17日「法科大学院教育の質の向上のための改善方策について（報告）」を公表した[12]。更に、法務省及び文部科学省は、「法科大学院を中核としつつ、法科大学院における教育と司法試験及び司法修習生の修習とを有機的に連携させた新たな法曹養成制度の問題点・論点を検証し、これに対する改善方策の選択肢を整理する」ために「法曹養成制度に関する検討ワーキングチーム」を設置し、2010年3月1日第1回会議を開催する[13]。

　中央教育審議会大学分科会法科大学院特別委員会の「法科大学院教育の質の向上のための改善方策について（報告）」に批判的なグループは、従来の司法制度改革の制度設計を基礎に「課題解決型国家」の担い手としての法曹養成の視点から2010年2月24日法務大臣に対して「法曹養成制度改革に関する提言」を行っている[14]。課題解決型国家観からは、新司法試験合格者数3000人を維持しながら、法曹像を「国内訴訟担当者」から「課題解決者」へと転換し、活動分野を拡大することとし、従来の法科大学院関係者や法曹三者のみならず、経済界、労働界、国家公務員関係者、地方自治関係者、国際機関関係者等の参加を得て議論すべきフォーラムを閣議決定し政府の下に早急に立ち上げることを提言する。

　法曹資格取得の方策としての新司法試験合格者数は、制度設計で提示した年間3,000人とする具体的目標値を実現すべきである。しかしながら、現況は、

新司法試験合格者の質の確保という名目で1,500人規模とする修正提案がなされるに至っている[15]。

　法科大学院構想は、旧司法試験合格者の質の低下と予備校依存の学習の結果、法的思考能力の減退を阻止するとの現実的背景の下に「司法試験という『点』による選抜ではなく、法学教育、司法試験、司法修習を有機的に連携させた『プロセス』としての法曹養成制度を整備」するとの制度設計の下に提案された。

　法科大学院開設6年にしての新司法試験合格者数の半減という極端な下方修正は余りにも唐突であり、とりわけ弁護士の就職難との理由は、「法曹の数は社会の要請に基づいて市場原理によって決定される」との司法制度改革の理念に比して説得力を欠如するものと言わざるを得ない。新司法試験合格者数3,000人との制度設計は、仄聞するに日弁連は当初2,000人を想定していたが公表直前に3,000人となったという。これらの決定プロセスは、日弁連の内部事情であり、少なくとも法曹3者での合意事項であることを考えると、新司法試験合格者数の極端な下方修正は、法科大学院入学者に対する国家的偽罔行為であり、弁護士会の主張はギルド的発想との批判に晒されざるを得ない。

　3．2001年11月、『司法制度改革審議会意見書』を受け、司法制度改革推進法が制定され、「国民が裁判官と共に刑事訴訟手続に関与する制度の導入等を図ること」が司法制度改革の基本方針の一つとして規定された（同法5条3号）。司法制度改革推進法により内閣に内閣総理大臣を長とする司法制度改革推進本部が設置され（司法制度改革推進法8条）、司法制度改革推進本部令（平成13年政令第372号）1条により、顧問会議が設置された。顧問会議は、司法制度改革の推進のために講ぜられる施策に係る重要事項について審議し、司法制度改革推進本部長に意見を述べることとされ、以後、司法制度改革の推進の方向性をリードする[16]。

　司法制度改革推進本部は、具体的な法令案の立法作業を事務局で行い、具体的な検討事項について有識者等による10の懇談会を設置し、制度設計への意見交換を行うシステムを構築した。裁判員裁判の検討に関する検討会として、刑事訴訟手続への新たな参加制度の導入、刑事裁判の充実・迅速化等をテーマとする裁判員制度・刑事検討会、公的刑事弁護制度の導入及び整備をテーマとする公的弁護制度検討会、法曹養成制度の改革をテーマとする法曹養成検討会、弁護士・検察官・裁判官制度の改革等をテーマとする法曹制度検討会が、設置

された¹⁷⁾。裁判員制度・刑事検討会は、刑事訴訟手続への新たな参加制度の導入、刑事裁判の充実・迅速化等及び公的弁護制度の整備についての検討をテーマとした¹⁸⁾。

最高裁判所は、行政府の司法制度改革に対応して「明日の裁判所を考える懇談会」を最高裁判所事務総局に設置し、裁判所改革に向けての問題点の意見交換の場とした。同懇談会は、裁判員制度について2003年1月29日第7回懇談会から2004年1月26日第11回懇談会で論議している¹⁹⁾。

裁判員法は、2004年5月28日成立し、2009年5月21日より施行された。法律制定後、最高裁判所は、裁判員制度の周知徹底を図るため全国各地での模擬裁判の実施、「私の視点、私の感覚、私の言葉で参加します。」との裁判員制度のキャッチフレーズを作成し広報活動に専心した。更に、最高裁判所事務総局広報課は、2007年2月26日メールマガジン創刊号を発行し、2009年3月25日発行の26号を最終号とし、以降は、webサイトをより充実させて広報活動を実施している²⁰⁾。

法務大臣は、2006年11月20日開催の第151回法制審議会に対して裁判員制度実施に伴う刑事訴訟法等の問題点検討のため諮問第81号「裁判員の参加する刑事裁判の制度の円滑な運用等のために、早急に法整備を行う必要があると思われるので、別紙要綱（骨子）について御意見を承りたい。」との諮問を発した。法制審議会は、刑事法（裁判員制度関係）部会を設置し審議を始め、2007年1月22日開催の第3回会議で結論を得た²¹⁾。

裁判員制度の導入は、従来の職業裁判官による精密司法及び調書中心の書面審査裁判から審理での裁判員の理解を前提に証人や証拠を直接公判廷で審理する公判中心の口頭主義への転換を余儀なくさせる²²⁾。

社会生活を営む市民が司法に参加するには、裁判員裁判に要する時間的制約と裁判員にとり理解しやすい法律論議の展開が不可欠である²³⁾。連続的・集中的開廷による審理が、制度設計の前提であり、その方策としては、公判前整理手続において争点を明確化し審理の迅速化を図る必要がある（刑訴316条の3）²⁴⁾。

他方、憲法上の問題としては、被告人の公平な裁判を受ける権利（憲法37条）の保障との視点からは、裁判員の選任手続きの中立性の確保がなされているかが問題となる²⁵⁾。更には、部分判決は、裁判員の職権行使の独立性を保障して

いるかとの問題について立法過程では十分な議論がなされておらず問題を内包したままである[26]。今後予測される具体的事項については、実務の蓄積の中で検証しながらなお検討の余地があり、裁判員法附則9条は、施行3年後以内の検討を規定する。

4．市民が裁判に参加する制度の形態は、民主主義の観点からも検討されるべきである。その参加形態は、市民の直接参加型の陪審員制度、参審員制度及び裁判員制度等の諸形態が考えられる。また、その参加の度合いは、単に有罪か無罪の判断過程に止まるのか、更に事実認定や量刑評議にも関与し判決形成（lay adjudication）にも参加するのかの差異がある[27]。

韓国は、日本の裁判員制度実施に先立ち、2008年1月1日施行された「国民の刑事裁判参与に関する法律」により国民が陪審員として刑事裁判に参与する「国民参与裁判」制度を実施するに至った（同法2条2号）。

韓国憲法は、司法権の独立即ち職業裁判官で構成された司法府の独立を強く保障し、国民が直接裁判部を構成することに憲法上の問題があるのではないかとの疑念から、勧告的な意見を形成する形で「国民参与裁判」制度を導入することになった。

韓国の国民参与裁判制度導入の経緯は、日本の裁判員裁判の憲法上の問題を考察する上で示唆に富むものである[28]。

5．本稿は、司法制度改革の根幹をなす裁判員制度に内在する問題を検討するものであり、具体的事案を素材として考察するものである。本稿は、松江地裁で審理された島根県裁判員裁判第1号事案である強盗致傷事件についての松江地裁平成21年10月29日判決を具体的ケースとして考察の対象とする[29]。

II．島根県裁判員裁判第1号事件—松江地裁平成21年10月29日判決

1．本稿は、島根県裁判員裁判第1号事件（松江地裁平成21年10月29日判決平成21年（わ）第69号）を素材に3日間の公判の傍聴を通して顕在化した問題点を中心に裁判員制度に内在する諸問題を検討するものである。本判決の問題点を検討する前提としては、資料に基づく実証的検討の必要性から言渡された判決全文を掲記した上で検討することが必要最低限度の要請である。

本判決は、強盗致傷罪についての法的論点として刑法的視点からは必ずしも

豊穣なものとは言えず、最高裁判所のHPや公刊物に登載されるケースではない。それ故、本判決全文の掲記は、裁判員裁判の具体的検討の必要性から本稿末尾に資料として掲記し、問題点検討の素材とする[30]。

2．法的争点の乏しい事案は、具体的判例を研究対象の素材とする際に公刊物に登載される機会が非常に稀であり、実証的研究を進める上でのネックとなっている。同様な問題は、例えば児童虐待事案や性犯罪事案でも多々見られる傾向である。筆者は、この点について被害者や被告人等のプライバシーに十全の配慮をした上での判決文閲覧の機会の必要性を繰り返し指摘してきたところである[31]。

3．裁判員裁判は、裁判員法の施行にともない2009年5月21日から実施され、東京地裁をスタートに全国各地の裁判所で審理が開始されるに至った[32]。

裁判員裁判第1号判決は、平成21年8月6日東京地裁で衆目のなか言渡された[33]。その後も、各地の法廷で審理される裁判員裁判については、メディアの報道を通して従来の裁判報道の絶対量を超過した過熱な報道がなされ、「全国初の性犯罪裁判員裁判[34]」、「全国初の死刑求刑可能性のある裁判員裁判[35]」、「全国50地裁10支部最後の第1号事件[36]」等の見出しの下に連日報道されている。

本事案は、平成21年10月27日松江地裁で開廷され強盗致傷罪に問われた島根県裁判員裁判第1号事件であると共に被害事件手続への被害者参加島根県第1号事件でもある。島根県内の各メディアは、開廷10日以上前から刑事法研究者の確保にかかり島根大学にも大学院法務研究科の研究者教員及び実務家教員とのコンタクトが開始された。

筆者は、読売新聞松江支局から開廷前日のコメントを含め全開廷日の傍聴とコメントを要請され、NHK松江放送局は開廷の3日間筆者を含む大学院法務研究科の研究者教員及び実務家教員のコメントを放映した[37]。

裁判員裁判を巡るこのような報道のあり方は、法科大学院教員のコメント等により市民の刑事裁判への関心を喚起するものであろう。このような傾向は、従来、裁判への関心がそれ程高くはない地域の裁判所でも同様であろう。

Ⅲ．裁判員裁判の問題点

1．序

本判決全文掲載の意図は、従来の職業裁判官のみの判決文との比較をすることにある。

本判決は、職業裁判官のみの判決に比して量刑判断について詳細な判示がなされており、そこに裁判員裁判の特徴が見られる。即ち、その特徴は、裁判員を含めた判断主体が懲役5年（求刑懲役6年）という量刑判断に至った経緯を検察官の主張及び弁護人の主張をも明示することにより詳細に判示されている点に窺がえる。

判決が、法廷での審理経験や人を裁く経験のない裁判員を前に法廷で展開された検察官及び弁護人の各主張を詳細に判示することは、判断過程の透明性を確保するのみならず量刑判断プロセスの事後的検証を担保する契機となるという点からも有意義である。職業裁判官のみの従来の判決では、量刑がどのように判断されたかは必ずしも明らかではなかった。

被告人及び弁護人が、公訴事実を争わず争点が量刑のみである本件のようなケースではとりわけ量刑判断プロセスを可能な限り明示し、可視化することが重要である[38]。

2．具体的問題点1——補充裁判員の被告人質問

補充裁判員による裁判長を通した被告人質問の有効性ないし妥当性については、法的根拠を含め疑義がある。補充裁判員による被告人質問は、7人目の潜在的裁判員の在廷を許容することになる[39]。

裁判員裁判は、一定期日内の集中的審理と裁判員の予期せぬ交代をも視野に一定数の補充裁判員を在廷させ円滑かつ迅速な審理の確保を図る裁判制度である[40]。

裁判員法2条2項は、裁判員の参加する合議体は通常3人の職業裁判官と6人の裁判員から構成されると規定する。

裁判員法は、特に補充裁判員の法廷での質問についての規定はない。しかし、本制度の趣旨からすれば、司法判断主体が、3名の職業裁判官から構成される

法廷との比較において裁判員裁判が被告人に過大な心理的プレッシャーを与えるものではあってはならない。

松江地裁の本合議体は、6名の裁判員の他に3名の補充裁判員で構成されていた。このことは、被告人にとって自分の面前の裁判官席に9名が在廷し、さらに後方にある補充裁判員席に3名補充裁判員が控え、12名の判断主体が在廷し多大のプレッシャーとなるものであろう。

本裁判員裁判では、2日目の法廷で被告人質問の際に、1人の補充裁判員が裁判長ではなく左陪席裁判官を介して「消費者金融への過払い金を被害弁償に充当出来たのではないか。」との被告人質問を行っていた。

裁判員法は、裁判員に対して証人等に対する尋問（同法56条）、被害者に対する質問（同法58条）及び被告人に対する質問（同法59条）を裁判長に告げてすることが出来ると規定する。また、裁判所以外での証人尋問等（57条）及び裁判員等の審理立会い（60条）については、裁判員及び補充裁判員に認めると規定する。裁判員法59条は、被告人に対する質問について「刑事訴訟法第311条の規定により被告人が任意に供述する場合には、裁判員は、裁判長に告げて、いつでも、裁判員の関与する判断に必要な事項について被告人の供述を求めることができる。」と規定する。また、同法10条1項は、補充裁判員について「裁判所は、審判の期間その他の事情を考慮して必要があると認めるときは、補充裁判員を置くことができる。ただし、補充裁判員の員数は、合議体を構成する裁判員の員数を超えることはできない。」と規定し、2項は、補充裁判員の審理立会いを認め、3項は、「補充裁判員は、訴訟に関する書類及び証拠物を閲覧することができる。」と規定する[41]。この様な規定の文言からは、補充裁判員の被告人質問は、どのような法的根拠に基づき許容され実施されるのか疑問である。池田 修判事は、証人等に尋問及び質問の必要のあるときは裁判長を介して質問することになると解説するが、補充裁判員の被告人質問については条文上の根拠を欠くと言わざるを得ない[42]。

このような批判に対しては、補充裁判員の被告人質問は職業裁判官が直接しているのであるから解釈上の疑義はないとの反論が考えられる。しかしながら、この反論は、職業裁判官が補充裁判員の代理で被告人質問をしている事実を等閑視するものであり、職業裁判官を「法の口」とする見解に基づくものであり、職業裁判官の思考に補充裁判員が影響力を及ぼすこととなり裁判官の独立性を

脅かすものである。

　補充裁判員の7人目の潜在的裁判員としての存在は、裁判員裁判の制度設計の許容するものとは言えないのではないか。

　更に、2日目の法廷では、女性の補充裁判員の1人が当日補充裁判員を解任されたが、解任の事実について裁判所は法廷で開廷時に論及しなかった[43]。少なくともどの様な理由から解任されたのかは、公正な裁判の保障という点からも法廷で被告人に対しては明示されるべきであり、解任が裁判員法41条乃至45条のいずれに基づくものであるかを明示すべきである（裁判員の参加する刑事裁判に関する規則38条及び39条）。

3．具体的問題点2――被害事件手続への被害者参加

　本裁判員裁判は、被害者が被害者参加制度を利用して在廷し裁判の進行を終始見守り、最後に被害者感情を供述した島根県内で最初のケースでもあり注目された（刑訴法292条の2、同316条の33乃至38）[44]。

　被害者による法廷での供述には、2つの問題が内包されている。

　第1の問題は、法廷に在廷し被告人と対峙することによる被害者の心理的負荷とその後のメンタルケアの問題である[45]。最高裁は、裁判員及び補充裁判員の心理的負荷に対してはカウンセリング等のメンタルケアを制度化しているという[46]。では、被害者参加制度を利用して在廷する被害者には、在廷することから生じる心理的負荷に対してはどのようなメンタルケアが用意されているのであろうか。本法廷では、被害者は開廷3日間延べ3時間15分検察官席に同席し続けた後、被告人質問終了後に僅か5分足らずで意見陳述をしただけである。被害者は、事件後被告人と同年齢の男性に恐怖感を抱いていると供述している。法廷で終始俯いて被告人の直ぐ横に座り続けることは、被害者に多大の心理的負荷が生じていることは明白である。被害者の法廷における第2次被害は、どのように対処されるのであろうか。

　第2の問題は、被害者の供述の裁判員に対する影響力の問題である。裁判員は、被害者の供述により決定的かつ多大の影響を受け易いと考えられる。

　裁判員は、開廷初日当初から検察官席に同席する黒衣を纏って終始目を伏せている被害者の女性を見続けている。開廷2日目、被告人質問終了後、論告弁論に先立ち、被害者の意見陳述が行われた。このような状況設定は、裁判員に

とり被害者への必要以上の関心を喚起するのではないか。その結果、被害者の供述の裁判員への影響が、端緒に窺がわれるのは量刑判断においてである[47]。

裁判員裁判と被害者参加制度がリンクするときには、一定の相乗効果が生ずるのではなかろうか[48]。

原田國男判事は、裁判員裁判においては被害者参加制度による被害者感情を客観化した上で可変的なファクターである犯行後の被害者自身の感情や犯行後の遺族の被害感情を一般情状として量刑の大枠の決定に際しては考慮すべきではないと主張する[49]。

4．具体的問題点3——量刑

本裁判員裁判では、弁護人が事実関係を争点とせず情状論に徹した感がある。公判での論争は、公判前整理手続過程がどのように展開されたかで審理の方向性が決定され、公判前整理手続段階での検察、弁護双方の力量の差が公判審理の展開を決定的にするといえる[50]。

裁判員裁判が開始されて以降比較的多くの事案では、これまで公判前整理手続で公訴事実を争うことは少なく、被告人が全面的無罪を主張したのは3件に過ぎず、量刑事情が争点となっている。東京地裁平成21年8月6日第1号裁判員裁判判決以降、同年末までに138件の裁判員裁判で142人の被告に判決が言い渡されている。被告全員に有罪が言い渡され、そのうちの約80％の被告110人に実刑判決が言い渡されている。また、執行猶予付きの有罪判決のうち、60％を超える被告20人に保護観察が付されている[51]。

他方、殺人事件や強姦事件の量刑では、求刑の90％を超える懲役刑判決が言渡され、厳罰化傾向が窺がわれる。具体的には、強盗殺人及び殺人事件では17人が判決を受け、親族間で発生した5件を除き、12人の量刑では求刑に対し平均90％の量刑の懲役刑を言渡されている。また、強盗強姦及び強姦致傷事件では既遂とされた6人全員が実刑判決を受け、4人は求刑通り、残り2人も求刑の95％から98％の量刑を言渡された[52]。

更に、最新の統計資料では、法律施行後2010年3月末までに判決言渡しがされた444人（以下、概数）の被告全員が有罪で、実刑が364人である。その内訳は、無期懲役7人（1.9％）、懲役25年超30年以下1人（0.3％）、懲役20年超25年以下6人（1.6％）、懲役15年超20年以下20人（5.5％）、懲役10年超15年以下42人（11.6％）、

懲役7年超10年以下78人（21.4％）、懲役5年超7年以下104人（28.6％）、懲役5年以下106人（29.1％）である。執行猶予は80人に付き、44人に保護観察が付いた（55％）。裁判員裁判による懲役5年超は、364人中258人（70.9％）であり、2008年4月から2010年3月までの間の職業裁判官による懲役5年超は、2908人中1597人（54.9％）であった。裁判員裁判の量刑は、職業裁判官による裁判の量刑を大きく凌駕している。裁判員裁判の量刑分布を詳細に検討すると、裁判員裁判の量刑は2極分解し、性犯罪事案等では厳刑化傾向にあり、家族内事案等では寛刑化傾向にあり保護観察付執行猶予の増加となっている。

　（準）強姦致傷事件では、28人に判決が言渡され懲役5年超は21人（75.0％）であり、2008年4月から2010年3月までの間の職業裁判官による懲役5年超は、198人のうち107人（54.0％）であった[53]。裁判員裁判の量刑は、職業裁判官による裁判の量刑を20ポイント凌駕している。比較すべき基本データ数に差異があるとはいえ、特に性犯罪事案は、従来の職業裁判官の量刑判断とは異なり厳罰化傾向が顕著である。

　以下の近時の4判例は、性犯罪の従来の量刑の不均衡性を明確に判示する。仙台地裁平成21年11月20日判決は、被害者（当時15歳）の首付近にカッターナイフを突き付け暴行脅迫を加え、コンドームを使用して姦淫し、更に被害者の女性器に指を挿入したり、被害者に口淫させた事案で、「（1）被害者にとって初めての性体験が今回の強姦事件でした。被害者の受けた精神的・肉体的な衝撃の程度は、性体験がある女性に比べてはるかに大きく、その苦痛は相当重大です。（2）被害者は、今回の被害を家族にしか打ち明けておらず、この問題をこの先自分で抱えて生きていかなければならないことを考えると、被害時の年齢が15歳であったという事実そのものも量刑を決める上で重要です。」と判示して、懲役9年10月（求刑懲役10年）に処した[54]。東京地裁平成21年11月20日判決は、芸能事務所のスカウトマンを装ってタレント志望の被害者（当時13歳）をだましてホテルに連れ込み、睡眠薬ハルシオン15錠を飲ませて昏睡状態の被害者の両手首と両膝を粘着テープで縛り上げてから強姦し、全治約2週間の傷害を負わせた準強姦致傷の事案で、求刑通り懲役8年に処した[55]。徳島地裁平成22年2月18日判決は、強姦既遂及び同未遂4件に問われた事案で「従前の裁判例では、強姦未遂事件はおおむね懲役3年前後、強姦が未遂で傷害の程度も比較的軽微な強姦致傷事件は懲役4から5年に分布しているが、被害者の立場

を考えるとやや軽すぎる」と判示し、懲役10年（求刑懲役12年）に処した[56]。また、大阪地裁平成22年３月５日判決は、窃盗目的で侵入した家屋で17歳の少女を姦淫しようとして強盗強姦未遂罪等に問われた事案で「これまで性犯罪の量刑は軽きに過ぎた。裁判員裁判が始まったのを機に一般市民の健全な処罰感覚で検討し直す必要がある」と判示し、求刑通り懲役７年に処した[57]。

　厳罰化傾向は、児童虐待事案の最初の裁判員裁判にも見られる。神戸地裁姫路支部平成21年12月11日判決は、長男（４歳）の手足をロープで縛って衣装ケースに閉じ込め、熱中症で死亡させ、遺体を２年近く冷蔵庫に隠していたとして逮捕監禁致死及び死体遺棄に問われた身体的虐待（physical abuse）事案で父親を懲役９年６月（求刑10年）に処した。同判決では、求刑を上回る法定刑の上限をも視野に入れて検討したことが伺える[58]。神戸地裁姫路支部平成22年１月18日判決は、上記長男に対する身体的虐待事案で母親を懲役６年（求刑懲役８年）に処した[59]。

　性犯罪事案や児童虐待事案では、行為事実と被害事実とを検討するとき、罪刑均衡の原則という視点からは、従来の職業裁判官による量刑は余りにも軽いのに比し裁判員裁判での量刑は妥当な判断であると評価される。

　裁判員裁判では、事実の認定、法令の適用及び刑の量定は裁判官及び裁判員の合議によるものとされ（裁判員法６条）、量刑判断において裁判員が裁判官と共に検討することとなる。量刑判断過程の変化は、従来の職業裁判官による量刑判断の再検討を余儀なくさせるものである。しかしながら、現実の裁判員裁判では、最高裁の量刑検索システムが裁判員の量刑判断の参考に供されている。

　量刑検索システムは、これまで蓄積されてきた職業裁判官による量刑相場のシステム化であり、裁判員が量刑判断に参加する趣旨とは相容れないものである。原田國男判事は、量刑判断に当って職業裁判官の意識改革の必要性を指摘した上で、裁判員制度下の量刑の在り方として、「量刑相場」から「量刑傾向」への変化を予想される[60]。

　このような裁判員裁判の量刑傾向に対しては、裁判員裁判における被告人の量刑への不満が控訴率の上昇からもうかがえる。平成21年８月６日から平成22年１月15日までに確定ないし控訴が判明している145判決（149被告）では、検察官控訴はなく、被告人控訴は実刑の48人によりなされ（控訴率32％）、確定判決は101件であった。職業裁判官だけで審理された2008年の全事件の控訴率

11％と比較すると、裁判員裁判における被告人の多くが量刑に不服をもっているものと推察される[61]。最新の統計資料によると、起訴内容を否認したのは、444人のうち120人（27％）であり、2010年2月末までに控訴したのは308人中99人（控訴率32.1％）であった。控訴率が特に高いのは、強盗強姦罪42.9％（7人中3人）であり、特別法事案では覚せい剤取締法違反事案48.6％（35人中7人）及び麻薬特例法50％（2人中1人）である[62]。

従来の職業裁判官による判決と裁判員裁判による判決との控訴率の顕著な差異は、公訴事実の争点化を回避し、情状面での有利な展開を意図する弁護人の方針と被告人の想定した量刑との離齬が背景にあるものと考えられる。

5．具体的問題点4——訴訟当事者のプレゼンテーション能力

裁判員裁判は、法律知識の十分ではない裁判員の面前で検察官及び弁護人双方が主張を展開し、裁判員に対し自己の主張を説得的に諒解させる点に特色がある。検察官及び弁護人の法廷活動では、それぞれの被告人への質問や立証の趣旨が明確でなければ裁判員の理解は得られない（裁判員の参加する刑事裁判に関する規則42条）。検察官及び弁護人のプレゼンテーション能力の差異は、裁判員の説得において法廷で顕著に顕在化する。本裁判員裁判の法廷では、組織的準備を進めてきた検察官と弁護人とのプレゼンテーションの力量の相異が明確に示された。弁護士会等の組織的対応の必要性は、被告人の裁判を受ける権利の確保という視点からも検討されねばならない。更に、検察官及び弁護人は、自己の法廷活動を批判的に事後チェックすることが不可避である。

裁判員ないし補充裁判員として裁判員裁判に参加した者に対するアンケート調査によると、「検察官、弁護人、裁判官の法廷での説明等はわかりやすかったですか」との設問に「わかりにくかった」と回答した内訳（括弧内は補充裁判員）は、検察官1.2％（1.7％）、弁護人11.2％（13.8％）、裁判官0.6％（0.3％）であり顕著な差異が見られる[63]。

6．具体的問題点5——公開の法廷

平成21年10月27日松江地裁で開廷された強盗傷害被告事件は、島根県裁判員裁判第1号事件として多大の関心を呼び、32の傍聴席を巡り372人の人々が傍聴券を求めて列をなした。列をなした大半の人々は、メディアの傍聴券確保の

ためのアルバイトとして動員された人々であり、3日間列をなした筆者も傍聴券を手にすることは出来ず、メディアにより確保された傍聴券で入廷した。

　本裁判員裁判の法廷には、筆者の様な傍聴を依頼された研究者教員と報道の腕章を巻いた多数のメディア関係者で傍聴席の大半を占め、一般市民で傍聴が可能であった者は10％弱であった。このような傍聴人で構成された本法廷は、従来の法廷とは様相を異にするものであり、被告人のみならず裁判員にも多大な心理的プレッシャーを与える異様な法廷であると言わざるを得ない。少なくとも裁判員裁判を健全に定着させ、市民が冷静に判断を下せる制度的保証なしには、被告人の裁判を受ける権利の確保という視点からも看過出来ない法廷の状況であり問題である。

7．具体的問題点6 ——裁判報道

　報道との関係からは、裁判員に及ぼすメディアの影響の有無が問題である[64]。裁判員裁判の進行状況を報道することは、国民の知る権利を担保する報道機関の重要な任務であることは疑問の余地はない。

　しかしながら、連日審理終了毎に検察官及び弁護人のその開廷日の印象を報道することは、裁判員に対する影響が皆無であろうか。裁判員は、法廷で検察官及び弁護人の主張を直接見聞し自らの心証形成をおこなっている。閉廷後は日常生活の場に戻っている裁判員にとって、当事者である検察官及び弁護人のコメントが報道されるとき心証形成に影響を及ぼしはしないかとの疑念である[65]。

　8．法曹三者は、松江地裁平成21年10月29日判決言渡し後、本裁判員裁判について以下のコメントをしている。

　大橋広志検事は、「検察の主張・立証が裁判員の皆さんのご理解を得ることができた。」と感想を述べ、「この経験を踏まえ、どのようにしていけば裁判員により分かりやすく的確に主張していけるのか、検討していきたい。」とコメントし、また、松江地検の葛谷　茂次席検事は、「地検内で若手の職員が裁判員役となって公判の練習などをしてきた。」ことを明かし、今後については「報道などを見て、改善点を探っていきたい。」とコメントした。

　安藤有理弁護人は、会見で「執行猶予を主張していたが、受け入れられなかったのは残念」と述べた。量刑について、「5年という判決は、通常より若干重

いと感じる。自分の今までの経験では、このような事件は4年から4年半ぐらいだと思った。強盗致傷という罪名の印象も影響していると思う。」とコメントした。また、判決後の被告について、「量刑が重いという印象を持ったようだったが、不服とか批判的な話は出てこなかった。」とコメントした。

吉井隆平裁判長は、「裁判員・補充裁判員の皆様には、誠実かつ熱心に審理や評議に参加していただき、裁判官と裁判員・補充裁判員が一つになって、制度の趣旨に沿った充実した裁判を行うことができたと思います。」とコメントした[66]。

法曹三者の各コメントは、島根県裁判員裁判第1号事件である本裁判にかける各自の専門職としての意識が鮮明化され、今後の裁判員裁判制度の充実を図る上で示唆を含むものである。

Ⅳ. 結　語

1. 本稿は、司法制度改革の一環として裁判員裁判制度が実施されたのを契機に島根県裁判員制度第1号の松江地裁平成21年10月29日判決を素材として裁判員制度に内在する問題を検討した。

裁判員制度の問題点としては、幾つかの基本的問題を挙げることができる。

第1は、憲法の保障する国民の裁判を受ける権利を侵害しないかとの問題である[67]。

裁判員裁判の罪名別新受人員は、平成22年3月末現在1,662人であり判決言渡しのされた既済人員は444名で未済人員は1,218名である（未済率73.3％）。他方、職業裁判官の統計によると、平成20年度地方裁判所の訴訟事件対象人員119,574名（新受及び前年度未済）で未済人員は24,378名であり（未済率20.4％）、同平成19年度地方裁判所の訴訟事件対象人員126,370名（新受及び前年度未済）で未済人員は26,006名である（未済率20.6％）。裁判員裁判における未済率の顕著な増加は、被告人の勾留の長期化と共に迅速な裁判を受ける権利を侵害するものである[68]。

更に、否認事件等では、裁判員裁判の審理期間の長期化傾向がある[69]。被告人の納得のゆく審理の実現の保障と迅速な裁判の実現という相反する権利の前では、被告人の権利の擁護が不可避となる。このような視点からは、被告人に

裁判員裁判の受容の選択権を与えるべきであるとの見解が主張される[70]。

　第2は、裁判官を通しての補充裁判員の被告人質問は、基本的に6名の裁判員によって構成される裁判員制度の制度設計に反するのではないかとの疑念である。即ち、補充裁判員の7人目の潜在的裁判員としての存在を肯定することにならないか、また如何なる根拠規定に基づいて許容されるのかとの疑念である。

　第3は、裁判員が、量刑判断において被害者感情の影響を受けて重罰化傾向にあるのではないかとの疑念である。被害者参加制度の併用の事案では、顕著である。

　第4は、裁判員が審理に参加することで過重な心理的負担を強いられてはいないかとの疑念である。とりわけ、死刑の求刑の可能性のある事案や性犯罪事案では顕著である[71]。

　第5は、今後増大するであろう職業裁判官による控訴審及び上告審の判断である[72]。裁判員裁判の判断が、職業裁判官の精密司法によって否定されるならば国民の司法参加の意義が薄れるであろう。全国で第1号の裁判員裁判判決は、平成21年8月6日に東京地裁で言い渡された殺人罪の事案であり、被告人は懲役15年に処せられた。全国初の控訴審である東京高裁平成21年12月17日判決は、被告人の控訴を棄却した。被告人は、更に上告をした[73]。

　2010年2月末現在、裁判員裁判で判決を言渡された308名の被告人のうち控訴した者は99名（控訴率32.1％）である。同年3月末で控訴審終局人員は18名でいずれも被告人控訴であり、6名が控訴を取下げ、12名全員の控訴が棄却されている[74]。

　大阪高裁平成22年3月16日判決は、量刑不当との弁護側の主張に対して、「国民の視点、感覚が反映され、従来の量刑相場的な範囲を超えることも想定される。1審判決は健全な社会常識に照らして不合理ではない。」と判示して控訴を棄却した[75]。

　東京高裁平成22年4月22日判決は、2009年3月9日、千葉県御宿町の知人の中国人男性（当時30歳）方で男性の胸を包丁で刺し殺害、遺体を栃木県内に遺棄し、宇都宮地裁の裁判員裁判で懲役18年に処せられた事案で、裁判員制度は憲法32条の「裁判所で裁判を受ける権利」や37条の「公平な裁判所の公開裁判を受ける権利」を侵害して違憲であるとの弁護人の主張に対し、「憲法は裁判

官以外のものを裁判所の構成員とすることを禁じておらず、被告の権利を侵害するものではない」との合憲判断を示し、控訴を棄却した。同判決は、憲法と同時に制定された裁判所法が、陪審制度を設けることを妨げないと規定していることなどから、「憲法制定当時の立法者の意図も、国民の参加した裁判を排除するものではなかった」と判示し、裁判員制度が、有罪認定や刑の重さについては裁判員だけの多数では決められず、裁判官の意見を含む過半数で決めるとしている点に触れ、「法に従った公平な裁判を求めている憲法の要請に沿う」と判示した[76]。

最高裁司法研修所は、控訴審のあり方について「控訴審は国民の視点、感覚、経験が反映された結果をできる限り尊重する必要がある」と提言している[77]。

第6は、裁判員裁判の対象事件の再検討である。裁判員裁判の対象事件は、裁判員法2条1項で規定され、除外事件については同法3条1項で規定する。裁判員法2条1項は、法定刑で裁判員裁判の対象事件を規定するが、単に法定刑だけで対象事件を規定して良いのかの検討が必要となる。一例を挙げると、薬物事案は、所謂被害者なき犯罪であり、裁判員にとっては被害者が直接見えないということもあり、裁判員経験者からは対象事件として妥当であるかに疑問が呈せられている[78]。

第7は、裁判員裁判において法廷通訳の質量が十分維持されているかとの問題である[79]。

2．裁判員裁判実施に伴うメリットとしては、松江地裁平成21年10月29日判決を見る限りでは量刑判断プロセスが従前に比し可視化されたことである。同様な傾向は、鳥取地裁平成22年3月2日判決でも見られる。同裁判では、担当裁判員が会見で量刑判断に際し疑問な点を裁判長が分かり易い言葉で説明してくれたと感想を述べている[80]。

裁判官の裁判員に対する理解を助長する説明の姿勢は、裁判長に要請されるものである（裁判員法66条5項）。このような裁判員に対する配慮が、量刑判断プロセスを詳細に判決文に示される結果となっているものと思われる。

刑事裁判過程は、犯罪行為を行った被告人の行為を検討対象としながら被告人の自省を通しての自己改善という特別予防と犯罪行為の抑制という一般予防との双方を指向するものである。量刑理由を明確化・可視化することは、裁判過程において被告人が何故処罰され、どの程度の量刑を科されるかを自覚する

契機となるものである。量刑理由の詳細な判示は、裁判過程のもつ意義を再確認するものである。

　3．裁判員制度導入にあたり、法曹三者の準備状況には厳然たる差異があった。本稿で検討した島根県裁判員裁判第1号事件である松江地裁で審理された事案では、検察官と弁護人の立証活動には顕著な力量の相違が見られた。刑事被告人の裁判を受ける権利の確保という視点からは、問題を内包するものであり弁護士個人の能力の問題としてではなく組織としての弁護士会のバックアップが必要である[81]。

　裁判員裁判制度は、現実に施行され判例の蓄積を見るに至っている[82]。最高裁は、平成21年12月末現在実施された142件の裁判員裁判についての実施状況（統計データ・裁判員等経験者に対するアンケート結果・裁判員経験者の声）及び「裁判員制度の運用等に関する有識者懇談会」配布資料等最新のデータを公表している[83]。

　裁判員裁判制度の検証機関として、最高裁判所は、中央大学副学長同大学院法務研究科・法学部教授椎橋隆幸を座長に「裁判員制度の運用等に関する有識者懇談会」を発足させ裁判員裁判制度の運用上の問題を継続的に審議してゆく方針を示している[84]。また、法務省は、東京大学大学院法学政治学研究科長・法学部長井上正仁を座長に「裁判員制度に関する検討会」を設置し、法律の専門家と非専門家からの意見を下に「法務省が検討作業を行うに当たり、皆様方の御意見を伺う場として開催する会合という位置付け」、「議論の内容を真摯に受け止めて、検討作業にいかし」ながら裁判員制度を検証する[85]。

　今後の裁判実務を検証しながら常に問題の所在を持続的に検討することが、より良い裁判員裁判制度を確立するための絶えざる課題である[86]。

1）　『司法制度改革審議会意見書-21世紀の日本を支える司法制度-』、平成13年、13頁以下参照（http://www.kantei.go.jp/jp/sihouseido/report/ikensyo/pdfs/iken-1.pdf）。司法制度改革審議会は、平成11年7月27日第1回を開催し、平成13年6月12日第63回で終了した（http://www.kantei.go.jp/jp/sihouseido/990830gijiroku1.html）。司法制度改革審議会の構成メンバーは、会長：近畿大学法学部教授・京都大学名誉教授佐藤幸治、会長代理：一橋大学名誉教授・駿河台大学学長竹下守夫、委員：（株）石井鐵工所代表取締役社長石井宏治、東京大学法学部教授井上正仁、中央大学商学部長北村敬子、作家曽野綾子、日本労働組合総連合会副会長高木　剛、慶應義塾大学学事顧問（前慶應義塾長）鳥居泰彦、弁護士（元日本弁護士連合会会長）中坊公平、弁護士（元広島高等裁判所長官）藤田耕三、弁護士（元名古屋高等検察庁検事長）水原敏博、東京電力（株）取締役副社長山本　勝、主婦連合会事務局長吉岡初子の13氏である。司法制度

改革審議での審議は粗雑であったとする批判として、西野喜一『裁判員制度批判』、西神田編集室、2008年、3頁以下参照。
2）伊東研祐「『刑事司法の主体を問う-裁判所・検察と市民参加』-ある刑事実体法専攻者の印象」、法社会学72号（2010年）48頁以下参照。本誌には、興味深い論稿が掲載されている。裁判員制度実施直前になされたシンポジウムⅠ「人々の裁判員制度への態度とその受容」で展開されている実証的論稿は、今後のデータ分析との関連でも重要な基礎研究である。
3）『司法制度改革審議会意見書』、平成13年、14頁以下参照。
4）裁判員制度について、柳瀬 昇『裁判員制度の立法学-討議民主主義理論に基づく国民の司法参加の意義の再構成』、日本評論社、2009年、同「裁判員制度の運用と司法権の正当性の危機」、ジュリスト1400号（2010年）36頁以下参照。陪審制度との比較の視点から、リチャード・グラディング「日本の裁判制度 英米の陪審制度から学べること」、島大法学52巻2号（2008年）59頁以下参照。
5）田口守一「裁判員制度の理論的基礎」、刑事法ジャーナル13号（2008年）2頁以下参照。
6）裁判法41条1項6号の資格により現在任命されている最高裁判事は、行政官出身者として櫻井龍子（労働省女性局長）及び竹内行夫（外務事務次官）、学者出身者として藤田宙靖（東北大学）である。藤田判事の後任として2010年4月12日付けで岡部喜代子（東京家裁判事を経て慶應大学大学院法務研究科教授・民法）が任命された。最高裁判事任命の透明性の確保という点から選任理由の国民への開示が要請される。今関源成「最高裁裁判官の任命慣行の問題点」、ジュリスト1400号（2010年）26頁以下及び朝日新聞2010年4月15日社説参照。
7）裁判員制度の趣旨ないし目的について、最高裁判所の見解（http://www.saibanin.courts.go.jp/introduction/index.html）、検察庁の見解（http://www.kensatsu.go.jp）、日弁連の見解（http://www.nichibenren.or.jp/ja/citizen_judge/about/simin_sanka.html）が表明されている。坂井一郎元福岡高検検事長は、今回の司法制度改革について法曹三者の刑事司法制度改革をめぐる内部的対立が、司法制度改革審議会という「第三者委員会」に解決を丸投げし、国民世論にも沿わない制度設計となり、実務家にとり「天から降ってきた改革」との違和感を生じたと指摘する。坂井一郎「裁判員制度創設過程に関する疑義」、法社会学72号193頁以下参照。
8）陪審法の成立過程について、臨時法制審議会『陪審制度採否ニ関スル答申書』の答申内容は、以下の通りである。本書は、法務図書館蔵であり、表紙右上隅に「秘」の朱印が押印されている。臨時法制審議会の構成メンバーについて、拙著『改正刑法假案成立過程の研究』、成文堂、2003年、27頁註（7）参照。

「
答申書
臨時法制審議会ハ閣下ノ諮問ニ因リ慎重審議ヲ遂ケタル末全会一致ヲ以テ司法裁判ニ付陪審制度ヲ採用スルヲ可トシ別冊ノ如ク其ノ綱領ヲ定ムヘキモノト議決セリ
茲ニ審議ノ経過ヲ略叙セムニ昨年七月二十五日陪審制度ニ関スル事項ノ諮問アリタルヲ以テ本職ハ先ツ幹事ニ対シテ各国ノ立法例其ノ他必要ナル参考資料ノ調査ヲ命シ同年十月二十四日委員総会ヲ開キテ前記ノ諮問ヲ其ノ議ニ付シ大体ニ関シ当局ノ説明ヲ聴取シ質問応答ヲ重ネテ其ノ主旨ヲ明ニシ議事規則第十五條ニ依リ別記ノ主査委員ヲ指名シテ答申スヘキ事項ヲ審査セシムルコトヽセリ主査委員会ハ委員一木喜徳郎ヲ主査委員長ニ互選シ昨年十一月五日以降前後二十一回ニ亘リ会議ヲ開キ本年六月九日ヲ以テ綱領ヲ議了シ同月二十一日主査委員長ハ其ノ議決ニ基キ報告書ヲ提出セリ
主査委員会ハ陪審制度ノ綱領ヲ審査スルニ方リ帝国ノ法制トシテ名分ヲ保持スルコトニ留意シ殊ニ帝国憲法ノ法章トノ関係ニ付イテハ慎重ニ考慮スル所アリタリ欧州諸邦ノ現行制度ハ概ネ数百年来ノ旧慣古格ヲ因襲シ其ノ弊害ノ顕著ナルモノアルモ容易ニ之ヲ改ムルコト能ハサルカ如シ主査委員会ハ深ク之ニ思ヲ致シテ萬一ノ失ナカラムコトヲ期シ外国ノ立法例ハ之ヲ参酌セルモ其ノ形式及実質ノ我国情ニ適スルヤ否ヲ研覈シ取捨選擇スル所アリタリ会議ノ當初ニ在リテハ各委員ノ主張スル所一ニ出テサリシモ論議ヲ累ネ意見ヲ交換スルニ從イ其ノ主眼トスル所

合致スルニ至リ遂ニ全会一致ノ成案ヲ得タルモノナル主査委員会ノ決議シタル事項ハ別記主査委員長報告書ノ如シ本職ハ六月二十八日ヲ以テ委員総会ヲ招集シ主査委員長ノ報告其ノ議ニ付シタルニ質問応答ヲ累ナタル後委員総会ニ於イテモ亦全会一致ヲ以テ之ヲ可決シタリ
抑陪審制度ノ樹立ニ関スル問題ハ我那十数年来ノ懸案ニシテ学者及実際家ノ論議大イニ径庭アリテ其ノ帰郷スル所ヲ知ルコト能ハサリシモノタリ然ルニ本会カ短日月ノ間ニ於テ此ノ重大ナル懸案ヲ解決シ其ノ綱領ヲ議決スルニ至リタルハ時勢ノ進運ノ然ラシムル所ナルヘシト雖モ畢竟委員各自カ熱心渾励審査ニ従事シタル虚心坦懐能ク互譲ノ態度ヲ以テ解決ニ努力シタルトニ由ラスンハアラス而シテ其ノ間ニ処シテ担当幹事カ副総裁指揮ノ下ニ励精審議ノ原案ヲ作成シ且ツ外国ノ立法例及ヒ学説等ヲ翻訳シ其ノ他諸般ノ資料ヲ提供シテ委員ノ攻究ニ裨補シタルモノ多大ナリシコトハ主査委員ノ功労ト共ニ特筆シテ閣下ニ報告スル所ナリ
右及答申申候也
　　大正九年七月三日
　　　　　　臨時法制審議会総裁男爵穂積陳重
　　内閣総理大臣原　敬殿

本答申書は参考記録として、1　主査委員氏名、2　担当幹事氏名、3　開会ノ日時、4　調査資料ノ目録を付記する。

1　主査委員氏名
　一木喜徳郎、横田國臣、倉富勇三郎、富谷太郎、美濃部達吉、磯部四郎、花井卓蔵、鵜澤聰明、江木　衷、原　嘉道（以上大正八年十月二十四日指名）松室　致（以上大正八年十一月一日指名）横田千之助、松田源治（以上大正九年四月七日指名）
2　担当幹事氏名
　馬場鍈一、豊島直道、谷田三郎、飯島喬平、小山松吉、池田寅三郎、牧野英一、鳩山秀夫（以上大正八年十月二十四日指名）横田千之助、鈴木喜三郎（以上大正八年十月十五日任命）
3　開会ノ日時
　総会三回
　　第一回（大正八年七月十六日）、第二回（大正八年十月二十四日）、第三回（大正九年六月二十八日）
　主査委員会二十一回
　　第一回（大正八年十一月五日）、第二回（大正八年十一月十二日）、第三回（大正八年十一月十九日）、第四回（大正八年十一月二十六日）、第五回（大正八年十二月三日）、第六回（大正八年十二月十日）、第七回（大正八年十二月十七日）、第八回（大正八年十二月二十四日）、第九回（大正九年一月二十八日）、第十回（大正九年二月四日）、第十一回（大正九年二月十八日）、第十二回（大正九年三月三日）、第十三回（大正九年三月十日）、第十四回（大正九年三月十七日）、第十五回（大正九年四月十四日）、第十六回（大正九年四月二十一日）、第十七回（大正九年五月十二日）、第十八回（大正九年五月十九日）、第十九回（大正九年五月二十六日）、第二十回（大正九年六月二日）、第二十一回（大正九年六月九日）、
　幹事会十三回
　　第一回（大正八年七月二十九日）、第二回（大正九年四月二十三日）、第三回（大正九年四月二十七日）、第四回（大正九年四月二十八日）、第五回（大正九年五月四日）、第六回（大正九年五月五日）、第七回（大正九年五月十一日）、第八回（大正九年五月十八日）、第九回（大正九年六月一日）、第十回（大正九年六月十日）、第十一回（大正九年六月十三日）、第十二回（大正九年六月十六日）、第十三回（大正九年六月十七日）
4　調査資料ノ目録
　（一）　諮問第二号に対する卑見（江木委員提出）

(二)　陪審制度に関する沸國法制
(三)　獨逸参審及陪審法規
(四)　陪審制度論（謄写版）
(五)　理想の憲政（江木委員提出）
(六)　陪審制度に関する論説
(七)　スコット遺言訴訟の概要（謄写版）
(八)　第二十六回帝国議会衆議院陪審制度設立に関する建議案議事録
(九)　獨逸刑事訴訟法改正委員会議事録抄訳
(一〇)　英國に於ける陪審制度の概要
(一一)　諮問第二号卑見追加「陪審制度と憲法との関係」（江木委員提出）
(一二)　諮問第二号に対する卑見追加第二　　　（同　　上）
(一三)　墺　太　利
　　　　獨　　乙　　参審竝陪審法規
　　　　ブルガリヤ
(一四)　エスマイン著大陸刑事訴訟手続沿革史
(一五)　獨逸参審竝陪審裁判の研究
(一六)　陪審官の心理
(一七)　刑事事件に付陪審裁判所の管轄に関する外国立法例要旨（其の一）（謄写版）
(一八)　現行獨逸裁判所構成法制定材料中抄訳
(一九)　諸説概説（謄写版）（江木委員提出）
(二〇)　審議の主要点（謄写版）（同上）
(二一)　獨逸ノ陪審制度
(二二)　エトケル著陪審及び参審裁判手続の一節
(二三)　陪審裁判所の改正及陪審裁判所に於ける手続
(二四)　獨逸陪審裁判所判決及附属書類外二種（謄写版）
(二五)　英國裁判所に於ける教示実例（同上）
(二六)　ジー、ジー、アレキサンダー著英國刑事裁判制度論（印刷未了）
(二七)　獨逸連邦各國憲法（抄訳）（印刷未了）
(二八)　亜爾然丁共和國憲法、濠太利共和國憲法、墺地利國憲法、智利國憲法、丁抹國憲法、葡萄牙國憲法、瑞西國憲法、北米合衆國憲法、北米合衆國憲法ノ追加及白耳義國憲法、伯剌西爾國憲法（各抄訳）
(二九)　英國陪審制度調査会報告書（翻訳中）

9)　陪審法の成立過程について、三谷太一郎『政治制度としての陪審制』、東京大学出版会、2001年、150頁参照。法務省の裁判員裁判の広報・裁判員制度コーナー（http://moj.go.jp/SAIBANIN/koho/gallery0.2.html）及び日弁連による紹介（http://nichibenren.or.jp/ja/citzen）参照。
10)　『司法制度改革審議会意見書』、平成13年、57頁以下参照（http://www.kantei.go.jp/jp/sihouseido/report/ikensyo/pdfs/iken-3.pdf）。
11)　http://www.nichibenren.or.jp/ja/opinion/report/data/090116.pdf
12)　http://www.mext.go.jp/component/ b _menu/shingi/toushin/_icsFiles/afieldfile/2009/04/20/1261059
第5期中央教育審議会大学分科会法科大学院特別委員会の構成メンバーは、臨時委員として座長・関西学院大学大学院司法研究科教授田中成明、株式会社東芝顧問有信睦弘の2氏、専門委員として座長代理・東京大学大学院法学政治学研究科長・法学部長井上正仁、神戸大学大学院法学研究科教授磯村　保、三菱商事株式会社法務部長福田仁士、法務大臣官房司法法制部司法法制課長小山太士、弁護士笹井　治、早稲田大学大学院法務研究科長鎌田　薫、首都大学東京大学院社会科学研究科教授木村光江、中央大学副学長・大学院法務研究科教授椎橋隆幸、社団法人共同通信社論説委員・編集委員土屋美明、関西大学法学部教授永田眞三郎、学習院大学法務

研究科教授長谷部由起子、司法研修所事務局長林道晴、岡山大学大学院法務研究科教授松村和徳、一橋大学大学院法務研究科教授山本和彦の14氏である。なお、同委員会には第1ワーキング・グループとして主査・早稲田大学大学院法務研究科長鎌田薫、主査代理・関西大学法学部教授永田眞三郎、中央大学大学院法務研究科教授大貫裕之、東京大学大学院法学政治学研究科・法学部教授大村敦志、京都大学大学院法学研究科・法学部教授笹井正俊、立教大学大学院法務研究科教授野沢正充、広島大学大学院法務研究科教授平野敏彦の7氏の専門委員、第2ワーキング・グループとして主査・神戸大学大学院法学研究科教授磯村保、主査代理・東京大学大学院法学政治学研究科教授山口厚、中央大学大学院法務研究科教授石川敏行、早稲田大学大学院法務研究科教授大塚直、名古屋大学法学部・法学研究科教授小林量、法務省大臣官房司法法制部参事官佐々木宗啓、東京医科歯科大学副学長・大学院医歯学連合研究科教授（司法修習委員会委員）高瀬浩造、司法研修所教官田村政喜、京都大学大学院法学研究科教授土井真一、上智大学大学院法学研究科教授長沼範良、京都大学大学院法学研究科教授酒巻匡、弁護士藤原浩、一橋大学大学院法務研究科教授山本和彦の13氏である。最新の中央教育審議会大学分科会法科大学院特別委員会（第37回）の議事録については、http://www.mext.go.jp/b_menu/shingi/chukyo/chukyo04/012/gijiroku/1291881.html参照。

13) 法曹養成制度に関する検討ワーキングチームの構成メンバーは、担当省委員として法務副大臣加藤公一、文部科学副大臣鈴木寛、法務大臣官房人事課長林眞琴、法務大臣官房司法法制部長深山卓也、文部科学省徳永保、法曹三者等委員として最高裁判所事務総局審議官菅野雅之、東京地方検察庁総務部長片岡弘、日本弁護士会嘱託丸島俊介、東京大学大学院法学政治学研究科長・法学部長井上正仁、早稲田大学大学院法務研究科長鎌田薫の10氏である（http://www.moj.go.jp/shingi/shingi00340004.html）。

14)「法曹養成制度に関する提言」の構成メンバーは、前連合会長髙木剛、元東京大学総長佐々木毅、京都大学名誉教授佐藤幸治、早稲田大学大学院教授北川正恭、経済同友会専務理事小島邦夫の5氏である（http://www.moj.go.jp/content/000036362.pdf）。

15) 新司法試験合格者数については、法務省及び文部科学省が有識者会議を設置し適正な合格者数の検討を始めるという。日弁連は、現行計画では法曹の質の確保と弁護士の就職難から見直しを検討する。政府は、法曹人口の全体数や合格者数の目標を作成し、合格者数の下方修正の方向で見直し、改めて閣議決定をする方針という。読売新聞2010年1月5日参照。なお、次期日弁連会長選挙において、第1回の選挙で当選者が決定せず、再投票の結果、司法制度改革を継続し新司法試験合格者数を当初の予定通りとする現執行部体制候補者に対して、新司法試験合格者数を年間1500人規模とする反対派候補との争いになり後者の宇都宮健児氏が当選している。投票結果については、弁護士数の増大が業務の維持を困難にしており新司法試験合格者数の半減を主張した候補者が当選したとの分析がある。新司法試験合格者数を年間1500人規模とする主張には、「業界が既得権益を守ろうとしている」（毎日新聞2010年3月12日社説）、「法曹三者の一翼を担う組織としての責任ある行動が求められる。弁護士の利益を最優先に守る姿勢では、日弁連への信頼は生まれまい。」（読売新聞2010年3月12日社説）、「司法制度改革は経済界や労働団体、消費者団体など幅広い国民の要請をうけ、日弁連、法務省、最高裁の法曹3者で進めてきた経緯がある。弁護士会の都合だけで、（合格者数の＝筆者註）大幅な見直しをすることはできない。」（朝日新聞2010年3月12日社説）との厳しい批判がある。

16) 顧問会議発足時の構成メンバーは、経済団体連合会会長今井敬、評論家大宅映子、早稲田大学総長奥島孝康、日本経済新聞社論説主幹小島明、東京大学総長佐々木毅、日本労働組合総連合会会長笹森清、京都大学名誉教授・近畿大学法学部教授佐藤幸治、津田塾大学学長志村尚子の8氏で座長は佐藤幸治氏である。顧問会議は、平成14年1月18日第1回会議を開催し、平成14年5月16日第4回会議で終了している。議事録については、http://www.kantei.go.jp/jp/singi/sihou/index.html参照。

17) 各検討会の審議状況及び構成メンバーについて、http://www.kantei.go.jp/jp/singi/sihou/kentoukai/kaisai.html参照。

18) 裁判員制度・刑事検討会は、平成14年2月28日第1回を開催し平成16年7月6日第32回で終

了した。裁判員制度・刑事検討会の構成メンバーは、座長・東京大学教授井上正仁、委員東京地方裁判所判事池田 修、九州大学教授大出良知、東京工科大学教授清原慶子、上智大学教授酒巻 匡、弁護士四宮 啓、弁護士井康行、共同通信社論説委員土屋美明、最高検察庁検事中井憲治、慶応義塾大学教授平良木登規男、警察庁刑事局刑事企画課長廣畑史朗の11氏である（http://www.kantei.go.jp/singi/sihou/kentoukai/saibanin/dai1/gijiroku.html）。

19）　明日の裁判所を考える懇談会の構成メンバーは、消費科学連合会会長大木美智子、早稲田大学大学院教授・前三重県知事北川正恭、国際公共政策研究センター理事長田中直毅、東京福祉大学大学院教授平木典子、ジャーナリスト桝井成夫、東京大学名誉教授松尾浩也、前科学技術文明研究所所長米本昌平の7氏である（HPではジャーナリスト桝井成夫と記載されているが、協議内容から大谷昭宏氏の誤記ではないかと考える）。懇談会は、平成14年1月25日第1回を開催し、平成19年5月7日第17回まで開催されている。協議内容については、http://www.courts.go.jp/saikosai/about/iinkai/asu_kondan/asu_kyogi1.html参照。

20）　最高裁判所は裁判員制度の広報にあたり、「裁判員裁判広報に関する懇談会」を設置した（http://www.saibanin.courts.go.jp/shiryo/kondan1/kondai_1_1.html）。最高裁判所の裁判員制度のHPには、最新の情報が掲載されている（http://saibanin.courts.go.jp/introduction/index.html）。

21）　法制審議会刑事法（裁判制度関係）部会の構成メンバーは、部会長・明治大学教授川端 博、部会長代理・中央大学教授椎橋隆幸、東京大学教授井上正仁、委員・東京高等裁判所判事植村立郎、最高裁判所事務総局刑事局長大谷直人、弁護士（横浜弁護士会所属）岡田 尚、法務省刑事局長小津博司、最高検察庁検事酒井邦彦、共同通信社論説副委員長兼編集委員土屋美明、上智大学教授長沼範良、警察庁刑事局長縄田 修、弁護士（大阪弁護士会所属）西村 健、法務省大臣官房審議官三浦 守の13氏、幹事・最高裁判所事務総局刑事局第二課長伊藤雅人、内閣法制局参事官岩尾信行、法務省刑事局参事官上冨敏伸、名古屋大学教授大澤 裕、法務省刑事局刑事法制管理官大谷晃大、弁護士（第二東京弁護士会所属）河津博史、警察庁刑事局刑事企画課刑事指導室長白川靖浩の7氏及び関係官・法務省特別顧問松尾浩也である。諮問骨子は、部分判決制度、証人尋問等の記録媒体への記録、公判調書の整理等である。これらの点について審議がなされ、要綱（骨子）が法制審議会（総会）に報告された（http://www.moj.go.jp/shingi/shingi1/shingi2_061218-1.html）。

22）　最高裁は、明日の裁判所を考える懇談会第16回の資料として、「目で見て耳で聞いて分かる裁判（公判主義）への転換」として、争点の明確化、証人を中心とした審理をあげる。このような転換により、「・当事者の主張・立証面での負担と責任が徹底され、審理が活性化、・判決の事実認定は、犯罪事実と量刑に重要な影響を与える事実に限定、・国民の率直な感覚が反映され、量刑はある程度の範囲でこれまでよりも幅が拡大」すると指摘する（http://www.courts.go.jp/saikosai/about/iinkai/asu_kondan/asu_kyogi1.html）。堀江慎司「公判手続における直接主義・口頭主義」、刑法雑誌43巻3号（2004年）438頁以下、井上正仁「刑事訴訟法60年・裁判員法元年-序言」、ジュリスト1370号（2009年）2頁以下、井上正仁・酒巻 匡・大澤 裕・池田 修・三浦 守・岩村智文「座談会・総括と展望」、ジュリスト1370号（2009年）178頁以下参照。神山啓史＝岡 慎一「裁判員裁判と『当事者主義の重視』」、判タ1274号（2009年）43頁以下参照。直接主義・口頭主義の具現化された場として連日的開廷の運用を肯定する見解として、杉田宗久「公判前手続の現状と課題-裁判所の立場から-」、刑法雑誌48巻3号（2009年）49頁以下、特に65頁以下参照。

23）　裁判員制度実施に先立ち、最高裁判所は全国の主要な裁判所で模擬裁判を開き問題点の検討を行ってきた。具体的問題としては、正当防衛及び責任能力について議論がある。駒田秀和判事、高嶋智光検事及び小坂井 久弁護士の論稿として、「難解な法解釈と裁判員制度-正当防衛に関する模擬裁判を通して-」、刑事法ジャーナル10号（2008年）71頁以下、駒田秀和判事、高嶋智光検事及び田岡直博弁護士の論稿として、「難解な法解釈と裁判員制度-責任能力に関する模擬裁判を通して-」、刑事法ジャーナル11号（2008年）61頁以下、最高裁判所事務総局「模擬裁判の成果と課題-裁判員裁判における公判前整理手続、審理、評議及び判決並びに裁判員等

選任手続の在り方」、判タ1287号（2009年）12頁以下参照。模擬裁判の成果として、司法研修所編『難解な法律概念と裁判員裁判』、法曹会、2009年参照。本書を巡っては、高橋則夫及び笠井　治両教授の論稿がある。特集「裁判員裁判と難解な法律概念」、刑事法ジャーナル18号（2009年）2頁以下参照。

24）　大澤　裕「『新たな準備手続』と証拠開示」、刑法雑誌43巻3号（2004年）426頁以下、杉田宗久「公判前手続における『争点』の明確化について-被告人側の主張明示義務と争点関連証拠開示の運用をめぐって-」、判タ1176号（2005年）6頁以下、寺崎嘉博「公判前整理手続の意義と『やむを得ない事由』の解釈、刑事法ジャーナル2号（2006年）2頁以下、村瀬　均「公判前整理手続と公判手続の運用-裁判員制度を念頭において-」、同誌21頁以下、西田眞基判事、田野尻猛検事及び宮村啓太弁護士の論稿として、「公判前整理手続の現在と課題」、刑事法ジャーナル7号（2007年）2頁以下、河村宣信判事、高嶋智光検事及び宮村啓太弁護士の論稿として、「裁判員裁判における審理の在り方（1）-公判前整理手続-」、刑事法ジャーナル12号（2008年）31頁以下、杉田宗久「公判前手続の現状と課題-裁判所の立場から-」、刑法雑誌48巻3号（2009年）49頁以下、保坂和人「公判前手続の現状と課題-検察官の立場から-」、同誌81頁以下、秋田真志「弁護人の立場からみた公判前手続の現状と課題」、同誌93頁以下参照。

25）　長谷部恭男他・日本国憲法研究第1回・裁判員制度、〔座談会〕ダニエル・フット教授の指摘、ジュリスト1363号（2008年）91頁以下参照。覚せい剤取締法違反に問われ千葉地裁平成22年1月18日判決で懲役9年罰金400万円に処せられたフィリピン国籍の女性被告側は、裁判員制度は憲法80条1項に反し違憲であるとの控訴趣意書を東京高裁に提出した。公訴事実は、マレーシアから成田国際空港に到着した際、スーツケース内に覚せい剤約2kgを隠し営利目的で密輸を図ったというものである。毎日新聞2010年3月16日参照。

26）　笹田栄司「裁判員制度と憲法的思考」、ジュリスト1363号（2008年）85頁以下参照。部分判決制度について、法制審議会刑事法（裁判制度関係）部会への諮問第81号要綱（骨子）参照（http://www.moj.go.jp/shingi/shingi1/shingi2_061218-1.html）。全国初の区分審理判決は、大阪地裁平成22年4月26日判決で言渡された。事案は、裁判員裁判非対象の7件の強盗及びひったくりについて職業裁判官による有罪とした部分判決を踏まえ、裁判員裁判対象のタクシー運転手を車外に連れ出して暴行を加え現金17000円を奪った1件の強盗致傷罪について有罪とした上で部分判決に加わっていない裁判員と共に最終的な量刑判断をし、懲役6年6月に処した（求刑・懲役12年）。朝日新聞2010年4月26日参照。

27）　See, Marijke Malsch, Democracy in the Courts : Lay Participation in European Criminal Justice Systems, Ashgate, 2009. 本書は、デンマーク、ドイツ、イングランド、ウエールズ、ベルギー、オランダでの市民の裁判への参加形態を比較検討する。

28）　韓国における国民参与裁判について、申　東雲「韓国における刑事司法の改革」、刑法雑誌48巻2号（2009年）181頁、特に190頁以下参照。本論稿は、申　東雲ソウル大学校教授が2008年5月18日第86回日本刑法学会でゲストスピーカーとして講演したものである。国民の刑事裁判参与に関する法律施行2年の状況について、李　仁碩「国民参与裁判-施行2年の現況及び課題」、法学セミナー 2010年4月号32頁以下、韓　寅燮「学界から見た韓国の国民参与裁判」、前掲法学セミナー 37頁以下参照。

29）　各地で審理されている裁判員裁判（東京地裁2009年8月6日判決、神戸地裁2009年9月9日判決、大分地裁2009年10月16日判決）の傍聴記が、法学セミナー 2009年12月号26頁以下に紹介されている。

30）　松江地裁平成21年10月29日判決は、LEX/DB【文献番号】25460267として掲載されている。LEX/DBの引用では、〔証拠の標目〕及び〔法令の適用〕が省略されており、判決文末尾には「と判断した」との判決文には記述されていない文言が付加されている。裁判員裁判の正確な記録との本稿の視座からは、法廷で裁判員にいかなる証拠が示されそれに基づいていかなる判断が示されたのかを検討するには、判決文原文の引用は尚有意義であると思慮する。

31）　拙稿「児童虐待の現状と課題」、刑法雑誌42巻3号（2003年）311頁以下、特に324頁参照（拙著『児童虐待Ⅱ　問題解決への刑事法的アプローチ』、成文堂、2007年、88頁以下所収）。

32) 裁判員裁判は、2010年3月15日審理が開始される新潟地裁での裁判員裁判により全都道府県50地裁10支部全てで実施されたことになる。本事案は、ロシア国籍の被告人がロシアから新潟東港に到着した貨物船の船員として上陸した際、覚せい剤約4.7kg（末端価格約2億8000万円）を陸揚げしたとして覚せい剤営利目的輸入罪に問われたものである。毎日新聞 2010年3月16日参照。最新の裁判員裁判の実施状況について、2010年4月16日開催「裁判員制度の運用等に関する有識者懇談会第7回」配布資料5「裁判員裁判の実施状況について（特別集刑資料）」(http://www.courts.go.jp/saikousai/about/iinkai/saibanin_kondan/siryo_07/index.html) 参照。
33) 本事案は、被告人（72歳）が自宅斜め向かいに住む被害者（66歳）の左胸を2回、背中を1回サバイバルナイフで突き刺し出血性ショックで死亡させ、殺人罪で懲役15年に処せられたケースである（LEX/DB【文献番号】25451542）。
34) 本事案は、強盗強姦2件（1件は少年時の犯行）、窃盗1件、窃盗未遂1件の罪責が問われたケースで被告人は懲役15年に処せられた（LEX/DB【文献番号】25460198）。青森地裁平成21年9月4日判決報道は、裁判員の構成が男性5人女性1人と偏っている、被害女性の被害状況についての検察官の主張が裁判員にとっては精神的負担になるものである等、様々な報道がなされている。
35) 強盗殺人事件として鳥取地裁で開廷されたケースは、裁判員裁判で全国初の死刑判決の可能性に関心がもたれ、2010年の初めからマスメディアの注目を浴びていた。平成22年2月23日第1回公判に先立ち2月10日に筆者は、地元の日本海テレビの取材を受け、公判前整理手続で被告人及び弁護人が強盗目的を否定し重要な争点になるものとして、裁判員の事実認定の重要性を指摘した。鳥取地裁平成22年3月2日判決は、被告に無期懲役を言い渡した。無期懲役との判決は、妥当なものである。全国初の死刑判決が言い渡される可能性のある2名を殺害した強盗殺人事件として社会的関心が寄せられていた本裁判で、裁判員、証人及び被害者参加人を含む審理に参加した全ての人々が死刑判決の可能性に予断を抱くことなくまた被害感情に流されずに冷静な判断をしたことを賞賛したい。冷静な判断を導いた第一の理由は、法曹三者の公判前整理手続での開廷日設定にある。23日火曜日からスタートし、26日金曜日午後、論告求刑及び最終弁論の後の第1日目の評議の後、週末をはさんでの2日間の評議という日程構成は、裁判員にとって慣れない法廷での審理を一度cool downし、冷静な評議を可能とした。法曹三者の冷静な判断である。第二の理由は、強盗目的を争点とした本件で裁判員が検察、弁護双方の主張を聞いた上で市民の視点から合理的かつ冷静な判断をしたことである。また、最終弁論での被告人の「被害者の無念さ、遺族の思いを、死刑なら死刑執行まで、それ以外なら一生涯、背負っていきたい」との発言は、インパクトのあるもので裁判員には好意的に理解されたものと思われる。裁判員裁判では、検察官の優勢が一般的傾向として見られるが、本裁判では強盗目的を否定する論戦を展開した弁護人の健闘が顕著である。
36) 本事案では、裁判員が選任手続と6回の公判及び2日間の評議で計8日間拘束される点と、6日間の公判を1人の通訳人が通訳するという点で問題を内在している（毎日新聞2010年3月16日参照）。
37) 島根県裁判員裁判第1号事件についての各紙コメントを時系列的に掲載する。
 ・林弘正・島根大学大学院法務研究科教授（刑事法）は「事件の状況を見ると、従来の裁判なら執行猶予が付いても不思議ではない例だが、判決はどうなるのか。『市民感覚』の発揮に注目したい」と話す（読売新聞2009年10月27日）。
 ・島根大学大学院法務研究科教授国弘正樹弁護士は「検察側は、プレゼンテーションの基本をしっかりと訓練しており、分かりやすかった」と語る一方で「弁護人は工夫が足りず、被告に何を答えさせようとしているのか、見えてこなかった。検察と対等に渡り合うには、よほど訓練しないといけない」と指摘。2日目以降について、「裁判員は、疑問を率直に尋ね、理解を深めてほしい」と話した（毎日新聞2009年10月28日地方版）。
 ・島根大学大学院法務研究科の林弘正教授（刑事法）の話「裁判官を通じて補充裁判員からの質問も出たが、市民の意見の反映という点では評価できるものの、間接的とはいえ、補充裁判員の審理への参加は問題があったのではないか」（読売新聞2009年10月29日）。

・島根大大学院法務研究科教授の国弘正樹弁護士は「6年の求刑で5年というのは市民の感覚が量刑に反映されているのだろう」と感想を述べた。また複数の検事で組織的に立証した検察側に対して、「弁護人の方も組織的な対応をとっていかなければならない」と指摘した（毎日新聞2009年10月30日地方版）。

38) 原田國男「裁判員制度の導入と量刑」、現代刑事法4巻11号（2004年）65頁以下、同「裁判員制度における量刑」、現代刑事法6巻5号（2006年）47頁以下〔両論文は、原田國男『量刑判断の実際〔増補版〕』、現代法律出版、2006年に所収されている。〕、今崎幸彦「共同研究・『裁判員制度の導入と刑事裁判』の概要−裁判員制度にふさわしい裁判プラクティスの確立を目指して−」、判タ1188号（2006年）465頁以下、前田雅英＝合田悦三＝井上 豊＝野原俊郎『量刑に関する国民と裁判官の意識についての研究−殺人罪の事案を素材として−』、平成15年度司法研究57輯1号、法曹会、2007年、原田國男「量刑をめぐる諸問題−裁判員裁判の実施を迎えて」、判タ1242号（2008年）73頁以下参照。

39) 各地の裁判所で補充裁判員が裁判長を通して証人や被告人質問を行っている実態が報道されている（朝日新聞2009年10月3日朝刊参照）。平成22年2月23日鳥取地裁裁判員裁判第2号事件第1回公判では、補充裁判員4名のうちの1人が被告人の借り入れ状況について被告人の部下の女性の証言に対して裁判長を通して質問をしたという（読売新聞2010年2月24日朝刊参照）。第2回公判でも補充裁判員の被告人への質問が裁判長によってなされている（読売新聞鳥取版2010年2月25日参照）。

40) 裁判の迅速化については、最高裁が検討を加えてきた。最高裁判所事務総局『裁判の迅速化に係る検証に関する報告書』、平成17年7月、同『裁判の迅速化に係る検証に関する報告書（概況・資料編）』、平成21年7月、同『裁判の迅速化に係る検証に関する報告書（分析編）』、平成21年7月参照。

41) 裁判員法について、池田 修『解説裁判員法〔第2版〕立法の経緯と課題』、弘文堂、2009年参照。

42) 池田 修・前掲書、28頁以下参照。

43) 共同通信の報道によれば、「地裁は、28日付で女性の補充裁判員1人を解任したと明らかにした。」とする（2009／10／29【共同通信】参照）。

44) 裁判員裁判における被害者参加について、椎橋隆幸「裁判員における被害者参加の意義」、刑事法ジャーナル16号（2009年）30頁以下、瀧川裕英「被害者参加の根拠」、同誌49頁以下及び仲 真紀子「裁判員制度と心理学−被害者に関する情報の影響について−」、刑法雑誌48巻3号（2009年）405頁以下参照。

45) 最高裁は、裁判員の心理的負荷に対してはカウンセリング等のメンタルケアを制度化しているという。しかしながら、法廷に出廷した被害者には同様のサービスが十全になされているのか定かではない。

46) 制度としては、裁判所がメンタルヘルスの専門知識を持つ民間業者に委託して電話等で相談を受け付ける裁判員メンタルヘルスサポート窓口を設置している。利用状況は、2009年8月3日から10月末日までに4件の利用があり、電話相談が3件、面接が1件であった。相談内容は、健康相談2件、メンタルヘルス相談2件であった。最高裁判所「裁判員裁判の実施状況の概要」参照（http://www.saibanin.courts.go.jp/topics/pdf）。

47) 原田國男「裁判員裁判と量刑評議−模擬裁判を傍聴して−」、刑事法ジャーナル16号（2009年）55頁以下、中川博之「裁判員裁判と量刑」、刑事法ジャーナル21号（2010年）8頁以下、小島 透「量刑判断における法定刑の役割−量刑スケールとしての法定刑の可能性−」、香川法学26巻3・4号（2007年）31頁以下参照。

48) 裁判員裁判への被害者参加の状況について、前註32）参照。

49) 原田國男・前掲判タ1242号（2008年）77頁以下参照。

50) 川出敏裕「公判前整理手続における証拠開示」、刑事法ジャーナル21号（2010年）40頁以下参照。

51) 読売新聞2009年12月24日朝刊参照。

52) 毎日新聞2009年12月17日朝刊参照。

53) 前註32）参照。

54）　LEX/DB【文献番号】25460280
55）　LEX/DB【文献番号】25460279
56）　読売新聞2010年2月18日朝刊参照。
57）　産経新聞2010年2月18日朝刊、読売新聞2010年2月23日朝刊及び読売新聞2010年3月5日朝刊参照。
58）　毎日新聞2009年12月12日大阪朝刊参照。
59）　毎日新聞2010年1月19日地方版〔播磨・姫路版〕参照。
60）　原田國男・前掲判タ1242号（2008年）73頁参照。
61）　共同通信2010年2月6日参照。
62）　前註32）参照。
63）　前掲註32）配布資料2　「裁判員経験者に対するアンケート調査結果報告書（平成21年度）」参照。サンプル数は、裁判員781、補充裁判員298であった。末尾【統計資料】図1．裁判員に対する検察官、弁護人、裁判官の説明のわかりやすさ、図2．補充裁判員に対する検察官、弁護人、裁判官の説明のわかりやすさ、参照。
64）　市民が参加する裁判におけるメディアとの関係について、最高裁は、明日の裁判所を考える懇談会第8回の資料として、「陪・参審制度と事件報道・裁判報道の在り方（諸国の実情）」を資料として配布している。裁判員裁判と報道の関係を検討する際に、非常に興味深い資料である（http://www.courts.go.jp/saikosai/about/iinkai/asu_kondan/asu_kyogi1.html）。
65）　池田公博「裁判員裁判と報道の在り方-刑事手続の視点から-」、刑事法ジャーナル15号（2009年）30頁以下及び川岸令和「裁判員裁判と報道の在り方-憲法の視点から-」、同誌38頁以下参照。
66）　毎日新聞2009年10月30日地方版参照。
67）　憲法違反を理由に最高裁に特別上告した事案として、路上で女子高校生の口を塞いで脅かし、身体に触るなどしたとして強制わいせつ致傷で起訴され、新潟地裁で平成22年4月21日に第1回公判前整理手続きのなされたケースがある（読売新聞2010年4月23日朝刊参照）。
68）　http://www.courts.go.jp/sihotokei/nenpo/pdf/B20DKI01.pdf　参照。被告人の勾留の長期化については、憲法記念日の会見でのインタビューで竹崎博允最高裁長官も認めている（朝日新聞2010年5月3日参照）。
69）　前註32）参照。
70）　安念潤司「自由主義者の遺言」（藤田宙靖・高橋和之編『憲法論集』、創文社、2004年）、382頁以下、西野喜一・前掲書、138頁以下参照。被告人の裁判の選択権を否定する見解として、柳瀬昇准教授は、共和主義的憲法観に基づく討議民主主義（deliberative democracy）理論から考察する。柳瀬昇・前掲ジュリスト、37頁参照。
71）　鳥取地裁平成22年3月2日判決における裁判員のコメントや青森地裁平成21年9月4日判決における裁判員のコメントなどがその一例である（毎日新聞2010年3月3日及び同6日朝刊参照）。
72）　加藤克佳「裁判員制度における判決と上訴の構想」、刑法雑誌43巻3号（2004年）451頁以下、宮城啓子「裁判員制度と上訴審の在り方」、刑事法ジャーナル13号（2008年）8頁以下参照。
73）　弁護人の控訴理由の主要な点は、公判前整理手続で検察官が主張していなかった事実を論告で初めて主張したことが被告人の防御権を著しく侵害するとする。裁判所は、「公判前整理手続を経た事件において、当事者が、みだりに、主張を変更したり、新たな主張を付加することは、争点及び証拠を整理し、審理計画を策定するという同手続の目的に反し望ましいことではないが、如何なる主張事実であっても、あるいはどのような審理経過をたどろうと、一切主張事実の変更を許さないというものではない。整理手続終了後の証拠調請求を制限している刑訴法316条の32のような条文がない以上、法律の解釈として、いわゆる主張制限効を認めることはできないというべきである。」と一般論を判示したうえで、本件では被告人側の防御権を著しく侵害するものではないと判示した。量刑不当との主張に対して、裁判所は、「これら（原審=筆者註）の量刑事情の説明は、行為責任を中心とした責任主義の観点を重視する立場からしても相当であって、当審も、正当として是認するものである。」と判示した（LEX/DB【文

献番号】25462855)。司法研修所編『裁判員裁判における第一審の判決書及び控訴審の在り方』、法曹会、2009年参照。
74) 前註32) 参照。
75) 毎日新聞2010年3月17日大阪朝刊参照。
76) 読売新聞2010年4月22日参照。
77) 毎日新聞2009年12月18日朝刊参照。
78) 麻薬特例法違反に問われた横浜地裁平成22年3月19日判決後の裁判員の会見で示された見解（読売新聞2010年3月19日朝刊参照)。
79) 裁判員裁判の法廷において法廷通訳が1名である場合、長時間集中力が維持できるのか、又誤訳のチェックをどうするのかという問題がある（朝日新聞2010年3月21日朝刊参照)。先に註32)で検討した2010年3月15日新潟地裁で開廷された本事案では、裁判員が選任手続と6回の公判及び2日間の評議で計8日間拘束される点と、6日間の公判を1人の通訳人が通訳するという点で問題を内在している（毎日新聞2010年3月16日参照)。
80) 毎日新聞2010年3月6日朝刊参照。
81) 検察官と弁護士の取組の差異は、法務省に設置された「裁判員制度に関する検討会（第2回）議事録」に資料として添付されている「裁判員裁判における検察の基本方針と取組みについて」と「裁判員裁判に関する弁護士会の取組状況」からも窺える（http://www.moj.go.jp/shingi/keij_kentoukai_saibaninseido_02_index.html)。また、最高裁の最新の統計資料では、裁判員に対する検察官と弁護人の説明の分かり易さでもかなりのポイントの差がデータとして示されている。前註63) 参照。
82) 全国都道府県50地裁10支部の最後の裁判員裁判である2010年3月25日新潟地裁は、覚せい剤取締法違反（営利目的輸入）などに問われた被告に対し、「輸入量は多量で、流通していれば極めて大きな害悪を社会にまん延させていた」と判示して、懲役10年、罰金300万円（求刑・懲役13年、罰金500万円）を言い渡した（読売新聞2010年3月25日参照)。
83) 最高裁判所「裁判員制度の実施状況について（その1）~平成21年の結果報告をいたします~」（http://saibanin.courts.go.jp/topics/h21_saibanin_kekka.html) 参照。前註32) 参照。
84) 裁判員制度の運用等に関する有識者懇談会の構成メンバーは、座長中央大学副学長同大学院法務研究科・法学部教授椎橋隆幸（刑事法学）のほか委員は、労働政策研究・研修機構特任研究員今田幸子、お茶の水女子大学大学院人間文化創成科学研究科教授内田伸子（心理学)、弁護士小野正典、京都大学大学院法学研究科教授酒巻匡（刑事法学)、学習院大学法科大学院教授（元福岡高裁長官）龍岡資晃、最高検察庁裁判員公判部長藤田昇三、ジャーナリスト（元読売新聞社論説委員）桝井成夫の8氏である。第1回の最高裁事務総局からの出席者は、事務総長大谷剛彦、刑事局長小川正持、審議官菅野雅之であり、オブザーバーとして東京地方裁判所刑事部長代行村瀬均が参加している。直近の第6回の最高裁事務総局からの出席者は、事務総長山崎敏充、刑事局長植村稔、審議官菅野雅之であり、オブザーバーとして東京地方裁判所刑事部所長代行三好幹夫が参加している。懇談会の開催状況は、最高裁判所のHPに順次公開されている（http://saibanin.courts.go.jp/introduction/index.html)。
85) 裁判員制度に関する検討会の構成メンバーは、座長に東京大学大学院法学政治学研究科長・法学部長井上正仁のほか委員は、最高検察庁検事稲葉一生、社団法人被害者支援都民センター理事大久保恵美子、京都大学大学院法学研究科教授酒巻匡、プロデューサー・株式会社キャンディッド・コミュニケーションズ代表取締役会長残間里江子、国学院大学法科大学院教授四宮啓、共同通信社論説委員兼編集委員土屋美明、東京地方裁判所部総括判事角田正紀、弁護士前田祐司、警察庁刑事局企画課長室城信之、主婦連合会会長山根香織の11氏である。なお、法務省事務当局からの出席者は、第1回は法務事務次官大野恒太郎、刑事局長西川克行、大臣官房審議官甲斐行夫、刑事局刑事法制管理官辻裕教、刑事局刑事法制企画官加藤俊治であり、第2回は刑事局長西川克行、大臣官房審議官甲斐行夫、刑事局刑事課長落合義和、刑事局刑事法制管理官岩尾信行、刑事局総務課裁判員制度啓発推進室長西山卓爾、刑事局刑事法制企画官加藤俊治であった。検討会の議事録は、順次以下のHPで公開されている（http://www.moj.

go.jp/shingi/keij_kentoukai_saibaninseido_02_index.html)。
86) 後藤 昭「動き始めた裁判員裁判」、法学セミナー2009年12月号6頁以下、宮村啓太「弁護人の立場から・公判前整理手続の現状確認」、前掲法学セミナー20頁以下、鈴木一郎「弁護人の立場から・被害者等参加制度の現状確認」、前掲法学セミナー23頁以下、〈座談会〉「裁判員裁判の経験と課題−制度開始直後の運用を見て」、前掲法学セミナー10頁以下参照。松尾浩也「刑事裁判と国民参加−裁判員法施行半歳を顧みて」、法律のひろば2010年1月号4頁以下、及び〈座談会〉「法曹三者が語り合う本格始動した裁判員裁判と見えてきた課題」、同誌11頁以下参照。

2010年3月10日脱稿

[追記]
　本稿は、島根大学大学院法務研究科創設メンバーの大賀良一教授及びより充実したラインナップメンバーとして参加された須田政勝特任教授の退官に際し、両実務家教授の問題アプローチ視座は研究者教員としての従前の研究に新たな視点を頂いたことに感謝して執筆したものである。

[補注]
　注35)で紹介した事案鳥取地裁平成22年3月2日判決は、量刑事情において無期懲役に処した理由を詳細に判示する（LEX/DB【文献番号】25463427）。本判決の詳細な判示は、裁判員を含む合議体での評議を垣間見ることができる。

【資　料】

松江地裁平成21年10月29日判決
平成21年（わ）第69号

判　決

A

上記の者に対する住居侵入、強盗致傷、銃砲刀剣類所持等取締法違反被告事件について、当裁判所は、検察官大橋広志及び弁護人安藤有理各出席の上審理し、次のとおり判決する。

主　文

被告人を懲役5年に処する。
未決勾留日数中100日をその刑に算入する。
押収してあるレジャーナイフ1本（平成21年押第2号の1）を没収する。

理　由

【罪となるべき事実】
　　被告人は、
第1　現金を強取しようとして、平成21年5月21日午後1時25分ころ、松江市A所在の県職員宿舎B号C方玄関前において、対応に出たD（当時43歳）に対し、用意していたレジャーナイフ（刃体の長さ約18.5cm・平成21年押第2号の1）を示した上、そのナイフを突き出しながらC方に押し入り、さらに、座り込んだDの頭部に衣服をかぶせるなどし、もって、人の住居に侵入するとともに、Dに暴行・脅迫を加え、その反抗を抑圧して現金を強取しようとしたが、同人に抵抗されそのナイフを奪い取られたため、その目的を遂げず、その際、同人に加療約7日間を要する左手切創の傷害を負わせた。
第2　業務その他正当な理由による場合でないのに、前記日時場所において、前記ナイフを1本を携帯した。

【証拠の標目】
　　括弧内の甲乙の番号は証拠等関係カードにおける検察官請求証拠の番号を示す。
判示全事実について
　　・被告人の公判供述
　　・被告人の検察官調書（乙1）
　　・Dの検察官調書（甲1）
　　・実況見分調書抄本（甲2）
　　・統合捜査報告書（甲3）
　　・捜査報告書（甲4）
　　・レジャーナイフ1本（平成21年押第2号の1）

【法令の適用】
罰　　　　条
　判示第1の行為　住居侵入の点は刑法130条、強盗致傷の点は刑法240条
　判示第2の行為　銃砲刀剣類所持等取締法31条の18第3号、22条
科刑上一罪の処理
　判示第1の罪　刑法54条1項、10条（重い強盗致傷の刑で1罪処断）
刑種の選択
　判示第1の罪　有期懲役刑を選択
　判示第2の罪　懲役刑を選択
併合罪の処理　刑法45条前段、47条本文、10条（重い判示第1の罪の刑に同法47条ただし書の制限内で法定の加重）
酌量減刑　刑法66条、71条、68条3号
未決勾留日数の算入　刑法21条
没　　　　収　刑法19条1項2号（判示第1の犯行）、2項本文
訴訟費用の不負担　刑訴法181条1項ただし書

【量刑の理由】
　本件は、被告人がいわゆるヤミ金融への返済に困って、公務員宿舎に住む主婦に対し、レジャーナイフを示すなどしてその住居に押し入り、現金を奪おうとしたものの、抵抗されたため現金を奪うことはできず、その際、主婦に加療7日間を要する左手外傷を負わせた事案とその際のレジャーナイフの不法携帯の事案である。
　検察官は、本件の動機やその計画性に加え、犯行形態が非常に危険で悪質であること、被害結果などを指摘して、被告人について懲役6年を求刑した。
　弁護人は、被告人が主婦に対してナイフを示したに過ぎず、積極的に刺すなどの行為には出ていないこと、当日も犯行をためらっており、その計画性は明確ではないこと、これまで普通の社会生活を営んできたこと、定年後先物取引で損失を被るとともに、消費者金融やヤミ金融から借入れを行うに至った経緯には同情すべき事情があること、本件の後、十分に反省しており、被害者に謝罪の気持ちを示していること、本件で負傷するとともに、長期間の身柄拘束を受けていることなどを指摘し、被告人には執行猶予を付するのが相当であると主張した。
　本件については、検察官及び弁護人の主張からも明らかなとおり、被告人の刑を量定するに当たって、どの程度の刑を科すべきか、その刑の執行を猶予すべきかが争点である。
　そこで検討すると、検察官が指摘する5点の犯情は量刑上重視すべきである。被告人は、殺傷力のあるナイフを被害者に向けて突き出し、抵抗するためそのナイフをつかんだ被害者を転倒させ、更にそのナイフを巡って被害者ともみ合うなどしており、その態様は非常に危険で、更に重大な事態を招く可能性もあるものであった。被害者は、何の落ち度もなかったのに、最も安心できるはずの自宅において、突然、本件に遭い、8針を縫う負傷をした上、殺されるかもしれないという大きな精神的苦痛を受けている。本件後も、玄関の呼び鈴が鳴ると事件のことを思い出したり、被告人と同年配の男性に身構えてしまうなどと述べ、被告人につき相応の服役を望む意見を述べているが、やむを得ないところである。被害者の家族に与えた影響も大きいと推察されるし、地域住民にも不安感などを与えている。また被告人は、定年後、先物取引の損失で退職金の多くを

失い、ボランティア活動や外国人クラブ通いによって消費者金融やヤミ金融から借金を重ね、その返済に困って本件に及んでおり、その動機や経緯に犯行を正当化できるものはない。しかも、昨年から、１人で日中公務員宿舎にいる主婦をナイフで脅かすなどして現金を奪うことを計画し、知り合いのいない松江市内の公務員宿舎を多数回って、人目につきにくい本件の宿舎を選び、ナイフやガムテープを準備した上で、本件を実行しており、その犯行は卑劣で計画的でもある。そうすると、本件の刑事責任は軽視できない。
　他方、本件については、被告人が事実を認め、被害者に謝罪文を送るなど反省する態度を示していること、被告人に前科前歴はなく、定年まで勤務先を真面目に勤め上げるなどこれまでは犯罪と無縁な生活を送っており、その犯罪傾向はさしたるものではないことなど弁護人の指摘する事情に加え、被告人が現在66歳であることなど被告人のために有利な事情も認められる。
　しかし、弁護人が指摘するその他の事情は被告人の刑の量定を左右するものとはいえず、上記の犯情ことに犯行態様の危険性や被害の大きさ等によれば、被告人に有利な事情をしん酌し、同種事案における量刑傾向を踏まえて検討しても、本件は執行猶予を付すべき事案ではなく、主文の程度の刑は免れない。
（求刑－懲役６年、レジャーナイフ１本の没収）

　　平成21年10月29日
　　　松江地方裁判所刑事部
　　　　裁判長裁判官　　　吉井隆平
　　　　　裁判官　　　　　秋元健一
　　　　　裁判官　　　　　岩田絵里子

第 2 節　刑事確定訴訟記録法 4 条 1 項に基づく保管記録

I．序　言

　1．司法制度改革の論議は、幾多となく繰返されながらもその全面的実施には踏み切れない状況が継続してきた[1]。

　司法制度改革が、実質的に作動するのは平成11年7月27日「21世紀の我が国社会において司法が果たすべき役割を明らかにし、国民がより利用しやすい司法制度の実現、国民の司法制度への関与、法曹の在り方とその機能の充実強化その他の司法制度の改革と基盤の整備に関し必要な基本的施策について調査審議する」ことを目的として、小渕恵三内閣総理大臣が司法制度改革審議会を設置したことに端を発する[2]。司法制度改革の具体的制度設計は、平成13年6月12日公表された司法制度改革審議会『司法制度改革審議会意見書-21世紀の日本を支える司法制度-』（以下、『司法制度改革審議会意見書』と略記する）を基に同年11月制定された司法制度改革推進法に基づき内閣に設置された内閣総理大臣を長とする司法制度改革推進本部によってなされた。

　司法制度改革推進本部は、法令案の立法作業を事務局で行い、具体的な検討事項について『司法制度改革審議会意見書』をベースに顧問会議で有識者等による10の検討会を設置し、制度設計への意見交換を行うシステムを構築した[3]。各検討会の概要は、以下の通りである。「労働検討会」は、労働関係事件への総合的な対応強化を主要な検討課題とする[4]。「司法アクセス検討会」は、裁判所へのアクセスの拡充を主要な検討課題とする[5]。「ADR検討会」は、裁判外の紛争解決手段（ADR）の拡充・活性化を主要な検討課題とする[6]。「仲裁検討会」は、仲裁法制の整備を主要な検討課題とする[7]。「行政訴訟検討会」は、司法の行政に対するチェック機能の強化を主要な検討課題とする[8]。「裁判員制度・刑事検討会」は、刑事訴訟手続への新たな参加制度の導入、刑事裁判の充実・迅速化等を主要な検討課題とする[9]。「公的弁護制度検討会」は、公的刑事弁護制度の導入及び整備を主要な検討課題とする[10]。「国際化検討会」は、国際化への対応を主要な検討課題とする[11]。「法曹養成検討会」は、法曹養成

制度の改革を主要な検討課題とする[12]。「法曹制度検討会」は、弁護士・検察官・裁判官制度の改革等を主要な検討課題とする[13]。各検討会の構成メンバーの人員は、仲裁検討会のみ10名で他は11名である[14]。

　司法制度の抜本的改革に向けて各検討会の重要性は言うまでもないが、特に、今回の司法制度改革の眼目としては、裁判員裁判制度の導入と法曹養成機関としての法科大学院設置が挙げられる。法曹養成にあたっては、それぞれの専門職としての弁護士制度、検察官制度及び裁判官制度の改革が前提であり、利害関係当事者として法曹3者の改革実現への具体的実践が求められる。

　『司法制度改革審議会意見書』は、「司法制度を支える法曹の在り方」として法曹3者に対し制度改革を提言する。

　『司法制度改革審議会意見書』は、弁護士制度改革の要諦として弁護士の社会的責任（公益性）を挙げ、弁護士報酬の透明化・合理化、弁護士会運営の透明化等、弁護士倫理等に関する弁護士会の態勢の整備を提言し、弁護士に対する市民の批判の超克を求める[15]。

　『司法制度改革審議会意見書』は、検察官制度改革の要諦として検察官に求められる資質・能力の向上等を挙げ、幹部を含む検察官が犯罪被害者の心情や警察等の第一次捜査機関の活動等に対する理解を深めるための具体的方策の実施や裁判員裁判制度実施を想定した「刑事手続への新たな国民参加制度の実効的実施を支えうるよう、立証活動等の能力の向上を図るための適切な研修制度等を導入」を提言する[16]。

　『司法制度改革審議会意見書』は、裁判官制度改革の要諦として視野が狭隘と評される裁判官の給源の多様化・多元化を挙げ、具体的方策として「多様で豊かな知識、経験等を備えた判事を確保するため、原則としてすべての判事補に裁判官の職務以外の多様な法律専門家としての経験を積ませることを制度的に担保する仕組みを整備」することを提言する。更に、『司法制度改革審議会意見書』は、裁判官の任命手続の見直し、裁判官の人事制度の透明性・客観性の確保、最高裁判所裁判官の選任過程について透明性・客観性を確保するため適切な措置の検討を提言する[17]。

　立法府は、第159回国会において政府提案の「裁判員の参加する刑事裁判に関する法律（平成16年法律第63号）」（以下、裁判員法と略記する）を平成16年5月21日成立させた。裁判員法は、平成16年5月28日公布され5年間の準備期間を

経て平成21年5月21日より施行された[18]。

　最高裁判所は、行政府の司法制度改革に呼応して「明日の裁判所を考える懇談会」を最高裁判所事務総局に設置し、裁判所改革に向けての問題点の意見交換の場とした[19]。「明日の裁判所を考える懇談会」は、平成14年2月25日第1回懇談会を開催し裁判所や司法への意見等が披瀝されたが、裁判員裁判制度設計の進展に伴って平成19年5月7日開催第17回懇談会では「裁判員裁判への参加についての国民の意識について」のアンケート結果等についての意見交換が行われ、裁判員裁判制度設計の具体的問題点等が懇談されるに至った[20]。

　司法研修所は、裁判員制度施行に伴う実践的課題について単年度毎に研究課題を設定して検討を開始する[21]。

　ギルドとしての弁護士制度は、時に自己の職場環境の保全から当初合格者3000名を唱道したが司法試験合格者数の削減方向に与した事実が有る。

　検察官制度は、大阪地検特捜部の暴走により検察制度の根幹にメスが向けられ江田五月法務大臣の下に「検察の在り方検討会議」が設置された。第1回「検察の在り方検討会議」は、平成22年11月10日開催され平成23年3月31日開催第15回会議において『検察の再生に向けて−検察の在り方検討会議提言−』が採択され法務大臣に提出された[22]。同提言は、冒頭に「大阪地検特捜部における、いわゆる厚労省元局長無罪事件、同事件の主任検察官による証拠隠滅事件、さらには、その上司であった元大阪地検特捜部長及び元同部副部長による犯人隠避事件という一連の事態は、国民に大きな衝撃を与えるとともに、巨悪を眠らせず、公正な社会の実現に向けた役割を期待されてきた特捜部に対する信頼を根底から失墜させた。そればかりではなく、公共の福祉の維持と個人の基本的人権の保障とを全うしつつ、的確に犯罪を認知・検挙し、公正な手続を通じて事案の真相を明らかにし、適正かつ迅速に刑罰権の実現を図ることにより、社会の秩序を維持し、国民の安全な生活を確保することを目的とする刑事司法の重要な一翼を担う検察の捜査・公判活動全体への不信を招くことにもなった。」と問題の発端を明記する[23]。江田五月法務大臣は、『検察の再生に向けて−検察の在り方検討会議提言−』を受け法制審議会に諮問第96号を発した。法制審議会は、平成23年6月6日開催第165回会議において「新時代の刑事司法制度特別部会」を設置した。江田法務大臣は、平成23年6月29日開催第1回「新時代の刑事司法制度特別部会」冒頭において「21世紀を迎え、一連の刑事司法制度

改革により裁判員制度が導入されるなど、我が国の刑事司法制度は大きな変革を遂げつつあるところです。もっとも、近年の情勢を見ますと、昨年の大阪地方検察庁における一連の事態においては、現在の刑事司法制度の構造を背景にして、検察官に、取調べや供述調書を偏重する風潮があったのではないかという指摘がなされております。この問題については、本年3月まで私の下で開催されました検察の在り方検討会議で熱心な御議論を頂き、その結果、取調べ及び供述調書に過度に依存した捜査・公判の在り方を抜本的に見直して、制度としての取調べの可視化を含む新たな刑事司法制度を構築するための検討を直ちに開始せよという提言がなされました。」と指摘し、検察の在り方に論及する[24]。

検察庁は、裁判員裁判実施に向け将に検察官一帯の原則の下に周到な準備を開始する。『裁判員裁判における検察の基本方針』は、裁判員裁判の構成員としての検察のスタンスを「裁判員裁判対象事件について、検察権を行使し、立証の責任を負う立場にある検察は、平成18年3月、『裁判員裁判の下における捜査・公判遂行の在り方に関する試案』（検察試案）を公表した後、関係諸機関の理解と協力の下に、裁判員裁判において、事案の真相すなわち実体的真実を解明して適正な事実認定と量刑を実現するという刑事訴訟の目的を達成するためには、どのような捜査を行い、いかなる主張・立証活動をなすべきかについて試行を積み重ねてきた。取り分け、刑事裁判になじみの薄い一般国民が裁判員として審理に参加することに伴う負担をできる限り軽減しつつ、適正な裁判を実現するため、分かりやすく、迅速で、しかも事案の本質を浮き彫りにする的確な主張・立証を遂げるべく、極めて多岐にわたる試みを行ってきた。これまでの試行によって、検察として、裁判員裁判の下における捜査・公判活動や態勢整備の在り方全般について、基本的な方向性は見いだすことができたものと思われる。そこで、最高検察庁は、これを『裁判員裁判における検察の基本方針』として取りまとめ、各検察庁の検察官等に配付するとともに、裁判員裁判に臨む検察としての姿勢を国民に明らかにするため公表することとした。各検察官には、この基本方針を熟読して実力の錬磨に努め、裁判員裁判において、分かりやすく、迅速で、しかも的確な主張・立証活動を展開し、裁判員制度が円滑に運営され実務に定着するよう、全力を尽くすことが求められている。」と明記する[25]。

2．裁判員裁判は、平成21年5月21日裁判員法施行に伴い各地で開始され、平成21年8月6日東京地裁で最初の判決が言渡された[26]。裁判員裁判制度実施5年半を経た平成26年12月末現在の状況は、新受人員総数9,093人が係属し7,407人に判決が言渡され、選任された裁判員41,834人及び補充裁判員14,262人計56,096人の市民が合議体の構成員として司法に参加している。終局人員は、7,407人で有罪人員は7,217人（有罪率97.43%）であり、控訴人員は2,580人（控訴率35.74%）である。無罪人員は、40人で覚せい剤取締法違反18人（無罪率2.88%）、殺人罪7人（無罪率0.44%）、傷害致死罪7人（無罪率0.99%）等である[27]。覚せい剤取締法違反事案は、無罪率及び控訴率（50.0%）が顕著に高く、統計上覚せい剤取締法運用に内在する問題の存在を示唆する。

各裁判体の処理・継続件数には、顕著な相違がある。処理・継続件数の多い裁判体は、千葉地裁本庁879件、東京地裁本庁744件、大阪地裁本庁709件、さいたま地裁本庁417件、横浜地裁本庁386件、名古屋地裁本庁370件である。他方、処理・継続件数の少ない裁判体は、鳥取地裁本庁20件、松江地裁本庁21件、旭川本庁30件、函館地裁本庁及び盛岡地裁本庁各32件、秋田地裁本庁33件である。

3．松江地裁平成21年10月29日判決は、島根県裁判員裁判第1号事件として各地の1号事件同様に市民やメディアの多大な注目の中で3日間開廷され評議の後、懲役5年（求刑懲役6年）を言渡された強盗致傷及び銃砲刀剣類所持等違反事案である[28]。本判決については、既に、裁判員裁判に内在する諸問題の考察として検討している[29]。

本稿は、本判決について刑事確定訴訟記録法4条1項に基づく保管記録閲覧の機会を得て正確な実証研究の素材とするべく紹介すると共に裁判員裁判制度実施5年余の評価を試みるものである。筆者は、裁判員裁判の実証研究として3裁判員裁判判決と1控訴審判決について考察を加えてきた[30]。

刑事確定訴訟記録法4条1項に基づく保管記録閲覧をした事案は、本松江地裁平成21年10月29日判決と東京地裁平成25年5月21日第1刑事部判決の2判決である[31]。両裁判所は、裁判員裁判件数において全国最少と全国最多の相違があるとともに審理時期においても4年弱の逕庭がある。両判決は、裁判員裁判の経験数の相違により単純な比較は出来ないが、表層的な相違として平成25年5月末現在の両裁判所は受件数は松江地裁14件（終局12件）東京地裁555件（終局471件）である[32]。

Ⅱ．顕在化した問題点

1．本稿は、松江地裁平成21年10月29日判決について刑事確定訴訟記録法4条1項に基づく保管記録閲覧で収集した資料を考察の対象とし、東京地裁平成25年5月21日第1刑事部判決について刑事確定訴訟記録法4条1項に基づく保管記録閲覧で収集した資料との比較をも試みるものである。

刑事訴訟法第53条1項は、「何人も、被告事件の終結後、訴訟記録を閲覧することができる。但し、訴訟記録の保存又は裁判所若しくは検察庁の事務に支障のあるときは、この限りでない。」と規定する。これを受け、刑事確定訴訟記録法4条1項は、「保管検察官は、請求があつたときは、保管記録（刑事訴訟法第53条第1項の訴訟記録に限る。次項において同じ。）を閲覧させなければならない。ただし、同条第1項ただし書に規定する事由がある場合は、この限りでない。」と規定する[33]。刑事確定訴訟記録法2条1項は、訴訟記録の保管について「刑事被告事件に係る訴訟の記録は、訴訟終結後は、当該被告事件について第一審の裁判をした裁判所に対応する検察庁の検察官（以下「保管検察官」という。）が保管するものとする。」とし、2項は「前項の規定により保管検察官が保管する記録（以下「保管記録」という。）の保管期間は、別表の上欄に掲げる保管記録の区分に応じ、それぞれ同表の下欄に定めるところによる。」とし、3項で「保管検察官は、必要があると認めるときは、保管期間を延長することができる。」と規定する。2項に規定する別表は、保管記録の区分として裁判書と裁判書以外の保管記録に分け、保管期間年数を規定する。

刑事被告事件に係る訴訟記録は、刑事確定訴訟記録法2条1項に基づき当該被告事件について第一審の裁判をした裁判所に対応する検察庁の検察官が保管するが、裁判所から移送された確定訴訟記録は、各検察庁の管轄下にあり、編纂・公開対象者の選定は各検察庁の裁量に委ねられているので、各保管記録の単純な比較には馴染まないとの制約がある。

2．松江地裁平成21年10月29日判決保管記録及び東京地裁平成25年5月21日第1刑事部判決保管記録の相違の第1は、判決文の編綴の相違である。松江地裁平成21年10月29日判決確定訴訟記録には判決文が編綴されておらず、東京地裁平成25年5月21日判決確定訴訟記録には判決文が編綴されている。判決文

の編綴は、刑事確定訴訟記録閲覧において必須であり、刑事確定訴訟記録法２条２項別表において保存記録の区分として「１　裁判書　２　裁判書以外の保管記録」に分けている。なお、松江地検記録係担当事務官に尋ねたところ、松江地検確定訴訟記録では判決文の編綴されていないのが通常であるとのことである。

　両保管記録の相違の第２は、編纂方法の相違である。松江地裁平成21年10月29日判決確定訴訟記録では、各公判廷毎に法廷供述と質問・応答が編纂されておらず、被告人供述調書として最後に一括して編綴され「（この調書は、第２回公判調書と一体となるものである。）」と書添えられている。東京地裁平成25年５月21日判決確定訴訟記録では、各公判廷毎に法廷供述と質問・応答が編纂されている。

　両保管記録の相違の第３は、公判前整理手続段階における検察官及び弁護人提出書類の進行管理状況の相違である。松江地裁平成21年10月29日判決確定訴訟記録には、進行管理表がマニュアルとして作成され、各項目毎に裁判所書記官がチェックを入れ押印して確認している。東京地裁平成25年５月21日判決確定訴訟記録には、進行管理表は編綴されていない。進行管理表作成は、それぞれの裁判体の相違によるものか不分明であるが、公判前整理手続の単純ミスを回避し円滑な運用には有効なものと思慮する。

　３．本項では、松江地裁平成21年10月29日判決確定訴訟記録固有の若干の問題について検討する。

　第１の問題は、刑事訴訟法292条の２で担保される被害者参加制度に基づく意見陳述である。平成21年８月25日開催第１回公判前整理手続において検察官から刑事訴訟法292条の２に基づく被害者参加制度により被害者の意見陳述の申請がなされ、弁護人の同意のもと裁判長は、被害者が法廷で必要な事項について被告人に質問することを許可する。第２回公判廷での被害者の意見陳述の内容は、検察官が敢えて島根県裁判員裁判１号事件のため被害者の意見陳述のdemonstration効果を狙っていたのではないかとの疑念が湧く。被害者意見陳述では、「罪を憎み人を憎まず」との趣意が見え隠れし、被害者の「最終的には幸せになってほしい。」との文言まで用意されている。

　第２の問題は、弁護人請求証拠等関係カードの内容である。弁護人は、請求証拠として近隣市町村議会の陳情審議・陳情等審査等を８件用意するが、２件

のみの同意しか得られなかった。弁護人の意図は、被告人の社会的活動を情状証拠として量刑判断に活用しようとしたものと思慮する。しかしながら、この法廷戦術は十分功を奏せず、量刑判断を有利に展開し得なかった。公訴事実を争わない本事案は、量刑が争点であり、弁護人にとりより重要なのは身元引受人ないし就労保証人等の存在をアピールする情状証人の証拠申請が必要であったと思慮する。弁護人は、島根県裁判員裁判1号事件のプレッシャーにより刑事弁護の量刑事情の選択を誤った弁護方針の過誤を犯したといえる。

　第3の問題は、評議の充実如何である。本事案は、公訴事実を争わない量刑のみが争点の事案であるが、裁判員として参加する市民にとり法廷で展開される検察官及び弁護人の主張を理解し、論議する際に裁判員及び補充裁判員が裁判官のサポートの下に予定された第2回公判　10月28日（水）　13時45分から17時、第3回公判　10月29日（木）　10時から12時、13時から15時に開催された時間で十分な評議が可能であったのかの検証である[34]。

　本件松江地裁平成21年10月29日判決確定訴訟記録に添付されていた書類の一覧は、下記の通りである。

- ・進行管理表
- ・起訴状
- ・証明予定事実記載書（検察官）
- ・予定主張記載書面（弁護人）
- ・予定主張記載書面（追加）
- ・第1回公判前整理手続調書（手続）
- ・第1回公判調書（手続）
- ・冒頭陳述要旨（検察官）
- ・冒頭陳述要旨（弁護人）
- ・第2回公判調書（手続）
- ・論告要旨
- ・弁論要旨
- ・第3回公判調書（手続）
- ・検察官請求　証拠等関係カード　甲
- ・検察官請求　証拠等関係カード　乙
- ・弁護人請求　証拠等関係カード
- ・供述調書（被告人）　検面調書　検察官　大橋広志　平成21年6月5日作成　検甲1
- ・実況見分調書　司法警察員　松江警察署・警部補　三浦孝三　平成21年5月28日作成
- ・統合捜査報告書（受傷状況等について）　検察事務官　原　純二　平成21年6月17日作成
- ・捜査報告書(凶器等の状況等について)　検察事務官　原　純二　平成21年6月17日作成

・捜査報告書（強盗実施場所の下見状況等）検察事務官 原 純二 平成21年6月23日作成
・供述調書（被告人）　検面調書　検察官　大橋広志 平成21年6月10日作成　検乙1
・被告人供述調書（1）（この調書は、第1回公判調書と一体となるものである。）
　湯淺検察官の質問に対する被告人供述
・被告人供述調書（2）（この調書は、第1回公判調書と一体となるものである。）
　弁護人の質問に対する被告人供述
・被告人供述調書（この調書は、第2回公判調書と一体となるものである。）
　弁護人・検察官・裁判員・裁判官の質問に対する被告人供述

　以下、松江地裁平成21年10月29日判決確定訴訟記録閲覧し、確定訴訟記録の中で重要と考える記録等を引用する。

Ⅲ. 結　語

　1．刑事確定訴訟記録閲覧制度の利用は、公判廷の傍聴では不明確な点の確認には一定のメリットがある。
　松江地裁平成21年10月29日判決第2回公判において補充裁判員1名が不在であった。傍聴者には何故不在であるのか理由が不分明であり、公正な裁判との視点から違和感を覚えた[35]。
　補充裁判員1名不在の理由は、刑事確定訴訟記録閲覧の結果10月28日付「補充裁判員解任決定」により裁判員法45条に基づくことが判明した。裁判員法45条は、「裁判所は、補充裁判員に引き続きその職務を行わせる必要がないと認めるときは、当該補充裁判員を解任する決定をすることができる。」と規定する。本条は、「審理の進行状況等に照らして補充裁判員を残す必要がなくなった場合に、補充裁判員の負担から早期に解放できるようにした規定である。一部の補充裁判員の解任も可能と解されるが、その場合には、あらかじめ定められた順序の後の者から解任すべきであろう。」と解されている[36]。それ故、本件では、補充裁判員3が解任されたのであるが、裁判長は、公判廷で補充裁判員解任について冒頭に説明はなかった[37]。
　補充裁判員の被告人質問権については、裁判員法には直接の規定が置かれておらず、立法者の想定には無かったものと解する。補充裁判員の被告人質問は、7人目の潜在的裁判員として被告人の防御権の視点から疑義がある[38]。
　第2回公判廷では、左陪席裁判官から「まず最初が補充裁判員からの質問に

なるんですけども、消費者金融に借金などがあるということなんですけれども、それについて、いわゆる過払い金などというのを発生しているかどうかということについては御存じですか。」との質問がなされ、被告人は「最近になって、それはわかりましたですね。そういうやり方があるというのはですね。」との返答があり、その後、質問・応答が展開される。

補充裁判員の被告人質問については、直接尋問することは許容されておらず裁判長を介して許容されるとの見解がある[39]。被告人の防御権との視点から本見解は支持し得ないが、本公判廷では裁判長ではなく左陪席裁判官によって質問が続行され、「まず最初が」と断っているが、質問の展開によりどこまでが補充裁判員の質問なのか不分明である。

2．刑事確定訴訟記録法4条2項は、保管検察官の刑事確定訴訟記録閲覧不許可事由について以下のように規定する。

> 保管検察官は、保管記録が刑事訴訟法第53条第3項に規定する事件のものである場合を除き、次に掲げる場合には、保管記録（第2号の場合にあっては、終局裁判の裁判書を除く。）を閲覧させないものとする。ただし、訴訟関係人又は閲覧につき正当な理由があると認められる者から閲覧の請求があつた場合については、この限りでない。
> 1 保管記録が弁論の公開を禁止した事件のものであるとき。
> 2 保管記録に係る被告事件が終結した後3年を経過したとき。
> 3 保管記録を閲覧させることが公の秩序又は善良の風俗を害することとなるおそれがあると認められるとき。
> 4 保管記録を閲覧させることが犯人の改善及び更正を著しく妨げることとなるおそれがあると認められるとき。
> 5 保管記録を閲覧させることが関係人の名誉又は生活の平穏を著しく害することとなるおそれがあると認められるとき。

最高裁平成24年6月28日第三小法廷決定は、民事訴訟等の準備のため組織的な犯罪の処罰及び犯罪収益の規制等に関する法律違反被告事件第一審判決書の閲覧請求に際し、「プライバシー部分を除く」として請求したにも関わらず保管検察官により刑事確定訴訟記録法4条2項4号及び5号に該当するとして本件裁判書の閲覧を不許可とする処分に対する準抗告を棄却した岡山地裁平成24年1月10日第2刑事部決定を取り消した[40]。

最高裁は、「刑事確定訴訟記録である第1審判決書は、国家刑罰権の行使に関して裁判所の判断を示した重要な記録として、裁判の公正担保の目的との関

係においても一般の閲覧に供する必要性が高いとされている記録であるから、その全部の閲覧を申立人に許可した場合には、Ｃらとの間の民事裁判において、その内容が明らかにされるおそれがあり、法４条２項４号及び５号の閲覧制限事由に当たる可能性がないではないが、そのような場合であっても、判決書の一般の閲覧に供する必要性の高さに鑑みると、その全部の閲覧を不許可とすべきではない。本件では、申立人が『プライバシー部分を除く』範囲での本件判決書の閲覧請求をしていたのであるから、保管検察官において、申立人に対して釈明を求めてその限定の趣旨を確認した上、閲覧の範囲を検討していたとすれば、法４条２項４号及び５号の閲覧制限事由には当たらない方法を講じつつ、閲覧を許可することができたはずであり、保管検察官において、そのような検討をし、できる限り閲覧を許可することが、法の趣旨に適うものと解される。」と判示し、安易な刑事確定訴訟記録閲覧制限に警鐘を鳴らす。

1）　拙稿「裁判員裁判制度に内在する諸問題（１）−東京地裁平成25年５月21日第１刑事部判決を素材に−」、武蔵野法学１号（2014年）２頁以下（本書237頁所収）参照。
2）　拙稿「裁判員裁判に内在する諸問題−島根県裁判員裁判第１号事件を素材として−」、島大法学53巻４号（2010年）１頁以下（本書11頁所収）及び前掲註１）、前掲註１）拙稿「裁判員裁判制度に内在する諸問題（１）−東京地裁平成25年５月21日第１刑事部判決を素材に−」、武蔵野法学１号５頁以下参照。
3）　司法制度改革推進本部に設置された顧問会議は、平成14年１月18日第１回会議を開催し平成16年11月12日開催第18回会議で任を終えた（http://www.kantei.go.jp/singi/sihou/komon/kaisai.html）。顧問会議について、前掲註２）拙稿「裁判員裁判に内在する諸問題−島根県裁判員裁判第１号事件を素材として−」、島大法学53巻４号34頁註16）参照。
4）　労働検討会の構成メンバーは、（座長）菅野和夫・東京大学教授、石嵜信憲・弁護士、鵜飼良昭・弁護士、岡崎淳一・厚生労働省労政担当参事官、春日偉知郎・筑波大学教授、後藤　博・法務省民事局商事課長、髙木　剛・日本労働組合総連合会副会長、村中孝史・京都大学教授、矢野弘典・日本経済団体連合会専務理事、山川隆一・筑波大学教授、山口幸雄・東京地方裁判所判事の11氏である（http://www.kantei.go.jp/singi/sihou/komon/kondankai/0619siryou2.pdf）。
5）　司法アクセス検討会の構成メンバーは、（座長）髙橋宏志・東京大学教授、亀井時子・弁護士、竹内佐和子・東洋大学経済学部教授、西川元啓・新日本製鐵㈱常務取締役、長谷川逸子・建築家、長谷部由起子・学習院大学教授、原田晃治・法務省大臣官房審議官、飛田恵理子・東京都地域婦人団体連盟専門委員、藤原まり子・㈱博報堂生活総合研究所客員研究員、三輪和雄・東京地方裁判所判事、山本克己・京都大学教授の11氏である（http://www.kantei.go.jp/singi/sihou/komon/kondankai/0619siryou2.pdf）。
6）　ADR検討会の構成メンバーは、（座長）青山善充・成蹊大学教授、安藤敬一・㈱松崎代表取締役副社長、髙木佳子・弁護士、龍井葉二・日本労働組合総連合会総合労働局長、原　早苗・埼玉大学非常勤講師、平山善吉・日本大学教授、廣田尚久・大東文化大学環境創造学部学部長・弁護士、三木浩一・慶應義塾大学教授、山本和彦・一橋大学教授、横尾賢一郎・日本経済団体連合会経済本部経済法制グループ長、綿引万里子・東京地方裁判所判事の11氏である（http://www.kantei.go.jp/singi/sihou/komon/kondankai/0619siryou2.pdf）。

7) 仲裁検討会の構成メンバーは、(座長) 青山善充・成蹊大学教授、秋吉仁美・東京地方裁判所判事、櫻井利人・経済産業省経済産業政策局産業組織課長、谷口園恵・法務省人権擁護局付、中村達也・国士舘大学助教授・社団法人国際商事仲裁協会主任研究員、本東 信・国土交通省中央建設工事紛争審査会事務局紛争調整官、松元俊夫・社団法人日本海運集会所常務理事、三木浩一・慶應義塾大学教授、山本和彦・一橋大学教授、吉岡桂輔・弁護士の10氏である (http://www.kantei.go.jp/singi/sihou/komon/kondankai/0619siryou2.pdf)。
8) 行政訴訟検討会の構成メンバーは、(座長) 塩野 宏・東亜大学教授、市村陽典・東京地方裁判所判事、小早川光郎・東京大学教授、芝池義一・京都大学教授、芝原靖典・㈱三菱総合研究所社会システム研究本部長、成川秀明・日本労働組合総連合会総合政策局長、萩原清子・東京都立大学教授、福井秀夫・政策研究大学院大学教授、福井良次・総務省大臣官房審議官、水野武夫・弁護士、深山卓也・法務省民事局民事法制管理官の11氏である (http://www.kantei.go.jp/singi/sihou/komon/kondankai/0619siryou2.pdf)。
9) 裁判員制度・刑事検討会の構成メンバーは、(座長) 井上正仁・東京大学教授、池田 修・東京地方裁判所判事、大出良知・九州大学教授、清原慶子・東京工科大学教授、酒巻 匡・上智大学教授、四宮 啓・弁護士、髙井康行・弁護士、土屋美明・共同通信社論説委員、中井憲治・最高検察庁検事、平良木登規男・慶應義塾大学教授、廣畑史朗・警察庁刑事局刑事企画課長の11氏である (http://www.kantei.go.jp/singi/sihou/komon/kondankai/0619siryou2.pdf)。
10) 公的弁護制度検討会の構成メンバーは、(座長) 井上正仁・東京大学教授、池田 修・東京地方裁判所判事、浦 功・弁護士、大出良知・九州大学教授、清原慶子・東京工科大学教授、酒巻 匡・上智大学教授、髙井康行・弁護士、土屋美明・共同通信社論説委員、中井憲治・最高検察庁検事、平良木登規男・慶應義塾大学教授、廣畑史朗・警察庁刑事局刑事企画課長の11氏であり、弁護士1名を除き裁判員制度・刑事検討会の構成メンバーと重複する (http://www.kantei.go.jp/singi/sihou/komon/kondankai/0619siryou2.pdf)。
11) 国際化検討会の構成メンバーは、(座長) 柏木 昇・東京大学教授、ヴィッキー・バイヤー・モルガンスタンレー証券会社法務部、加藤宣直・根本特殊化学専務取締役、久保利英明・弁護士、下川真樹太・外務省サービス貿易室長、下條正浩・弁護士、道垣内正人・東京大学教授、乗越秀夫・外国法事務弁護士、孝橋 宏・東京法務局訟務部長、玉井克哉・東京大学教授、波江野 弘・㈱小松製作所コンプライアンス室長の11氏である (http://www.kantei.go.jp/singi/sihou/komon/kondankai/0619siryou2.pdf)。
12) 法曹養成検討会の構成メンバーは、(座長) 田中成明・京都大学教授、井上正仁・東京大学教授、今田幸子・日本労働研究機構統括研究員、加藤新太郎・司法研修所教官・判事、川野辺充子・東京高等検察庁検事、川端和治・弁護士、木村 孟・元東京工業大学学長、大学評価・学位授与機構長、ダニエル・フット・東京大学教授、永井和之・中央大学法学部長、牧野和夫・国士舘大学教授、テンプル大学ロースクール準教授、諸石光熙・住友化学工業㈱専務取締役の11氏である (http://www.kantei.go.jp/singi/sihou/komon/kondankai/0619siryou2.pdf)。
13) 法曹制度検討会の構成メンバーは、(座長) 伊藤 眞・東京大学教授、岡田ヒロミ・消費生活専門相談員、奥野正寛・東京大学教授、小貫芳信・法務総合研究所総務企画部長、釜田泰介・同志社大学教授、木村利人・早稲田大学教授、佐々木茂美・大阪地方裁判所判事、田中成明・京都大学教授、中川英彦・住商リース㈱取締役副社長、平山正剛・弁護士、松尾龍彦・評論家の11氏である (http://www.kantei.go.jp/singi/sihou/komon/kondankai/0619siryou2.pdf)。
14) 各検討会の平成14年6月19日現在の検討状況について、http://www.kantei.go.jp/singi/sihou/komon/kondankai/0619siryou2.pdf参照。
15) 司法制度改革審議会『司法制度改革審議会意見書-21世紀の日本を支える司法制度-』、70から79頁参照 (http://www.kantei.go.jp/jp/sihouseido/report/ikensyo/pdfs/iken-3.pdf)。
16) 司法制度改革審議会『司法制度改革審議会意見書-21世紀の日本を支える司法制度-』、79から81頁参照 (http://www.kantei.go.jp/jp/sihouseido/report/ikensyo/pdfs/iken-3.pdf)。
17) 司法制度改革審議会『司法制度改革審議会意見書-21世紀の日本を支える司法制度-』、81から88頁参照 (http://www.kantei.go.jp/jp/sihouseido/report/ikensyo/pdfs/iken-3.pdf)。

18) 立法過程の詳細について、柳瀬 昇『裁判員制度の立法学-討議民主主義理論に基づく国民の司法参加の意義の再構成』、日本評論社、2009年参照。
19) 明日の裁判所を考える懇談会について、前掲註2)拙稿「裁判員裁判に内在する諸問題-島根県裁判員裁判第1号事件を素材として-」、島大法学53巻4号7頁以下参照。明日の裁判所を考える懇談会の構成メンバーは、大木美智子・消費科学連合会会長、北川正恭・早稲田大学大学院教授(前三重県知事)、田中直毅・国際公共政策研究センター理事長、平木典子・東京福祉大学大学院教授、桝井成夫・ジャーナリスト、松尾浩也・東京大学名誉教授、米本昌平・前科学技術文明研究所所長である(http://www.courts.go.jp/saikosai/iinkai/asu_kondan/asu_iin/index.html)。
20) 「明日の裁判所を考える懇談会(第17回)協議内容」参照(http://www.courts.go.jp/saikosai/vcms_lf/807001.pdf)。
21) それぞれの年度毎の報告として、平成15年度司法研修所編『量刑に関する国民と裁判官の意識についての研究-殺人罪の事案を素材として-』、法曹会、平成19年、平成18年度司法研修所編『裁判員制度の下における大型否認事件の審理の在り方』、法曹会、平成20年、平成19年度司法研修所編『難解な法律概念と裁判員裁判』、法曹会、平成21年、平成19年度司法研修所編『裁判員裁判における第一審の判決書及び控訴審の在り方』、法曹会、平成21年、平成21年度司法研修所編『裁判員裁判における量刑評議の在り方について』、法曹会、平成24年参照。
22) 大阪地検特捜部の暴走は、虚偽有印公文書作成、同行使に問われた当時担当課長として心身障害者団体用の郵便割引に関する公的証明書発行の職務に従事していた厚生労働省元局長・村木厚子氏に対する一連の捜査に端を発する。具体的訴訟の経緯は、前掲註1)拙稿「裁判員裁判制度に内在する諸問題(1)-東京地裁平成25年5月21日第1刑事部判決を素材として-」、武蔵野法学1号97頁註103)参照。検察の在り方検討会議は、平成22年11月10日第1回会議を開催し月に2回のペースで審議を重ね平成23年3月31日第15回会議で『検察の再生に向けて-検察の在り方検討会議提言-』を纏め上げた。審議の急展開は、検察の病巣の解明の重要性を示唆する(http://www.moj.go.jp/kentou/jimu/kentou01_00001.html)。
23) 『検察の再生に向けて-検察の在り方検討会議提言-』、1頁参照(http://www.moj.go.jp/content/000076299.pdf)。
24) 法制審議会新時代の刑事司法制度特別部会第1回会議(平成23年6月29日開催)議事録参照(http://www.moj.go.jp/content/000077447.pdf)。
25) 最高検察庁『裁判員裁判における検察の基本方針』(平成21年2月)参照(http://www.kensatsu.go.jp/saiban_in/img/kihonhoshin.pdf)。
26) 裁判員裁判第1号事件である東京地裁平成21年8月6日判決について、拙稿「裁判員裁判制度に内在する諸問題-鳥取地裁平成24年12月4日判決を素材に-」、島大法学56巻3号(2013年)29頁註(1)(本書147頁所収)参照。
27) http://www.saibanin.courts.go.jp/vcms_lf/h26_10_saibaninsokuhou.pdf
28) 筆者を含め島根大学大学院法務研究科の刑事系教員は、裁判の傍聴とメディアの対応に追われNHK松江放送局は交代にコメンテーターとして起用した。各紙掲載のコメントについて、前掲2)拙稿「裁判員裁判に内在する諸問題-島根県裁判員裁判第1号事件を素材として-」、島大法学53巻4号39頁註(37)参照。
29) 前掲2)拙稿「裁判員裁判に内在する諸問題-島根県裁判員裁判第1号事件を素材として-」、島大法学53巻4号1頁以下参照。
30) 前掲2)拙稿「裁判員裁判に内在する諸問題-島根県裁判員裁判第1号事件を素材として-」、島大法学53巻4号1頁以下、拙稿「裁判員制度の運用実態と問題点の考察-刑法の視点から-」、法政論叢47巻1号(2010年)185頁以下(本書87頁所収)、前掲26)拙稿「裁判員裁判制度に内在する諸問題-鳥取地裁平成24年12月4日判決を素材に-」、島大法学56巻3号1頁以下、拙稿「裁判員裁判制度に内在する諸問題-広島高裁松江支部平成26年3月20日判決を素材に-」、武蔵野大学政治経済研究所年報第9号(2014年)1頁以下(本書185頁所収)、前掲1)拙稿「裁判員裁判制度に内在する諸問題(1)-東京地裁平成25年5月21日第1刑事部判決を素材に

-」、武蔵野法学1号1頁以下、拙稿「裁判員裁判制度に内在する諸問題（2）-東京地裁平成25年5月21日第1刑事部判決を素材に-」、武蔵野法学2号（2015年）1頁以下（本書315頁所収）参照。
31)　松江地裁平成21年10月29日判決について前掲註2）拙稿「裁判員裁判に内在する諸問題-島根県裁判員裁判第1号事件を素材として-」、島大法学53巻4号1頁以下参照。東京地裁平成25年5月21日第1刑事部判決について、前掲註1）拙稿「裁判員裁判制度に内在する諸問題（1）-東京地裁平成25年5月21日第1刑事部判決を素材に-」、武蔵野法学1号1頁以下及び前掲註30）拙稿「裁判員裁判制度に内在する諸問題（2）-東京地裁平成25年5月21日第1刑事部判決を素材に-」、武蔵野法学2号1頁以下参照。
32)　最高裁判所事務総局の資料に依ると、平成25年5月末現在の両裁判所の受件数は、松江地裁14件（終局12件）、東京地裁555件（終局471件）である。
33)　梅田　豊「刑訴法53条と記録法の関係」（福島　至編著『コンメンタール刑事確定訴訟記録法』、現代人文社、1999年所収）29頁以下参照。
34)　各裁判所は、裁判員経験者との意見交換会を開催している。松江地裁では、平成24年4月24日及び平成25年9月24日の2回開催し、議事概要を公開している（http://www.courts.go.jp/matue/saibanin/ikenkoukan/index.html）。本松江地裁平成21年10月21日判決に関与した裁判員経験者は、いずれの意見交換会にも参加しておらず評議の問題点等は不分明である。
35)　前掲註2）拙稿「裁判員裁判に内在する諸問題-島根県裁判員裁判第1号事件を素材として-」、島大法学53巻4号12頁参照。
36)　池田　修『解説　裁判員法〔第2版〕-立法の経緯と課題』、弘文堂、2009年、99頁参照。
37)　前掲註2）拙稿「裁判員裁判に内在する諸問題-島根県裁判員裁判第1号事件を素材として-」、島大法学53巻4号12頁及び40頁註（43）参照。
38)　前掲註2）拙稿「裁判員裁判に内在する諸問題-島根県裁判員裁判第1号事件を素材として-」、島大法学53巻4号10頁参照。
39)　前掲註36）池田　修『解説　裁判員法〔第2版〕-立法の経緯と課題』、28頁参照。
40)　刑集66巻7号686頁以下参照。本件の主要な評釈として、福島　至「刑事確定訴訟記録法に基づく判決書の閲覧請求を不許可とした保管検察官の処分が同法4条2項4号及び5号の解釈適用を誤っているとされた事例」、刑事法ジャーナル36号131頁及び岡田悦典「刑事確定訴訟記録法に基づく第一審判決書の閲覧の許否」、判例評論657号174頁参照。

第1章　松江地裁平成21年10月29日判決　　61

【資料編】刑事確定訴訟記録法4条1項に基づく保管記録

進行管理表

　　　　　　　　　　　　　　　　　　　　　　　松江地方裁判所刑事部
事件番号　平成21年（わ）第69号　　　　　　　被告人　　A

□**検察官の証明予定事実記載書面の提出・送付期限（316条の13④）**

求意見　検察官・□済　弁護人・□済【提示期限　21・6・26】　裁判所書記官　石田印
検察官意見（□しかるべく、□希望期限：21・6・26）　　　　裁判所書記官　石田印
弁護人意見（□しかるべく、□その他：　　　　）　　　　　　裁判所書記官　石田印

裁判所への提出・弁護人への送付期限を平成21年6月26日とする。
平成21年6月16日
裁判長裁判官　吉井隆平　　裁判官　秋元健一　　裁判官　岩田絵理子

上記通知　　検察官（21・6・16）裁判所書記官　石田印
　　　　　　弁護人（21・6・16）裁判所書記官　石田印
送付確認済　□

□**検察官の証拠の取調べ請求期限（316条の13④）**

求意見　検察官・□済　弁護人・□済【提示期限　21・6・26】　裁判所書記官　石田印
検察官意見（□しかるべく、□希望期限：21・6・26）　　　　裁判所書記官　石田印
弁護人意見（□しかるべく、□その他：　　　　）　　　　　　裁判所書記官　石田印

証拠の取調べの請求期限を平成21年6月26日とする。
平成21年6月16日
裁判長裁判官　吉井隆平　　裁判官　秋元健一　　裁判官　岩田絵理子

上記通知　　検察官（21・6・16）裁判所書記官　石田印
　　　　　　弁護人（21・6・16）裁判所書記官　石田印

□**被告人・弁護人の検察官請求証拠に対する証拠意見の明示期限（316条の16②）**

求意見　検察官・□済　弁護人・□済【提示期限　21・7・10】　裁判所書記官　石田印
検察官意見（□しかるべく、□その他：21・7・10）　　　　　裁判所書記官　石田印
弁護人意見（□しかるべく、□希望期限：21・7・10）　　　　裁判所書記官　石田印

弁護人の検察官請求証拠についての意見明示期限を平成21年7月10日とする。
平成21年6月26日
裁判長裁判官　吉井隆平　　　裁判官　秋元健一　　　裁判官　岩田絵理子

上記通知　　検察官（21・6・26）裁判所書記官　石田印
　　　　　　弁護人（21・6・26）裁判所書記官　石田印

□被告人・弁護人の証明予定事実の明示期限（316条の17の③）

求意見　検察官・□済　弁護人・□済【提示期限　21・7・10】　裁判所書記官　石田印
検察官意見（□しかるべく、□その他：　　　　　）　　　　裁判所書記官　石田印
弁護人意見（□しかるべく、□希望期限：21・7・10）　　　裁判所書記官　石田印

裁判所・検察官への明示期限を平成21年7月10日とする。
平成21年6月26日
裁判長裁判官　吉井隆平　　　裁判官　秋元健一　　　裁判官　岩田絵理子

上記通知　　検察官（21・6・26）裁判所書記官　石田印
　　　　　　弁護人（21・6・26）裁判所書記官　石田印
明示確認済□

□被告人・弁護人の証拠の取調べ請求期限（316条の17の③）

求意見　検察官・□済　弁護人・□済【提示期限　21・7・10】　裁判所書記官　石田印
検察官意見（□しかるべく、□その他：　　　　　）　　　　裁判所書記官　石田印
弁護人意見（□しかるべく、□希望期限：21・7・10）　　　裁判所書記官　石田印

被告人・弁護人の証拠の取調べ請求期限を平成21年7月10日とする。
平成21年6月26日
裁判長裁判官　吉井隆平　　　裁判官　秋元健一　　　裁判官　岩田絵理子

上記通知　　検察官（21・6・26）裁判所書記官　石田印
　　　　　　弁護人（21・6・26）裁判所書記官　石田印

起訴状

平成21年6月12日

松江地方裁判所殿
　　　松江地方検察庁
　　　　　検察官　検事　　　大橋広志

下記被告事件につき公訴を提起する。

記

本籍
住居
職業

　　　　　　　　　　　　　　　勾留中　　　A
　　　　　　　　　　　　　　　　　　　　　生

公訴事実

被告人は
第1　現金を強取することを企て、平成21年5月21日午後1時25分ころ、松江市A所在のB官舎C方玄関前において対応に出たV（当時X歳）に対し、用意していたレジャーナイフ（刃体の長さ約18.5センチメートル）を示した上、同ナイフを突き出しながら前記玄関から前記C方に押し入り、さらに、座り込んだ前記Vの頭部に衣服をかぶせるなどし、もって、人の住居に侵入するとともに、前記Vに暴行、強迫を加え、その反抗を抑圧して同人から現金を強取しようとしたが、同人に抵抗され同ナイフを奪い取られたため、その目的を遂げず、その際、同人に加療約7日間を要する左手切創の傷害を負わせ
第2　業務その他正当な理由による場合でないのに、前記日時場所において、前記ナイフを1本携帯し
たものである。

罪名及び罰条

第1　住居侵入、強盗致傷　　　　　　　　刑法130条前段、240条前段
第2　銃砲刀剣類所持等取締法違反　　　　同法31条の18第3号、22条

証明予定事実記載書

住居侵入、強盗致傷
銃砲刀剣類所持等取締法違反　　　　　　　被告人　　　A

上記被告人に対する頭書被告事件について、検察官が証拠により証明しようとする事実は下記のとおりである。

平成21年6月25日
　　　　　松江地方検察庁
　　　　　　　検察官　検事　　大橋広志

松江地方裁判所刑事部　殿

記

| | 証拠関係 |

第1　犯行に至る経緯
　1　（墨潰し）　　　　　　　　　　　　　　　　　　被告人の検察官調書
　2　被告人は、平成20年夏ころ、借金の返済金を得　下見状況に関する捜査報告書、
　　るため、日中に公務員住宅を訪れ、家にいる女性　凶器に関する捜査報告書、凶器、
　　に対し、慰謝料請求名目で金の支払いを要求し、　被告人の検察官調書
　　これに応じない場合には、レジャーナイフ（以下「ナ
　　イフ」という。）（刃体の長さ約18.5センチメートル）
　　を見せて脅迫して金を奪い取ることを考えるよう
　　になった。
　　　また、被告人は、逃走時間を確保するため、女
　　性の手首と足首を布製のガムテープで縛り、口に
　　ガムテープを貼ることを計画した。
　　　被告人は、そのころから松江市内の公務員住宅
　　の下見を開始したが、B宿舎が最も人目につきに
　　くく、金を奪い取るのに適していると考えていた。
　3　被告人は、平成21年4月ころ、滞納した電話料　被告人の検察官調書
　　金等を支払うために闇金から金を借り、同年5月
　　中旬ころ、その返済が遅れたために電話で厳しい
　　取立てを受けた。
　　　被告人は、闇金の取り立てから逃れるため、か
　　ねてから計画していた方法で10万円程度の金を奪
　　い取ることとし、次の返済期限である5月21日午
　　後1時30分までに闇金への返済を終わらせようと
　　考えた。
　4　被告人は、同日午前9時ころ、ナイフとガムテー　下見状況に関する捜査報告書、
　　プを紙袋に入れてB宿舎へ向かい、同宿舎等を回っ　凶器に関する捜査報告書、被告
　　たが、実行するには至らなかった。　　　　　　　人の検察官調書
　5　被告人は、このままでは、闇金の返済期限に間　被告人の検察官調書
　　に合わないと考え、残されたV方で金を奪い取る
　　ことを決意した。
第2　犯行状況等
　1　被告人は、同日午後1時25分ころ、訪問客を装っ　Vの検察官調書、実況見分調
　　て呼び鈴を押し、応対に出たV（以下「V」という。）　書、凶器に関する捜査報告書、
　　に「娘が松江に来たときにご主人にお世話になり　凶器、被告人の検察官調書
　　ました。」などと言って玄関内へ招き入れられるこ
　　とを期待したが、Vにその様子がうかがえないた
　　め、ナイフを示して金を奪い取ることを決意した。

被告人は、Vに対し、ナイフを取り出して見せつけた上、これを突き出しながら、玄関内に押し入った。 　2　被告人は、玄関内に押し入るや、ナイフを持った右手をVにつかまれ、その取り合いとなり、Vと共に玄関内上がり口で転倒した。	Vの検察官調書、実況見分調書、凶器に関する捜査報告書、凶器、被告人の検察官調書
被告人は、Vの声を聞いた住民が助けにくることを防ぐため、Vを部屋の奥へ引きずっていた上、柔道の胴締めをした。 　　　　被告人は、叫び声を上げたVの口をふさぐため、そばにあった衣服を座り込んだVの顔に被せようとして頭部に被せたが、Vにナイフを取り上げられた上、その場から逃走された。	
3　Vは、ナイフを取り合った際、加療約7日が必要な左手切創の傷害を負い、8針を縫った。	Vの検察官調書、負傷状況に関する捜査報告書、被告人の検察官調書
4　被告人は、V方から逃走したが、警ら中の警察官に逮捕された。	
第3　その他 　　　　被告人の身上経歴、被害者及び関係者の処罰感情等	戸籍、Vの検察官調書、下見状況に関する捜査報告書
以上	

平成21年（わ）第69号
事件名　住居侵入、強盗致傷、銃砲刀剣類所持等取締法違反
被告人　　　　A

予定主張記載書面

　　　　　　　　　　　　　　　　　　　　　　　　　平成21年7月10日
松江地方裁判所刑事部　御中

　　　　　　　　　　　　　　　　　　　　　　　　弁護人　安藤有理

　第1　公訴事実について
　　　　争いはない。
　　　　ただし、被害者の対応や被告人の行動について、情状に関する事情としては証明予定事実記載書と異なる事実を主張する予定である。
　第2　情状について
　　　　動機、犯行状況、被告人のこれまでの活動について

平成21年（わ）第69号
事件名　住居侵入、強盗致傷、銃砲刀剣類所持等取締法違反
被告人　　　A

予定主張記載書面（追加）

平成21年8月12日

松江地方裁判所刑事部　御中

弁護人　安藤有理

平成21年7月10日付予定主張記載書面に加え、検察官の証明予定事実に対して、被告人の主張と食い違う部分について以下のとおり具体的に主張する。

1　犯行に至る経緯1
　　　　　　　　　（墨潰し）
2　犯行状況等1
　　検察官の証明予定事実記載書面によると、「（略）…などと言って玄関内に招き入れられることを期待したが、Ｖにその様子がうかがえないため、ナイフを示して金を奪い取ることを決意した。」とある。
　　しかし、被告人は、被害者から玄関に招き入れらないことに対し、加えて、被害者に「とりあえず玄関に入れて頂けませんか。」などと申しむけ、それに対して、被害者が避けて被告人が玄関に入ることを許容するような姿勢を示さなかったことから、被告人が感情的になるとともに、強取する目的でナイフを示したものである。
　　なお、被害者が被告人を手の平で押したりしたようなことはなかった。
3　犯行状況等2
　　検察官の証明予定事実記載書面によると、「被告人は、叫び声を上げたＶの口をふさぐため、そばにあった衣服を座り込んだＶの顔に被せようとして頭部に被せたが、……（略）」とある。
　　しかし、被告人は、右手のみで衣服を被せようとしたにとどまり、被害者の頭部に衣服を被せるには至っていない。

求意見手続

求意見手続（第2事実につき）
　　　　検察官
　　　　大橋広志　平成21年6月16日午前8時40分
　　　　弁護人
　　　　安藤有理　平成21年6月15日午後2時30分
　　　　ともに電話で確認し、異議はない。

手続決定（第1及び第2事実につき）

本件を公判前整理手続に付する。

平成21年6月16日

裁判長認印

平成21年（わ）第69号

第1回公判前整理手続調書（手続）

被告人氏名　　　A　（出頭）
被告事件名　　　住居侵入、強盗致傷、銃砲刀剣類所持等取締法違反
公判前整理手続　平成21年8月25日
をした年月日
公判前整理手続　松江地方裁判所刑事準備手続室
をした場所
公判前整理手続　松江地方裁判所刑事部
をした裁判所
裁判長裁判官　　吉井隆平
裁判官　　　　　秋元健一
裁判官　　　　　岩田絵理子
裁判所書記官　　石田　圭
出頭した検察官　大橋広志
出頭した弁護人　安藤有理
人定質問
　　氏名　　　A
　　生年月日、本籍、住居、職業は、起訴状記載のとおり
争点の整理に関する事項
　証明予定事実等
　　弁護人
　　　　公訴事実自体は争わない
　被告人の意思確認
　　被告人
　　　　公訴事実は、そのとおり間違いありません。
証拠の整理に関する事項
　証拠請求について
　　弁護人
　　　　検察官に被害者の意向を確認してもらった上で、被告人が被害者にあてて
　　　　書いた手紙を被害者に郵送し、それを追加で請求する可能性がある。
　　検察官
　　　　上記追加の証拠請求の可能性があることについては了承した。被害者の意

向について確認した上で、弁護人に連絡する。
証拠調べ等
証拠等関係カード記載のとおり
争点及び証拠の整理の結果の確認
裁判長
1．本件の主たる争点は量刑である。
2．証拠の整理の結果は、証拠関係カード記載のとおりである。
被害者参加人等による被告人質問の許可
検察官
本日付被害者参加人による被告人質問に関する通知書記載のとおり
弁護人
上記申し出についてはしかるべく
裁判長
被害者参加人が被告人に対し、刑事訴訟法292条の2に基づく意見を陳述するために必要な事項について質問をすることを許可する。
公判審理の予定に関する事項
公判審理の予定
裁判長
別紙のとおり審理日程を定める。
記録媒体への記録の決定
検察官及び弁護人
被告人質問につき、裁判員法65条1項本文により、訴訟関係人の尋問及び供述等を記録媒体に記録することについては異議がない。
裁判長
被告人質問につき、上記録音する旨決定
裁判員等選任手続に関する決定
裁判長
1　本件については、3人の補充裁判員を置く。
2　本件について呼び出すべき裁判員候補者の員数を80人と定める。
指定した裁判員等選任手続期日
平成21年10月27日午前10時00分
指定告知した公判期日
平成21年10月27日午後1時30分
平成21年10月28日午前10時00分
平成21年10月29日午後3時00分

平成21年8月26日
松江地方裁判所刑事
裁判所書記官　石田　圭

(別紙)
事件番号：平成21年（わ）第69号
事件名：住居侵入、強盗致傷、銃砲刀剣類所持等取締法違反
被告人： A

審理予定

公判	期日	開始	終了	時間(約)	内容
第1回	10月27日(火)	13：30	13：35	5分	冒頭手続
		13：35	13：45	10分	検察官の冒頭陳述
		13：45	13：55	10分	弁護人の冒頭陳述
		13：55	14：30	35分	休廷
		14：30	14：35	5分	公判前整理手続の結果顕出
		14：35	15：20	45分	検察官求刑の甲・乙号証の取調べ
		15：20	15：50	30分	休廷
		15：50	16：00	10分	弁護人請求の書証の取調べ
		16：00	16：50	50分	被告人質問（弁護人）
第2回	10月28日(水)	10：00	10：25	25分	被告人質問（検察官）
		10：25	10：30	5分	被告人質問（被害者参加人）
		10：30	10：35	5分	被告人質問（弁護人）
		10：35	11：00	25分	休廷
		11：00	11：10	10分	被告人質問（裁判体）
		13：15	13：20	5分	被害者の意見陳述
		13：20	13：30	10分	論告
		13：30	13：40	10分	弁論
		13：40	13：45	5分	被告人の最終陳述
		13：45	17：00		評議
第3回	10月29日(木)	10：00	12：00	120分	評議
		13：00	15：00	120分	評議
		15：00	15：10	10分	判決宣告

平成21年（わ）第69号
被告事件　住居侵入、強盗致傷、銃刀法違反被告事件
被告人　A

補充裁判員解任決定

頭書被告事件について、当裁判所は、補充裁判員に引き続きその職務を行わせる必要がないと認め裁判員の参加する刑事裁判に関する法律45条により、次のとおり決定する

主文

補充裁判員3を解任する
平成21年10月28日
松江地裁刑事部
　　　　　吉井隆平
　　　　　秋元健一
　　　　　岩田絵里子

補充裁判員3に対し、即日口頭で告知済み

　　　　　　　　　　　　　　　裁判所書記官　石田　圭

　　　　　　　　　　　　　　　　　　裁判長認印

平成21年（わ）第69号
　　　　　　　　第1回公判調書（手続）

被告人氏名　　　　Ａ　（出頭）
被告事件名　　　　住居侵入、強盗致傷、銃砲刀剣類所持等取締法違反
公判をした年月日　平成21年10月27日
公判をした裁判所　松江地方裁判所刑事部
裁判長裁判官　　　吉井隆平
裁判官　　　　　　秋元健一
裁判官　　　　　　岩田絵理子
裁判員　　　　　　1ないし6
補充裁判員　　　　1ないし3
裁判所書記官　　　石田　圭
検察官　　　　　　大橋広志、湯淺健太
出頭した弁護人　　安藤有理
出席した被害者参加人　Ｖ
人定質問
　　氏名　Ａ
　　生年月日、本籍、住居、職業は、起訴状記載のとおり
被告事件に対する陳述
　　被告人
　　　　公訴事実は、いずれもそのとおり間違いありません。
　　弁護人
　　　　今Ａさんがおっしゃった内容と同様に、各公訴事実に争いはございません。
検察官の冒頭陳述
　　大橋検察官

別紙冒頭陳述要旨記載のとおり
弁護人の冒頭陳述
　　　本日付冒頭陳述要旨記載のとおり
公判前整理手続の結果を明らかにする手続
　　裁判長
　　　　　第1回公判前整理手続調書の要旨を告げた。
証拠調べ等
　　　　証拠等関係カード記載のとおり
裁判所書記官の交替
　　　　（乙）証拠番号2取調べ終了後、裁判所書記官石田　圭は退廷し、裁判所書記官佐藤智彦入廷列席
先に指定告知した公判期日
　　　　平成21年10月28日午前10時00分（被告人質問、被害者の意見陳述、論告、弁論）
　　　　平成21年10月29日午後3時00分（判決宣告）

　　平成21年11月5日
　　　　　松江地方裁判所刑事部
　　　　　　　裁判所書記官　　石田　圭
　　　　　　　裁判所書記官　　佐藤智彦

検察官冒頭陳述要旨

冒頭陳述要旨

第1　事件の内容
　　　これから、証拠に基づいて証明していく事実を述べていきます。
　　　予定時間は、約10分です。
　　　お手元にお配りした「検察官の冒頭陳述メモ」と書かれているメモ（（本調書末尾添付））をご覧ください。このメモは、これから、モニターに映し出す画面と同じ内容のものです。
　　　このメモの左下に太い枠で囲んだ部分に「被告人の供述調書」などと書かれていますが、これらは、各項目の灰色の大きな枠の中に書かれている事実を証明するための証拠を表しています。
　　　これから、メモの左上から順に説明をしていきますが、まず、今回の事件の内容から述べます。
　　　本件は、被告人が、借金の返済資金を手に入れるため、公務員住宅、これは、公務員が住んでいる団地のことですが、その団地に一人でいる主婦から現金を奪おうと計画し、被害者にナイフを突き出しながら玄関の中に押し入って現金を奪おうとしたが、奪うことをできず、その際、被害者に怪我をさせたという事件です。

今回の裁判では、先ほど被告人が「間違いない」と言っていたとおり、起訴された事実に争いはありませんので、被告人にどのような刑罰を科すべきかが問題となります。その前提として、事件全体の流れについて検察官が立証する事実を話していきます。
第2　事件までのいきさつ
　まず、被告人が本件犯行を考えたいきさつですが、これは、被告人の供述などによって立証します。
1　先ほど、本件の動機について、「借金の返済資金を手に入れるため」と言いましたが、
　　　　　（墨潰し）
2　そこで、被告人は、平成20年夏ころ、借金の返済資金を手に入れるため、日中、家に一人でいる主婦から金を奪うことを計画して、公務員住宅を訪問して犯行の機会をうかがうようになりました。
　被告人が考えていた計画は次のとおりです。
　まず、日中、一人で家にいる主婦に対し、夫の知り合いであるように装って玄関の中に入れてもらい、「あなたの夫に嫌がらせをされた。」などと因縁を付けて慰謝料を支払うように要求し、拒否されたときには、今回の事件で使ったナイフで脅かして金を奪うというものです。
　公務員住宅を狙ったのは、公務員なら不景気でもちゃんとボーナスをもらっているので、一般の家庭よりも金があると考えたからでした。
　また、被告人は、金を奪った後の逃走時間を確保するため、女性の手首と足首を布製のガムテープで縛り、くちにガムテープを貼ることも計画していました。
　このような計画の下、被告人が、昨年（平成20年）夏のころから松江市内の17か所の公務員住宅を回っていた状況については、警察官が聞き込みをして、一部裏付けが取れていますので、それらをまとめた報告書でも立証します。
　そして、被告人は、17か所の公務員住宅を回った結果、今回の事件を起こしたB公務員住宅が、住宅密集地になく、宿舎への進入路が袋小路になっていて、公務員宿舎に関係のある人以外が入ってこない宿舎だと分かり、最も人目につきにくく、金を奪い取るのに適していると判断していました。
3　話を被告人の借金の状況に戻しますが、被告人は今年（平成21年）の4月ころ、滞納した電話料金等を支払うために闇金から約7万円を借りました。
　そして、5月中旬ころ、その返済が遅れた時、サラ金の時と違って電話で厳しい取り立てを受けました。
　そこで、被告人は、闇金から指定されたつぎの返済期限である5月21日午後1時30分までに、10万円の金を奪って、闇金への返済を終わらせようと考えていました。
4　被告人は、犯行当日である5月21日午前9時ころ、訪問客を装った際に怪しまれないようにブレザーを着た上で自宅を出て、車でB公務員住宅に行きました。
　そこで、被告人は、紙袋に入れたナイフとガムテープを隠し持ちながら、訪問客を装っていろいろな部屋を訪問しましたが、躊躇してなかなか犯行を実行するには至りませんでした。
　そして、被告人は、いったん、島根大学の側の公務員住宅に車で移動し、訪問客を装って部屋を訪問しましたが、躊躇して犯行を実行するには至りませんでした。
　そこで、被告人は、再び今回の犯行場所となったB公務員住宅に戻り、主婦がい

そうな部屋を回ったものの、犯行を実行に移せずにいました。
　しかし、被告人は、このままでは、闇金の返済期限に間に合わないと考え、最後に残っていた被害者の家で金を奪い取ることを決意しました。

第3　犯行状況
1　被告人は、その日の午後1時25分ころ、訪問客を装って、被害者の部屋の呼び鈴を押しました。
　そして、被告人は、玄関の中に入れてもらうために、玄関のドアを少し開けて対応に出た被害者に「娘が松江に来たときにご主人にお世話になりました。お礼の品を持ってきました。」などと嘘を言いました。
　これに対して、被害者は、不審な訪問客だと思い、被告人を玄関の中に入れませんでした。
　被告人は、被害者が玄関の中に入れてくれなかったことに腹を立てるとともに、このままでは返済期限に間に合わなくなるので、ここでナイフを突きつけて金を奪おうと決意しました。
　そこで、被告人は、玄関前で紙袋からあらかじめ用意していたナイフを右手で取り出し、玄関内に立っていた被害者の顔に向けて、そのナイフの刃先を突きつけました。
　そして、被告人は、そのナイフの刃先を被害者の顔に向けた状態で、ナイフを突き出しながら、玄関の中に押し入りました。
　これに対して、被害者は、顔に迫ったナイフで刺されないように、そのナイフの柄を持っている被告人の右手を両手でつかみました。
2　被告人は、玄関の中で被害者とナイフをつかみ合ったまま、更にナイフを突き出したため、玄関の上がりぐちで、被害者を尻もちをつく形で転倒させ、被告人自身も転倒しました。
　被告人は、被害者の叫び声を聞いた他の住民が助けにくると考え、声が漏れないようにするため、ツッカケを履いたままの被害者を部屋の奥に引きずり込み、倒れていた被害者の腹部を両足で挟んで締める、いわゆる柔道の胴締めをしました。
　さらに、被告人は、叫び声を上げた被害者のくちをふさぐため、部屋の中にあった衣服を被害者の頭部に被せました。、
　こうして、ナイフを巡って被害者ともみ合っているうちに、被害者にナイフを取り上げられたため、被告人は、現金を奪うのをあきらめてその場から逃げました。
3　その後、被告人は、被害者の家から出て、被害者が住む公務員住宅の前に停めていた車で自宅に向けて逃走しましたが、その日のうちに、既に被告人の車を手配していたパトカーに呼び止められて逮捕されました。
4　なお、被害者は、被告人とナイフを取り合った際、約7日間の治療が必要な左手の親指と人差し指の間を切る怪我をして、8針を縫いました。
　また、被告人も、その際、ナイフで左手の腱を4本切り、約1か月の治療が必要な怪我をしました。
　これらの被害に遭ったときの状況、現場の状況、被害者の怪我の状況、犯行に使ったナイフについては、これから、被害者の供述調書や被害現場等を撮影した写真やナイフそのもの等によって証明します。

第4　その他
　　最後に、検察官は、被害者が、被告人に厳しい処罰を望んでいるという情状に関する事実についても明らかにします。
　　以上が検察官が立証しようとする全体像です。
　　最初に申し上げたとおり、今回の裁判では、被告人にどのような刑罰を科すのかということが問題となりますが、被告人の刑を決めるに当たって、皆さんにお渡ししたメモの右下に書いてある6点、すなわち、動機、計画性、犯行態様、被害結果と被害者の処罰感情、地域住民に与えた影響、同種犯罪を防ぐ必要性と更生の環境に関する事情が重要と考えていますので、これらに関する事項に注目していただきたいと思います。

弁護人冒頭陳述要旨

冒頭陳述要旨

平成21年10月27日

松江地方裁判所刑事部合議係　御中

　　　　　　　　　　　　　　被告人　A
　　　　　　　　　　　　　　弁護人　安藤有理

　上記被告人Aさんに対する住居侵入、強盗致傷、銃砲刀剣類所持等取締法違反被告事件について、弁護人が証拠により証明しようとする事実の要旨は、以下のとおりである。

第1　罪体（犯罪事実について）
　　　Aさんが犯してしまった住居侵入、強盗致傷、銃砲刀剣類所持等取締法違反については、認めており、争う意思はない。
第2　情状（刑を決める際に考慮する事情）
1　Aさんの経歴
　　　　　　　　　　　（墨潰し）
2　事件の背景
　　　　　　　　　　　（墨潰し）
3　犯行後の事情

犯行後の事情
- 社会復帰
- 反省
- 裁判までの身柄拘束
- 事件によるAさんの受傷
- 被害者への謝罪

論告要旨

第1 事実関係

今回の事件に関する検察官の意見を述べます。

まず、事実関係について確認します。

今回の事件は、被告人が、金目当てで、被害者にナイフを突き出しながら家の中に押し入ったという典型的な押し込み強盗が、凶器のナイフで被害者に怪我をさせたというものです。

そして、被告人が起訴された、家に押し入ったという「住居侵入」、強盗犯人が怪我をさせたという「強盗致傷」、危険なナイフを携帯したという「銃刀法違反」の各事実は、この法廷で取り調べられた証拠によって、有罪であることは明らかです。

第2 どのような刑罰を科すべきか

それでは、今回の事件で、被告人にどのような刑罰を科すべきでしょうか。

被告人が起訴されている犯罪のうち、中心となる犯罪は、強盗致傷ですが、まず、念頭においていただきたいのが、強盗致傷という罪が重い犯罪だということです。

物を持っている他人から、その人に気づかれずに物を取ると窃盗ですが、その刑罰は、1か月以上10年以下の懲役又は罰金と定められています。

そして、物を持っている人に暴力をふるったり、脅かしたりして抵抗できなくして物を奪うと強盗になります。

強盗の刑罰は、5年以上20年以下の懲役と定められていますが、犯罪の悪質さ・危険さから、窃盗に比べるとかなり重く処罰されることになります。

そして、強盗した人が、他人を怪我させた場合が、今回問題となっている強盗致傷で、その刑罰は、更に重く、無期懲役又は20年以下の懲役と定められています。

このような重い刑罰が定められているのは、強盗の機会に被害者を怪我させる場合が多いため、そのような危険な行為を行った犯人を厳しく処罰する必要がありますし、厳しく処罰することによって、こうした犯罪の発生を防ぐ必要性も高いからです。

しかも、被告人は、こうした重い犯罪を他人の家の中に侵入して、つまり、住居侵入という犯罪を犯しながら行ったことにも留意していただきたいと思います。

それでは、これから、この事件について、みなさんに考慮していただきたい事情を6点申し上げます。

1 動機

1点目は、このような犯行を犯した動機が自己中心的で同情の余地はないということです。

(1) 被告人は、借金の返済資金を手に入れるため、つまり金目当てで、今回の事件を起こしていますが、このような自己中心的な動機に同情する余地がないことは明らかです。

(2) 確かに、被告人は、ヤミ金からの厳しい取り立てのため切羽詰っていたのでしょうし、そのような借金をするにも被告人なりの事情があったのでしょう。

(墨潰し)

そのように、被告人は、自らの責任で遊興費も含めて借金をしたのですから、借金をした経緯に同情できません。

(墨潰し)

また、ヤミ金からの取り立てが厳しかったのであれば、警察や消費生活センターへ相談することも可能でしたし、例え、被告人がヤミ金からの厳しい取り立てを受けていたとしても、それを全く関係のない第三者にこのような形で転嫁することが許されるはずがありません。

いくらヤミ金からの取り立てが厳しかったとしても、今回の犯行が正当化されるはずはなく、その点を過大に評価すべきではありません。

(3)　一方、被告人は、被害者の態度に腹を立てたこともナイフを出した原因だなどと言っていました。

しかし、不審な訪問者を玄関の中に入れないのは、当然の行動ですし、そのような被害者の態度に腹を立てたのは、被告人の身勝手な判断に過ぎませんから、被告人を家に入れなかった被害者に落ち度がないことも明らかです。

2　計画性

2点目は、日中、1人で家にいる主婦を狙ってナイフなどを準備して行った計画的犯行だということです。

(1)　被告人は、金を要求する相手として、公務員住宅に住む主婦を狙うことにし、世帯主である夫の公務員がおらず、主婦が一人になる昼間に、ナイフで脅して金を奪う計画をたてました。

また、被告人は、逃走時間を稼ぐために、抵抗できなくなった女性の手首や足首をガムテープで縛り、くちを塞ごうとも計画していました。

このような被告人の計画は、自分よりも弱いと考えた主婦を狙った卑劣なものです。

(2)　そして、米子市内に住んでいた被告人は、知り合いのいない松江市内の公務員住宅を狙うことにして、昨年（平成20年）の夏ころから、公務員住宅を回って、犯行の機会をうかがっていました。

その中で、被告人は、どの公務員住宅が住宅密集地にないのかとか、どこに車を止めればいいのか、どの時間帯に人が少ないのかといったことも把握していき、今回の犯行現場となった公務員住宅が、袋小路になっていて人通りが少なく、最も金を奪うのに適している場所だと判断したわけです。

(3)　そして、被告人は、今回の犯行時に、計画していた通り、怪しまれないように訪問客を装ってブレザーを着て、ナイフとガムテープを隠し持って多数の家を訪問して実行の機会をうかがった末、被害者が1人で家にいる昼間に、被害者の家を訪れ、今回の犯行に及んだのです。

このように、本件犯行は、周到な準備の上での犯行であり、たまたま起こった事件ではありません。

また、裁判員の方からのご指摘もありましたが、去年の夏から、何度も犯行を思いとどまる機会があったにもかかわらず、このような犯行を実行に移した被告人の責任が重いことは明らかです。

3　犯行態様

　3点目は、今回の犯行態様が、非常に危険で悪質だということです。

（1）　被告人は、玄関先に出た被害者に対して、いきなり紙袋からナイフを取り出して、被害者の顔の前にナイフを突き出し、家の中に押し入りました。

　玄関先という狭い空間において、昨日（平成21年10月27日）、裁判員の皆さんに見ていただいた両方に鋭い刃のあるナイフの刃先を顔の前に突きつけ、突き出すという本件犯行態様が、非常に危険だということは分かっていただけると思います。

　そして、被告人は、今回の犯行の途中に、被害者とナイフを取り合いながら上がりぐちまで押し込んで被害者を転倒させていますが、そのときに、被害者の身体にナイフが刺さる危険も大いにありました。

　また、被告人は、被害者の家の中で、ナイフを取り合いながら、被害者の頭部に服を被せたり、部屋の奥へ引きずり込んで胴締めをしたりもみ合っていました。

　被害者方の4畳半和室の写真は、被告人が、被害者にツッカケを脱ぐ暇を与えず、被害者を部屋の奥に引きずり込み、血がふすまに付くような争いが4畳半間であったことを物語っていますが、廊下や4畳半間の入り口といった狭い場所でナイフを巡ってこのような争いをすることが危険なことは明らかです。

　このように、被告人は、危険な犯行に及んだわけですから、被害者が7日間の怪我を負ったことは、被害者にとっては重大な被害ですが、結果的には不幸中の幸いであったともいえます。

　一方、被告人は、今回、左腕の4本の腱を切断する怪我を負っていますが、この怪我は、被害者に生じてもおかしくはないものでしたし、そのときの状況によっては更に重大な事態になっていた可能性もありました。

（2）　そして、忘れてはならないのが、今回の事件が、最も安心して過ごすことのできる場所である家の中において行われたことです。

　被告人は、訪問客を装って被害者に玄関ドアを開けさせた上、自宅の玄関先でいきなりナイフを突きつけ、屋内に押し入ってお金を奪おうとし、その凶器で怪我をさせることが、平穏な日常生活を脅かす悪質な行為であったことは明らかです。

4　被害結果、被害者の処罰感情

　4点目は、被害者に与えた精神的苦痛が大きく、その処罰感情が激しいということです。

（1）　今回の事件では、被告人は、お金を奪ってはいません。

　しかし、これは、被告人が、被害者にナイフをつかまれたりしたからに過ぎません。
　被告人自身の意思で自発的にお金を奪わなかったのではないのですから、お金を奪っていないことも過大に評価できません。

（2）　また、ナイフをつかんだ被害者に全く落ち度はありません。

　そうであるにもかかわらず、自宅で見ず知らずの男から、いきなりナイフの先端を顔に突きつけられ、左手に今もその疵が残っている8針を縫う怪我をさせられました。

（3）　そして、先ほどの意見陳述を聞いていただいたとおり、被害者は、殺されるかもしれないという恐怖を味わったのです。

　また、被害者は、被害に遭った後も、呼び鈴の音におびえる生活を送り、被告人と同世代の男性を見る度に、また態度を急変されてナイフを示されるのではないか

と不信感を抱いてしまうといった、不安な生活を強いられています。
　そして、被害者は、被告人に対して、「このような事件を起こしたのですから、服役という形で罰を受け、きちんと罪を償うべきだ。」などと述べて厳重な処罰を求めています。
　被害者の処罰感情は、実際に本件の被害を体験した方の心情として、重い意味を持つものと考えますので、被告人の刑罰を決める際に、十分尊重されるべきものであると考えています。

5　地域住民に与えた影響
　5点目は、被告人が訪れた家の方々や地域住民に与えた不安感も非常に大きいということです。
　被告人は、これまでに述べたとおり、犯行の機会をうかがいながら、17か所の公務員住宅の多数の家を無差別に訪問していましたので、誰が被害者になってもおかしくない状態でした。
　ですから、この犯行が行われたことによって、被告人が訪れた家の方々はもちろん、その他の地域住民にも多大な不安感を与えていることは明らかです。

6　同種犯罪を防ぐ必要性、更生の環境
　6点目は、同じような危険な犯罪を防ぐ必要性があることと、被告人の更生の環境が整っていないことです。
　最近の経済・雇用状況は、非常に厳しくなっていますが、今回のような事件で執行猶予がつくのならということで、今回のような危険な犯罪を安易に犯さないとはかぎりません。
　刑罰には、犯罪を犯した人を適切に罰することによって、他の人の犯罪を未然に防ぐという目的もあります。
　ですから、同じような危険な犯罪を生じさせないためにも、被告人を厳重に処罰する必要があります。
　また、被告人のことを監督してくれる家族や知人はこの法廷には出てきていませんし、社会に復帰後の職の確実なあてもなく、十分な更生の環境が整っているとは言えません。
　このようなことは、被告人にとって同情すべき事情のようにも思えますが、犯罪を犯した者の更生というものを冷静に考えた場合には、被告人に十分な更生環境が整っていないことは量刑判断に当たっては考慮しなければならないと考えています。

第3　求刑
1　そこで、求刑ですが、改めて今回の事件について、確認します。
　確かに、被告人は、事実を認めて反省していますし、これまで真面目に生活してきて（墨潰し）。また、今回の犯行でお金を奪っていないこと、被告人なりに悩みながら犯行を実行に移したことなど、被告人のために考慮すべき事情もあります。
　しかし、最も安心して過ごすことのできる場所である被害者の家にお金を奪うためにナイフを突きつけて押し入って、実際に怪我を負わせた犯行は非常に危険で悪質です。
　しかも、被告人は、今回の犯行をたまたま起こしたわけではなく、これまで述べてきたように半年も前から計画した上、実行に移したのです。
　また、被害者は、厳重な処罰を望んでいます。

さらに、被告人はもちろんのこと、他人による同じような犯行を防ぐ必要もありますし、被告人には、今後の生活を適切に監督してくれる人もおらず、更生の環境も整っていません。
　こうした一連の事情を見ると、先ほど述べた被告人に有利な事情を最大限考慮しても、法律で定められた最低限の刑より低い刑を科すことは相当ではありません。
2　最後になりますが、裁判員のみなさん、想像してみてください。
　女性の皆さんは、ご自身のこととして、男性の皆さんは、あなたの奥さん、娘さん、お母さんが、一人でご自宅にいらっしゃるときに、見ず知らずの強盗犯人がナイフとガムテープを隠し持って訪ねてきたという状況を。
　そして、いきなり、そのナイフを突きつけられて家に侵入されて怪我をさせられる状況を想像してみてください。
　こうした犯罪を犯した犯人について、皆さんは、捕まった後に犯罪事実を認めていて、今は反省しているからと言って執行猶予を付してよいのでしょうか。
　これまで申し上げてきたような事件を起こした被告人には、執行猶予を付すべきでないのはもちろん、事件の償いをさせる意味でも、同様の犯罪を防ぎ、あるいは、被告人自身が二度とこのような犯罪を行わないよう十分な反省を促す意味でも、相当期間刑務所に入ってその責任を全うさせるべきではないでしょうか。
　そこで、検察官は、被告人に有利な事情を十分考慮しても、被告人に対する刑罰として、懲役6年及び本件レジャーナイフ1本の没収を求刑します。

以上

弁論要旨

平成21年10月28日
松江地方裁判所刑事部合議係　御中

被告人　Ａ
弁護人　安藤有理

　上記被告人に対する住居侵入、強盗致傷、銃砲刀剣類所持等取締法違反被告事件の弁論の要旨は以下のとおりである。

記

第1　結論
　本件における問題は、『Ａさんに対してどの程度の刑罰を科すべきか。』が問題となる。
　弁護人としては、以下の理由に加えて、Ａさんには刑務所ではなく社会内での更生を図ってもらうとともに被害者に対して早期の被害弁償を行うためにも、今回に限っては、刑の執行を猶予するのが相当と考える。
第2　理由

1　犯罪事実に関して

何ら落ち度のない被害者に対し、肉体的（加療7日間）、精神的（本件事件と同様の恐怖を思い出す。）苦痛を負わせてしまった。	Aさんは被害者にナイフを示したに過ぎず、積極的に刺すなどの行為をしていない。一見、計画性のあるように見えるが、事件当日も何度も躊躇しており、明確なものではなかった。

⇩

犯行自体は当然に良くないものではあるが、Aさんにとって有利に考慮すべき事情はなく、重い刑罰を科さなければならないほど悪質な犯行とは言えない。

2　情状（刑の重さを決める事情について）

Aさんの経歴	事件の経緯・原因	犯行後の事情
（墨潰し）	・直接の原因はヤミ金への返済・厳しい請求であり、この点について、Aさんは被害者。 ・経緯についても、ヤミ金から借りるに至った原因も（墨潰し）消費者金融から借入れを行い、その状況下で公共料金の請求がいっぺんに来たことで、問題のある原因ではない。	・Aさんは事前に謝罪文を送り、当法廷でも謝罪の意思を明らかにしていること。 ・一定の制裁は受けている。 →4ヶ月以上もの長期間の身柄拘束を受け、また、本件事件に際して加療1月もの怪我を負っていること。 ・弁護人としては、一連のAさんの言動から事件については、十分に反省していると思われること。
⇩	⇩	⇩
本件事件以外にAさんが常習的に犯罪を犯すという人物ではないことが分かる。	Aさんの本件事件の動機について、同情すべき事情があると言える。	本事件によって、Aさんが一定の制裁を受け、十分に反省していることがうかがえる。

以上

裁判長認印

平成21年（わ）第69号

第2回公判調書（手続）

被告人氏名　　　　　A　（出頭）

被告事件名	住居侵入、強盗致傷、銃砲刀剣類所持等取締法違反
公判をした年月日	平成21年10月28日
公判をした裁判所	松江地方裁判所刑事部
裁判長裁判官	吉井隆平
裁判官	秋元健一
裁判官	岩田絵理子
裁判員	1ないし6
補充裁判員	1ないし2
裁判所書記官	石田 圭
検察官	大橋広志、湯淺健太
出頭した弁護人	安藤有理
出席した被害者参加人	V

証拠調べ等
　　　　証拠等関係カード記載のとおり
裁判所書記官の交替
　　　　裁判所書記官吉田智一は退廷し、裁判所書記官石田 圭入廷列席
被害者等の意見陳述
　　　　被害者V
　　　　　　別紙「事件のことは」で始まる書面記載のとおり
検察官の意見
　　　　大橋検察官
　　　　　　別紙論告要旨記載のとおり
弁護人の意見
　　　　本日付弁論要旨記載のとおり
被告人の最終陳述
　　　　この度自己中心的で、身勝手な私の行動によりまして、本当に被害者の方、そしてご家族の皆さん、近隣のご住民の皆さんに対しまして、計り知れないほど甚大な心痛と不安感とご迷惑をお掛けしました。本当に心の底からお詫び申し上げたいと思っております。今後どうなるか分かりませんが、自分がしでかしたこの事件について十分に罪を償いたいと考えております。本当にすみませんでした。
先に告知した次回期日（判決宣告）
　　　　平成21年10月29日午後3時00分

平成21年11月5日
　　　松江地方裁判所刑事部
　　　　　　　裁判所書記官　　吉田智一
　　　　　　　裁判所書記官　　石田 圭

被害者等の意見陳述

　事件のことは普段考えないようにしていますが、やはり忘れることはできません。結果的には私は数針縫う怪我で済みましたが、残った傷跡を見る度、事件のことを思い出します。
　あれから数か月が経ちましたが、この意見陳述のためにあの時の恐怖を思い起こそうとすると、心臓がドキドキして苦しくなります。それでもこの場に立とうと思ったのは、どうして私がこのような被害に遭わなければならなかったのか、裁判の中で腑に落ちない点があればきちんと質問しておきたかったということと、被告の陳述だけではなく、被害者である私の言葉も聞いたうえで、公正な判決を下していただきたいと思ったからです。
　私の被告に対する気持ちは複雑です。被告の家庭状況を聞くたび、とてもやるせない気持ちになります。しかしながら、何の落ち度もない人間に突然ナイフを突きつけて家に侵入してくるという行為は、とても卑劣で許せるものではありません。私はあの時本当に殺されるかもしれないと思いました。しかもその理由はわからず、頭の中はとても混乱していました。あの時の恐怖はやはり言葉では到底言い表すことはできません。
　必死で抵抗し、声を上げて助けを求めましたが、私の声を聞きつけて誰かが外から声をかけてくれるまでは、私はこのまま人知れず刺されて死んでしまうのかも知れないと、悲観的な思いもよぎりました。そして、このまま殺されるのならこの男を刺してしまえと思い、お互いに握ったナイフの先を被告めがけて振り下ろしたのですが、後になって考えると、正当防衛とはいえ、自分が人にナイフを振り下ろしたという行為と、その時の自分の気持ちがとても恐ろしく思え、持つ必要のない罪悪感にさいなまれました。
　事件後しばらくは、玄関の呼び鈴が鳴ると緊張して鼓動が激しくなったり、被告と似たような男性を見ると身構えてしまったりしました。今でも昼間一人の時に呼び鈴が鳴ると、嫌な思いがよみがえってきますし、特に年配の男性に対して、今まで持たなかったような不信感を抱いてしまいます。
　今回私の怪我が軽くて済んだのは、本当に不幸中の幸いだったと思います。一歩間違えればもっと大怪我を負っていたかもしれないし、命を落とすことだってあり得たと思います。それほどの事件を起こしたのですから、やはり服役という形で罰を受け、きちんと罪を償うべきだと思います。ただ、金策尽きた末にこのような事件を起こしてしまった被告に、弁償金を請求する気持ちにはなれません。
　最終的にどのような判決が下ったにせよ、被告には、身勝手な事情で二度と他人に傷つけることのないように、自分の犯した罪を深く反省して、これからの人生を真っ当に歩んでいただきたい、そして最終的には幸せになってほしい。

　　　　　　　　　　　　　　　　　　　　　　　　　　　　　　　　裁判長認印

平成21年（わ）第69号
　　　　　　第3回公判調書（手続）

被告人氏名	A（出頭）
被告事件名	住居侵入、強盗致傷、銃砲刀剣類所持等取締法違反
公判をした年月日	平成21年10月29日
公判をした裁判所	松江地方裁判所刑事部
裁判長裁判官	吉井隆平
裁判官	秋元健一
裁判官	岩田絵理子
裁判員	1ないし6
裁判所書記官	石田 圭
検察官	大橋広志、湯淺健太
出頭した弁護人	安藤有理
出席した被害者参加人	V

裁判長
　　判決宣告

平成21年11月2日
　　松江地方裁判所刑事部
　　　　　裁判所書記官　石田 圭

・被告人供述調書（この調書は、第2回公判調書と一体となるものである。）

裁判員6　先ほど、再就職の当てがあると言われていましたが、どういった業種というか、職種を考えておられるのか。
被告人　職種はちょっとまだ詳しくは聞いておりませんけれど、一応私ができるような仕事があるらしいということは聞いたんで。それで、私、直接その方とはお会いしていませんもんで、第三者の方にお願いして、そこからつてでお願いしようという考えを持ってますけれど。
裁判長　今の関連で聞いておきますけれども、直接は聞いていないということですね。
被告人　はい。
裁判長　だれかを介してそういう話があるというのを聞いているということですか。
被告人　ええ、そうです。
裁判長　そのだれかというのと会ったのは、面会か何かで会ったということですか。
被告人　そうです。
裁判長　その面会で会われた方が、あなたに仕事があるかもしれないと。
被告人　うん。だから、私が出たら何かしてもらえんかということをお願いしたらですね、どっちにせよ、今はこういう状況ですから、これから先何年こういう自由な身になるかわかりませんので、それでから出たときに改めて相談しようというふうになってます。先方もわかりませんし。

裁判長　そういうわけなので、具体的にどういう仕事というのが今の段階で言えるわけではないと、こういうことですか。

被告人　はい、そうです。そのとおりです。

裁判員5　昨日来お聞きしてましたとき、責任がある仕事をずっとされてきているというのはひしひしと感じるんですけども、昨年から公務員住宅を回ってチャンスをうかがっていたというのがちょっとありまして、その間にですね、自分と葛藤というんですかね、もう少し逆の方向へ普通思うかと思うんですけれども、弱いところからとるというところに行き着くという心理というんですかね、ように感じるんですけど、その辺りはどうなんですかね。

被告人　弱いところに行き着くと言いますと。

裁判員5　一番簡単な方法にですね、例えば置き引きをするとかいう状況のところにいくんじゃなくて、責任のある仕事としての立場からすれば、もっと借入れしているほうに対して動きを変えるということもあり得ると思うんですよね。それを、もう既にそこは置いといて、次に、そっちのほうにとりに行くというのがちょっと。

被告人　置いといたわけじゃないんですけれども。置いとったわけじゃないですけど、最終的にどうしても行かざるを得なんだというのが事実なんで。

裁判長　今の話に関連してなんですけど、要は、もう大分長い間、下見であるとか公務員官舎を回るとか、そういった行動をあなたはされていたわけだけれども、今の裁判員の質問というのは、その過程で思い返すようなこともチャンスはあったんじゃないかということをお聞きになっているんだけれども。

被告人　それは、考えたことはなかったです。それは、もうそういうことをやっちゃいかんというのはありましたんで。ですから、そういうところを歩いとってもなかなか犯行に至らなかったというのは、そういう葛藤がものすごく体の中にありましたんでできなんだわけなんで。今、そのほかのことないかいうていろいろ検討はするんですが、なかなか思い当たるいいことがなかったというのが真実なんでございますが。

裁判長　そうすると、葛藤があったけれども、結局、今回の事件まで最終的にそういうことを断念するということには至らなかった理由というのは何なんですか。

被告人　断念しようと何遍も思ったんですけれど、なかなかそのかわるものが見当たらなかったといいますか。

裁判長　金策がそれ以上思いつかなかったということですか。

被告人　ですね、最終的にですね。それで、いろいろ手はまわしてみたんですけど、なかなかそういうことにならなかった。そして月日ばっかり次々たっていったということですね。

裁判員1　（墨潰し）

裁判官（岩田）　まず最初が補充裁判員からの質問になるんですけども、消費者金融に借金などがあるということなんですけれども、それについて、いわゆる過払い金などというのを発生しているかどうかということについては御存じですか。

被告人　最近になって、それはわかりましたですね。そういうやり方があるというのはですね。

裁判官（岩田）　過払い金を回収するなりして被害弁償にあてたりとか、そういうことは考えていらっしゃらないということですか。

被告人　　それは考えんことはないですけど、先ほど言いましたように、今この状態ではそれができないらしいんですね。いろいろ書類を取り寄せたり何やかやするためにですね、体が自由にならないとそれができないことなんで。相談はしたんですけれど。

裁判官（岩田）　今、考えていらっしゃるけれども、具体的に今行動ができないからされていないということですか。

被告人　　ええ、そうです。お願いはしたんですけれど。今はそういう状態ではできませんということですね。

裁判官（岩田）　その被害弁償の当ての一つとして、そういうものも考えていらっしゃるということですか。

被告人　　ええ、それはあります。

(墨潰し)

裁判官（秋元）　先ほど、被害者に対して金銭的な補償をしたい、賠償をしたいというお話をされましたね。

被告人　　はい。

裁判官（秋元）　その賠償のめどというのは、どんな感じに考えておられますか。

被告人　　先ほど話がありましたように、今、消費者金融から借りておりまして、その過払い金があるかどうだか計算してみなわからんのですけれども、それはしていただかな分からんわけですけれども、それがあればそれでできるかもしれないし。それから、もう一つは、先ほど言いましたように、ここを出た最後はですね、再就職という話も今来ておりますので、そこの給料の中からでもお返し、賠償金をお支払できるというふうには考えておりますけれど。

裁判官（秋元）　そういうことを考えておられた上で、賠償したいというふうに先ほどおっしゃられたわけですか。

被告人　　そうです。

裁判官（秋元）　それから、先ほどこの点も、ヤミ金に対して返済のめどがあるというふうにおっしゃられていましたね。

被告人　　はい。

裁判官（秋元）　タイミングの問題みたいなことですかね。

被告人　　そうです。

裁判官（秋元）　その具体的めどというのは、どんな感じだったんですか。

被告人　　犯行が21日ですから、28日にはアルバイトのお金が入るようになってましたんで。ですから、その1週間延びれば済んどった話なんですけれど。

裁判官（秋元）　それは待ってもらえなかったから今回の事件につながったということになるわけですか。

被告人　　ま、そういうことですね。

(墨潰し)

裁判長　　さっきから何度も出ている借金の話なんですけれども、あなた自身としては、今幾らぐらい借金が残っているというふうな感じなんですかね。

被告人　　230万円ぐらいです。

裁判長　　そのうちサラ金は幾らで、幾らぐらいがヤミ金とかいう内訳はわかりますか。

被告人　　ヤミ金が7万円ぐらいだったと思いますけれども、これまた、全然話が、計

算できない利息なんでわかりませんですけど。
裁判長　そうすると、まとめますと、230万円ぐらい借金があるうちの7万円ぐらいがヤミ金で、それ以外がサラ金というふうに理解してよろしいですか。
被告人　ですから、サラ金がですね、230万弱だったと思います。それにプラス7万円ぐらいだろうと思います。
裁判長　それから、昨日、住所はどこですかという質問をしましたですよね。
被告人　はい。
　　　　　　　　　　　　（墨潰し）
裁判長　それで、先ほどから被害弁償は何とかしたいと、こういう話で、そういうお気持ちがあるというのはわかったんですけれども、仕事の当てとかについても具体的にこういう仕事だというわけではないと。また、被害弁償の金策についても、過払い金が幾らになるかというのは計算してみないとわからないし、それ以外に具体的に幾ら収入が入るということは、今はあなたはおっしゃれない状態ですよね。
被告人　そうです。
裁判長　そういう状態で被害弁償をやりますというふうに、あなたのお気持ちとしてはそういう気持ちかもしれないけれども、ちょっとやや抽象的な感じがするんですよね。
被告人　はい。
裁判長　そういう話を聞いた被害者の方の気持ちというのは、どう思われますか。
被告人　確かに、それは申しわけない気持ちなんです。ですから、本当はね、今おっしゃるように具体的に、こうこうできちんと話ができればいいんですが、今置かれている状況といいますんが、なかなか、今こうしよう、ああしようというのは、自分が動かないとできませんもんで、今動けない状態なんで、申しわけないんですけどそういう抽象的なことしか言えませんということです。

第 2 章　裁判員制度実施 1 年の状況と課題

I．問題の所在

1．本報告は、島根県裁判員裁判第1号事件松江地裁平成21年10月29日判決を素材に裁判員制度の運用実態と諸問題について検討するものである[1]。

松江地裁での裁判員裁判第1号事件の傍聴を通して顕在化した裁判員制度に内在する問題としては、以下のものがある。

①裁判員制度の実施以降2010年7月末時点で、新受人員2254名中930名に判決が言渡されている。このことは、1324名が未だ判決を言渡されることなく又は公判が開始されないまま勾留が継続し長期化していることを意味している。この状況は、国民の迅速な裁判を受ける権利との視点からは問題を含有するものである。②裁判員裁判法廷では、補充裁判員が左陪席裁判官を通して被告人質問をしている状況が見られる[2]。補充裁判員の質問権は、どのような法的根拠に由来するのか疑義がある。③刑事訴訟法292条の2、316条の33乃至39に基づく被害事件手続への被害者参加制度を利用して公判廷に在廷することに伴う犯罪被害者の精神的プレッシャーに対するケアは十全になされているのであろうか。④裁判員裁判事案では、従前の職業裁判官による事案と比較して一定の犯罪類型では量刑の変化が指摘されている。性犯罪や凶悪な強盗致傷事案等では、厳刑化が指摘され、家族間での事案では、家族関係を考慮して寛刑化が指摘されている。⑤裁判員裁判法廷では、当事者主義が徹底され、検察官と弁護人の法廷での立証活動で法律家としてのスキルの差異が顕在化し、特にプレゼンテーション能力には明確な軒輊が顕現している[3]。⑥裁判員の精神的プレッシャーに関しては、死刑相当事案や性犯罪事案等における裁判員及び補充裁判員に対する配慮の必要性が検討されなければならない。⑦裁判員裁判対象事案は、裁判員及び補充裁判員の理解力及び裁判所の負担軽減との視点から再検討の余地がある。⑧単独の法廷通訳は、通訳の正確性の担保が不十分で裁判員及び補充裁判員の心証形成に問題を有する。⑨裁判員裁判における裁判報道は、刑事裁判に不慣れな裁判員及び補充裁判員に予断形成の可能性を有し問題を内包する。

2．裁判員制度に対して新たな提案と検討が、裁判員制度施行1年を期してなされている。特に、重要な提案としては、裁判員裁判法廷の構成主体であ

る裁判員及び裁判官それぞれからなされている提案である。具体的には、裁判員経験者ネットワークの構築4)と裁判官の意見交換会の実施5)である。

本稿では、新たな提案等を踏まえ裁判員制度に内在する諸問題の中から特に緊要な問題に焦点を絞って検討する。

II．補充裁判員の質問権ないし尋問権

1．各地の裁判員裁判法廷では、裁判長ないし左陪席裁判官を介して補充裁判員による被告人質問が実施されている現状が報道されている6)。島根県裁判員裁判第1号事件でも補充裁判員の被告人質問が左陪席裁判官を介して行われ、消費者金融での多額の借入れに関し、「消費者金融への過払い金を被害弁償に充当出来たのではないか。」と質問していた。

「裁判員の参加する刑事裁判に関する法律」（以下、裁判員法という）第10条は、補充裁判員の権限等を規定する。裁判員の質問権について、裁判員法第56条は証人等に対する尋問を規定し、第58条は被害者等に対する質問を規定し、第59条は被告人に対する質問を規定する。第56条及び第59条は、「(略) 裁判員は、裁判長に告げて、(いつでも) 裁判員の関与する判断に必要な事項について尋問することができる（被告人の供述を求めることができる）。」と規定し、裁判長を介しての裁判員の尋問ないし質問を許容している。これに対し、第58条は、「(略) 裁判員は、その陳述の後に、その趣旨を明確にするため、これらの者に質問することができる。」と規定し、裁判員の直接の質問を許容している。

第57条は、裁判所外での証人尋問等について「(略) 構成裁判官にこれをさせるときは、裁判員及び補充裁判員はこれに立ち会うことができる。この尋問に立ち会った裁判員は、構成裁判官に告げて、証人その他の者を尋問することができる。」と規定する。本条は、補充裁判員については立会いのみを認め、尋問権は裁判員にのみ許容している。

裁判員の質問権ないし尋問権は、第56条ないし第59条で規定されている。また、補充裁判員に論及する際には、第57条のように「裁判員及び補充裁判員は」と規定する。

この様な規定の文言形式からは、裁判長ないし左陪席裁判官を介した補充裁判員の質問権ないし尋問権は、法的根拠のない実務慣行（陪席裁判官の尋問に関

して刑事訴訟法規則第200条参照）に過ぎないものであり、7人目の潜在的裁判員の質問権ないし尋問権を許容するものであり、権限逸脱の違法な訴訟行為である。

池田 修判事は、補充裁判員の権限について「証人等に直接尋問することまでは認められていないから（裁判員の尋問権等を明示している法56～59参照）、その必要がある時は、裁判長を介して質問してもらうことになる。」と解説する[7]。他方、池田判事は、裁判官と裁判員の権限の項目において裁判員の質問権等に論及し「これに対し、補充裁判員に質問権は認められていない。」と解説する[8]。池田判事の補充裁判員の質問権についての見解は、整合性に欠けると言わざるを得ない。

裁判長ないし左陪席裁判官を介した補充裁判員の質問権ないし尋問権は、裁判員法の規定からは法的根拠のないものと解さざるを得ない。裁判員法第10条第3項は、「補充裁判員は、訴訟に関する書類及び証拠物を閲覧することができる。」と規定し、補充裁判員の許容された権限について規定する。

補充裁判員の質問権ないし尋問権を肯定する見解は、補充裁判員が裁判員に選任された場合に備えて心証形成を行う必要性を論拠とし、裁判官を介して行っているのであるから裁判官による質問権ないし尋問権行使である等と説明する。しかしながら、このような説明は、法的根拠を有しない見解であり、必要性を根拠とする便宜的解釈に過ぎないものである[9]。

補充裁判員の質問権ないし尋問権について、裁判員法の立法の経緯を鑑みながら、司法制度改革推進本部に設置された裁判員制度・刑事検討会での審議を対象に検討する。平成15年3月11日開催第13回裁判員制度・刑事検討会は、「刑事訴訟手続への新たな参加制度の導入」を議題とし、事務局作成の「裁判員制度について」をたたき台として、辻 裕教参事官から説明がなされた[10]。補充裁判員の権限については、配布資料「裁判員制度について」1．基本構造 （2）裁判員、補充裁判員の権限に3項目記載されている。

　（ア）補充裁判員は、審理に立ち合い、審理中に合議体の裁判員が欠けた場合に、これに代わって、その合議体に加わるものとする。（イ）補充裁判員は、合議体に加わる前であっても、訴訟に関する書類及び証拠物を閲覧することができるものとする。（ウ）補充裁判員は、合議体に加わる前であっても、評議に出席することができるものとする。ただし、この場合において、補充裁判員は、意見を述べることはできないものとする。

(ア)は、裁判員法第10条第2項に、(イ)は、裁判員法第10条第3項に文言を若干変えて規定されている。(ウ)の解釈は、補充裁判員をどのように位置付けるかによって見解が分かれる。補充裁判員の心証形成の必要性という視点からは、証人尋問に立ち会って裁判長の許可を得て質問する権利が認められる。他方、裁判体の構成員でない者が、質問等の訴訟行為をすることが出来るのかという問題が生ずる。

　平成15年3月25日開催第14回裁判員制度・刑事検討会は、「刑事訴訟手続への新たな参加制度の導入」を議題とし、前回に引続き問題点を検討する[11]。

　補充裁判員制度は、補充裁判官制度との類似性から検討し、補充裁判官制度の現実の運用との比較で、池田 修委員は、「今回問題になってから、補充裁判官をやっている裁判体に尋ねてみたのですが、(補充裁判官は＝筆者註＝)質問できるという説とできないという説とがあるようです。そして、質問できると考えている人の方が多いのですが、実際にはやったことがないということでした。法廷の中で正規の構成員でない人が直接質問するというのもいかにも不自然だということもあるのかと思うのですけれども。ですから、実務上は、そういうようなあいまいな運用がなされていることだと思います。」と発言している。

　また、高井康行委員は、弁護士という当事者の立場から基本的に誰を説得するべきかを明確にするという視点から問題提起をしている。

　2．補充裁判員の質問権は、以上の立法の経緯の検討からも明らかなように、事務局作成のたたき台(ウ)の検討において議論したが、必ずしも十分な論議が尽くされてはいない。

　潜在的な7人目の裁判員としての補充裁判員の在廷は、被告人の視点からすると合議体構成員の員数を規定する裁判員法第2条第2項及び裁判員の質問権ないし尋問権を規定する裁判員法第56条ないし第59条の規定に反するものであり、公判廷の被告人に過度のプレッシャーを与えるものである。

　また、当事者としての検察官及び弁護士にとっては、補充裁判員をも含め12名を説得の対象とすることとなり、過重な負担を強いられる。

Ⅲ．量刑相場から量刑傾向[12]へ

1．最高裁判所は、裁判員制度の実施に際し、全国の裁判員制度対象事案と同種の従前の事案の各量刑事情と判断を集めた量刑検索システムを整備することを当初から計画していた[13]。

裁判員裁判では、当初の計画に従って量刑に際し最高裁判所が開発した量刑検索システムを利用し、裁判員の量刑判断の参考としてきた。量刑検索システムは、2008年4月以降に判決を言渡された事件の量刑と概要、凶器の種類、被害の程度などについて判決に関与した裁判官が入力し、3202件のデータが蓄積され、全国の地裁及び同支部に端末が設置され、検察官や弁護士も利用できるシステムである。

このシステムは、従前の量刑相場を知る上では参考となるものの市民感覚に基づく裁判員の独自の量刑判断には場合によっては牴牾となる可能性もある。板津正道名古屋地裁判事は、量刑データを裁判員に示す際の留意点について、「量刑資料を示すときには、『あくまでも参考資料である。』ということを繰り返し説明するほか、量刑データを示す理由について、罪刑の均衡の考え方をかみ砕いて説明するようにしている。」と指摘する[14]。

なお、量刑検索システムは、2010年1月段階で22件の入力ミスが発見されており、入力内容の確認作業が行われた[15]。

2．裁判員裁判制度導入の目的の1つは、市民感覚を刑事裁判に導入し、市民感覚と乖離した職業裁判官の量刑判断を是正することにある[16]。

裁判員裁判の厳罰化傾向が、指摘されている。職業裁判官の量刑と裁判員裁判の量刑の差異は、殺人等凶悪犯罪や性犯罪では厳刑化が見られる。他方、家庭内での事件では、家族関係にも配慮して被告人の社会復帰をも視野に入れた判断がなされ、保護観察が言渡され寛刑化の傾向が見られる。

量刑判断には、個々の事案の個別の事情が反映されており、これらを一切捨象しての検討は必ずしも正確な比較ではないことを踏まえた上で、以下、罪名別に幾つかの犯罪類型について裁判官裁判と裁判員裁判の量刑の差異について科刑のピークを中心に検討する（括弧内は対象となった判決総数、ピークは2年毎に分けられている。罪名の後に裁判官裁判及び裁判員裁判での最も重い刑を記載す

る）[17]。なお、裁判員裁判では、未だ死刑判決は言渡されておらず、無期懲役は15件言渡されている。

【殺人罪】（裁判官裁判：死刑6件、裁判員裁判無期懲役3件）
　裁判官裁判（453件）　11年以下9年超69件
　裁判員裁判（194件）　5年以下10年超32件
【傷害致死罪】（裁判官裁判：27年以下15年超1件、裁判員裁判懲役15年以下10年超2件）
　裁判官裁判（277件）　5年以下3年超109件
　裁判員裁判（64件）　7年以下5年超22件
【強盗致死罪】（裁判官裁判：無期懲役6件、裁判員裁判：無期懲役11件）
　裁判官裁判（26件）　11年以下9年超4件
　裁判員裁判（23件）　無期懲役11件
【強盗致傷罪】（裁判官裁判：無期懲役2件、裁判員裁判：懲役15年以下10年超3件）
　裁判官裁判（764件）　7年以下5年超273件
　裁判員裁判（251件）　懲役7年以下5年超79件
【強盗強姦罪】（裁判官裁判：無期懲役6件、裁判員裁判：懲役30年以下25年超1件）
　裁判官裁判（72件）　11年以下9年超4件
　裁判員裁判（26件）　懲役10年以下7年超11件
【準強姦致死傷罪】（裁判官裁判：無期懲役2件、裁判員裁判：懲役25年以下20年超1件）
　裁判官裁判（193件）　5年以下3年超71件
　裁判員裁判（53件）　懲役7年以下5年超18件
【準強制わいせつ致傷罪】（裁判官裁判：11年以下9年超2件、裁判員裁判：懲役10年以下7年超4件）
　裁判官裁判（133件）　3年以下執行猶予34件
　裁判員裁判（51件）　3年以下執行猶予24件
【集団準強姦致死傷罪】（裁判官裁判：懲役15年以下13年超2件、裁判員裁判：無期懲役1件）
　裁判官裁判（31件）　懲役7年以下5年超14件
　裁判員裁判（12件）　10年以下7年超3件

　裁判員裁判の厳刑化傾向は、以上で検討した8つの犯罪類型からも明白である。

Ⅳ．訴訟当事者のプレゼンテーション能力

　1．裁判員裁判は、刑事裁判に関与する経験の殆んどない市民を裁判体の構成員として展開する刑事裁判システムである。それ故、法曹三者のみによ

り構成される従来の法律家による刑事裁判システムに比し様々な制約があり、フィロソフィーの転換が不可欠となる。

　公判前整理手続の導入は、裁判員の時間的拘束の負担の軽減化と迅速な裁判を保障するとともに、公開法廷での円滑な訴訟進行を担保する。裁判員及び補充裁判員の在廷は、直接証拠や証言について吟味する口頭主義を前提とし、当事者主義の徹底化が要請される。

　職業裁判官による法廷を経験してきた法曹三者は、裁判員裁判法廷では裁判員及び補充裁判員の理解のし易い法廷活動が不可避となる。より、具体的には、検察官及び弁護人が、裁判員及び補充裁判員に対して自己の主張を説得的に展開することが要請される。換言すれば、法曹三者のプレゼンテーション能力が、従前以上に要求されることになる。

　島根県裁判員裁判第1号事件を傍聴した経験からは、弁護人のプレゼンテーション能力に疑訝を抱いた。弁護人のプレゼンテーション能力涵養には、弁護士会等が中心となってスキル・アップの方策を検討することが被告人の公平な裁判を受ける権利の保障からも早急になされなければならない[18]。

　2．法曹三者の法廷でのプレゼンテーション能力の差異は、裁判員及び補充裁判員に対するアンケート調査からも窺える。最高裁判所は、裁判員及び補充裁判員に対して2回のアンケート調査を実施している（以下、1回目の調査を21年度調査、2回目の調査を22年度調査と略称する）[19]。

　21年度調査は、平成21年8月3日以降同年12月末まで実施された裁判員裁判の対象となった138事件に参加した裁判員及び補充裁判員を対象にした調査であり、サンプル数は、裁判員781、補充裁判員298である。22年度調査は、平成22年1月から4月末まで実施された裁判員裁判の対象となった342事件に参加した裁判員及び補充裁判員を対象にした調査であり、サンプル数は、裁判員1889、補充裁判員651である。

　両調査は、それぞれ実質4ヶ月のデータであるが、22年度調査は、対象事件数及びサンプル数でより充実した調査となっている。なお、平成22年7月26日開催された「裁判員制度の運用等に関する有識者懇談会（第9回）」において、今田幸子委員及び内田伸子委員から調査項目は同一であることが、比較検討の上から必要であると指摘されている[20]。

　以下、法曹三者のプレゼンテーション能力の差異を、アンケート調査項目「法

廷での説明等の分かりやすさ」に従って検討する。

【裁判員のアンケート結果】
　【わかりやすかった】
　　　検察官　21年度調査　80.3%　　22年度調査　77.2%
　　　弁護人　21年度調査　49.8%　　22年度調査　47.0%
　　　裁判官　21年度調査　90.7%　　22年度調査　89.5%
　【わかりにくかった】
　　　検察官　21年度調査　 1.2%　　22年度調査　 3.3%
　　　弁護人　21年度調査　11.1%　　22年度調査　15.0%
　　　裁判官　21年度調査　 0.6%　　22年度調査　 0.5%
【補充裁判員のアンケート結果】
　【わかりやすかった】
　　　検察官　21年度調査　82.2%　　22年度調査　74.2%
　　　弁護人　21年度調査　44.6%　　22年度調査　44.4%
　　　裁判官　21年度調査　89.9%　　22年度調査　89.4%
　【わかりにくかった】
　　　検察官　21年度調査　 1.7%　　22年度調査　 2.9%
　　　弁護人　21年度調査　13.8%　　22年度調査　12.9%
　　　裁判官　21年度調査　 0.3%　　22年度調査　 0.5%

　以上のデータから明確なことは、弁護人のプレゼンテーション能力が裁判官及び検察官に比して顕著に低く、特に「わかりにくかった」という回答では、更に顕著な差異を顕現している。

　法曹は、いずれの職域においても個々の力量の差というものが現実には存在するものと思われるが、職域としての弁護人のプレゼンテーション能力の顕著な差は、早急に改善されねばならない。

　3．弁護人のプレゼンテーション能力について、法曹から以下の様な指摘がなされている。

　平成22年5月21日東京高裁で開催された「裁判員制度に関する裁判官意見交換会」において、大島隆明横浜地裁部総括判事は、弁護人のプレゼンテーション能力について「弁護人は冒頭陳述に慣れていないようであり、主張したいことのみを述べ、検察官の主張とどこが違うのか、際立たせるプレゼンテーションができていない。」と指摘する[21]。

　検察官の冒頭陳述に対する弁護人としての見解表明は、検察官の主張との対比で展開し、裁判員及び補充裁判員に対し説得的であることが必須である。大島判事の指摘は、弁護人にとって傾聴すべき点を含有する。

平成22年7月26日開催された「裁判員制度の運用等に関する有識者懇談会(第9回)において、小野正典弁護士は、検察官と弁護人のプレゼンテーション能力の差を認めた上で弁護士会としての取り組みについて「裁判員裁判を経験した弁護士や裁判員裁判を傍聴した弁護士が、裁判員裁判における弁護活動に関する検討会を行っている単位弁護士会もある。また、日弁連としても、裁判員裁判に関する経験交流会を企画し、弁護活動の問題点を分析・検討するとともに、その結果を各単位弁護士会や個々の弁護士に還元することを検討しているところである。」と現状を説明する[22]。

Ⅴ．裁判員裁判に対する裁判官の意見

1．裁判員裁判制度の導入の目的の1つは、職業裁判官の硬直化した思考が国民の意識と乖離している現状の打破にある。最高裁判所は、職業裁判官の意識変革について幾つかの方策を実施してきたが必ずしも十全な成果を挙げたとは言えない[23]。

2．最高裁判所は、裁判員法施行1年経過を契機に各裁判官が裁判員裁判を経験したことにより得た感想、意見を交換し、今後の裁判員裁判の運用に生かす趣旨で平成22年5月20日及び21日大阪高等裁判所、東京高等裁判所及び名古屋高等裁判所で意見交換会を開催した。意見交換会の様子は、メディアにも公開された。

各意見交換会の構成メンバーは、部総括クラスのベテラン裁判官（4名程度）と右陪席クラスの若手裁判官（3から7名程度）である。進行は、若手裁判官が裁判員裁判の感想や疑問を述べた後、ベテラン裁判官がパネラーとして若手裁判官の疑問等に回答し、1時間程度の意見交換が行われた。各裁判官は、意見交換会後にメディアからの質疑応答に30分程度答えた[24]。

3．職業裁判官が、裁判員裁判制度の導入によりどのような意識変革を生じているかについて検討する。

裁判員及び補充裁判員との共働作業についての各裁判官に共通な意見は、幅広い年代と様々な経験を有する裁判員及び補充裁判員の視点を評価する。裁判官の幾つかの意見を紹介する。

「裁判員の方がいろんな観点から議論されることに触れ、裁判官として大き

な成長ができる。」（安永武央大阪地裁判事）、「評議では、私が記憶に止められなかった証言なども指摘していただき、恥ずかしい思いをすることもある。このような素晴らしい裁判員の方を前にして、右陪席として何ができるか、日々自問自答している。」（小野寺 明大阪地裁判事）、「私も刑事裁判を担当して20年近くなるが、新しい視点からの意見も多く、本当に新鮮な気持ちで裁判に取り組むことができている。確かに、裁判官のみの裁判ではやらなかった作業もあるが、それは意味のある必要な手間であり、そういった手間をかけることによって、自分自身も裁判官として成長できると私は捉えている。特に、これまで当然だと思ってきたことについて、原点に立ち返って考えることが必要とされるので、正に自分の力が試されると思っている。これまで20年近く刑事裁判官としてやってきたが、だからといって裁判員裁判で通用するとは限らないという覚悟でやっている。」（中里智美大阪地裁部総括判事）、「今までの合議は、プロ同士なので、共通了解ができている部分については深く議論しないこともあったが、裁判員裁判では出発点から議論している。裁判員からいろいろな意見が出る中で、これまで正しいと考えられていたことがやはり間違っていなかったと思える場合もあれば、考え直した方がよいと思うこともあった。このような議論を経て出た結論は、その重みが違う。」（馬渡香津子東京地裁判事）、「事件に入る度に裁判員の意見、発想等に目から鱗が落ちる思い。特に裁判員はそれぞれ経験や立場が異なる。議論の中で人生を踏まえた深みのある意見をぶつけてくる。裁判官だけではできなかった。お互いに意見を尊重し合い取り組んでいる。」（田邊三保子名古屋地裁部総括判事）、「ベテラン裁判官も、若い裁判官の意見に聞く耳をもってくれる。このような自由な雰囲気の中で刑事裁判を担当させていただいていることに歓びを感じている。」（板津正道名古屋地裁判事）

　4．裁判官が、メディアに公開された場で率直な意見交換をする機会はこれまで余り無かった。今回の3高等裁判所での意見交換会の実施は、裁判官がどのように裁判員制度を捉えているのか、どのように裁判員に接しているのかが垣間見られ有益である。特に、法廷での裁判官の説明の明快さは、90％近くの裁判員及び補充裁判員が指摘している点でも検察官及び弁護人にとっても参考となる。

VI. 今後の課題と展望

1．裁判員裁判制度が実施されて1年が経過した現在、様々な問題が顕在化してきている[25]。

その1つは、今後増える否認事件や科学的証拠の評価が問題となる事案への対応である。

裁判員裁判の実施状況を検討する[26]。

①裁判員及び補充裁判員の平均職務従事日数は、3.9日である。

②平均公判前整理手続期間は、4.7月で、自白事案で4.2月、否認事案で5.9月である。

③受理から終局までの平均審理期間は、7.2月で、自白事案で6.8月、否認事案で8.1月である。

④平均評議時間は、451.1分で、自白事案で411.6分、否認事案で547.8分である。

否認事件では、公判前整理手続に時間を要し、公判期日及び評議でも長期化傾向が現れている。今後は、完全否認事件等より困難なケースが予測される。

以下の2つのケースは、実審理期間として40日前後を予定されている否認事件である。

鹿児島地裁は、2010年8月24日開催された老夫婦殺害事件第6回公判前整理手続で2010年11月1日午後裁判員選任手続を行い、公判審理を同月2日から16日までの土日と祝日を除く10日間とし、評議を経て12月10日午前10時判決言渡しのスケジュールを決定した[27]。同事件は、2009年6月18日午後から翌朝にかけて鹿児島市内の夫（当時91歳）と妻（当時87歳）が金属製スコップで頭や顔を殴打された強盗殺人事案である。

大津地裁は、米原の汚水槽殺人事件で2009年10月から始まった公判前整理手続の8回目で法廷での被告人質問や証人尋問手続に10日間、評議に1週間を予定し判決まで3、4週間を提案している。同事件は、2009年6月12日朝、米原市内の汚水槽で女性（当時28歳）の遺体が発見され、交際相手の会社員男性（当時41歳）が被害女性の頭を鈍器のようなもので殴打して瀕死の重症を負わせ、汚水槽に落とし窒息死させた事案である。被告は、捜査段階から全面否認しており、被告の自白や犯行の目撃証言など被告と犯行を直接結びつける証拠のな

い典型的な「間接事実積み重ね型裁判」である[28]。

　この２つのケースのように実審理期間が40日にも及ぶ事案では、公判期日及び評議の長期化にともない裁判員の確保に困難を生ずる。

　２．平成22年７月末現在、裁判員裁判で無期懲役を言渡された人員は15名である。その内訳は、殺人３名、強盗致死11名、集団強姦致死傷１名である。

　今後は、裁判員裁判で極刑としての死刑の求刑される事案が予測される。死刑求刑事案での裁判員及び補充裁判員の心理的負担が懸念されている[29]。

　鳥取地裁2010年３月２日判決は、２名を殺害した強盗致死罪の事案で死刑の求刑が予測された事案であり、「全国初の死刑求刑可能性のある裁判員裁判」と報道された。判決後、裁判員は、記者会見で以下のように述べている。

　　「記者　強盗殺人の法定刑は死刑または無期懲役。このような重い罪の裁判員裁判に参加したことについてどう思うか。
　　　裁判員Ａ（年齢、性別非公表）　基本的に私たち一般の人からすると刑の大小はあっても、刑を考えるのは同じ重さではないか。
　　　裁判員Ｂ（30代男性会社員）　今でも複雑な気持ちで、言葉では言えない。複雑な気持ちです。
　　記者　無期懲役が求刑された時、どう思ったか。
　　Ａ　お２人が亡くなったから極刑という短絡的な考えで見られるのは残念。
　　Ｂ　特段どう思ったかはなくて、いろんな視点から中立的な立場でやってきた。
　　Ａ　（評議の）３日間については極刑についても有期刑についても涙を浮かべながら話をしました。」[30]

　死刑事件の運用について、東京地裁丸山哲巳判事は、日本テレビの質問に「議論を尽くすことが必要であるが、そのための時間をどの程度見込んでおくかが課題となろう。また、重い事件に関与した裁判員をどのようにケアしながらチームを組んで審理、評議を進めていくかも課題となろう。」と回答している[31]。

　死刑求刑事案での裁判員及び補充裁判員の精神的ケアの重要性には、十二分に配慮すべきである。最高裁は、裁判員のメンタルケアを制度化しているが判決言渡し後のケアがどこまでなされるかが課題である。他方、裁判員及び補充裁判員経験者は、自らの精神的チェックを行い、メンタルケアを受けることに躊躇することの無いようにすべきである。

　千葉景子法務大臣の指示により、2010年８月27日東京拘置所の刑場が、マス

メディアに公開された。裁判員裁判で死刑求刑事案が想定される中での刑場の公開は、死刑制度の国民的議論と裁判員制度とリンクさせての公開と解される[32]。

3．裁判員制度実施1年を経て、幾つかの内在する問題が顕在化してきたことは、以上の考察から明らかとなった。

今後、国民の司法参加による刑事裁判の適切な運用を確保する上からも、個々の事案を通して問題点を具体的に提起しながら解決の方策を検討することが緊要である[33]。高邁な理念に基づきシステム化された制度も運用の絶えざるチェックによりシステム疲労を回避すべきである。

この意味からも、裁判員及び補充裁判員のネットワーク構築は、1つの方策であり、裁判官も公開の場で意見交換会をするような状況が生まれている[補註]。

裁判員裁判の構成員である検察官及び弁護士の公開の場での意見交換等は、開かれた司法に向けての責務であり、今後の課題でもある。

1） 本稿は、報告後の資料等をも新たに検討の素材として加筆したものである。拙稿「裁判員裁判制度に内在する諸問題-島根県裁判員裁判第1号事件を素材に-」、島大法学53巻4号（2010年）1頁以下参照（以下、拙稿・島大法学と引用する）。
2） 拙稿・島大法学10頁参照。
3） 検察官と弁護人のプレゼンテーション能力の差異は、裁判員及び補充裁判員に対するアンケート調査からも窺われる。平成22年4月16日開催された「裁判員制度の運用等に関する有識者懇談会（第7回）」配布資料2「裁判員等経験者に対するアンケート調査結果報告書（平成21年度）」（http://www.courts.go.jp/saikosai/vcms_lf/80809003.pdf）及び平成22年7月26日開催された「裁判員制度の運用等に関する有識者懇談会（第9回）」配布資料3「裁判員等経験者に対するアンケート調査結果報告書（平成22年1月～4月分）」（http://www.courts.go.jp/saikosai/vcms_lf/80807004.pdf）参照。なお、後掲（資料）106頁図1及び図2参照。
4） 裁判員経験者ネットワークは、2010年8月3日に東京で設立され、①裁判員の貴重な体験を市民全体で共有すること、②裁判員経験者の交流の場を設定して、心理的負担の軽減にも役立てることを目的とした裁判員経験者や補充裁判員等を中心とした市民の立場からの自主的ネットワークである（http://saibanin-keiken.net）。
5） 裁判員制度に関する裁判官意見交換会は、大阪高等裁判所、東京高等裁判所及び名古屋高等裁判所で実施されている。平成22年7月26日開催された「裁判員制度の運用等に関する有識者懇談会（第9回）」配布資料4「裁判員制度に関する裁判官意見交換会の結果について」（http://www.courts.go.jp/saikosai/vcms_lf/80807005.pdf）参照。
6） 拙稿・島大法学10頁以下参照。
7） 池田 修『解説 裁判員法〔第2版〕-立法の経緯と課題』、弘文堂、2009年、29頁参照。
8） 池田 修・前掲書35頁参照。
9） 拙稿・島大法学12頁参照。
10） 「裁判員制度・刑事検討会（第13回）議事録」参照（http://www.kantei.go.jp/singi/sihou/kentoukai/saibanin/dai13/13gijiroku.html）。当日、配布された資料1「裁判員制度について」には、(注)として、「本ペーパーは、事務局において、これまでの本検討会における議論を踏まえ、

今後の具体的な制度設計に向けた議論のたたき台とするために作成したものであるが、ここに記載されていない案を議論の対象とすることを否定するものではない。」と断っている（http://www.kantei.go.jp/jp/singi/sihou/kentoukai/saibanin/dai13/13gijiroku.html）。辻参事官の説明は、配布資料「『裁判員制度について』の説明」に記載されている。

11) 「裁判員制度・刑事検討会（14回）議事録」参照（http://www.kantei.go.jp/jp/singi/sihou/kentoukai/saibanin/dai14/14gijiroku.html）。

12) 原田國男『量刑判断の実際〔増補版〕』、現代法律出版、2006年、327頁以下参照。文献の詳細は、拙稿・島大法学39頁註38参照。

13) 池田 修・前掲書38頁参照。

14) 前註5）名古屋高等裁判所での裁判員制度に関する裁判官意見交換会での（別添）「裁判員裁判担当裁判官による意見交換会結果要旨」9頁参照（http://www.saibanin.courts.go.jp/topics/pdf/09_12_05_10jissi_jryoukyou/nagoya1.pdf）。

15) 量刑検索システムの入力ミスは、2009年12月16日に東京地裁で開廷された覚せい剤取締法違反（営利目的輸入）事件の裁判員裁判で弁護側が最終弁論で言及したデータそのものに誤りがあったまま結審した後に誤りに気付いた。裁判所は、翌17日に弁論を再開し、福崎伸一郎裁判長が入力データミスを謝罪した。毎日新聞及び読売新聞2009年12月17日朝刊及び2010年1月8日朝刊参照。

16) 司法研修所編『裁判員裁判における第1審の判決書及び控訴審の在り方』、法曹会、2009年、73頁参照。

17) 平成22年4月16日開催された「裁判員制度の運用等に縅する有識者懇談会（第7回）」配布資料6「量刑分布について」より引用。各数値は、最高裁判所において把握したもの（平成20年4月1日から平成22年3月31日までの判決宣告分）である（http://www.courts.go.jp/saikosai/vcms_lf/80809013.pdf）。なお、裁判員裁判の量刑分布については、平成22年9月30日開催された「裁判員制度の運用等に関する有識者懇談会（第10回）」配布資料2「裁判員裁判の実施状況について（制度施行〜平成22年7月末・速報）」の最新データに基づく。同データでは、有期懲役の幅が10年以上では5年単位となっており、両データの比較は基準の取り方で相異があるので必ずしも適切とは言えない点を留保の上で最新のデータを使用する（http://www.courts.go.jp/saikosai/vcms_lf/80806003.pdf）。

18) 拙稿・島大法学17頁参照。

19) 裁判員及び補充裁判員に対するアンケート認査は、最高裁判所によって実施されている。そのデータは、平成22年4月16日開催された「裁判員制度の運用等に関する有識者懇談会（第7回）」配布資料2「裁判員等経験者に対するアンケート調査結果報告書（平成21年度）」、配布資料3「裁判員制度の運用に関する意識調査（平成21年1月調査）」及び平成22年7月26日開催された「裁判員制度の運用等に関する有識者懇談会（第9回）」配布資料3「裁判員等経験者に対するアンケート調査結果報告書（平成22年1月〜4月分）」がある。森本郁代「コミュニケーションの観点から見た裁判員制度における評議−『市民と専門家との協働の場』としての評議を目指して−」、刑法雑誌第47巻第1号（2007年）156頁以下参照。

20) 平成22年7月26日開催された裁判員制度の運用等に関する有識者懇談会（第9回）議事概要10頁以下参照（http://www.courts.go.jp/saikosai/vcms_lf/808006.pdf）。

21) 前註5）、14) 参照。平成22年5月21日東京高等裁判所で開催された「裁判員制度に関する裁判官意見交換会の結果について」（別添）「裁判員裁判担当裁判官による意見交換会結果要旨」4頁参照（http://www.saibanin.courts.go.jp/topics/pdf/09_12_05_10jissi_jryoukyou/tokyo1.pdf）。

22) 註20) 議事概要4頁参照。

23) 拙稿・島大法学2頁参照。

24) 前註5）、14) 及び21) 参照。「裁判員制度に関する裁判官意見交換会について」の概要が配付されている。大阪高等裁判所で開催された意見交換会について、（http://www.saibanin.courts.go.jp/topics/pdf/09_12_05_10jissi_jryoukyou/osaka1.pdf）参照。

25) 実施前の文献として、刑法雑誌第47巻1号（2007年）は特集「裁判員裁判の課題」において有益な諸論稿を掲載する。
26) 前註19）「裁判員裁判の実施状況について（制度施行~平成22年7月末・速報）」7頁以下参照。2010年7月末時点での新受人員2254名中930名に判決が言渡され、同年3月末時点よりは改善されている。しかし、尚60％弱が判決を言渡されることなく又は公判が開始されないまま拘留が継続し長期化している。
27) 南日本新聞及び共同通信2010年8月24日参照。
28) 朝日新聞2010年8月27日朝刊参照。
29) 横浜地裁平成22年11月16日判決は、強盗殺人等9罪に問われた被告人に対し求刑通り死刑を言渡した。毎日新聞2010年11月16日夕刊参照。裁判員に対するメンタルケアについて、毎日新聞2010年11月17日社説参照。
30) 毎日新聞2010年3月3日鳥取版参照。
31) 前註21）東京高等裁判所での裁判員制度に関する裁判官意見交換会での（別添）「裁判員裁判担当裁判官による意見交換会結果要旨」9頁参照。
32) 毎日新聞2010年8月28日朝刊参照。
33) 各地方裁判所は、委員会で裁判員裁判の実施状況や問題点を論議している。一例として、第20回東京地方裁判所委員会（平成21年11月24日開催）は、「裁判員制度の運用等に関する有識者懇談会（第5回）」配布資料に基づき東京地裁での状況を踏まえて具体的な論議を展開している（http://www.courts.go.jp/tokyo/vcms_lf/204005.pdf）。

【質疑応答】

日本大学神尾真知子会員　裁判員裁判の対象事件を再検討すべきであると述べられましたが、被告人に職業裁判官による裁判を選ぶのか裁判員裁判による裁判を選ぶのか選択の自由を認めればよいのではないでしょうか。法案の段階では、そのような制度設計にすることを検討されていたと思いますが、なぜ現在のような制度設計になったのでしょうか。

林　被告人に職業裁判官による裁判を選ぶのか、それとも裁判員裁判を選ぶのかという、そういう選択権を認めたらどうかという考え方が制度設計の際に示されていたようです。大正12年4月18日に陪審法が成立し、現実には昭和18年4月1日に法律88号で一時停止になっております陪審法では、職業裁判官による裁判か陪審員による裁判のどちらを選択するかという選択権が被告人にはありました。ところが、今回の裁判員法では、被告人にはその選択権は付せられていません。今回の裁判員法ができるときに、これは昨年の法政学会でなされた、裁判員裁判についてかなり議論があったようです。福岡高検の検事長をなさった坂井一郎氏が法社会学72号に書かれているんですが、いわゆる法曹三者の間に今回の裁判員制度について、かなり意見の相違があり、それを結局1つにまとめることが十分にできなくて、いわゆる審議会という第三者機関に丸投げしてしまった。第三者機関が出してきた結論が、いわゆる今回の一本化、しかも裁判員裁判だけという形になってしまった。ですから、多分その辺のすっきりしない感覚というか、要するに選択権は認めていいのではないか、という見解は当然あろうかと思います。その点で違憲だという主張も可能かと思います。ですから、いわゆる丸投げをされてしまったその審議会が裁判員制度に付するという見解を取った。裁判員法についての解説書でもそのように書かれております。ですから、その経緯がどうなのかというと、私十分存じ上げませんけれども、非常に議論のあるところだと

考えております。

関西外国語大学村井 淳会員　裁判員として呼び出しに応じない人も多いと聞きます。処罰規定もあったかと思いますが、現状ではどうでしょうか。呼び出しがあっても無視して良いとなると不公平、不平等では制度的問題も生じるのではないかと思いますが、いかがでしょうか。そうであれば極論ですけど、裁判員は裁判好きな人と呼び出しを断れない気の弱い人ばかりになってしまうかもしれません。

林　呼び出しを受けて出てこない人、私も大変気が弱い人間ですので、呼び出されたらすぐ出ていってしまうと思います。ただ、ありがたいことには法科大学院の教授ですので、私の場合は最初から呼び出しの対象から外れてしまいます。出ていくか出ていかないかということで、具体的には何らかの理由を付したものを提出しているのではないかと思います。ただ、出席率というのでしょうか。呼び出しをして、実際に裁判所に出てくる人の出席率は70％後半ぐらいではないでしょうか。そうするとそもそも20％から30％前後の人たちが出ていないという状況があろうかと思います。それが正当な理由なのかどうかということについて、そこが議論になろうかと思いますが、出てこない人間に「おまえ、なぜ出てこないのか」ということは、なかなか後のフォローができにくいのではないかなと考えております。この感じ、ちょっと私よく分かりませんので、ほかのシンポジストの先生に丸投げをしてしまいます。

石堂功卓名誉理事　量刑判断における被害者感情の裁判員への影響をいかに排除し得るか。

林　量刑判断において被害者感情を避け、影響をどのように排除するかというご質問でございます。いわゆる裁判が終わった後、裁判員に対して、「被害者が在廷することによって、何らかの影響を受けましたか」というような質問が出されると、裁判員たちは、「いや、そういうことはありませんでした」という回答がよくなされております。それは、多分その回答はその限りでは正しいと思います。私は、島根県裁判員裁判第１号事件を傍聴して現実に法廷で３日間過ごしております。黒い服を着て、ずっとじっと３日間座り続けているその被害者を見たとき、最終的な発言はわずか５分ですが、そこに在廷すること、そのことが裁判員にとってはかなりのプレッシャーというんでしょうか。で、被害者が自分の被害については語ったのはわずか５分です。これがやはり裁判員にはかなりの影響があるように思います。それは排除して判断しなければいけないわけです。ただ、現実に目の前にいる被害者を見てその方から受けるさまざまな印象、同じ時間法廷にいて、それを全く排除するということはかなり困難ではないかと思います。ですから、排除しなければいけませんし、そうでなければ、いわゆる被害者感情はダイレクトに判決に影響してしまうという問題がありますが、なかなか難しい。どのように排除してゆくかということは、また、先生の御考えを御教示いただければと思います。

平成国際大学山内義廣会員　量刑の判断基準として抽象的な意味では刑訴法248条の規定がありますが、具体的にどのような基準によって判断されるのでしょうか。

林　裁判員裁判が始まった当初、いわゆる最高裁判所は量刑のこれまでのデータを実際に裁判官が裁判員に対して従前の裁判ではというような形での紹介というのでしょうか、そういうのがあったように聞いております。但し、例えば、裁判員裁判による第１審判決に対して、量刑不当ということで控訴した事案が幾つかあります。特にそ

の控訴審が第1審の量刑判断について、裁判員が市民の感覚で判断をしたのであり、それが重要だということで、量刑不当という控訴理由に対して控訴を棄却しております。私は具体的にその裁判員たちが自分の関与した法廷で議論をして、そこで形成された量刑については、その中で自由に議論し、裁判員の感覚というものを受け入れていると伺っておりますので、その意味での基準と言うものが、それぞれの法廷で具体的な事案に対して判断をしているものと考えております。

三重中京大学神元隆賢会員 裁判員制度における若手弁護士のテクニック不足が指摘されておりましたが、法科大学院では、裁判員裁判に対応するための何らかのカリキュラムが組まれているのでしょうか。すでに組まれているとすれば、今後はこの問題の急速な改善を期待して良いのでしょうか。出来れば、林先生に宜しくお願い致します。

林 「できれば……」と書かれておりますので、「できない」と言ってはいけないのでしょう。只今、神元会員からご指摘の部分、私は先ほど報告の中では、島根県裁判員裁判第1号事件では若手の弁護士は経験がそれほど多くなかったので、かなりテクニックと言いましょうか、全体として不十分であったと紹介しました。実は、特にほかのロースクールは存じ上げませんが、私たちのロースクールでは、いわゆるこのテクニックをうんぬんということのためのカリキュラムは特にありません。但し、いわゆる模擬裁判をやってみたり、いろいろなことをやっておりますので、その中でいわゆるディスカッションしたり、プレゼンテーションをする能力というのは、従前の法学部の教育に比べてはるかに高まっていると思います。実際に法律相談を受けたりという授業があります。そういうことを通しながら、クライアントとの関係では、ある意味で学生たちの方がきちんと会話をする能力というものを持っている。これは、ちょっとこういう言い方をすると語弊がありますが、60代の実務家教員の方に伺うと、ついクライアントに説教をしてしまうようです。ですから、そこで若いロースクールの院生たちの方がプレゼンテーション能力というのは少しずつ付けているとは思いますが、それだけではもちろん不十分だと思います。前期修習修了レベルまでがロースクールの役割だと言われてりますので、何らかの対応をしなければいけないでしょうけれども、そのための特別カリキュラムというのは私ども島根大学法科大学院では出来ておりません。今後の課題の1つであろうかと考えます。

[追記]
シンポジュウムの司会の労を取られた野畑健太郎会員及び本田耕一会員の緻密な準備と御一緒したシンポシストの会員に感謝申し上げます。

[補註]
註5)で紹介した大阪高等裁判所、東京高等裁判所及び名古屋高等裁判所で実施された「裁判員制度に関する裁判官意見交換会」は、2015年3月19日現在アクセス不可能な状況にある。各高等裁判所が主宰した意見交換会の論議は、裁判員裁判への職業裁判官の問題関心及び意識を知る上で重要な資料であり、107頁以下に掲記する。
註27)で紹介した事案・鹿児島地裁平成22年12月10日刑事部判決は、「情況証拠によって認められる間接事実の中に、被告人が犯人でなければ合理的に説明することができない（あるいは、少なくとも説明が極めて困難である）事実関係が含まれていないというほかない。」と判示し無罪を言渡した（LEX/DB【文献番号】25443123）。
註28)で紹介した事案・大津地裁平成22年12月2日刑事部判決は、「被告人が犯人でないとすれ

ば合理的に説明することができない事実関係があるというべきで、そのほかにも被告人と犯人との結びつきを指し示す様々な側面からの多数の間接事実が認められ、これらの間接事実を総合すれば、健全な社会常識に照らし、被告人が犯人であることは合理的疑いを差し挟む余地がない程度に立証されているといえる。」と判示し懲役17年（求刑・無期懲役）に処した。なお、裁判所は、量刑判断において検察官の「被告人が妻子ある身で独身の被害者と不倫関係を維持してきた以上、そこから生じる不利益は自業自得として甘受せねばならない」との主張を排斥し、「不倫関係自体に対する道徳的非難をもって動機や経緯の悪質性を推し量ることは相当でない。」と判示する（LEX/DB【文献番号】25470183）。

〔資料Ⅰ〕

図1　　　　　　　　　　　　【裁判員】

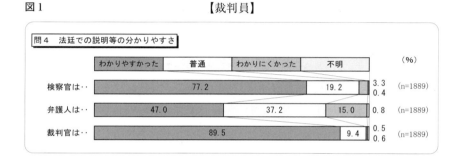

図2　　　　　　　　　　　　【補充裁判員】

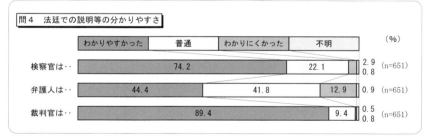

-http://www.courts.go.jp/saikosai/vcms_lf/80807004.pdf-

〔資料Ⅱ〕大阪高等裁判所、東京高等裁判所及び名古屋高等裁判所で実施された「裁判員制度に関する裁判官意見交換会」

裁判員制度に関する裁判官意見交換会の結果について
大阪高等裁判所において，標記の意見交換会を下記のとおり実施しました。

記

1　日　時　　平成22年5月20日（木）
2　会　場　　大阪高等裁判所
3　意見交換会参加裁判官
（1）回答裁判官
　　　　大阪地裁　　　刑事上席裁判官　　並　木　正　男（司会）
　　　　大阪地裁　　　部総括判事　　　　中　里　智　美
　　　　大阪地裁　　　部総括判事　　　　笹　野　明　義
　　　　京都地裁　　　部総括判事　　　　米　山　正　明
　　　　大津地裁　　　部総括判事　　　　坪　井　祐　子
（2）質問裁判官
　　　　大阪地裁　　　判事　　　　　　　末　弘　陽　一
　　　　大阪地裁　　　判事　　　　　　　安　永　武　央
　　　　大阪地裁　　　判事　　　　　　　伊　藤　寛　樹
　　　　大阪地裁　　　判事　　　　　　　三　村　三　緒
　　　　大阪地裁　　　判事　　　　　　　小野寺　　　明
　　　　大阪地裁　　　判事　　　　　　　仁　藤　佳　海
　　　　大阪地裁　　　判事補　　　　　　秋　田　志　保
4　結果要旨　　別添のとおり

(別添)

裁判員裁判担当裁判官による意見交換会結果要旨

第1 意見交換会

（司会）全国の裁判所で，多くの裁判員裁判が行われており，大阪高裁管内でも種々の，また相当数の裁判員裁判が行われてきた。裁判官が，裁判員と協働して裁判を行うという，新しい裁判制度を経験することになった。本日出席している裁判官も複数の裁判員裁判を経験し，それを通じて多くの発見をすると同時に，様々な課題にも気付いたことと思う。裁判員法の施行から1年というこの時期に，各裁判官の実体験に基づく感想や意見を交換し，共有の財産として今後に生かしていければと思う。

　まず最初に本日のパネラーを紹介する。

　次に裁判員裁判を経験した若手の裁判官からも1人ずつ自己紹介をかねて，全般的な感想をお願いしたい。

（末弘）これまで5件の経験があり，来週も1件予定されている。いろいろ感じることはあるが，はじめに感じたのは，裁判員の真面目さ，勤勉さである。

　初めての裁判は昨年10月の台風が接近してきた時期だったが，呼出をした41人全員が出席された。半分くらいかと思って待合室を見たところ，全員が来ていて感動した。職務意識の高さを感じた。

（安永）これまでに8件担当した。裁判員裁判では選任手続の出頭率の高さに驚いている。選挙の投票率を考えると，これほど高いとは思っていなかった。大阪の人は真面目だと思った。制度が始まる前は不安だったが，始まってみると，1つ1つの事件の裁判で裁判官とも議論してひたむきに頑張っていただいている。一期一会というか，たまたま一緒になって，裁判が終われば二度と会うことがない人たちという特殊な関係の中で，一生懸命議論されていた。裁判員の方がいろんな観点から議論されることに触れ，裁判官としても大きな成長ができる。

（伊藤）裁判官に任官して12年になる。裁判員裁判を4件担当したが，現在は内部の異動により裁判員裁判の担当から外れている。やむを得ず担当を外れたが，後ろ髪を引かれる思いである。裁判員裁判には高揚感を感じ，意義深いものを感じている。着々と件数を重ねている先輩方に，裁判員との一体感を

どのように得ているのかをぜひおうかがいしたい。貴重な経験だと思っている。

（三村）これまでに7件終結している。8件目の公判審理中である。裁判員との間で出す1つ1つの結論は，深みのある骨太の結論になると言われていたが，実際にもそれを感じている。

（小野寺）裁判員裁判を実際に経験するまでは，日々忙しい裁判員の方にどれだけ積極的に参加してもらえるか不安だったが，裁判員裁判が始まって実際に来られる候補者の方の多くが，家庭や仕事の都合をつけた上で来てくださっており，頭が下がる思いがする。また，選任された裁判員の方は緊張や不安でいっぱいだろうと思うが，朗読される書証や証人・被告人の話を非常によく聞いていただいている。評議では，私が記憶に止められなかった証言なども指摘していただき，恥ずかしい思いをすることもある。そのような素晴らしい裁判員の方を前にして，右陪席として何ができるか，日々自問自答をしている。

（仁藤）2件しか裁判員裁判体験していないが，いずれも裁判員裁判に真剣に取り組んでいただいている。裁判所の話もよく聞いていただいている。始まる前は評議で意見を述べてもらえるかと思っていたが実際はそんな心配はなく，非常に有意義な議論ができていると感じる。自分が関心のなかったことも裁判員から意見が出て，ああそうかと思うこともあり，個人的にもよい経験ができていると思っている。このような機会を与えられて光栄に思っている。

（秋田）現在は裁判員裁判は担当していないが，この3月までに4件経験した。そのときの感想だが，非常に活発に評議が進行し，裁判官と裁判員の混成チームと感じられる一体感を持ち，非常に充実した気持ちで裁判ができた。機会があればぜひまた体験したいと思っている。これからは本格的に大きな否認事件等の審理が開始されることになると思われるが，それらにどのように対応していくべきか，意見や工夫例を聞かせていただければと思う。

（司会）若手裁判官の感想や意見を踏まえて，パネラーにも感想などをお願いしたい。

（中里）若手裁判官の皆さんの感想を聞いていて，同感と思うところが多々あった。選任手続への候補者の出席率が非常に高く，裁判員又は補充裁判員に選ばれ

た方々は，事件に対してとても真摯に向き合っている。これは，大阪で裁判員裁判に携わった全裁判官の共通の認識ではないかと思っている。

大阪でも，裁判員裁判の施行前に模擬裁判を繰り返してきたが，そのときは，裁判員裁判に参加してもよいという回答をいただいていた，モチベーションの高い方々だったので，実際に裁判員裁判が始まるとどうなるのかと思っていたが，実際の裁判員裁判においても，非常に熱心に，かつ真摯に取り組んでいただいているというのが感想である。

選任手続では，多くの裁判員候補者に都合をつけて来ていただいていることから，非常に御負担をかけている。裁判所としては，選定する候補者の規模を適正に適用することに更に努力を重ねていかなければならないという思いを強くしている。

先ほど出た裁判官としても成長できるという感想は正にそのとおりであり，私も刑事裁判を担当して２０年近くなるが，新しい視点からの意見も多く，本当に新鮮な気持ちで裁判に取り組むことができている。確かに，裁判官のみの裁判ではやらなかった作業もあるが，それは意味のある必要な手間であり，そういった手間をかけることによって，自分自身も裁判官として成長できると私は捉えている。特に，これまで当然だと思ってきたことについて，原点に立ち返って考えることが必要とされるので，正に自分の力が試されると思っている。これまで２０年近く刑事裁判官としてやってきたが，だからといって裁判員裁判で通用するとは限らないという覚悟でやっている。

(笹野) 全般的な感想は，私も陪席裁判官とまったく同意見である。先程，一期一会ということが出たが，私も同じ感想である。現実の事件で現実の被告人を目の前にして，初めて出会った裁判員の方と真剣に議論し，最もふさわしい結論を求めていく過程は，今までの裁判にはなかったし，経験したことのない新鮮さとやりがいを感じている。

(米山) ３０年以上の裁判官としての経験があるが，このような大きな制度に自ら関わることができ，経験を積むことができて，非常に有意義であるし，うれしく感じている。京都では，起訴件数が少ないため，私自身はまだ２件しか経験していないが，６月からはペースが早くなる予定であり，更に経験を積んでいきたいと考えている。

京都でも，裁判員経験者の記者会見では，貴重な経験をした，充実感があったとの高い評価を得ているようだ。これからが試金石という面があると思うので，裁判官としても努力をして応えていかなければならないと，そういう責任感も持っている。

　　　アンケートなどでは，「義務だからやる」という回答もあるが，実際に選ばれてみると，皆さん一生懸命に取り組んでいる。現実の事件でプレッシャーも大きいと思うが，皆さん真剣に取り組んでおられるというのは間違いのないところで，日本人の真面目さ，責任感の強さというのが現れているのだと思う。

(坪井) 大津は刑事部が１か部しかなく，対象事件も平成１９年，２０年では１年に十数件という小規模庁で，それほど多くの事件が係属しないだろうと思っていたが，いざ蓋を開けてみると，平成２１年６月，７月には１０件以上の起訴がされ，夏ころは私は青ざめていた。その後，いろんな方の御協力をいただいて，現時点で１０件処理し，私はそのうちの９件にかかわった。

　　　これまで他の裁判官が話したことと同じ感想だが，裁判員の方は，仕事や家庭の都合があるのに貴重な時間を割いて熱心に参加してくれて，本当に頭が下がる思いだ。これまではなんとかしないとと思って取り組んできたが，今一段落してまた不安になってきたのは，貴重な時間を割いてきていただいているのに私たちはそれに十分に見合うだけのものを提供できているのかと改めて思う。裁判員は一生に一回の経験なのに，それに見合ったものを提供できるのか試行錯誤しなければならないと思っている。

(司会) 各裁判官から全体的な感想等を述べてもらったが，これから先は手続の段階ごとに意見等を聞きながら話を進めたい。

　　　選任手続の関係で，感想，意見，質問等があるか。

(安永) 制度の当初では，欠員が生じては大変だということで，多めの候補者を設定していたというのが実情だが，多くの方に負担を強いることになる。９部の例として，８日間の審理日程だったので，１４０人を選定した。辞退承認を弾力的に運用したが，それでも５９人の候補者に来ていただくことになった。

　　　選定人数について，制度の開始前と開始後を比較して，現在工夫している

点等あれば聞かせていただきたい。

(末弘) 私の経験では，午前中に選任手続を行い，午後から審理をするという状況になる。そうすると，裁判員に選ばれると，切り替えてすぐに審理をやらなければならないということになる。そこで，チームの連帯感を図るために最初は昼食会のようなことをしたりしている。最初の昼休みをどのように工夫しているか聞かせていただきたい。

(小野寺) 私の部では，できるだけリラックスしてもらうために，昼休み前に裁判員に法廷見学をしていただいてイメージを持ってもらったり，昼食を一緒にした上で，裁判官の仕事内容や私生活・趣味の話など自己紹介するなどの工夫をしているが，その辺の工夫例を聞かせていただきたい。

(司会) 選定人数の問題，選ばれた裁判員の緊張をほぐすための工夫，一体感をどのように作るか，その辺りをパネラーからお話しいただきたい。

(中里) 裁判員制度自体運用しながら改善して育てていくものだが，選定数については，実際に事件処理を重ねる中で改善していくことであろうと思っている。選任する裁判員及び補充裁判員の数に比べて，選定する候補者の数が多いので，選定段階でどれだけ適正な数に絞れるかが喫緊の課題だが，模擬裁判では正確な統計的数値がとれないこともあって，制度開始当初は，多少多めに選んでいたことは否めないと思う。現在は，実際の裁判員裁判事件の経験を重ねてきて，最終的にはこれだけ選任手続に御出席いただけるということが皮膚感覚でわかってきた。選任手続で辞退の申立てをすると予想される方の数も，経験でつかめてきている。これらの経験を生かすことが必要であると思う。個々の裁判官が感じたことだけではなく，庁として統計的なものをそろえた上で確認していくということも重要である。昨年9月から，大阪では選任手続が始まっているが，9月は1件しかなかった。10月，11月には数件入ってきた。それぞれの月でどれだけ来ていただいたのかを分析していく必要がある。今は5月でまだ1周していないので，今年の10月，11月で1周したときにデータを検討し，次へそれを生かしていかなければならないと思っている。

(笹野) 補足になるが，今年3月までで39件全庁でやっているが，どういう傾向にあるか検討中である。どうしても個々の事件で辞退承認率，出頭率は変わ

ってきているので，変数をどう考えるか問題である。裁判員のリラックスについてふれると，各部大体同じで，審理前に実際に法壇に座っていただいたり，昼食会をやって裁判官が自己紹介をして人となりをわかってもらいたいということもあるが，裁判員の方にも一言ずつもらっていて，それが打ち解ける1つのきっかけになるのかなと思っている。中には，口べたでよう言いません，よろしくお願いしますとだけ言う人もいるが，それだけでも人となりがわかると考えていて，それでいいと思っている。後はなるだけ機会を捉えて話しかけるようにしている。

(坪井) 裁判員のリラックスという点では，大津でも同じようなことをしているが，大津では最近は午前中から審理する試みをしており，短い日数の中で審理，評議の時間をかなりとることができるので，審理に午前中入っていただき，みんなで昼食をとって，審理をした後の昼食時に法廷はどうでしたかなどと感想をうかがったりすることを試みている。午前中は起訴状朗読から冒頭陳述までやって，昼食をとって，午後からいよいよ証拠調べですということで試みている。

(秋田) 大津の方式は，選任手続も午前中に終えて，その足で審理に入るということか。

(坪井) そうである。朝に選任手続をしているが，そのために最近大津では一括質問方式を試みていて，時間がかなり短縮でき，時間がかなり余るので，それを審理の時間に向けているという試みである。

(司会) 公判審理の点について進めさせていただく。例えば，冒頭陳述ではパワーポイントを使ったり，当事者がいろんな工夫をして裁判員に理解してもらおうと試みていると思う。裁判員がこれらの工夫についてどのように感じているのか，若手裁判官に聞いていきたい。

(伊藤) 何件か裁判員とご一緒したときの印象は，私たちからは，メモ等について指示やアドバイスはしていないが，メモをとったりする人もいれば，じっと検察官や弁護人の顔を見て，パワーポイントの画面を見ながら，書面を渡されて促されれば書面を見て，というように，大半の方はしっかり前を見て，話している本人を見ながら情報を拾っている人が多いと思う。だから，我々としても，そのような姿勢で，メモばかりを気にする方ばかりではない，目

で見て耳で聞いてみんなで情報を共有できるような方法でわかりやすい審理を心がけるということが大事だと思っているが，皆さんはどうか。

（仁藤）私の部では，審理の中で，裁判員の集中力などを考え，休憩をこまめにとるという形をとっているが，他に工夫があればお聞かせいただきたい。

（三村）実際の証拠調べの中では，自白事件が多いということもあり，書証がしめるウェイトが高いのが実情であるが，取り調べた証拠がややわかりにくいものであったことがないわけではない。私が実際に経験したところでは，複数の事件関係者がいる事件で，それぞれが多少違う内容を言っているというところがあるとわかりづらいという意見があった。裁判員の集中力等も考えて書証でもわかりやすい立証を行うことは，当事者が工夫する点ではあるが，裁判所としてもこういう書証だとわかりやすいと当事者に提言をしていく必要があると思う。その点についての工夫例があれば聞きたい。

（中里）正に裁判員裁判では目で見て耳で聞いてわかる審理を実現する必要があるが，裁判所，検察官，弁護人が試行錯誤している現状にあると思う。メモをとるとらないは私も一切言っていない。裁判員の方には，メモをとりながらでないと頭に入らないという人もいて，ご自分でやりやすい方法でやったらいいと思う。証拠の作り方の問題もあるが，そもそもの前提として，何のためにこの証拠調べをするのかを裁判員にわかってもらうことが重要だと思っている。そのためには冒頭陳述も大事になってくるわけだが，裁判員の方々に，何のためにこの証拠調べを聞いているのかをわかってもらうことが重要で，証拠調べの最初から最後まで，そのことを意識する必要があると思っている。これは，裁判長の訴訟指揮も含めてということであるが，そういうことを感じている。

また，休憩時間の取り方については，審理計画を立てるときには，一応このくらいで休憩を取ることは決めているが，最終的にはそのときの状況にもよる。審理予定はあくまで予定なので，例えば休憩まで1時間をめどとしたときでも，30分でも中身が濃くてしんどいと思えば休憩を取る。裁判長としては，もちろん法廷の審理に集中するが，両横にいる裁判員の様子にも目を向けて，集中力が続いているかということも見るようにしている。

裁判員の方は緊張しているので，もし途中でトイレに行きたくなったり，

気分が悪くなったりしたら，予定の休憩時間前でも遠慮なくメモを回してください，そうすれば休憩を取りますので，というふうに申し上げている。裁判員の方はその一言でもかなり安心できるようである。一言言ってもらってよかったですと後で言ってもらえたこともあったので，そういったことも気配りしていくことが大事だと思う。いずれにしても，1件1件事件を経験する中で学んでいるという状況である。

（米山）目で見て耳で聞いて，法廷で事件の中身を理解して心証をとる必要については間違いないが，具体的にどのような方法を選ぶのかということについては，例えば，冒頭陳述でもパワーポイントを使ってかなりカラフルなものになっているようで，京都ではほぼ全件について，パワーポイントが使われている。その辺りは，各庁の実情に応じて検察庁が工夫しているようだが，京都の裁判員からはわかりやすいという感想を聞いている。ただ，モニターを見て，色を使ったり図表を用いてわかりやすくなっているとしても，それを理解として定着するために別のツールの併用も必要ではないかということで，パワーポイントを使いながらも冒頭陳述要旨，図などを織り込んでわかりやすくしたもの，モニターに写すのとほぼ同内容のものを印刷して冒頭陳述の後で配られている。それを評議のときにも使ったりしている。証拠の取調べでも，書証か人証かについて，なかなか一概には言えない。書証については分量やどの程度わかりやすい記載になっているかなどを見て，証明したい事実に一番適した証拠調べの方法を，公判前整理手続で三者が協議して，事件ごとに決めるべきではないかと思っている。また，審理が裁判員にとってわかりやすくなるためには，今言ったような工夫もそうだし，何より日程的に余裕を持つことが必要だ。裁判員の感想を聞くと，次々審理が進んで追いついていけないのではないかと不安に思っていた裁判員もいたようだ。これについては，審理の合間にかなり休憩が入っているタイムテーブルを渡されて，実際に今の審理の内容でわかりにくいところはありませんでしたかなどと，裁判官と裁判員が双方向的に感想を述べたり意見を言ったりして，理解をその都度確認していくというプロセスを小刻みに挟むことで，最後までついていけましたという感想を裁判員からいただいているので，今後もそのような工夫は続けていきたいと思っている。

(司会) 引き続いて評議と判決の関係で話を進めていきたいと思う。裁判員制度が始まる前は裁判員が自分の思ったことを評議で言えるのかという危惧を持たれることもあったようだが，裁判員裁判が始まり実際に評議を行ってみて，その点どのように思っているのか，若手裁判官の皆さんはどうか。

(小野寺) 実際に裁判員裁判を経験してみて，裁判員の皆さんはご自分の意見を積極的に言っていただいていると実感している。なお，裁判官においては，裁判員に意見を述べてもらった後に発言するようにするとか，右陪席としても，裁判員の表情を見ながら，裁判員が何か言いたそうであった場合は適宜声かけをするなど，裁判員に自由に発言していただけるような環境を作る工夫をしている。

(司会) ある新聞に，新聞記者の方が裁判員となった経験を内容とする記事が掲載されていた。その記事では，裁判員に選任された記者の方が，最初の控え室では緊張していたが，最後には自由に意見が言えるようになったという経験談を紹介していた。皆さんの実際の経験はどうか。最初から評議で話ができることは少ないかとも思うのだが，どんな感じで話しやすくなっていくのか，実体験として紹介してもらえることはあるか。

(三村) 裁判員の方の個性はあるが，実際の評議では冒頭の段階で既にかなり打ち解けているのが実情かなと思う。選ばれた直後は，ああ選ばれたという表情をしている方もいるが，部屋を移して，手続説明をしたり，宣誓をしてもらったり，法廷をみてもらったり，昼食をとったりするという段階を経て徐々に打ち解けていく面は大きいと思う。休憩もこまめに挟んでいる。また，当部では，裁判官の自己紹介の方法として顔写真入りのプロフィールカードを配ったりしてネタに事欠かないようにもしている。色々な段階を経て，最後の評議の段階になったときにはかなり打ち解けているのが実情だと思っている。むしろ，その先意見が活発にでるのでそれをどのように整理して認識を共通化していくのか，この辺りのところも，裁判員の個性によって違うところはあると思うが，工夫している点があればお聞かせいただきたい。

(末弘) 評議のときは声が大きい人，よく話す人だけが影響力を持つことは避けなければいけない。裁判員の方はそれぞれ個性があるので，言いたいことが言えなかったということは避けなければならない。社会経験に根ざした発言は

貴重だと思っているので，皆さんにまんべんなく意見を言ってもらうためにどのようなことを心がけているのかを聞きたい。

(笹野) 評議の場では，一番に考えるのがどういう切り口で皆さんに入っていくかということを考えている。ある程度考えてやっていけば，裁判員の方がシーンとして誰も発言しないという場は案外ないという印象だ。私たちの部では，発言だけではなくて，この点についてどうですかということで付箋に意見を書いてもらってそれを集めるということをすることがある。それで比較的短時間でまんべんなくどなたからも意見が出て，それを貼ることによって意見のビジュアルな一覧ができて，スムーズに評議ができるということもある。裁判員のいろんな表情を見ながら促したりすることも大切だと感じている。

(中里) 評議が始まる前の段階では，初日の昼食を一緒にしたり，審理の合間に休憩が相当回数あるので，雑談等含めていろんな話をしていて，それが潤滑油になっている。したがって，評議が始まる段階でお互いに物が言えない雰囲気ということはないが，それだけで活発に意見が出るかというとそうではない。評議で何を議論して何を判断するのかがはっきりわかっていないと，評議は活発にならない。審理が失敗していると，評議で活発な意見が出ることは難しい。だから，審理，あるいは更に遡った公判前整理手続も大事である。これらの一連の流れの中で評議があるのであって，評議が独立してあるわけではない。その点の意識が大事かなと思っている。

　裁判員の方々は，有罪無罪が争点となる場合でなくても，懲役何年にするのかということが，被告人の人生を大きく左右する判断であると感じており，自分が量刑意見を言うことで，被告人の人生を左右してしまっていいのかという気持ちを，口に出さなくても，多かれ少なかれ持っておられると感じている。評議が始まる前のどこかで，皆で，チームで結論を出すということで，算数でいえば，1たす1は2しか答えがないが，絶対的な正解はない，そして9人で考えて，一生懸命出した結論が私たちチームがそのときに出すことができた最善の結論であるとお話しするようにしている。私が裁判官をやってきて，判決をして後で色々思うこともあるけれども一生懸命考え抜いて判決をしたので，それが自分の出すことができた最善の結論であると思って裁判官を続けているという経験談も話しながら，みんなで一生懸命いろんな意

見を出し合いましょうと話している。

(米山) 裁判員6人の中で，意見をたくさん述べてくれる人もいるが，述べずに意見を聴いてうなずいて，聴く専門というような感じに見受けられる人もいる。評議のときだけの配慮では足りない。人前ではよう話しませんと休憩時間に言う人もいる。その中でどのように意見を言ってもらうかという工夫だが，1つは，中間評議的なところで，この人は話すのが苦手な人ではないかと思ったら，事実関係の確認の際，これについてはどうだったかと具体的に質問すると，その点はこうだったと答えが具体的に返ってくる。評議の中でも，何番さん，この点はどうでしょうかと漠然と聞くと答えにくいが，具体的にこういう意見と別の意見があってと整理をして，これについてはどちらに賛成ですかというふうに答えやすいように質問すると，黙っていた人にしては意外なくらいに的確な意見が返ってきたりする。ここは裁判長が評議の中でどうやって意見を引き出すのか工夫をしなければならないと思った。

(坪井) 評議を活発にするには陪席裁判官の働きが非常に大きい。特に一番若い左陪席の方が生き生きとして，いろいろと話しかけてくれる。評議の中で私が意見を言ってしまうとシーンとしてしまうのが，左陪席が活発に，しかも部総括にちょっと逆らう感じで意見を言ってくれると，こんなふうに言っていいんだと思って活発になる。そういう雰囲気作りも大事だと思う。休憩時間に雑談するのもいい方法だが，これは失敗談だが，休憩にも雑談をしたりして評議の延長のような話で盛り上がっていたのだが，アンケートの中で休憩時間も事件の話をしてあまり休めず疲れましたという意見をいただいて，これは失敗したと思って，その後は休憩時間の雑談は軽めの話をするように気を付けている。

(司会) 評議の関係では，評議の中で新しい発見があった，そこから学んだという話だったが，何か具体的に話はあるか。

(秋田) 具体的な話としては，私が体験した4件のうち3件が覚せい剤の密輸の事件だったが，覚せい剤の輸入については既遂だけれども，関税法上の観点では未遂という，既遂と未遂がずれる事件で，既遂とはいえ覚せい剤の拡散は防げたということで，私たち裁判官の場合は未遂の事情を量刑上重視して，量刑を下げる要因として使うこともあったが，これは被告人が努力した結果

ではないので量刑を下げる要因にならないという感想を持つ方が多かった。これ１つだけではないが，私たちが当然のようにやっていることをもう一度考え直さなければならないと思っている。

(司会) 判決の関係で，意見や質問はあるか。

(安永) 裁判員に判決の草稿を読んでもらって確認してもらっているのが実情だと思う。だから，これまでのように一文が５行から１０行くらいになるような，悪文であると言われる判決文を書いているようでは困ると思う。評議の中で話されたことをいかに判決に反映するかということが問題である。評議では短くても３時間，長いと１日になることもあり全てを反映させるのは難しいと思う。これまでの判決スタイルとどのような変更をして，何に気をつけているのかを聞きたい。

(中里) 判決の書き方は試行錯誤している。評議の節目ごとに，何がポイントで，何が決め手になってこの判断になったのかということを，みんなで確認しながら次に進めていくことが大事なのかなと思う。当事者からいろんな主張が出ていても，その重みは千差万別であり，その全てに答える必要はない。裁判員の方々が判決書の草稿を見たときに，自分たちが評議で注目したことは何で，これが決め手でこういう判断をしたんだということが分かることが大事だと思う。判決書草稿は限られた時間で作らなければならないので，工夫をしていく必要があると思う。

(坪井) 評議のことを判決に盛り込もうと，短い時間で一気に書いてしまうと，思った以上に長くなりがちで，もう少しすっきりとした形で評議の結果を盛り込めないかとずっと考えている。時間に余裕があれば，裁判員と一緒にどういうことを一番に書いてどういう言葉を使おうかという話をする。すると，裁判員から「こういうのがいいのではないですか」との意見をいただくこともあり，「それはいただき」ということで判決に書いたこともある。

(米山) 評議の結果が具体的な判決書にどういうふうに反映されるかは実際には難しい。これまでの裁判官裁判では，事件の概要がこうで，被告人に不利な事情が何で，被告人に有利な事情が何であるというような判決が書きやすかったと思うが，これは裁判員にはわかりにくいし，評議とリンクしていないということにもなる。当事者が主張する量刑事情についても，評議の中で重く

見なければならないものと，それほど考慮しなくてよいものをきちんと評議しておく必要がある。その上で，量刑事情について我々はこのファクターを重くみたということが判決書に反映されるように工夫したところ，裁判員にもわかりやすいとの御意見をいただいたので，今後も続けていきたい。

(司会) 最後に4人のパネラーから，今日の意見交換を踏まえて一言ずついただきたい。

(中里) 今後の課題としては，この制度自体が育てていく制度ということなので，裁判員経験者の意見・感想が非常に大事だと思う。私たちがアンテナを立てて，それらをどこまで吸収できるかということだと思う。何気ない一言の中に，実はいろんな思いが含まれていることがあるので，私たち自身が視野を広げて耳を傾けていくという心構えが大事だと思う。通常の3日，4日の日程の事件でも，判決が終わって皆さんと解散するときは名残惜しいと思うし，そのように思っている裁判員の方も多いのではないかと思っている。裁判員経験者の方々には，経験したことをいろいろ伝えていただきたいと思う。

(笹野) 制度が始まる前非常に不安だったが，やってみると裁判員とこれだけ議論ができるということを実感した。経験の少ない裁判官は頭で考えることが多いと思うが，私たちは気持ちを広くして裸でぶつかり合ってやっていくということをこれからも心がけていきたいと思う。充実した審理と充実した評議をするには何を言っても安心だという土台を作る必要がある。そのためには，スキルの問題もあるが，裁判員と裁判官との信頼関係をどうもっていくかを常に考えたいと思っている。

(米山) 実際の裁判員裁判を担当して，改めて気づいた点や，問題意識を深めた点が多くあった。記者会見でも多くの意見が裁判員経験者から述べられているので，それに謙虚に耳を傾けて，1つ1つ運用しながら法曹三者で工夫を出し合えば，今感じている問題点も必ず克服し改善し，うまく軌道に乗せることができるのではないかと思っている。大きな制度が出発してまだ1年だから，短期的な視点で制度を評価しないで，みんなで協力し合って大きく育てていけるよう私も努力したい。

(坪井) 裁判員裁判が始まって，法律家として裁判員へ説明しなければならないことが思っていた以上に多いと実感している。例えば，この手続は何のために

しているのか，殺意，共犯というような法律概念をどう説明するのか，量刑はどうやって考えていくのか等，法律家としてのスキルをアップしていかなければいけない，裁判の原点に立たないといけないということを実感している。そういった機会を与えていただいた裁判員のみなさんには非常に感謝しなければならないし，それを裁判員裁判だけではなく刑事裁判全体に生かしていけるような方向にもっていければ，もっともっと刑事裁判はよいものになると思う。それが裁判員の貴重な時間を割いて協力していただいたことへのせめてもの恩返しになるのではないかと思っている。

(司会) 裁判員制度始まって1年ということで，これから先いろんな事件が審理され，多くの人に裁判所に来ていただいて，裁判員として御活躍いただくということになる。まだ走り出したばかりの制度であるが，この時点で，少し後ろを振り返ってみて，これから先の展望につながることを期待して意見交換会を行った。今回の意見交換会が，これから先の裁判員裁判の運用に少しでも役に立てばよいと考える次第である。

第2　質疑応答

1　代表質問

　　裁判員裁判を体験した感想と，現状で改善すべき点はあるか。

　　○　充実した審理や充実した評議のためには，例えば，これまでの証拠調べのスタイルを見直す必要があるのではないか。すなわち，これまでは，争いのない部分と争いのある部分の証拠を選別し，ストーリーを語る証人を聞いた後で点を語る書証を取り調べるなど，必ずしも時系列に沿った証拠調べではなかったが，裁判員の理解しやすさの観点からは，できるだけ時系列に沿って証拠調べができるようにするなどの工夫が必要ではないか。

2　個別質問

(1)　執行猶予，保護観察となる事案が多くなるなど，裁判官だけの裁判のときと比べて裁判員裁判による裁判では明らかに変化が現れてきていると思うが，それは市民感覚が反映されているからなのか。

　　○　例えば，犯行の計画性を検討する際，裁判官は役割分担がどうであったかなど犯行の筋的なところを見がちであるが，裁判員は道具が何だったのか，どういう道具を揃えたのかなどを見る。その上で，周到な計画性の有無を判

断するにしても「この道具は目立つから，これは素人だ」との指摘をされる。事実認定では，裁判官は筋が得意で，裁判員は細部が得意ということで，うまく組み合わせると深みのある事実認定ができると思う。

○　構成を考えるとき，裁判官は，被告人の客観的な対応等から考えていく傾向があるが，裁判員は，被告人がどういう人間かを掘り下げて考えていく傾向があると，改めて裁判官と裁判員の考え方の傾向の違いを実感した。

（２）　出席率に関して，正当な理由がなく選任手続に出席しなければ過料の制裁がされることになるが，そのような過料が課せられたという報道には接していない。裁判所として，欠席者に対する対策等をどのように考えているのか。

○　過料については個々の裁判体が判断することなので，軽々しくこの場で口にすることは控えたい。ただ，言えることは，過料があるから出席しなければならないというではなく，裁判員を経験した方々に，制度の意義を理解していただき，「大変だったけど，非常によい経験になった」という感想が口コミでどんどん蓄積されていくことが一番大切なのではないかと思う。裁判所としても，そのように裁判員経験者の方々に語っていただけるよう努力を続けていく必要があると思う。

（３）　裁判員経験者からは非常に好評であるとの話が多いが，失敗談や裁判員から寄せられた辛口のコメントなどがあれば聞かせてほしい。

○　補充裁判員の位置づけが難しいのではないか。補充裁判員として，どういうポイントで参加するのかは裁判体によっても違うだろうし，どういうタイミングで質問をしてよいのかとか，補充裁判員だから遠慮してしまったという声が寄せられた。

○　通訳事件において，通訳者の声が聞き取りにくいとか，被告人の声が小さくて聞き取りにくいということを言われ，配慮が足りないと思ったことがある。

○　選任手続が終わった後で，「３日空けるのは大変だった。せっかく３日空けて出てきたので，何とかクジに当たりたかった。」などの不満を書記官に言っている方がいたが，その気持ちは当然だと思った。審理日程がかなり長い場合には日程調整などで更に問題も多いだろうと思う。選任を外れた方の具体的な生の意見を踏まえて，事件ごとに考えていくべきだと感じている。

○　選任手続が終わってすぐに審理が進むと負担が大きいのではないか。仕事のリズムがまったく違う方が来られるので，細部にまで配慮する必要がある。
（4）　推定無罪等の原則等があるにもかかわらず，有罪率が高い現状では，裁判員の中には「やっているに違いない」との思いで臨む方もいるかも知れない。裁判員に対しては，刑事裁判の基本的なルールをどのように説明しているのか。
　　　○　裁判員法３９条の説明として，例えば，起訴された犯罪の立証責任は検察官が負っていることや，検察官，弁護人が述べることは意見であって，証拠とは違うということなど，どの裁判長も例外なく説明している。最初は，裁判員・補充裁判員の皆さんは緊張していると思われるので，折に触れて繰り返し説明していると思う。
　　　○　規則が作られたときにも，裁判員に対して説明すべき事項のモデル案が出されており，説明すべき内容は裁判官の共通認識になっていると思う。
（5）　裁判員制度の開始前に，この制度に否定的な考えを持っていた裁判官もいるのではないかと思うが，本音ベースで教えてもらえないか。
（司会）制度に関しての評価の問題になると思うが，この場で回答することは相当でないと思われる。
（6）　守秘義務に関して，例えば，評議において裁判官による誘導等がされたり，評議に不満がある裁判員がいたとしても，守秘義務があるがゆえにそれは表に出てこない。すなわち，いろんな意見があってもそれを表に出すと守秘義務違反となってしまうことから，司法に対する不信感も出てくるのではないかと思われるが，裁判所では，その辺りの検証をどのようにしているのか。
　　　○　裁判員と補充裁判員からは，アンケートで意見をいただくが，それを拝見して考えている。
　　　○　「こんなツールを使っている」などと，外形的なところは裁判官同士でも意見交換しているし，他の裁判所との間での協議会においても，意見交換の場を持つようにしている。

裁判員制度に関する裁判官意見交換会の結果について

東京高等裁判所において，標記の意見交換会を下記のとおり実施しました。

記

1　日　時　　平成２２年５月２１日（金）
2　会　場　　東京高等裁判所
3　意見交換会参加裁判官
（1）回答裁判官
　　　　　東京地裁　　　　部総括判事　　河　合　健　司　（司会）
　　　　　同　　　　　　　同　　　　　　若　園　敦　雄
　　　　　横浜地裁　　　　同　　　　　　大　島　隆　明
　　　　　さいたま地裁　　同　　　　　　田　村　　　眞
　　　　　千葉地裁　　　　同　　　　　　栃　木　　　力
（2）質問裁判官
　　　　　東京地裁　　　　判　事　　　　馬　渡　香津子
　　　　　同　　　　　　　同　　　　　　丸　山　哲　巳
　　　　　同　　　　　　　同　　　　　　室　橋　雅　仁
　　　　　東京地裁立川支部　同　　　　　柴　田　　　誠
　　　　　東京地裁　　　　同　　　　　　蛭　田　円　香
　　　　　同　　　　　　　同　　　　　　福　島　かなえ
　　　　　同　　　　　　　判事補　　　　青　木　美　佳
4　結果要旨　　別添のとおり

（別添）
裁判員裁判担当裁判官による意見交換会結果要旨
第1　意見交換会
1　自己紹介等
（司会）裁判員法施行から1年経ち，多くの裁判官が裁判員裁判を経験し，いろいろ貴重な体験を肌で感じると同時に，様々な課題も見えてきた。

　　本日は，これまでの裁判員裁判を振り返って，感想や意見を交換することで，今後の裁判員裁判の運用に生かしていこうと考えている。

（司会から各回答裁判官を紹介した後，各質問裁判官から次のとおり自己紹介等を行った）

（室橋）自分なりに精魂傾けて準備に取り組んだので，初めて裁判員裁判に立ち会ったときには感慨深くて涙が出た。裁判員1人1人が悩みながらも真剣に考え，議論も活発に行われたことに感銘を受けた。参加して良かったとか裁判官のイメージが変わったと言われることもあり，やりがいと生き甲斐を感じている。

　　これまで以上に負担の少ない選任手続の実現等の課題もあるので，今日の意見交換会を契機にこの制度がより良いものになるよう努力したい。

（福島）実際に裁判員裁判を担当するのはこれからであるが，刑事裁判の大きな変革のときに立ち会えるのはうれしく思う。

（柴田）裁判員裁判に参加した人から，昼食中等に不安な気持ちを聞いていたが，みんな真剣に議論し，終わった後は，大変な思いをしたけれど，良い経験だったと言ってくれた。また，刑事裁判を内側から見ることで，今後の報道の見方が変わるとも言っていた。不安を訴える人は責任感のある人であり，そのような方々の意見が反映されるのは望ましいことである。

（青木）裁判員裁判はまだ経験していないが，わかりやすい公判を見据えて，どのように争点を整理したらよいか，考えながら過ごした。その結果がどのように裁判員に映るのか心配である。今日は経験した人の話を聞いて，自分自身の事件に生かしたい。

（丸山）裁判員の皆さんからは，やる前は不安だったが，実際にやってみたら良い経験となったという感想をよく聞くが，それは裁判官も一緒である。

(蛭田) 4月に異動したばかりなので，裁判員裁判は未経験である。公判前整理でも意気込みのようなものを感じる。これから，事件を通じて裁判員と会うのが楽しみである。

(馬渡) どの裁判員も熱心に審理に参加してくれたし，非常に深く考えていた。自分自身を含め，評議を通じて全てのメンバーがそれぞれ考えを深めることができ，議論することの大事さを再認識した。今までの合議は，プロ同士なので，共通了解ができている部分については深く議論しないこともあったが，裁判員裁判では出発点から議論している。裁判員からいろいろな意見が出る中で，これまで正しいと考えられていたことがやはり間違っていなかったと思える場合もあれば，考え直した方がよいと思うこともあった。このような議論を経て出た結論は，その重みが違う。

(上記感想等を踏まえ，各回答裁判官から次のとおりコメント)

(栃木) 自分の視点になかった貴重な意見をもらい，参考になった例も多い。刑事裁判の変革期に現場で仕事をしていることに責任感と生き甲斐を感じている。裁判員が活発に意見を言えるためには，争点が明確で，それに合わせた証拠調べができていることが前提である。これからその点を更に検討して，わかりやすい公判審理をめざしたい。

　　選任手続の中で多めの人を呼び出してしまったという点は反省し，今後改善したい。

(田村) 当事者の訴訟活動が劇的に変わって，わかりやすくなり，公判で心証がとれるような審理が実現した。語弊があるかもしれないが，公判審理がおもしろくなったといえる。また，裁判員との評議の中で，基本に立ち返って考えることが多くなった。例えば，刑罰の本質とは何か等，学生時代以来考えていなかったことにも立ち返っている。その意味で裁判官にとっても良い制度である。

(大島) 裁判員裁判が始まったことで，根本に立ち返り，どの要素をどの程度組み込むか，裁判官がよく考えて裁判員に説明しないと充実した評議はできない。そのような能力が試されるので，裁判官にとっても意義のある制度である。裁判員がどんなことに疑問を持っているか等につき，模擬裁判でノウハウを蓄積したので，今，役立っている。候補者に負担をかけすぎている点は，横

浜でも今後改善したいと思っている。裁判員は予想以上に熱心である。
(若園) 来週から立て続けに裁判員裁判が入っているので，今，準備に追われている。今までで印象に残っているのは，評議が終わって判決をした後の裁判員のやり遂げた顔であり，1つのチームで判断できたという充実感である。最初2件くらいは今までにやったことがないことをして疲れ，他の仕事ができないくらいであった。裁判官にもそれなりの負担があり，裁判員にも負担を与えることはあるが，それを超えるやりがいが非常にある。制度が始まったことにより，変えていかないといけないところもある。比較的若い法曹がいろいろとチャレンジして工夫していけばよい。

2 選任手続

(司会) これまで選任手続を行ったところ，予想以上に出頭率が高く，多くの候補者が選任されないという事態が生じているが，その点をどのように思うか。
(栃木) 出頭率が高いのはうれしい誤算であり，大変感謝している。職務従事期間の予定を調整してもらっているのに，6名と数名の補充裁判員以外は帰ってもらうことを心苦しく思う。最初はどの程度の辞退者が出るのかとか，選任手続にどの程度出席するのかわからず，不安であった。新聞報道を見ても，積極的に参加したいという人の割合が少なかった。しかし，安全に多めに選んだ結果，必要以上の候補者を呼んでしまったことは否めない。

千葉では60件近くの裁判員裁判が行われたが，それらをこなしていく中で，おおよその傾向がわかったので，今後は，それらのデータを元に適正な呼出人数にしたい。
(馬渡) 少なくとも18名の出頭が法律上必要とされている点を候補者に理解してもらうことは，候補者の心理的負担感を軽くする上でも必要と考えるが，選任手続で何か工夫はしているか。
(大島) 選任手続の最後で裁判長が挨拶するときに，どうして大勢の人を呼び出したのか，説明をしている。
(田村) 当日の出頭人数については，20名台前半でもいいという意見も出ている。
(室橋) 追加選定の活用は考えられるか，その際の留意点はあるか。
(若園) 最初は少なめにして，その後，思っていたより呼び出せなかったり，辞退を多く認めたときには追加選定している。そのときの問題点は追加時期であ

り，新たに呼び出された人の準備期間も考えないといけない。
(司会) 選任手続で裁判員6名が選ばれるが，選任直後はほとんどの裁判員が緊張して不安に思っている。審理に入る前に裁判員の緊張や不安を解きほぐすためにどのような工夫をしているか。
(丸山) 最初に雑談したり自己紹介したりするほか，早く法廷という場に慣れてもらうため，開廷前に法廷に案内して実際に法壇の席に座ってもらい，当事者や被告人の座る位置，証言台等を確認している。
(室橋) 裁判員に選ばれたときからが勝負であり，転校生や新入社員等を迎えるときと同様温かく迎えるという姿勢が大事である。自己紹介を率先してやるとか，全員とできるだけコミュニケーションを図る等して，裁判官も自分たちと同じ人間なんだと早くわかってもらうことが重要である。また，これから何をするのかという不安もあるので，早めに予定を説明している。
(福島) 裁判員から，審理に入る前に，裁判官に対して何か要望や質問はあったか。
(馬渡) 喫煙所はどこかと聞かれた。
(大島) 最初は緊張しているので質問も出ない。こちらから話しかける。自己紹介も堅苦しくないように心がけている。
(栃木) 同じ釜の飯を食べた仲という言葉があるように，一緒に食事をすると親近感がわいてくるので，初日の選任後にできるだけ一緒に昼食を取るようにしている。
(馬渡) 裁判官は異動が多いので，今までの異動先の話をすると，共通の話題ができる。

3 公判審理
(司会) 冒頭陳述で検察官や弁護人がパワーポイントを使う等の工夫をこらしているが，裁判員の反応はいかがか。
(大島) 最初は検察官の方がわかりやすかった。組織をあげて，ビジュアル的に対応している。弁護人は冒頭陳述に慣れていないようであり，主張したいことのみを述べ，検察官の主張とどこが違うのか，際立たせるプレゼンテーションができていない。

　　パワーポイントがよいわけではなく，ただ，長すぎる人もいる。パワーポイントを作るために長い時間をかけて準備したり，練習すると，1件あたり

の準備日数が長くなりすぎる弊害もあり，これも公判前整理が遅れ気味の理由の１つでもあろう。

　横浜では必ずしも検察官がパワーポイントを使うというわけではなく，Ａ３で１枚の紙にポイントをまとめている。それを書画カメラで写すと，パワーポイントと変わらない。弁護人の中には，パワーポイントが使えないと裁判員裁判ができないという誤解があるので，今のような事例も紹介している。

(柴田) 事実の説得力に圧倒された事件があった。技術の問題ではないと思われる。

(大島) 冒頭陳述を詳しく行うと，裁判員は，主張と証拠が違うと言っても，区別がつかなくなる。模擬裁判でも，冒頭陳述で証拠の引用があったので，それはまずいと言った。

(栃木) 冒頭陳述は長くさせないようにしている。事案の概要と審理のポイントを説明するだけで十分なので，多くの場合，１０分から長くても１５分程度あれば足りると思う。必要な場合は時間制限をしている。

　冒頭陳述は羅針盤のようなものであり，最初から２万５０００分の１の地図を示すより，２５万分の１とか大まかな方が分かりやすい。細かい点は証拠調べをすれば分かる。

(丸山) 冒頭陳述では，審理がどこに向かって進んでいくのかを示されることになるので，双方の冒頭陳述が終わった後に休憩を入れて一呼吸置き，争点の確認をしてから証拠調べを行った方がよい。

(馬渡) 双方の冒頭陳述がかみ合っているかが大事であり，最後の打合せのときに冒頭陳述をかみ合わせるように伝えている。

(栃木) 公判前整理の中で主張をかみ合わせているが，その後，主張の変化があり，公判を始めてみるとあれっと思うことがあるので，難しいところである。

(大島) 事前に冒頭陳述等の開示をすると，相手がいろいろと付け足してくることもあるので，当事者には抵抗があるようである。

(司会) 証拠調べについての裁判員の反応はいかがか。

(大島) 証拠の量が多いものについては，項目ごとに相互の関係がわかるように順番に説明を入れながらやってもらうようにしている。供述証拠につき，以前のように早口の人はいなくなったが，裁判員が理解しているというのを見ながら進める人はなかなかいない。そういうときには，今の点をゆっくり読ん

でほしいと裁判長が訴訟指揮をしないといけない。自分がわからないところはそのままにせず，普通の人でわかる内容かという形で審理を進めないとうまくいかない。

（蛭田）効果的な休廷のタイミングについてはいかがか。

（若園）争いのない事件については，両当事者の冒頭陳述，裁判長による公判前整理手続の結果顕出の後で，休廷を入れ，裁判員には，当事者が主張した事件のポイントに対する証拠があるかどうかという点を中心に聞いてほしい等と説明している。

（田村）検察官の冒頭陳述後に休廷を入れ，理解具合を確認し，質問が出たらそれに答えている。その上で弁護人の冒頭陳述を聞くと，より理解が深まるようである。

（青木）冒頭陳述の主張をどの事実で立証するか，休廷時間で説明しているのか。

（栃木）冒頭陳述後に休廷し，みんなで争点の確認をした後，争点についてどのような証拠調べがなされるか説明している。証拠調べの際は，当事者に，その証拠で何を立証するのか，目的を伝えてから証拠調べに入るようお願いしている。

　また，慣れていない当事者だと，早口で調書を朗読したり，図面や写真をよく見る前に次に移ってしまうことがある。私たちの理解速度を上回っているような場合は，裁判員の様子を見ながら，ゆっくり読んでくださいとか，もう1回写真や図面を見せてくださいと言って，証拠調べの早さをコントロールしている。

（福島）証人尋問のときも，立証のポイントを説明しているのか。

（栃木）証人尋問が始まる前に，この証人により何を立証しようとするのか，裁判員に説明するよう当事者にお願いしている。また，尋問事項書も出してもらい，裁判員には，証人尋問に先立ち，どのような事項について尋問がなされるのか，予め頭に入れてもらっている。

（馬渡）尋問事項書を予め出してもらうが，メモをしやすいように空欄を設けてもらっている。

4　評議

（司会）評議について，裁判員は自分の意見を言いにくいのではないか等といった

懸念も指摘されていたが，そのあたりは，実際に評議をしてみていかがか。
(田村) 積極的に意見を述べてもらっている。最初は話しにくいみたいだが，こちらから水を向けると意見が出てくる。

審理の内容をよく聞いており，こちらが驚くほど正確に内容を理解している人もいる。証拠を踏まえた上で的確な意見を言っている。

思った以上に感情に流されない。制度が始まる前は，例えば遺族の処罰感情が法廷に出るとそれに流されるのではないかと思っていたが，実際に経験してみると，流されることなく冷静に判断していると感じている。

市民は賢いというのが，全般的な印象である。わが国民はレベルが高いと思った。
(室橋) 評議の冒頭で評議の進め方やルール等を説明している。

どんなにつたない言葉でもよいので思ったこと，感じたことを話して欲しいとか，意見はいつでも変えられるとか，みんなで知恵を出し合いましょうとか，証拠に基づいて議論しましょうという話をしている。

評議を進める中で，議論が抽象的になる場合もあるので，証拠に基づいた議論をするように心掛けている。

裁判員から意見が出たら，ホワイトボードに書く等して，議論を整理しながら進めている。
(田村) 双方向の議論をするため，裁判員が疑問や意見を述べたとき，なぜそのように考えるのかを自分たちが理解し，それに答えるように努めている。
(丸山) 自分たちはホワイトボードを利用しているが，他に何かアイテムはあるか。
(大島) パソコンは文字が小さいので，ホワイトボードがよい。ホワイトボードは自分たちの意見が残っていくのがよい。また，刑事訴訟の原則を大きなボードに書き，部屋に置き，原則から外れそうなときにはそのボードを示すようにしているが，実際にそうしたことはない。
(司会) 審理・評議時間についての裁判員の感想はいかがか。
(若園) 初めて裁判を見る人たちなので，時間が長いとか短いという感覚がない。しかし，ある事件で，この証人をどうして尋問しているのかと疑問が出たこともあり，その場合，裁判員は審理が長いという感想を述べた。また，明らかに無駄な尋問が続くと，裁判員の集中力は切れてしまう。要は物理的な時

間の長さではなく，本当に必要なものを適切な時間内で証拠調べすれば，裁判員は，長いという不満を持たないのではないか。

一方，裁判員は，どうしてこの人がこの行為をしたのかとか，事件の経緯とか，普段どんな人なのかとか，犯罪事実以外に興味がある。

公判前整理の中で骨と皮だけにしてしまっては，裁判員の関心がうまく反映されないので，審理日程を短くするとともに，そのあたりを落とさないようにする必要があるとも思っている。

法廷の審理がわかりやすいもので，当事者の主張がかみあっていれば，評議の時間はそんなに長くなくても，充実した評議ができる。争いのない事件は3，4日で終わるが，裁判員は充実した評議をしているようである。予想外のことが起きたら，時間を延ばすことも必要であろう。それによって長すぎるとか短すぎるとか不平を言われない裁判ができると思われる。

(丸山) これまでは評議の時間も十分に確保し，比較的余裕をもった職務従事期間を決めていた。ある程度裁判員裁判の経験を重ねたところで，職務従事期間をこれまでより少しでも短く設定した方がよいというようなことはあるか。

(栃木) 事件によっては，判決宣告時期を明確に決めず，判決は4日目又は5日目という決め方をしている。早く評議が終わった場合は早めに判決するが，評議が終わっても，すぐに判決が書けないときもあるし，評議終了後に一晩時間をおき，あらためて結論に変更がないか確認した方がよい場合もあるので，その場合は翌日に判決している。そうすると，十分納得して結論を下したという思いを持ってもらえるように思う。

(馬渡) 重い事件になってくると，評議の流れで一気に決めてしまうのではなく，自分1人で考える時間があったことがよかったと聞いたこともあるので，一晩おくことができるような評議日程を組むのがよい。

(柴田) 意見が分かれそうなときには，結論が出ても，一晩おいた方がよい。

5　最後に

(司会) 最後に，まとめとして，各回答裁判官に，本日行われた意見交換を踏まえ，感想と今後の課題についてうかがいたい。

(若園) 執行猶予の判決で，被告人に説諭するとき，一般の市民があなたのために時間を費やして結論を出したものなので，信頼を裏切らないでと言った。

裁判員の方々が制度に参加して，どんどん変わっていく姿を何度も見ることができて，感動した。今後もこのやりがいを感じながら積極的に取り組んでいきたい。
　　　課題は，争いのある事件でいかにわかりやすい審理をしていくか，量刑が重い事件で裁判員の負担を考慮して審理するかである。
(大島) 裁判員の方々と評議して，いつも自分の気づかないことではっと目を開くような思いをしている。
　　　裁判官3人だけで議論していることと違う経験をして驚いているし，制度の意義を感じている。裁判員は被告人の今後に関心がある。訓戒のときに評議の中での思いを自分が代表して伝えることもある。
　　　今までは，いわば湾内を回っているだけであったが，これからは外洋に出て台風が来ることもあるので，その中できちんとした審理ができて，評議も充実したものができるか，ここ1，2年が腕がためされる。何とか乗り切りたい。
(田村) 視力の悪い人が拡大鏡を持参して熱心に評議に参加していた。実際に事件を担当して，国民の参加意欲の高さを実感している。そのような裁判員裁判に関われて幸せである。
　　　今後は，鑑定の証明力が争点となるような事件が心配である。科学裁判は判断が難しい。きちんと理解してもらうことが法曹三者の責務である。当事者とよく議論してわかりやすいものとしていきたい。
(栃木) 忙しい時期にもかかわらず，たくさんの方に出席していただき，感謝していますと話したとき，裁判員の方が「日本人は真面目なんですよ」と話していたことがある。全く同感で，この制度は意外と日本人の気質に合っているのではないかと思う。その意味で潜在的可能性は高い。ただ，その可能性を引き出せるか否かは法曹三者の力量にかかっている。その意味で我々の責任は重い。
　　　まだ始まったばかりなので，制度への信頼はまだまだ完全ではないが，ここ1年の運用を見て，大きな信頼が出てきた。今後定着すると思う。
　　　今までは入門編の事件しかなかった。これから本格的な否認事件，科学的証拠が問題となる事件が出てくる。私たちが判断に悩むような事件を一般の

人と議論して判断することになる。わかりやすく立証するための検討を当事者としていかないといけない。

第2　質疑応答

（NHK）裁判員裁判についての今後の課題を陪席裁判官にも聞きたい。

（室橋）証拠調べでは1つ1つの証拠の持つ意味が重要なので，それがわかる審理になるよう，裁判所としても努力していきたい。それができれば裁判員も審理の内容がよくわかるし，評議も充実したものとなる。

（丸山）否認事件について本格的なものは未経験であり，求刑が重いものもまだなので，それらが課題である。

　　　審理の段階になって，いろいろとハプニングが起き，審理予定を大幅に変更せざるを得なくなったようなときの対応も課題となろう。

（柴田）責任能力とかは何となく感覚でわかっていたが，それを裁判員にきちんと理解してもらうためにどのように説明していくのか，どうやって言葉にしていくのかが課題である。

（馬渡）裁判員は議論の素材となる情報が必要十分に与えられれば質の高い議論ができるというのが裁判員裁判を経験しての実感である。今後は，難しい事件において，法曹三者が，判断の素材となる主張と証拠をしっかりと提供できるか，公判前整理手続を通じて，きちんと整理していけるかが課題である。

（共同通信）裁判員から受けた影響や変化はあったか。

（室橋）量刑が争点の事件しか経験していないが，量刑で考慮する要素1つ1つの事情をどの程度評価するかについてこれまでとは違った見方，視点を示され，自分が当たり前だと思っていたことと違うということがあったので新鮮な驚きだった。

（丸山）危険運転致死の模擬裁判で，反省文1つとってもいろいろな見方があると思った。

（大島）裁判員はみんな勤め先や家庭が違うので，情報も広くなるし，見方もそれぞれ違う。そういう中で話をしていくと，こういう見方もあるのかと思った。

（若園）裁判員裁判で一番感じるのは，自分たちは悪いことをした人に会いすぎているということである。裁判員は初めて悪いことをした人を見るので，見方が違うことを感じる。

(フジテレビ）悲惨な事件や性犯罪等で裁判員に心の負担をかけない工夫をしているか。

（大島）悲惨な写真は必要最小限にしている。殺人なら，発見が遅れれば死体は腐るし，それを見せる必要があるのかということになる。腐敗していたから重くするのかという問題もある。そのあたりを公判前整理でよく議論して，証拠請求を却下したこともある。また，それらの写真を見た後，大丈夫だったか話す等している。

　どうしても見ざるを得ない事件もある。例えば，頭の傷が争点になっているものにつき，詳しく説明しないといけない。

（栃木）必要なものに絞っている。何のために見ることが必要なのか裁判員が理解しているとそれほど衝撃ではないようである。事実認定に必要であるということがわかれば衝撃は受けないようである。目的がはっきりしていればよい。

　また，死体の写真を見せたときには，大丈夫ですかと声をかけるようにしている。そのときは大丈夫と言われた。もう少し悲惨なものを見せるときには工夫も必要であろう。

（日本テレビ）死刑求刑の事件についてはどのような運用を考えているか。

（若園）考えているが，答えはまだ出ていない。死刑に着目すれば大変で一生背負わないといけないが，それは他の事件も程度問題であって，変わらない。

　当事者の意見を聞いて裁判所としてベストな結論を出すと割り切るしかない。具体的なイメージはまだない。

（丸山）議論を尽くすことが必要であるが，そのための時間をどの程度見込んでおくかが課題となろう。また，重い事件に関与した裁判員をどのようにケアしながらチームを組んで審理，評議を進めていくかも課題となろう。

（ＴＢＳ）評議において，司会は裁判長がしていると聞くが，裁判官が誘導にならないような工夫をしているか。

（栃木）司会は裁判長だけでなく，右陪席も左陪席もやっている。司会は意見を言いにくいからである。ただ，先に裁判官が意見を言うと，裁判員が意見を言いにくくなり，誘導になりかねないので，まず裁判員にアンケートを取り，意見を集約してから，議論している。そうすると意見が出やすい。

（司会）誘導しなくても裁判員は自由に意見を言う。誘導する必要性も全く感じな

い。
（馬渡）評議に至るまでの間の，裁判員の緊張を解くための雰囲気作りが大事である。休廷中にこまめに事件の感想を聞く等，自由に発言しやすい雰囲気を作っている。
（大島）全体の評議の前に裁判官の両隣にいる裁判員と雑談のような形のミニ評議をして，その話題の提供をしあう。そこから出た意見を出してもらって議論を進めている。いったん火がつけば意見は出てくる。
（東京新聞）裁判員裁判で，改めて勉強したことはあったか。
（丸山）刑務所に行ったらどんなことをするかや，保護観察の詳しい内容等，裁判員から質問が出そうな事柄については，改めて調べた。
（共同通信）公判前整理手続の期間をどのように感じているか。
（若園）事件に即した，あるべき審理期間がある。この１年を振り返ると，結果的に公判前整理に時間をかけすぎたと思う事件はある。始まったばかりなので当事者が慎重な面もある。しっかりやるべき事件で，単に早くやろうと思っていることはないので，事案に応じて当事者と協議して進めたい。
　　　改善すべき点は改善する努力をしている。
（大島）やるべきことをやって時間がかかるのは当たり前である。ただ，実際の手続を見ていると必ずしもそうではない。
　　　次の期日がこないと準備はしないという形で遅れている。期日を五月雨的に入れて無駄な時間を掛けるようなことがないようにきちんと進め，短くできるものは短くしていきたい。

裁判員制度に関する裁判官意見交換会の結果について

名古屋高等裁判所において，標記の意見交換会を下記のとおり実施しました。

記

1　日　時　　平成２２年５月２１日（金）
2　会　場　　名古屋高等裁判所
3　意見交換会参加裁判官

　　　　名古屋高裁　　　　事務局長　　　　村　田　斉　志（司会）
　　　　名古屋地裁　　　　部総括判事　　　伊　藤　　　納
　　　　同　　　　　　　　同　　　　　　　田　邉　三保子
　　　　同　　　　　　　　判事　　　　　　板　津　正　道
　　　　津地裁　　　　　　部総括判事　　　村　田　健　二
　　　　名古屋地裁　　　　判事　　　　　　小　林　謙　介
　　　　同　　　　　　　　判事補　　　　　渡　部　五　郎
　　　　同　　　　　　　　同　　　　　　　谷　口　吉　伸

4　結果要旨　　別添の通り

(別添)

裁判員裁判担当裁判官による意見交換会結果要旨

第1　意見交換会

1　総体としての感想

（伊藤）裁判所と縁のない人，中でも特に口べたな人がいたが，そんな人が，被告人質問の際に「聞きたいことがある」と述べた。そうするとその言葉に影響され，他の裁判員も裁判官も刺激を受ける。制度の奥深さを感じた。立派な制度に定着させたい。

（田邊）事件に入る度に裁判員の意見，発想等に目から鱗が落ちる思い。特に裁判員はそれぞれ経験や立場が異なる。議論の中で人生を踏まえた深みのある意見をぶつけてくる。裁判官だけではできなかった。

　　　　お互いに意見を尊重し合い取り組んでいる。

　　　　模擬裁判の時には，協力いただいた方と評議を行ったが，制度が始まって無作為に選ばれた場合このような評議が本当にできるか不安だったが全くの杞憂だった。裁判員の熱心さは予想を遙かに超えていた。

（板津）多くの裁判員から参加してよかったという感想もいただいていることにより，職員を含めて裁判所全体が裁判員制度をよりよいものにしていこうという雰囲気にあふれていると感じている。司馬遼太郎の「坂の上の雲」では，登場人物らが，新しい時代にチャレンジする姿が描かれているが，今の裁判所の雰囲気と似ているように感じる。

　　　　ベテラン裁判官も，若い裁判官の意見に聞く耳をもってくれる。このような自由な雰囲気の中で刑事裁判を担当させていただいていることに歓びを感じている。

（村田）これまで，裁判官という職業で得た限られた経験の中で当事者の主張を理解しようとしていた。時には当事者の主張を型どおりの理解に終わっていたかも。

　　　　6人が20歳から70越えまで，性別社会経験も千差万別，そういった背景をもとに意見を述べられる。非常に深い意見で，事件の理解も深まる実感，充実感を感じる。

　　　　同じ充実感を裁判員も感じているのだろう。

2　選任手続
（1）不選任を減らす工夫

（村田）みなさん日程調整には苦労されていると思う。その点で来ていただいた方には感謝している。当初は何人来るか不安だった。始まって8，9割来てくれて安心した。当初多目に選任していたことは間違いない。今後候補者の負担を考え，減らしながらどれくらいの人数を選任すればいいか工夫したい。

（板津）名古屋でも選定数を減らす工夫をしている。出頭率等のデータをリアルタイムで共有し，最新のデータに基づいて出頭者数の予測の精度を上げるよう努めている。

　　　　その結果，職務従事期間3，4日の事件では，1事件あたりの選定数を60人から70人に絞り込んでいる。また，不選任となった出頭候補者のうち，希望される方には法廷見学のツアーを開催している。

（2）裁判員の不安を解きほぐす工夫

（伊藤）選任手続の際に裁判官，検察官，弁護人，書記官が顔見せで挨拶をし，もし選任されたらこのみんなで裁判をやっていくという雰囲気作りをしている。

　　　　選ばれた直後は法廷を見に行き，この法廷で39条説明〜宣誓を行い，法廷機材の説明，マイクのテストなどを行い，だんだん法廷に慣れていただき，これから行う裁判への準備をしてもらっている。

　　　　頭が真っ白なまま法廷に入るのを避けることと法廷の厳粛さを感じてもらうのが目的である。評議室が裁判所における裁判員の我が家であり，ここがリラックスできる場であることを説明している。

（田邊）選ばれた人に直後に宣誓の手続を行い，39条説明を行うが，ここで自己紹介とともに，自分が法廷に最初に入ったときも真っ白になった旨話している。自分たちも緊張していること，不安になっても当たり前だということを伝えている。

　　　　また記憶力のテストではないので，全て覚えようと思わなくていい，よく分からなかったことはどんどん聞いてほしい，といったことを説明している。

　　　　裁判員，補充裁判員は自分の知らない世界にさらされ，責任のある意見を言わなければならない。プレッシャーは大変なものだろう。

　　　　実際に裁判に入ると実に注意深く裁判を見ている。頭に，心に刻み込んで

いるようだ。

　　　　裁判に入る前に少しでもリラックスしてほしい。
　3　公判審理での工夫
（1）「情報が多くてよく分からなかった」といった声が出ないようにするために，どのように工夫すべきか。
（板津）手続の合間合間にこまめに休廷をとるのが有効である。裁判員の緊張をほぐすこともできるし，裁判員に疑問点がないか，早めに確認しておき，裁判員の疑問を持ち越さないようにしている。
（伊藤）緊張しているなかで，情報が多いので，緊張を取り除き，情報をシンプルにするようにしている。
（2）証拠を厳選する観点からすると，裁判所はどのような配慮をすべきか。
（田邊）書証の朗読が長いなどの意見をいただくとこちらも証拠調べの在り方を改善するきっかけになる。

　　　　公判前整理手続の中では裁判官は証拠の中身はわからないが，検察官，弁護人の主張に見合って提出される証拠の量のバランスを見ながら，双方に促し，整理していきたい。
（3）証拠の厳選をしすぎてしまうと，裁判員が関心をもたれるところについて証拠がないこともあるのではないか。証拠の厳選を促すに当たって，一般国民の視点から重要だと思う証拠については，どのように配慮すべきか。
（伊藤）法律家が証拠を準備しているが実際に判断するのは裁判員と裁判官。

　　　　それを予測しながら証拠を厳選していく必要がある。法曹三者が経験値を高めていくことが必要。
（板津）裁判員が関心をもつ事実が，常に刑事裁判の判断をする上で重要な事実にあたるとまではいえないのではないか。裁判員が気にする事実について，裁判員に「その点が認められる場合と認められない場合とで，刑の重さは変わるでしょうか。」と尋ねてみると，「たしかに，その点は，どちらであっても刑の重さには影響しませんね。」などと納得してもらえることもあるのではないか。
　4　評議・判決
（1）実際の評議を経験してどのような感想をもったか。

(田邊)ときどき裁判員裁判に携わっていない友人と話をする。裁判員は自分の意見を言わないのでは？感情に流されるのでは？細かいところにこだわるのでは？そんな質問をうけたが全くあてはまらない。そう感じたことは一回もない。

多くの裁判員は被告人を目の前にして審理に入ると非常に真剣である。集中して評議に加わる。休憩時間に裁判員同士で議論をしていてびっくりしたことがある。日本でこういうことがあるとは思っていなかった。

感情に流されるのではという点については，裁判員が色々な感情を持つのは当然である。同時に冷静に判断することを心がけている。

細かい部分にこだわっていると思ってもそれが本質をついている部分もある。

裁判員の率直な意見がどれだけ大事か，それに対して裁判官も応えなければいけない。

(村田)量刑について裁判員と話をして，被害弁償や前科がないことが被告人にとって有利なことか，当たり前ではないかという意見に接し，はっとするところがある。

(2) 充実した評議のための工夫

(伊藤)評議は非常に特別な体験だと思う。選ばれた直後に裁判員にみんなの力を合わせて良い裁判をしましょうと声かけをする。そのために裁判員一人一人の視点，感覚，言葉が重要だと思っている。評議は乗り降り自由，自由に意見を変えてよい，すべては良い裁判のためにやっている。こういったことをホワイトボードに書いておく。良い裁判のためにみんなで頑張ろう。発言しようとするときは気を使わず良い裁判のために言っていこうという理解を求めている。

番号で呼ぶことでも氏・素性を考えずこの6人がこれまでの人生をもとに発言し合っていく感じがする。だんだんそれが浸透し，一体感を持ったチームとして議論をしていくようになる。時間のことも考えながら結論を出すという目的意識をもって取り組むのがうまくいくのかなと思う。

(村田)評議の中で自分の意見を言うのはプレッシャーがかかるので，雑談等で自由に意見を言える雰囲気作りをする。

　　　　　言いやすい方法として紙に意見を書いてもらう。幅のある意見でも良いと言っている。

　　　　　意見を言う前に間をとり，リラックスする中で再考の機会を持ってもらう。
（板津）裁判官が聞き役に徹すれば，裁判員が意見を言いやすくなるというわけではない。特に，陪席裁判官は，評議の場で積極的に意見を言う方がよい。評議の司会をする裁判長の発言に対して陪席裁判官が反論してみたり，陪席裁判官から裁判員に質問をして意見を促してみたりして，議論のキャッチボールが多方向になるようにすると，議論の活性化につながると思う。

5　まとめ，感想と課題
（村田）いずれも被告人の責任を問う一方で更生を真剣に考えている。刑務所ではどんな生活をするか，保護観察への関心も高い。裁判員は冷静でかつ一生懸命考えている。「罪を憎んで人を憎まず。」という言葉があるが，そのような思いが被告人に伝わることで被告人の更生にも良い影響を与えるのではないか。

　　　　　今後否認事件もあるが裁判員の負担が増える中，実りある裁判を行うために努力したい。
（板津）裁判員と話をすると，仕事，家庭の事情などで辞退を申し立てれば認められる事情がある方も相当数いる。裁判員は，選任直後は，とまどっている方が多いが，どなたも，徐々に真剣かつ積極的に参加するようになる。我々裁判官も，裁判員の姿勢に負けていられないと感じる。
（田邊）この会に出ていろんな意見を聞いた。やはりいろんな意見を聞くのは良いことだと感じる。裁判員にも裁判員が入ったことをどう思うか聞かれるが，良い機会になっていると思う。

　　　　　法律の専門家として裁判員から説明を求められるが毎回反省する。もっとうまく説明したいと感じる。

　　　　　２０年以上裁判に携わっているが意見を交換することが幸せなことだと感じる。
（伊藤）裁判の在り方自体が非常に変わっていることを体験している。今まで法廷で少し話を聞いて記録を読み込む裁判よりも，ずっと分かりやすい。裁判員と一緒に審理し，その直後に裁判員と議論しあうことが自分の精神衛生上も

合っていると思う。
　いろんな人が真剣になって事件に入り込み，自分のプライバシーに関する経験を話される方もいる。そういうときには本当に心が打たれる。良い裁判をするために，そういう体験をさらしてまでも自分の意見を伝えようとされる。本当に奥の深い制度だと感じる。
　評議の充実は特別なスキルや配慮ではなく，一所懸命に言い合うこと，人間的なふれあい自体が大事だと思う。

第2　質疑応答
1　代表質問
　　Q　裁判員制度開始前は何を心配していたか。
(伊藤)　当初は，裁判員がきちんと，裁判所に出てきてくれるだろうか心配だったが，選ばれた裁判員，補充裁判員の方々は，本当にまじめで，当初の心配は杞憂であった旨発言。
　　Q　制度開始後の裁判官としての新たな心がけや苦労している点。
(板津)　事件ごとに裁判員が変わるので，気配りが必要だ。裁判員に過干渉するのも問題で，選任直後に休憩時間を設けて，あえて裁判員を自由に行動させてあげ，携帯電話で職場や自宅に連絡を取ってもらうなどしたところ，職場や家族の反応が好意的で，安心して審理に臨んでいただけたこともあった。
　　Q　制度で改善すべき点
　　(※　司会において，法律で定められた制度の枠内で全力を尽くすのが裁判官の役割。運用面での課題や改善すべき点として，より力を入れたいという点，更なる工夫の必要性を感じている点があれば答えて欲しいと前置きした。)
(田邊)　①選任手続の候補者数の見極め問題，②公判前整理手続で裁判所が的確な指揮をしているかどうか，③判決の作成の仕方として，評議で出た結論と議論の過程を，限られた時間の中でどうしたら的確に表現することができるかといった点が自分の中での課題である。
　　Q　裁判員経験者から「言いたいことが言えなかった」との感想も聞かれるが，評議の中身を検証する手立てがない現状の問題点をどう考えているか。
(伊藤)　評議の秘密は，言われているとおり，お互いが自由に発言するために必要である。このことは，言葉で説明するよりも，一生懸命になって意見を言い

合っているときに，ふと，「このような話し合いができるのも，守秘義務があるからですね」と言うと，皆が，「本当にそうですね」と，守秘義務の大切さを，よく，実感を持って理解してくれる。

（※　司会から，裁判員経験者に対するアンケート回答が一つの検証手段になっていると考えられる旨，また，裁判員経験者が判決後の記者会見で述べた感想も，評議を含む裁判員裁判の運営全般を振り返るための重要な情報である旨付言した。）

（司会からの，運用上の問題として，評議で裁判員が十分に意見を言えるようにして，結果として裁判員経験者に対するアンケート回答の「話しやすい雰囲気であった」(83.1%)・「十分に議論ができた」(75.8%)といった割合の数字をさらに上げるための工夫があればとの問いかけに）

（板津）「言いたいことが言えなかった。」とならないようにするためには，ゆとりをもった評議時間を設定するとともに，評議の中では，結論を急がせず，皆が納得するまで，とことん議論をする姿勢を示すことが重要だと感じる。

　　　Q　公判前整理手続の長期化が問題になっているが，その一因として，証拠開示について裁判所の裁定を定めた刑訴法３１６条の２５（開示の時期・方法等の指定）・２６（開示命令）が適切に運用されていないとの指摘もあるが，どう考えるか。

（※　司会から，裁判所側の問題として，公判前整理手続の長期化の問題について，どのように考えるかを中心にお答えいただきたい旨付言した。）

（村田）施行当初は慎重になりすぎたことが長期化を招いたひとつの要因であろう。細部まで確定してからでないと公判期日指定をしないという従来型の思考も変える必要がある。

（板津）長期化の原因分析は村田裁判官と同じである。経験を積んだ合議体ほど，迅速化が進む傾向があり，当事者にも，同様の傾向がみられる。７月までの期日指定分を見ると，相当状況は改善している。これからを見てほしい。

（田邊）当事者から開示命令等を求める申立てがされたのに，開示命令を発令するか否かで裁判所が悩むような事例はこれまでのところは生じていない。

２　個別質問

　　　Q　裁判員の発言等で目から鱗が落ちたような例があれば御紹介願いたい。

第2章　裁判員制度の運用実態と問題点の考察　　*145*

(田邊)　裁判員の方々が，被告人の生い立ちなどのいろいろな面に神経を行き渡らせていることがうかがわれ，例えば，「この人の家族構成は。」といった発言が出たときなど，ああ，なるほどと感じる。

(板津)　これまで裁判官が当然と感じていた事柄を，ずばっと質問してくることがある。例えば，「この犯罪の法定刑の幅は，なぜ，こんなに広いのか。」といった質問である。このような質問に対しては，本質に遡って，かみくだいて説明をするようにしている。

(小林)　人間関係の見方等を聞いていると，裁判員の実体験に基づく発言が多く，こういう見方もあるのだなとはっとさせられることがある。

　　Q　検察官と弁護人の訴訟活動について，質的・量的にこれまでと違ってどのような変化が見られ，それにつきどう感じるか。

(板津)　検察官，弁護士が立ち会っていない場で，当事者の訴訟活動について論評することは差し控える。検察官も弁護人も，いろいろと制約がある中で最大限努力していただいていると感じる。

(板津)　裁判員裁判対象事件以外の事件についても，これまでの精密司法から，核心司法への流れが徐々に浸透してきていると感じる。

　　Q　裁判員の顔ぶれ，年齢層や性別等に関し，例えば性犯罪事件などでバランスをとったほうが良いと感じたことはないか。

(板津)　そのように感じたことはない。

(田邊)　性別も一つの個性として捉えられる。それぞれが実に多様なバックグラウンドを持ち，それぞれの経験等が絡み合ってその人の意見が出るのであり，男性だけだからどうとかいうことはない。

　　Q　少年調査記録の取扱いについて，十分審理が尽くされていないのではとの見方もあるが，その点について何か見解等があれば伺いたい。

(伊藤)　基本は当事者主義であり，検察官あるいは弁護人が刑事事件でも使うかどうかを判断し，それを裁判所に求めるという構造になっている。裁判員裁判が始まる以前からこの問題はあり，これまでは裁判官の働きかけで調べることもあったが，裁判員裁判ではより当事者主義的になった。

　　Q　評議の中で，過去の量刑データを示しつつ，過去の判例に縛られないよう配慮されていると思うが，裁判官のリードの仕方，量刑資料の示し方

で苦労している点はあるか。
(板津) 量刑資料を示すときには,「あくまでも参考資料である。」ということを繰り返し説明するほか,量刑データを示す理由について,罪刑の均衡の考え方をかみ砕いて説明するようにしている。
(伊藤) 私も同じ説明をしている。
　Q　裁判員が,この点の証拠が欠けていると指摘した経験があれば伺いたい。
(一同) 具体的な事件では,経験はない。
(板津) 必要な証拠が欠けている場合,弁論を再開することになろうが,名古屋地裁では,これまで,証拠が欠けていたことを理由に弁論を再開した事例はない。
　Q　本日の出席者が現に裁判員裁判を経験した件数を伺いたい。
(一人ずつ件数を回答。)

第3章　鳥取地裁平成24年12月4日判決及び控訴審判決

第1節　鳥取地裁平成24年12月4日判決

Ⅰ．問題の所在

Ⅰ-ⅰ．本稿考察の視座

　1．裁判員裁判は、平成21年5月21日施行された「裁判員の参加する刑事裁判に関する法律（以下、裁判員法と略称する）」に基づき実施され同年8月6日東京地裁で最初の判決が言渡された[1]。第1号事案以降平成24年12月末現在、裁判員裁判では6,234人が起訴され、4,772人に判決が言渡された（76.5％）。終局人員の量刑分布は、死刑15人（殺人罪6人、強盗致死罪9人）、無期懲役99人、無罪21人（殺人罪4人、覚せい剤取締法10人、傷害致死罪、強盗致傷罪各2人、強盗致死罪、保護責任者遺棄致死罪、組織的犯罪処罰法各1人）であり、控訴した者1,607人である（33.7％）[2]。裁判員法は、対象事件を原則として死刑又は無期の懲役若しくは禁錮に該当する罪に限定し（同法第2条第1項第1号、第3条第1項）、これまで40の罪名の事案が起訴されている。

　鳥取地裁平成22年3月2日判決は、2名を殺害し、その後死体を遺棄し、被害者らのキャッシュカードや銀行通帳等を利用して預金を引き出し強盗殺人、死体遺棄、窃盗、有印私文書偽造、同行使及び詐欺罪に問われ、死刑求刑第1号事件となるか注目を集めたが、求刑は無期懲役であり、裁判所は求刑通り無期懲役に処した[3]。

　裁判員裁判死刑求刑第1号事案は、東京地裁平成22年11月1日判決である。本事案は、被告人が耳掻き店従業員A宅に侵入し、A及びその祖母Bを殺害し死刑を求刑されたケースである。裁判所は、犯行に至る経緯及び動機が極刑に値するほど悪質とまではいえないこと、B殺害は偶発的で計画性がなく被告人が反省の態度を示している等として死刑を適用せず無期懲役に処した[4]。

　裁判員裁判死刑判決第1号事案は、横浜地裁平成22年11月16日判決である。本事案は、2人を逮捕監禁し、関係者に約1,340万円を持参させ奪取した後、両名の首を果物ナイフや電動のこぎりで切断・殺害の後、遺体を切断・遺棄し逮捕監禁、殺人、強盗殺人、死体損壊、死体遺棄、覚せい剤取締法、関税法、

公務執行妨害及び傷害罪に問われ死刑に処せられたケースである[5]。

本稿は、2名を殺害し強盗殺人、詐欺、窃盗及び住居侵入罪で公訴提起された鳥取地裁平成24年12月4日判決の問題点、特に裁判員裁判における死刑判決の問題点等に焦点を絞り検討するものである。

本事案は、出会い系サイトで知り合った男性から真剣な交際を装って多額の金銭を受領した後、返済等を免れるために3人を殺害し詐欺、詐欺未遂、窃盗及び殺人罪に問われ、情況証拠に基づく否認事案及び100日裁判として注目を集めたさいたま地裁平成24年4月13日判決[6]と類似の状況証拠のみの否認事案であり、さいたま地裁判決に次ぐ75日裁判である。

2．裁判員制度は、司法制度改革の一端として法曹養成制度としての法科大学院制度と一体化して実施されたものであり、国民の健全な視点を刑事司法に導入し硬直化した職業裁判官の判断を回避する上で一定の成果を挙げている[7]。

他方、法科大学院については、法曹養成制度の見直しとして一連の改革提案がなされている。その経緯を時系列的に概観する。

法務省は、「法曹の養成に関するフォーラム」を設置し、平成23年5月25日第1回会議を開催し、平成24年5月10日開催第14回会議において「法曹の養成に関するフォーラム論点整理（取りまとめ）」を公表した[8]。平成24年4月20日総務省は、「法曹人口の拡大及び法曹養成制度の改革に関する政策評価〈評価の結果及び勧告〉」を公表した[9]。平成24年7月19日文部科学省は、中央教育審議会大学分科会法科大学院特別委員会の「法科大学院教育の更なる充実に向けた改善方策について（提言）」を公表し、ワーキンググループによる積極的作業を展開している[10]。平成24年8月21日政府は、内閣官房長官を議長とする「法曹養成制度関係閣僚会議」を設置し、従来の法曹養成制度の制度設計を変更した[11]。法務省は、「法曹の養成に関するフォーラム論点整理（取りまとめ）」を受け、「法曹養成制度検討会議」を設置し、平成24年8月28日第1回会議を開催し平成25年3月27日までに12回の会議を予定している[12]。

法曹養成制度の根幹である法科大学院制度は、発足8年足らずで改革という名の制度変更に晒されている。改革提案は、法曹人口の拡大特に合格者2000余名が弁護士業務を圧迫し1000名に削減すべきとの狭隘な視点からの弁護士会の改革提案と法科大学院の質を合格者数等で選別する文部科学省の指導という名

の切捨て提案等、法曹養成制度の基本的視座を没却してのギルド的発想と思想無き官僚主義に起因するものである。更に、各会議等の構成員は、法科大学院関係者については大規模法科大学院教員のみであり小規模ないし地方法科大学院教員は皆無という構成であり、法科大学院の実態分析及び問題の所在を検討する会議体として偏在した構成であり不適切である。また、総務省の「法曹人口の拡大及び法曹養成制度の改革に関する政策評価〈評価の結果及び勧告〉」等公表されるデータは、生の基礎データに過ぎずそれ等のデータをどのように解析するかが重要であり、公正な構成員より構成された会議体での論議が不可欠であることは議論の余地はない。

　国権の重要な一つの柱である司法権の構成員養成及び確保は、重要課題であることは異論のないところであろう。しかしながら、法曹への志望者の激減は顕著であり、その主因は法曹養成の確固たる信念の欠如に由来するものと思慮する[13]。

Ｉ-ⅱ．裁判員裁判の合憲性

　１．裁判員裁判は、制度設計当時から従来職業裁判官からのみ構成される裁判体に非法律家の市民が参加し合議体を構成することについて憲法適合性の視点等から疑念が寄せられていた。

　裁判員裁判の憲法適合性に関する最高裁判所の最初の判断は、平成23年11月16日大法廷判決において示された。事案は、被告人が氏名不詳者らと共謀し、営利目的で覚せい剤を含む違法な薬物を輸入しようと企て覚せい剤1991.2ｇの隠匿されたスーツケースをマレーシアクアラルンプール国際空港から成田国際空港まで航空機の機内預託手荷物として運送委託し、同空港に到着後、同空港関係作業員らに同スーツケースを機外に搬出させ本邦内に持ち込んだとして覚せい剤取締法違反及び関税法違反に問われたケースである。最高裁判所は、裁判員裁判が憲法31条、32条、37条１項、76条１項及び80条１項に違反するとの上告に対し、「憲法上、刑事裁判に国民の司法参加が許容されているか否かという刑事司法の基本に関わる問題は、憲法が採用する統治の基本原理や刑事裁判の諸原則、憲法制定当時の歴史的状況を含めた憲法制定の経緯及び憲法の関連規定の文理を総合的に検討して判断されるべき事柄である。(中略) 国民の司法参加に係る制度の合憲性は、具体的に設けられた制度が、適正な刑事裁

判を実現するための諸原則に抵触するか否かによって決せられるべきものである。換言すれば、憲法は、一般的には国民の司法参加を許容しており、これを採用する場合には、上記の諸原則が確保されている限り、陪審制とするか参審制とするかを含め、その内容を立法政策に委ねていると解されるのである。（中略）裁判員裁判対象事件を取り扱う裁判体は、身分保障の下、独立して職権を行使することが保障された裁判官と、公平性、中立性を確保できるよう配慮された手続の下に選任された裁判員とによって構成されるものとされている。また、裁判員の権限は、裁判官と共に公判廷で審理に臨み、評議において事実認定、法令の適用及び有罪の場合の刑の量定について意見を述べ、評決を行うことにある。これら裁判員の関与する判断は、いずれも司法作用の内容をなすものであるが、必ずしもあらかじめ法律的な知識、経験を有することが不可欠な事項であるとはいえない。さらに、裁判長は、裁判員がその職責を十分に果たすことができるように配慮しなければならないとされていることも考慮すると、上記のような権限を付与された裁判員が、様々な視点や感覚を反映させつつ、裁判官との協議を通じて良識ある結論に達することは、十分期待することができる。他方、憲法が定める刑事裁判の諸原則の保障は、裁判官の判断に委ねられている。このような裁判員制度の仕組みを考慮すれば、公平な『裁判所』における法と証拠に基づく適正な裁判が行われること（憲法31条、32条、37条1項）は制度的に十分保障されている上、裁判官は刑事裁判の基本的な担い手とされているものと認められ、憲法が定める刑事裁判の諸原則を確保する上での支障はないということができる。」と判断し、裁判員制度の合憲性を判示した[14]。

　現在執行停止中の陪審法は、陪審裁判を受けるか職業裁判官による裁判を受けるかの選択を被告人に委ねている。他方、裁判員裁判は、一定の犯罪については裁判員裁判該当事件とし選択性を設けていない。最高裁判所平成23年11月16日第二小法廷判決は、非選択性の憲法適合性について判断を示した。事案は、被告人が氏名不詳者らと共謀の上、営利目的で覚せい剤を輸入しようと企図しマレーシアクアラルンプール国際空港において航空機に搭乗する際、3包に小分けされた覚せい剤であるフェニルメチルアミノプロパンの塩酸塩を含有する白色結晶485.37gのうちコンドーム等で包まれた1包を自己の膣内に挿入隠匿し、銀紙等で包まれた2包を左右靴底内に1包ずつ入れそれらを緑色バッグに隠匿携帯して航空機に搭乗し、成田国際空港に到着後、成田空港内東京税関成

田税関支署旅具検査場において携帯品検査を受ける際、同支署税関職員に隠匿携帯する覚せい剤であるフェニルメチルアミノプロパンの塩酸塩を含有する白色結晶を申告せずに同検査場を通過しようとして同支署税関職員に発見され未遂に終わったケースである。最高裁判所は、最高裁平成23年11月16日大法廷判決を引用して「裁判員制度による審理裁判を受けるか否かについて被告人に選択権が認められていないからといって、同制度が憲法32条、37条に違反するものではない。」と判示した[15]。

Ⅱ．裁判員裁判における死刑求刑事案

Ⅱ-ⅰ．死刑判決[16]

　第１審裁判所は、裁判員裁判制度が実施され３年余を経過する中で15件の死刑判決を言渡し、３件が確定している。以下、各判決の概要を検討する。

　① 横浜地裁平成22年11月16日判決[17]

　事実の概要は、２人を逮捕監禁し、関係者に約1,340万円を持参させ奪取した後、両名の首を果物ナイフや電動のこぎりで切断し殺害の後、遺体を切断・遺棄し逮捕監禁、殺人、強盗殺人、死体損壊、死体遺棄、覚せい剤取締法、関税法、公務執行妨害及び傷害罪に問われた事案である。裁判所は、合議体で永山基準（最高裁昭和58年７月８日第二小法廷判決、刑集37巻６号609頁）の列挙する量刑因子に沿って「各犯行に関する犯情、すなわち、行為の残虐性、動機の悪質さ、行為の計画性、被告人が果たした役割の大きさ、結果の重大性等をみていくと、被告人の罪責は誠に重大であって、大きく酌量すべき事情がない限り、本件は、極刑を選択すべき事案に属するといわざるを得ない。」とした上で、被告人の一般情状について検討し、「被告人の罪責の重大性に照らせば、罪刑均衡の見地からも、一般予防の見地からも、被告人に対しては、極刑をもって臨むのがやむを得ないと判断した。」と判示し、死刑を言渡した。

　② 仙台地裁平成22年11月25日判決[18]

　事実の概要は、被告人（当時18歳）が元交際相手Ａの態度に腹を立てて２日間にわたってＡに暴行を加えて傷害を負わせ（第１事実）、被告人からＡを引き離して守ろうとしたＡの姉Ｂやその友人男性Ｃ及びＡの友人Ｄをそれぞれ殺意をもって牛刀で突き刺し、ＢとＤを殺害し、Ｃに重傷を負わせ（第２

事実)、その後、被告人は、Aを無理矢理連れ帰ろうとしてAの足を牛刀で切り付けて連れ出した（第3事実）という殺人、殺人未遂、未成年者略取及び傷害罪に問われた事案である。本件の争点は、第1事実につき暴行の日時、程度及び傷害の程度、第2事実につき各被害者に対する殺意の発生時期とその程度、第3事実につき略取行為と故意の有無及び傷害の故意の有無である。裁判所は、永山基準に従って、「犯行の罪質、動機、態様、結果の重大性、遺族の被害感情、社会的影響、犯人の年齢、前科、犯行後の情状等諸般の情状を考察」し、被告人の更生可能性及び矯正可能性を検討の後、「犯行態様の残虐さや被害結果の重大性からすれば、被告人の罪責は誠に重大であって、被告人なりの反省など被告人に有利な諸事情を最大限考慮しても、極刑を回避すべき事情があるとは評価できず、罪刑均衡の見地からも、一般予防の見地からも、被告人については、極刑をもって臨むほかない。」と判示し、死刑を言渡した。なお、本事案は、少年に対する死刑判決の是非という視点からも着目された。

③ **宮崎地裁平成22年12月7日判決**[19]

事実の概要は、義母との関係に悩んでいた被告人が、自宅で同居していた長男（当時生後5か月）、妻（当時24歳）及び義母（当時50歳）の家族3人を殺害し、勤務先建設会社の資機材置場の土中に長男の死体を遺棄し殺人及び死体遺棄罪に問われた事案である。裁判所は、量刑事情として①犯行の経緯や動機・背景事情、②犯行態様等として計画性、各殺害行為の態様、③犯行結果、④遺族の処罰感情、⑤犯行後の情状として罪証隠滅工作、その他の犯行後の情状、⑥犯行の社会的影響、⑦その他の諸事情として被告人の反省、年齢・前科を総合判断して「罪刑の均衡の見地からも一般予防の見地からも被告人を懲役刑に処する余地は認めがたく、極刑はやむを得ない。」と判示し、死刑を言渡した。

④ **東京地裁平成23年3月15日判決**[20]

事実の概要は、金品を強奪する目的で、A方に侵入し、室内で就寝中のA（当時74歳）の頸部を殺意をもって刃体の長さ約17.5cmのステンレス製三徳包丁で突き刺し、Aの頸部刺創に基づく左右総頸動脈損傷に伴う失血により死亡させ住居侵入及び強盗殺人罪に問われた事案である。なお、被告人は、妻を刺殺するとともに幼少の2人の子を殺害しようとして自宅に放火し娘を焼死させ殺人、殺人未遂及び現住建造物等放火罪により20年間服役し、出所後半年で本件犯行に及んだ。本件の争点は、被告人の犯人性、被害者宅侵入時の強盗目

的の有無及び殺意の有無である。本件は、被害者1名の強盗殺人事案であるが、裁判所は、「いわゆる永山判決において示された死刑選択の際の考慮要素やそれ以降の裁判例の量刑傾向を踏まえ、以上の諸事情を総合して、被告人に対する刑を検討した。」と判示し、「殺意が強固で殺害の態様等が冷酷非情であること、その結果が極めて重大であること、2人の生命を奪った前科がありながら、金品を強奪する目的で被害者の生命を奪ったことは、刑を決める上で、特に重視すべきであると考えた。その結果、被告人のために酌むべき事情がないかどうかを慎重に検討しても、被告人に対しては、その生命をもって本件の罪を償わせるほかないとの結論に至った。」と判示し、死刑を言渡した。

⑤ 長野地裁平成23年3月25日判決[21]

事実の概要は、被告人が共犯者3名と順次共謀の上、長野県内で雇主である高利貸し業等を営む資産家一家3名を殺害し、現金410万円余を強取した後、3名の遺体を愛知県内に遺棄したという強盗殺人3件及び3名の死体遺棄の事案である。裁判所は、睡眠導入剤混入の雑炊を食べさせられ昏睡状態にある者、就寝中の者及び無防備の者を殺害した方法等「本件各犯行の罪質、動機、態様の悪質性、結果の重大性、遺族の処罰感情、社会に与えた影響、各犯行における被告人の役割の重要性、犯行後の諸事情等」及び被告人に有利な事情や反省状況をも検討の上で死刑を言渡した。

⑥ 静岡地裁沼津支部平成23年6月21日判決[22]

事実の概要は、被告人が同棲相手A（当時22歳）の貯金を使い込みその返済を迫られたためAを殺害してその返済を免れた上、A名義の預貯金合計約2,358万円をATMから引き出したり、定期預金の解約及び振込手続にかかる一切の権限を委任する旨を記載したA名義の委任状を偽造した上、定期貯金解約申込書、解約申込書及び振込依頼書（兼払戻請求書）を提出して金融機関を欺罔して自己の管理する口座に振り替えさせ強盗殺人、窃盗、有印私文書偽造、同行使及び詐欺罪に問われた事案と、A殺害から約4年4か月後に妻B（当時25歳）と別れようとして口論の末にBを殺害し死体を遺棄し殺人及び死体遺棄罪に問われた事案である。裁判所は、「殺害態様がいずれも残虐であること、各犯行の罪質、結果がいずれも極めて重大であること、動機が身勝手で酌量できないこと、さらに、各殺害後の情状がいずれも非人間的で極めて悪いこと、遺族の被害感情が峻烈であること等に鑑み、被告人の刑事責任は誠に重大であ

るというほかなく、被告人にとって有利な一切の事情を考慮しても、罪刑の均衡の見地からも、一般予防の見地からも、被告人に対しては極刑をもって臨むほかない。」と判示し、死刑を言渡した。

⑦　千葉地裁平成23年6月30日判決[23]

本事案は、住居侵入及び強盗致傷罪により懲役7年の刑期を終え出所後約3ヶ月で①住居侵入及び窃盗事件3件、②住居侵入及び強盗致傷事件、③住居侵入、強盗致傷、強盗強姦、監禁及び窃盗事件、④住居侵入、強盗殺人、窃盗、同未遂、建造物侵入、現住建造物等放火及び死体損壊事件、⑤強盗致傷事件、⑥住居侵入及び強盗強姦未遂事件を約2か月間に連続的に惹起したケースである。本件の争点は、第4事件の犯行の態様及び殺意の有無である。裁判所は、強盗殺人の被害者が1名であるにも関らず、「④事件の殺害態様が執拗で冷酷非情であり、放火も危険性が高い悪質な犯行であること、結果が重大であること、同事件前後の強盗致傷、強盗強姦等の事件が悪質で重大であること、累犯前科や同種前科の存在にもかかわらず本件に及んだことが強い非難に値し、短期間の犯罪の反復累行性に現れた被告人の人格の反社会性が顕著であること、被告人が真に反省しているとは評価できず、更生可能性に乏しいことのほか、④事件の被害者遺族や、その他の事件の被害者らの処罰感情が極めて厳しいこと」との量刑理由と「殺害された被害者の数が一人であること、④事件の被害者の殺害に計画性がない」との責任減少可能理由をも勘案した上で死刑を言渡した。

⑧　熊本地裁平成23年10月25日判決[24]

事実の概要は、被告人が開業医宅に押し入りその妻Ａ（当時49歳）をスパナで多数回殴打殺害後金品を奪取し住居侵入及び強盗殺人罪に問われた事案（第1事件）及び7年後に惹起した会社役員宅に侵入し妻Ｂ（当時65歳）をバタフライナイフで多数回突き刺し殺害し金品を奪取し、更に、金品の物色中に帰宅した夫Ｃ（当時72歳）を殺害しようとしてバタフライナイフで多数回突き刺し瀕死の重傷を負わせ住居侵入、強盗殺人及び強盗殺人未遂罪に問われた事案（第2事件）である。裁判所は、「本件各犯行の経緯及び動機に酌むべきところは全くなく、その態様はいずれも非常に執拗で、残虐さが際立っており、犯行の結果は深刻、重大で、被害感情も非常に厳しく、犯行が社会に与えた衝撃は大きい。（中略）これらの事情を総合すると、被告人の罪責は誠に重大であって、特に

酌量すべき事情のない限り、死刑の選択をするほかないものといわざるを得ない。」と判示し、死刑を言渡した。

⑨ **大阪地裁平成23年10月31日判決**[25]

事実の概要は、自己の日常生活に発生する不都合を惹起させている超能力者とその集団の存在を世間が手助けしているとの妄想から彼等に対する復讐として大量無差別殺人を実行しようと決意し、営業中のパチンコ店にガソリンをまいて火を放ち、店を全焼させ、店内の客及び店員のうち5名を焼死等により死亡させ、10名に両側下腿熱傷等の傷害を負わせた現住建造物等放火、殺人及び殺人未遂罪に問われた事案である。本件の争点は、犯行当時の被告人の責任能力の程度と絞首刑の憲法適合性である。裁判所は、責任能力について3名の精神医学者の鑑定結果を詳細に検討し、被告人には妄想があっても犯行当時それに影響されることなく主体的に判断し行動できていたとして精神疾患の影響は間接的なものであるとして完全責任能力を肯定した。また、絞首刑の憲法適合性については裁判員の意見をも聞いた上で憲法36条及び31条に違反しないと判示した。

裁判所は、量刑について「犯行態様、罪質、動機、結果、被害感情、社会的影響及び犯行後の情状等を総合考慮すると、被告人が不特定多数の人々を殺すために悲惨な殺害方法を計画し、これを実行して罪のない多数の者の生命を絶った責任はあまりにも重大である。動機形成に一部妄想が影響していることなどの、被告人のために有利と考えられる事情を最大限考慮しても、その生命をもってその罪を償わせるしかないとの結論に至った。」と判示し、死刑を言渡した。

⑩ **さいたま地裁平成24年2月24日判決**[26]

事案の概要は、被告人が互いの母親が姉妹関係にある従兄弟同士である共犯者Aと共謀の上、Aが出会い系サイトで知り合い養子となったB（当時46歳）を殺害してその死亡保険金を詐取しようと企て、Aが殺意を持ってBに睡眠薬を服用させ睡眠状態に陥らせた後、浴室の水を張った浴槽内にBを沈めて溺死させ虚偽の事故報告を行い保険金の支払いを請求し3,600万円を振り込み送金させ殺人及び詐欺罪に問われた事案と、Aと共謀の上、2人の叔父であるC（当時64歳）との金銭トラブルからCを殺害しようと企て、AがCの左胸を刃体約21cmの柳刃包丁で突き刺し死亡させ殺人罪及び銃砲刀剣類所持等

取締法に問われた事案である。裁判所は、被告人が主導的立場から被告人に逆らうのことの出来ない共犯者Aを意のままに動かし実行行為を担わせていたこと、結果の重大性、犯行の計画性や冷酷さ及び動機に酌量の余地がないこと、遺族らの被告人に対する処罰感情が峻厳であることを量刑判断の基礎として死刑を言渡した。なお、共犯者Aには無期懲役が言渡され確定し受刑中である。

Ⅱ-ⅱ．無期懲役判決

　裁判員裁判で死刑求刑に対し、裁判所が無期懲役に処した強盗殺人事案を検討する。

　東京地裁平成22年11月1日判決は、死刑求刑第1号事件として注目を集めた事案である。本事案は、被告人が耳掻き店従業員A宅に侵入し、A及びその祖母Bを殺害し死刑を求刑された。裁判所は、評議の状況の一端を暗示する様な表現で「同判決（永山事件、最高裁昭和58年7月8日第二小法廷判決、刑集37巻6号609頁＝筆者註）の列挙する量刑因子を本件につき具体的かつ総合的に検討した上で、罪刑の均衡の見地からも一般予防の見地からも極刑がやむをえないと認められる場合に当たるかどうかを議論した。」と判示した後、一つ一つの量刑因子を検討する。①裁判所は、犯行に至る経緯及び動機について、被告人の被害者に対する一方的な強い愛情が怒りや憎しみに変化してしまったことから殺害を決意するに至ったと認められるとし、検察官の「相手が自分の意に沿わなくなったから、その相手を殺害した」とする見解を否定し、「被告人が本件犯行に至った経緯やA殺害に関する動機は、極刑に値するほど悪質なものとまではいえない。」と判示した。②裁判所は、祖母B殺害の計画性について計画性のない被告人にとっても想定外の出来事であったとし、計画に伴う必然的な結果であるとする検察官の主張を排斥した。③裁判所は、反省の態度について「被告人は罪を認めるとともに、事件直後から事件を起こしてしまったことを後悔し、被告人なりに反省の態度を示している」と判示した。④裁判所は、前科等について、被害者の「無念さや遺族の思いを真剣に受けとめ、人生の最後の瞬間まで、なぜ事件を起こしてしまったのか、自分の考え方や行動のどこに問題があったのかについて常に強くそれを意識し続け、苦しみながら考え抜いて、内省を深めていくことを期待すべきではないかとの結論に至った。」と判示し、無期懲役を言渡した[27]。

Ⅱ-ⅲ. 無罪判決

鹿児島地裁平成22年12月20日判決は、死刑の求刑された裁判員裁判事案で無罪を言渡した最初の事案である[28]。

事案の概要は、金品強取の目的で被害者方に侵入し、殺意をもって金属製スコップでA（当時91歳）及びB（当時87歳）の頭部や顔面等を殴打し殺害し住居侵入及び強盗殺人罪に問われた事案である。本事案は、情況証拠のみで犯人性が争点となったケースである。裁判所は、情況証拠によって認定できる間接事実を被告人と犯人とを結びつける事実と犯人性を否定する事情の双方から検討し、「情況証拠によって認められる間接事実の中に、被告人が犯人でなければ合理的に説明することができない（あるいは、少なくとも説明が極めて困難である）事実関係が含まれていないというほかない（なお、被告人には、被害者方への住居侵入、窃盗未遂罪が成立する可能性があるが、当該犯行が公訴事実の日時に行われたものであると認めるに足りる根拠がない以上、本件訴因によって、この点についてのみ被告人を有罪とすることもできない。）。（中略）本件程度の情況証拠をもって被告人を犯人と認定することは、刑事裁判の鉄則である『疑わしきは被告人の利益に』という原則に照らして許されないというべきであって、結局、犯罪の証明がないことに帰する。」と判示し、無罪を言渡した。本判決は、後掲の最高裁平成22年4月27日第三小法廷判決（刑集64巻3号233頁）に沿ったものである。

Ⅲ. 鳥取地裁平成24年12月4日判決

Ⅲ-ⅰ. 本判決考察の前提

本事案は、公訴提起された詐欺、窃盗及び住居侵入罪については基本的に争いはなく、2名の強盗殺人罪については否認し犯人性を争点とする強盗殺人行為と被告人を結ぶ直接証拠の存在しない状況証拠のみに基づき被告人の罪責を問うケースである。

最高裁判所は、裁判員裁判をも視野に入れ状況証拠に基づく事実認定について一連の判断を示している。

① 最高裁平成19年10月16日第一小法廷決定[29]

本事案は、離婚訴訟中であった被告人が妻の実母らを殺害する目的で、トリアセトントリパーオキサイドに起爆装置を接続した爆発物を製造した上、定形

外郵便封筒に収納して義母宛に投函し、義母方で爆発させ、義母を含む3名の者に重軽傷を負わせ爆発物取締罰則違反及び殺人未遂罪に問われたケースである。最高裁は、状況証拠に基づく事実認定について、「刑事裁判における有罪の認定に当たっては、合理的な疑いを差し挟む余地のない程度の立証が必要である。ここに合理的な疑いを差し挟む余地がないというのは、反対事実が存在する疑いを全く残さない場合をいうものではなく、抽象的な可能性としては反対事実が存在するとの疑いをいれる余地があっても、健全な社会常識に照らして、その疑いに合理性がないと一般的に判断される場合には、有罪認定を可能とする趣旨である。そして、このことは、直接証拠によって事実認定をすべき場合と、情況証拠によって事実認定をすべき場合とで、何ら異なるところはないというべきである。」と判示する。

② **最高裁平成22年4月27日第三小法廷判決**[30]

本事案は、被告人が義理の息子であったAの妻B及び同人らの長男C（当時1歳）を殺害し同人らが居住していたマンションの一室に放火したケースである。最高裁は、上記①決定を引用し、「情況証拠によって事実認定をすべき場合であっても、直接証拠によって事実認定をする場合と比べて立証の程度に差があるわけではないが（最高裁平成19年（あ）第398号同年10月16日第一小法廷決定・刑集61巻7号677頁参照）、直接証拠がないのであるから、情況証拠によって認められる間接事実中に、被告人が犯人でないとしたならば合理的に説明することができない（あるいは、少なくとも説明が極めて困難である）事実関係が含まれていることを要するものというべきである。」と判示し、第1審判決及び原判決を破棄し、大阪地方裁判所に差し戻した[31]。なお、本判決には、堀籠幸男裁判官の反対意見、藤田宙靖裁判官、田原睦夫裁判官及び近藤崇晴裁判官の各補足意見、那須弘平裁判官の意見がある。

Ⅲ-ⅱ．本判決審理の経緯

1．本件は、元同居の男性Aとの詐欺7件（被害額　798万7000円）と住居侵入及び窃盗（現金35万円等在中の財布2個）の共犯事案と1件の詐欺（被害額126万円）及び2件の強盗殺人（270万円の債務の弁済を免れるため殺害した北栄町事件と電化製品購入代金123万5800円の支払を免れるため殺害した摩尼川事件）の単独犯事案である。

被告人は、共犯事案と単独の1件の詐欺事案については基本的に認めているが、2件の強盗殺人については否認している。被告人が強盗殺人罪で逮捕された経緯は、詐欺容疑で拘留中に摩尼川事件で強盗殺人罪の捜査が行われ、容疑が固まり強盗殺人罪で逮捕され[32]、その後、北栄町事件で強盗殺人容疑が固まり強盗殺人罪で再逮捕された[33]。

公判前整理手続きは、2010年1月18日開始され2012年9月19日まで2年8ヶ月間に42回開催され、強盗殺人行為と被告人を結ぶ直接証拠の存在しない状況証拠のみの強盗殺人罪の犯人性が争点となった。審理日程は、第1回公判が同年9月25日開廷され同年12月4日第25回公判で判決宣告という75日間のスケジュールとなった[34]。裁判員選任手続は、裁判員候補者1500人から700人が選任され、事前辞退者は592人で選出手続の実施された同年9月21日出頭を求めた者79人のうち55人が出頭しそのうち17人が辞退し、38人の中から裁判員6人（男性3人・女性3人）及び補充裁判員4人（男性1人・女性3人）が選出された。開廷日は、月曜日、火曜日、木曜日及び金曜日の週4日の過密なスケジュールである。

筆者は、BSS山陰放送のコメンテーターとして20回の公判のうち11回の公判を傍聴し、本件裁判員裁判の展開を注視しながら裁判員裁判に内在する問題点を考察してきた。

公判の概要は、以下の通りである（公判前整理手続段階では、予備日を含め25回の公判が予定されていた。）。

第1回公判（9月25日）冒頭手続き、起訴状朗読、総括冒頭陳述及び財産犯冒頭陳述
第2回公判（9月27日）及び第3回公判（9月28日）主に財産犯証書調べ
第4回公判（10月1日）北栄町事件個別冒頭陳述
第5回公判（10月2日）北栄町事件証書調べ
第6回公判（10月4日）摩尼川事件個別冒頭陳述
第7回公判（10月5日）摩尼川事件証書調べ
第8回公判（10月11日）から第15回公判（10月25日）証人尋問
第16回公判（10月30日）検察官・被告人質問、裁判官・被告人質問
第17回公判（11月1日）被害者遺族意見陳述
第18回公判（11月5日）論告求刑
第19回公判（11月6日）弁論、被告人最終陳述
第20回公判（12月4日）判決宣告

第15回公判閉廷直前、裁判長より次回の審理について確認がなされた際に、弁護人は当初10月29日の公判期日に予定されていた弁護人による被告人質問を被告人の黙秘権を理由にキャンセルした。第19回公判以降判決公判までに11回の評議が開催された。

2． 第1回公判の概要について検討する。被告人は、罪状認否において「2件の強盗殺人については、私はやっていません。」と供述し、犯人性を否定した。

公判前整理手続では、2件の強盗殺人事案では被告人の犯人性を争点とし、検察官は睡眠導入剤や事件当日の出来事及び事件後の被告人の行動等について状況証拠から立証するとした。また、各詐欺事件については、犯行事実に争いはなく、共謀の点で被告人と共犯者Aの何れが主導的立場にあったかという情状面を争点とする。

検察官は、総括冒頭陳述において事件全体の構図として被告人が共犯関係にある7件の詐欺について大学卒業後鳥取市内の自動車販売店で営業を担当し、2007年12月スナックで働いていた際に知り合い、2008年7月から被告人の逮捕当日まで同居していた元同居男性Aを自己の意のままにコントロールし詐欺の実行行為と強盗殺人事件の事情を知らないAを犯行現場に車で迎えに来させたとし、被告人とAとの関係性の原型を被告単独の最初の詐欺事件に見られる被告人の被害者をコントロールする関係性にあるとする。また、2件の強盗殺人については、犯行の手口として睡眠薬等を事前に入手し、朝、被害者を電話で呼び出し殺害し、その後Aを電話で呼び出し迎えに来させて現場を離れ、その後被害者が死体で発見されるという同一の経緯を辿っているとする。検察官は、強盗殺人事案の立証ポイントとして北栄町事件及び摩尼川事件において被害者が死亡するまで被害者と一時的、直接的に関わり行動を共にしたのは被告人であり、Aは殺害事実を知らないまま被告人の言いなりに行動させられていたとする。

弁護人は、被告人の犯人性を争点とし、生前の被害者に最後に接触した者、被害者に睡眠薬を飲ませた者及び被害者から購入代金等の支払を請求された者を被告人ではなくAであると特定する。

第4回公判では、北栄町事件個別冒頭陳述が行われた。検察官は、犯人性の立証構造として被害者は睡眠導入剤を飲まされ殺害されたとし、殺害の機会、殺害までの行動、殺害の方法及び被告人の殺害目的を立証する。殺害方法は、

被害者に睡眠導入剤を飲ませた後に海中に誘導し溺死して殺害する方法である。犯行に使用した睡眠導入剤の入手経路については、被告人の隣のアパート住人Oの証言によるとする。また、殺害目的は、借金返済を免れるという目的である。検察官は、21の間接事実を積上げ強盗殺人を立証するという。

第6回公判では、摩尼川事件個別冒頭陳述が行われた。検察官は、犯人性の立証構造は北栄町事件と同様とし24の間接事実を積上げ強盗殺人を立証するという。犯人性については、被告人のみが被害者殺害時間帯犯行現場にいた事実をAの証言及びAの行動確認をしていた警察官Kの証言で立証するという。

第8回公判から第15回公判では、12名の証人に対して尋問が行われた。警察官Kは、2009年6月以降被告人とAの行動観察をしており、摩尼川事件犯行当日スーパー駐車場にAが自己の乗用車を駐車している事実及び駐車場から自己の乗用車を発進するのを目撃している。また、スーパー駐車場の防犯カメラには、A車の駐車している映像が撮影され防犯ビデオに記録されている。詐欺罪の共犯者である元同居男性Aは、第13回公判から第15回公判において検察側の重要証人として出廷する。当時、Aは、詐欺罪で懲役3年の実刑判決が確定し、2012年7月5日仮釈放されていた。

第11回公判では、被害者に服用させた睡眠導入剤を被告人に与えたり盗まれたとするOの証人尋問が行われた。Oは、23歳頃から40歳頃まで覚せい剤使用歴があり6回逮捕され服役歴がある。Oは、44歳頃から不眠症と覚せい剤使用の後遺症として幻聴と幻覚を発症し、精神科に通院し3、4種類の睡眠薬を処方され服用していた。Oの証言に対しては、3名の裁判員と1名の裁判官から補充尋問が行われた。

第12回公判では、証人Oの主治医である精神科医Sに対し2名の裁判員と2名の裁判官から補充尋問が行われ、薬物効果等について証言した法医学教授Kに対し2名の裁判員と3名の裁判官から補充尋問が行われた。

第15回公判では、証人Aに対して裁判員6名全員及び両陪席裁判官から補充尋問がなされた。特に、Aは、裁判官から2つの強盗殺人事件についての関与を捜査段階で疑われたことがないか尋問され、殺人幇助という名目で実際取り調べを受けたと答えた。検察官は、最終尋問において捜査段階の調書によれば強盗殺人幇助となっていることを指摘し、Aは捜査段階で強盗殺人幇助の嫌疑を受けたことを認めた。

第16回公判では、冒頭で検察官の被告人質問に先立ち、裁判長が黙秘権に十分配慮して質問を行うように付言した後、検察官から被告人に対して61項目の質問がなされた。裁判長は、検察官の被告人質問に対して質問内容が検察官の意見であるとしたり、事件との関連性の無い質問である等として5回不相当とした。被告人が黙秘権行使をしたため、検察官はその都度「黙秘ということで次にいきます。」と繰返し同じ文言で確認した。被害者参加人制度で被害者遺族に付添っていた弁護人から被告人質問の要請がなされた際、裁判長は検察官を通して質問をするように指示し、被害者への冥福を祈っているのかとの趣旨の質問に対して被告人の犯人性を前提としているので不相当であるとの訴訟指揮をした。裁判長は、検察官の被告人質問終了後、裁判官の被告人質問として黙秘かの確認をしたのに対し、被告人は、「はい。」と答えた。その後、検察官は、被告人質問の直前に黙秘権行使を理由に被告人質問を回避することは公判前整理手続の目的を侵害するものとして弁護人に釈明を求めた。弁護人は、証拠の信用性を弾劾した結果、訴訟の流れの中で黙秘権を権利として行使したと釈明した。裁判長は、検察官に対し求刑論告で黙秘権行使が不利益となるような論告は行わないよう喚起した。

　第18回公判の論告求刑において、検察官は、Aを犯人だとする弁護側主張は被告人の証言によって成り立つものであり、被告人質問が行われなかった結果、前提を欠いているとして被告人の犯人性は合理的疑いを差し挟む余地がない程に立証されたとし、永山基準に従い被告人の量刑因子を具体的に検討し、死刑を求刑した。

　第19回公判の弁護人最終弁論において、弁護人は、被告人最終陳述冒頭で公判前整理手続で予定していた被告人質問を回避し弁護側方針を変更した理由について証人として出廷したA及び警察官Kが協力して虚偽の証言をしたことに因るとした後に両者の証言の虚偽性を指摘する。

　第20回公判で裁判所は、求刑通り被告人に死刑を言渡した。鳥取地裁における死刑判決は、尊属殺人罪未遂及び2名の殺人罪に問われた昭和34年6月22日判決以来53年ぶりである[35]。

Ⅲ-ⅲ．本判決の問題点

　本件裁判員裁判の審理の経緯及び判決から顕在化した問題点は、裁判員裁判

そのものに内在している問題点を照射しているものと解される。以下、本判決の問題点を分析検討する。

第1は、2010年1月18日から2012年9月19日まで2年8ヶ月42回の長期間に亘る公判前整理手続きが実施された点である。本件は、公判前整理手続期間において5位以内の長期にわたる事案である。当初、被告人は、詐欺容疑で拘留中に摩尼川事件の捜査が行われ、殺人罪容疑の固まった2010年1月28日殺人罪で逮捕され、更に北栄町事件の捜査が行われ、殺人容疑が固まった同年3月3日殺人罪で再逮捕された。公判前整理手続の争点の中核は、2件の強盗殺人罪の犯人性であり、被告及び弁護人の否認事件である。検察官は被告人の単独犯とのストーリーであり、弁護人は元同居男性の単独犯とのストーリーを展開し、真っ向から相反する犯罪構図を構築した。

第2は、本件裁判は強盗殺人行為と被告人を結ぶ直接証拠の存在しない状況証拠のみに基づき被告人の罪責を問う事案である。検察官は、被告人の犯罪事実を立証する義務を負い、弁護人は、検察官の主張の合理性に疑問を提起し被告人の犯人性を否定すれば足りる。本件裁判のポイントは、検察及び弁護双方が相反するストーリーを展開する中で双方の主張の何れが裁判員の納得を得るかにある。被告人は、第1回公判の罪状認否で「2件の強盗殺人については、私はやっていません。詳しいことは弁護士の先生が説明します。」と供述し、公判では弁護人がどのように犯人性を否定するかが注目された。弁護人は、被告人が犯人であるとの検察官の主張一つ一つに疑問を提起するとの弁護方針を取ることなく、犯人は元同居男性であると実名を挙げてストーリーを展開した。このような弁護方針からは、弁護人が元同居男性が犯人であるとの決定的証拠を掌握した上での主張であるものと推認され、公判の進展が注目された。弁護人は、第15回公判終了間際、裁判官による次回公判の予定確認の中で被告人の黙秘権行使を理由に弁護人による被告人質問を行わないと述べ次回に予定されていた公判が中止された。被告人は、第16回公判で検察官及び裁判官による被告人質問にも黙秘し、最終陳述において「2件の強盗殺人については、わたしはやっていません。」と供述するに留まった。

弁護人は、第19回公判の弁護側最終弁論において弁護側方針変更の理由について、法廷で証言した警察官と元同居男性が協力して嘘をつき、妻が待つ元同居男性を救うために被告人のみを強盗殺人の犯人に仕立てあげたと主張した。

このような弁護人の被告人質問回避理由は、元同居男性が犯人であるとの弁護人のストーリーの根拠としては裁判員を説得するに十全であるかは疑問である。更に、弁護人の被告人質問回避は、成立を認めている7件の詐欺事案について被告人の情状に論及する機会のないまま弁護活動を終結させている。

本件裁判での弁護人の訴訟活動について若干批判的に検討する。本件では同一事務所の3名の弁護士が国選され、訴訟活動を法廷内外で行った。しかしながら、法廷での弁護活動を見る限り主任弁護人の弁護活動のみ突出し、十分かつ相互批判的な弁護方針等の検討が弁護人間でなされているのか疑わしい場面に多々遭遇した。被告人質問の突然の回避や元同居男性を犯人と名指しし、その根拠も十二分に示されなかった弁護活動に端的に顕在化している。本法廷での裁判員等は、検察官の主張には常に注意を集中しているが、弁護人の弁論には明らかに異なった反応を示している。弁護人は、裁判員等を引き付け得心させる様な弁論活動を十全に果たしたとは言えない。その一因は、担当弁護人相互の批判的論議の欠如にあるものと考える。

第3は、裁判所が強盗殺人罪に問われた摩尼川事件の公訴事実に記載された支払を免れた電気製品購入代金の金額を検察官の主張する123万5800円ではなく53万1950円と認定した点である。強盗殺人罪の犯行動機としては、被告人の免れた債務金額が幾らであるかは重要である。裁判所は、被害者作成の受注日誌及び売掛帳を詳細に検討し、電化製品12点それぞれの債務者を特定し、被告人の単独犯とする検察官のストーリーに沿った購入代金金額を否定し、検察官のラフな主張を排斥した事実認定をしている。

第4は、裁判員裁判による死刑判決の是非である。死刑の究極性については、永山判決をはじめ判例の認めるところである[36]。原田國男教授は、究極的刑罰としての死刑との視点から「犯情により死刑を選択し、一般情状により死刑を回避する。」とし、犯情としては犯罪事実（犯行の手段・方法、結果の程度・態様、共犯関係等）と密接関連事項（犯行の誘因、直接的な動機、犯行準備の状況、被害者側の行為ないし事情、被告人の事後の行動ないし心情、犯罪の社会的影響等）に分け、一般情状としては被告人の属性とみられる因子（被告人の年齢、前科・前歴ないし生活史、健康状態、家庭環境、生活状況等）と被害者及び社会一般の側の状態を示す因子（被害弁償、謝罪の努力、示談の成否ないし被害者の処罰感情の強弱、社会事情の推移、関連法規の変動等）に分け、「①死刑を選択するに際しては、犯情のみ

によって死刑が選択できるか否かを判断すべきであり、一般情状を理由に死刑を選択すべきではなく、一般情状は、死刑を回避する方向のみで考慮すべきであること、②死刑を最終的に適用するには、選択と回避との2段階の絞りをかけることの2点である。」と主張される[37]。更に、渡邊一弘准教授は、永山判決以降裁判員裁判施行前までの職業裁判官による死刑及び無期懲役の確定事件322例を数量化理論第Ⅱ分類における多変量解析により分析し、数量化基準したものをベースに2011年5月末日までの死刑及び無期懲役の裁判員裁判13例について分析し、上記東京地裁平成22年11月1日判決（求刑死刑）及び鳥取地裁平成22年3月2日判決（求刑無期懲役）は、死刑相当事案にも関らず無期懲役とされ、死刑判断への躊躇が背景にあると指摘する[38]。

　裁判員裁判の対象事案は、「死刑又は無期の懲役若しくは禁錮に当る罪」（裁判員法第2条第1項第1号）であり、裁判員の関与する評決に際し刑の量定について意見の分かれるときは構成裁判官及び裁判員の双方の意見を含む合議体の員数の過半数の意見により決せられる（裁判員法第67条第2項）。裁判員裁判制度は、合議体での一定の条件下での多数決による量刑を予定している。

　裁判員裁判制度の下での量刑評議の在り方については、制度設計段階からも論議となり多くの論稿が寄せられている[39]。中川博之判事は、職業裁判官による評議及び評決の通例を紹介した後、裁判員が加わった量刑に関する評議及び評決における量刑判断の骨格として当事者追行主義の原則に基づいて「当事者の主張、とりわけ挙証責任を負う検察官が公判で主張する量刑事情を俎上に載せ、その当否を弁護人の主張を参照しつつ検証するという手法」が妥当であるとする。また、量刑理由の記載については、「判決書には、主文の刑を導くに至った具体的な理由を、裁判体としてどのような量刑事情を重視したかを明らかにしつつ示しておくのが相当」とし、「裁判員の意見が量刑にどのように反映されるに至ったのか、そのプロセスを明らかにする趣旨で、評議ではどのような点（量刑事情）を中心に議論し、どのような観点から意見が交わされ、どのような結論に至ったのかを、もちろん守秘義務に反しない限度で、明らかにしていく工夫も考えられる。」と主張する[40]。平良木登規男教授は、英米法系やヨーロッパ大陸法系が陪審裁判や参審裁判を導入したのは直接民主主義の実現を図るためであり、直接民主主義が裁判体の構成や評決に影響を与えていることを指摘する。裁判員裁判は、裁判員法第67条で評決について「構成裁判官及び裁

判員双方の意見を含む合議体の員数の過半数の意見による」と規定し、「裁判官による裁判」の担保と法的安定性を志向する。裁判員法第2条第3項及び第4項の規定する裁判官1名裁判員4名から構成される裁判体では、重要な量刑事情に争いがあり、極めて厳しい量刑が想定される場合には裁判官の意見が突出すると指摘し、同法第2条第2項の裁判官3名裁判員6名から構成される裁判体での審理・審判とすべきであると主張する[41]。

裁判員裁判における評議・評決及び量刑判断については、多くの見解が示され検討されている。

平成24年3月14日開催第9回裁判員制度に関する検討会は、裁判員法附則第9条に基づき実施状況を鑑みながら裁判員制度検討の論点整理を開始し、（1）審理・公判前整理手続等、（2）評議等を対象とすることとした。これを受けて、平成24年12月4日開催第15回裁判員制度に関する検討会は、評議・評決についての論議を重ねている[42]。しかしながら、本件裁判のような状況証拠のみで事実認定しかつ被告人の黙秘権行使がなされた事案では、死刑求刑に対する評決での判断を裁判員に委ねることの是非を実施状況及び参加した裁判員の声に傾聴しながら改めて検討されねばならない[43]。本判決公判直後の記者会見では、裁判員等から死刑判決の可能性のある裁判員裁判での裁判員等の負担が語られ、制度の見直しについて論及する[44]。

酒巻 匡教授は、裁判員制度が量刑判断に裁判員が参加する一体型の国民参加形態である前提として、「量刑過程の明晰な言語化」という作業課題が法律家の責務であると指摘する[45]。原田國男教授は、裁判員裁判の合議体における量刑判断における職業裁判官の役割に論及する[46]。小池信太郎准教授は、裁判官が評議に際し4カテゴリー（①量刑に関する事実認定、②量刑目的ないし基準に関する判断、③量刑事情（およびその総合としての事案全体）の評価、④具体的刑量の決定）に区分された量刑判断過程を量刑のための判断事項として裁判官の判断を優先すべき要請の強く働く事項（専門的判断事項）と裁判官と裁判員が対等な立場で評議すべき事項（協働的判断事項）とに二分し、適宜使い分けることを提案する[47]。

第5は、被告人の犯人性立証のキーパースンである元同居男性Aの証言の信用性である。裁判所は、本件全体の構造として元同居男性Aの証言の重要性を認識しており、信用性判断にあたり慎重な検討をしている。例えば、A

第3章　鳥取地裁平成24年12月4日判決及び控訴審判決　　169

の証言は、摩尼川事件の犯人性を立証する被害者への睡眠薬等を服用させた場面や殺害現場等の目撃証言ではないが、「被告人の犯人性を極めて強く推認させる事実関係を証言しているから、A証言は、被告人の犯人性を検討する上で重要な証拠であるということができる。しかも、Aは、同人の証言によっても、本件当日に被告人と共に犯行現場の近くに来た人物とされているのであって、同人が単独犯の真犯人であった場合はもちろんのこと、同人が被告人との共犯によるものであった場合など、同人が何らかの関与をしていた場合、同人が自己の刑事責任を免れるため、あるいは、これを少しでも軽減するため、自己の罪責を被告人に転嫁しようとして虚偽の供述をするおそれが高いという関係にあるといえる。」として、「同証言の信用性判断に当っては、客観的事実と合致しているかとか、客観的事実と整合していて十分合理的であるかなどという観点から、慎重に検討する必要がある。」と判示する。裁判所は、被害者車両マーチの現場での停車位置に関するA証言について、「本件マーチの停車位置は、A自身の重大犯罪の成否に大きく影響する重要な事実であり、だからこそ、Aはその罪責を免れようとして上記のような虚偽の証言をした可能性が高いと考えられる。」と判示する。また、裁判所は、電化製品6点購入に伴う債務者を被告人とするA証言について、「仮に将来、Aが殺人罪又は強盗殺人罪について刑事責任を問題とされるような場面が生じたときには、Aの被害者に対する債務の存否及びその存在の認識の有無によって、殺人罪又は強盗殺人罪のどちらかが成立するかが決せられる可能性が高いと考えられる。Aは、第三者からこのような法的知識を得た上、強盗殺人罪が成立することを回避しようと考え、被害者に対する債務の存在及びその認識につながる事実を肯定しないよう慎重に配慮し、あえて虚偽の証言をしたものと考えられる。」と極めて異例な判示をする。

　検察官及び弁護人は、公判で被告人の犯人性を争点とし、被告人ないし元同居男性の単独犯と主張しているにも関わらず、裁判所は両者の共謀共同正犯の成否を検討し、判決文で論及する。判決は、「本件の証拠関係を前提とする限り、Aについて被告人との共謀共同正犯が成立すると認めるのは困難である（なお、安東に幇助犯が成立するかどうかは別の問題であるが、被告人の刑責についての判断には必要がないので、ここでは触れないこととする。）。」と判示する（傍点筆者）。判決文の文言からは、評議の中で被告人と元同居男性の共犯関係について論議され

たと推測される。共犯についての判決文での言及は、評議の過程を顕在化させるとの意図からとは考えられず、公判廷で争点として顕在化していない共犯関係についての判示は、言わずもがなである（但し、第15回公判で証人として出廷した元同居男性に対し陪席裁判官から補充尋問で捜査段階での強盗殺人幇助の取調べの有無が尋ねられ、Ａは強盗殺人幇助の取り調べの事実を肯定している。）。

　第６は、本件裁判の主要な争点は被告人が２件の強盗殺人の犯人であるのか否かであり、その点の審理がなされた。しかしながら、７件の詐欺及び１件の住居侵入及び窃盗の共犯関係にある元同居男性が、被告人の２件の強盗殺人について全く知らずに犯行現場まで呼出され迎えに行った点及び被告人の意のままにコントロールされた依存状況にあったとする点等、事件全体の構図は被告人の黙秘により未解明のまま審理は終結した。元同居男性の被告人への依存性を強調する検察官の主張及び裁判所の判断は、被告人の男性をcontrolする能力を強調することにより、元同居男性の共依存性（co-dependence）を惹起させるとの構図であり、車のセールスマンであった成人男性に何故このような共依存性が発症するのかの分析は十分ではなく、このような関係性の構図にはなお疑問が残る。

　また、直接証拠の存在しない状況証拠のみの本件審理では、被告人の最も近くに居る元同居男性の証言及び被害者の溺死を容易にする睡眠導入剤の入手先である隣人の法廷証言は重要である。しかしながら、元同居男性は証言時には共犯関係の詐欺事件の仮釈放中の身であり、また睡眠導入剤服用者の隣人は不眠症と軽い幻聴に悩まされ麻薬及び向精神薬取締法違反での訴追も検討されている者であり、両者共に捜査官や検察官への迎合的証言がなされていなかったかの検証も必要である。

　第７は、裁判員法第108条の裁判員等の守秘義務の問題である。裁判員法第108条第１項は、「裁判員又は補充裁判員が、評議の秘密その他の職務上知り得た秘密を漏らしたときは、６月以下の懲役又は50万円以下の罰金に処する。」と規定し、同条第５項は、「裁判員又は補充裁判員が、構成裁判官又は現にその被告事件の審判に係る職務を行う他の裁判員若しくは補充裁判員以外の者に対し、当該被告事件において認定すべきであると考える事実若しくは量定すべきであると考える刑を述べたとき、又は当該被告事件において裁判所により認定されると考える事実若しくは量定すべきであると考える刑を述べたときも、

第1項と同様とする。」と規定し、裁判員等による秘密漏示行為の罪責についての構成要件を規定する。

　裁判員等に守秘義務を課す理由としては、「他人のプライバシーを保護し、裁判の公正とこれに対する国民の信頼を確保し、評議における自由な意見表明を保障するためである」と解されている[48]。太田勝造教授は、性別と年齢による全国二段階層化ランダム抽出に基づく留置法調査結果の分析により裁判員等の記者会見や守秘義務について検討する[49]。他方、評議過程の透明性及び事後的検証可能性という視点からは、法改正の必要性が主張される。三島 聡教授は、現行法の下での評議の問題点を指摘し、評議のブラックボックス化を回避し外部からの問題点指摘を可能とするため評議過程を外在化し検証可能とする法改正の必要性を指摘し、法改正としては裁判員の任務の終了した判決言渡し後の開示可能性を検討する[50]。

　裁判員等の守秘義務の視点から、裁判員等の記者会見及びその後放映された特集番組「裁判員裁判75日　鳥取不審死事件の法廷」について検討する[51]。

　本判決公判直後に鳥取地方裁判所会議室で開催された鳥取司法記者クラブ対象の裁判員及び補充裁判員の会見は、裁判所の慫慂もあって10名全員が出席し、1名の裁判員は氏名及び写真撮影も了解し、75日裁判の実相の一部を垣間見ることが出来た。会見では長期間の職務従事に伴う拘束と死刑判決について全員の裁判員等から負担であったとの感想が述べられる[52]と同時に、評議に抵触するような「全員が納得するまで評議を重ねた」との発言もあり、仄聞するところでは、死刑制度に反対の裁判員の存在、評議において共犯の存在について検討されたこと及び処断刑が死刑か無期懲役かの評議では投票がなされた様である。裁判員等は、死刑の選択という苦渋の判断を下したにも関らず最終弁論終了後11回の評議を重ね結論を得た達成感に由来するのか全員明るい表情で会見に臨み質問に答えている光景には若干の違和感を覚える。

　死刑判決言渡しは、従来の裁判においても職業裁判官にとり非常に重圧のかかるものであり襟を正して法廷に臨むという。元裁判官の原田國男教授は、裁判官として死刑事件に縦断的かつ横断的に関与する中で死刑か無期懲役かの選択を迫られることが「頭と心を悩ます」と述懐される[53]。裁判員及び補充裁判員は、Team Tenとの一体感のもと死刑判決の重圧から回避されているようであり、裁判官も裁判員等との協働により結果として死刑判決の重圧を軽減化し

ているものと思慮する[54])。

　第8は、裁判報道の在り方である。本件裁判員裁判は、全国的にも注目を集めた裁判であり傍聴券を求めて多くの市民が裁判所に集り、傍聴希望者は第1回公判で1,115名、第20回判決公判では1,206名に達した。鳥取地裁第2号法廷は、傍聴席48席の小さな法廷であり報道関係者に19席、遺族関係者に7席が優先され市民には22ないし23席が割り当てられ48.5倍ないし54.8倍の競争率となる。更に、これら一般22席の70％は、報道関係機関により動員されたシルバーセンター等のアルバイトに交付された傍聴券を報道関係機関に譲渡され事実上報道席として利用されている実態がある。この様な状況は、熱心な記者による取材で正確な報道がなされる反面、市民自身が自らの目で裁判員裁判を傍聴し問題点を広く共有することも重要であり、その妨げとなっている側面もある。

Ⅳ．今後の課題

　最後に、鳥取地裁平成24年12月4日判決は、既決4,772件の中の1つにすぎないが、死刑判決15件の1件であり裁判員裁判に内包する問題点を表出する判決である。本件裁判員裁判を通して顕在化した裁判員裁判の今後の課題について若干検討する。

　第1は、被告人に充実した弁護権保障のためSecond Opinionの機会を与えることを提案する。

　裁判員裁判が実施されて以降、裁判員等経験者によるアンケート調査が最高裁判所により継続的になされ、法廷での説明等の分かりやすさの項目で検察官の説明と弁護士の説明には常に大きな開きがあり30ポイント余の差があることが報告されている[55])。その一因は、検察庁の指揮のもと制度設計以降十二分になされた検察官の法廷活動の研修及び技術の研鑽に対して弁護士の法廷技術の研鑽の不十分さにあるといえる[56])。特に、本件裁判では、弁護人は裁判員裁判における黙秘権行使が裁判員等の心証形成に与える影響を等閑視したと言わざるを得ない。黙秘権は、被告人に保障された重要な憲法上の権利であり、弁護人の適切な弁護方針と相俟って有効性が担保される。被告人にとり公判廷で黙秘権行使を貫徹するか否かの判断は極めて困難であり、黙秘権行使のメリット・デメリットについての担当弁護士の説明だけでは十全ではなく、他の弁護士の

Second Opinionを受ける機会の保障が必要である。更に、死刑求刑の予測される事案では、弁護人相互で弁護方針等について徹底的な実質的論議がなされ被告人にとり充実した弁護権の保障が最優先されるべきである。同一事務所の弁護士から構成される弁護団構成のあり方を含め真摯な検証が求められ、鳥取県弁護士会も単位弁護士会として問題点の相互検討が必須である。

　第２は、被害者参加制度で被害者遺族に付添い検察官席の後ろに在廷する弁護士の意見陳述である。本件裁判では２人の弁護士が検察官の論告求刑の後、意見陳述を行い、検察官の立証活動を賞賛し２件の強盗殺人について被告人は100％黒であると断言する陳述をした。被害者家族をサポートする職責とはいえ弁護士の陳述としては、違和感を禁じえない陳述である。

　第３は、裁判員及び補充裁判員に対する職務従事以降の継続的な充実したメンタルケアの保障の必要性を提案する。裁判員及び補充裁判員は、評議を十二分に尽くした直後の死刑判決については揺るぎない自信をもっているものと思慮する。しかしながら、時日の経過の中、裁判員及び補充裁判員は、死刑執行の報道等に接する度に担当した被告の執行ではないかと考え、更に、現実に担当した被告に死刑執行がなされれば心理的負担が負荷されるであろう。とりわけ、死刑制度に反対する見解の裁判員及び補充裁判員においては顕著であろう。

　第４は、裁判員及び補充裁判員へのインタビューがメディアでなされ、裁判員裁判制度検証のための重要な素材提供がなされている。裁判員裁判制度は、直接参加した裁判員及び補充裁判員の忌憚の無い率直な意見を参考により良い在り方の検討を深化していかなければならない。その際に、これらの意見は、議論の貴重な資料として活用されねばならない[57]。

別表１

番号	交付年月日	交付製品	販売価格
1	平成21年9月20日	草刈り機　2台	9万3000円
2	平成21年9月22日	発電機　2台	18万円
		合計	27万3000円

別表2

番号	欺罔年月日	交付年月日	購入申し込み及び交付製品	販売価格
1	平成21年10月8日	平成21年10月9日	プラズマテレビ　1台	19万5000円
2	平成21年10月9日	平成21年10月10日	ブルーレイディスクレコーダー　2台	27万7400円
			デジタルビデオカメラ　1台	9万8800円
3	平成21年10月13日	平成21年10月14日	ブルーレイディスクレコーダー　2台	27万7400円
			キッチンアイ　1個	8800円
		平成21年10月15日	冷蔵庫　1台	19万7800円
			ドラム式洗濯機　1台	18万600円
			合計	123万5800円

別紙図面

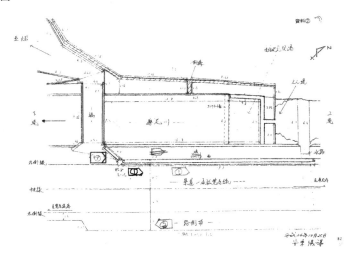

第 3 章　鳥取地裁平成24年12月 4 日判決及び控訴審判決　　*175*

1)　東京地裁平成21年 8 月 6 日判決は、殺人罪で懲役15年（求刑懲役16年）に処せられた事案である。判例タイムズ1325号68頁参照。本事案を担当した伊達俊二弁護士及び町田鉄男検事が、第 1 号事件担当の感想を述べている（2009年12月27日産経新聞参照）。東京高裁平成21年12月17日判決は、被告人の控訴を棄却した。判例タイムズ1325号60頁参照。
2)　裁判員裁判の最新の実施状況（平成24年12月末現在）について最高裁判所HP参照（http://www.saibanin.courts.go.jp/topics/pdf/09_12_05-10jissi_jyoukyou/h24_12_sokuhou.pdf）。
3)　LEX/DB【文献番号】25463427。本判決について、拙稿「裁判員裁判制度に内在する諸問題－島根県裁判員裁判第 1 号事件を素材に－」島大法学第53巻第 4 号（2010年） 1 頁以下特に38頁註（35）及び井木博子「過酷な状況下での犯行について強盗目的の不在を争った事案（強盗殺人等被告事件）」、季刊刑事弁護63号（2010年）123頁以下参照。井木論文は、国選弁護人の一人として自己の担当した本件裁判について弁護活動を自省的に検証し弁護活動と裁判員制度の問題点を指摘する。
4)　LEX/DB【文献番号】25470396。山本　剛「耳目を驚かし、死刑判決が予想された事件で無期懲役となった事例（殺人被告事件／耳かき事件）」季刊刑事弁護66号（2011年）84頁参照。
5)　LEX/DB【文献番号】25470446。
6)　LEX/DB【文献番号】25481416。
7)　この間の経緯と問題点については、前掲註 3 ）拙稿 3 頁以下参照。なお、最高裁判所事務総局は、裁判員法附則第 9 条の趣旨に基づき施行 3 年経過時点での実施状況を検証し、「裁判員裁判実施状況の検証報告書」（平成24年12月）を作成し、平成24年12月 7 日開催第21回裁判員制度の運用等に関する有識者懇談会で資料として配布する。
8)　「法曹の養成に関するフォーラム」の構成員は、以下の通りである（平成23年 5 月25日開催第 1 回会議構成名簿、http://www.moj.go.jp/content/000074880.pdf）。【関係政務等】瀧野欣彌・内閣官房副長官、鈴木克昌・総務副大臣、小川敏夫・法務副大臣、櫻井　充・財務副大臣、鈴木　寛・文部科学副大臣、中山義活・経済産業副大臣　【有識者】座長：佐々木　毅・学習院大学法学部教授、伊藤鉄男・弁護士（前次長検事）、井上正仁・東京大学大学院法学政治学研究科・法学部教授、岡田ヒロミ・消費生活専門相談員、翁　百合・株式会社日本総合研究所理事、鎌田　薫・早稲田大学総長・法学学術院教授、久保　潔・元読売新聞東京本社論説副委員長、田中康郎・明治大学法科大学院法務研究科教授（元札幌高等裁判所長官）、南雲弘行・日本労働組合総連合会事務局長、荻原敏孝・株式会社小松製作所相談役・特別顧問、丸島俊介・弁護士、宮脇　淳・北海道大学公共政策大学院長、山口義行・立教大学経済学部教授　【関係機関】葛野雅之・最高裁判所事務総局審議官　【オブザーバー】加藤公一・元法曹養成制度に関する検討ワーキングチーム座長、伊丹俊彦・最高検察庁総務部長、川上明彦・日本弁護士連合会法曹養成検討会議委員。本会議は、平成24年 5 月10日開催第14回会議において論点整理（案）及び丸島委員の意見書に基づき議論がされ、若干の修正がなされ終了している。
9)　総務省「法曹人口の拡大及び法曹養成制度の改革に関する政策評価〈評価の結果及び勧告〉」は、総務省HPに公表されている（http://www.soumu.go.jp/menu_news/s-news/000056940.html）。同評価には詳細なデータが【資料】として添付されている（http://www.soumu.go.jp/main_content/000156430.pdf）。
10)　提言については、文部科学省HPに公表されている（参照http://www.mext.go.jp/ b _menu/shingi/chukyo/chukyo4/houkoku/1323708html）。
11)　法曹養成制度閣僚会議の構成員と業務については、官邸のHPに掲載されている（http://www.kantei.go.jp/jp/singi/hoso/）。同会議の構成員は、議長：内閣官房長官、副議長：法務大臣、文部科学大臣、議員：総務大臣、財務大臣、経済産業大臣である。関係閣僚会議は、法曹養成制度検討会議に対し法務省に設置された「法曹の養成に関するフォーラム」が平成24年 5 月10日に作成した「法曹の養成に関するフォーラム論点整理（取りまとめ）」を踏まえての検討を委嘱し、平成25年 8 月 2 日までに意見の取りまとめを求める。
12)　法曹養成制度検討会議の構成員は、「法曹の養成に関するフォーラム」の構成員が任命され若干の追加がなされた（平成24年 8 月28日開催第 1 回会議構成名簿）。【関係政務等】竹歳　誠・

内閣官房副長官、大島　敦・総務副大臣、松野信夫・法務大臣政務官、藤田幸久・財務副大臣、高井美穂・文部科学副大臣、中根康浩・経済産業大臣政務官　【有識者】座長：佐々木　毅・学習院大学法学部教授、伊藤鉄男・弁護士（元次長検事）、井上正仁・東京大学大学院法学政治学研究科・法学部教授、岡田ヒロミ・消費生活専門相談員、翁　百合・株式会社日本総合研究所理事、鎌田　薫・早稲田大学総長・法学学術院教授、清原慶子・三鷹市長、久保　潔・元読売新聞東京本社論説副委員長、国分正一・医師・東北大学名誉教授、田島良昭・社会福祉法人南高愛隣会理事長、田中康郎・明治大学法科大学院法務研究科教授（元札幌高等裁判所長官）、南雲弘行・日本労働組合総連合会事務局長、荻原敏孝・株式会社小松製作所特別顧問、丸島俊介・弁護士、宮脇　淳・北海道大学公共政策大学院長、山口義行・立教大学経済学部教授、和田吉弘・弁護士　【関係機関】小林宏司・最高裁判所事務総局審議官　【オブザーバー】林　真琴・最高検察庁総務部長、根本副孝・日本弁護士連合会法曹養成制度改革実現本部委員。平成25年3月27日開催第11回法曹養成制度検討会議は、資料として「中間的取りまとめ（案）」を配布し、2002年閣議決定の司法試験合格者数を「年間3000人程度に増やす」とした目標の撤回や法科大学院の統廃合促進等を提案する。法曹養成制度検討会議は、今後の展開として、「この中間的な取りまとめについて、パブリック・コメント手続に付した上で、同手続で出された意見を踏まえつつ、更に検討を重ね、本検討会議として最終的な取りまとめを行うことを予定している。」とし平成25年8月2日をタイムリミットとする（httep://www.moj.go.jp/content/000109442.pdf）。

13)　司法試験受験者数の推移は、この間の事情を顕著に示す。旧司法試験は平成23年度で終了するが、新司法試験導入により事実上平成17年度以降半減の繰り返しであり、平成15年度は出願者数50,166名受験者数45,372名合格者数1,170名（275名）で対受験者合格率2.58％である（http://www.moj.go.jp/content0/00057099.pdf）。他方、新司法試験の受験者数の推移は、初年度平成18年度受験者数2,091名合格者1,009名（228名）で対受験者合格率48.3％である。平成24年度受験者数8,387名合格者数2,102名（545名）で対受験者合格率25.1％である。新司法試験は、合格率で旧司法試験と比較すると10倍であるが、制度施行当時の想定合格率は60〜70％であり、合格率の低下は入学志願者数の激減（平成16年度72,800名、平成23年度22,927名）となり入学定員を充足できない法科大学院を輩出している（入学定員と入学者数の推移として、平成16年度定員5,590名・入学者5,767名、平成23年度定員4,571名・入学者3,620名）。合格率の低下は、合格率の高い都市部の法科大学院への一極集中化現象の一因となっている。総務省「法曹人口の拡大及び法曹養成制度の改革に関する政策評価【資料】」参照（http://www.soumu.go.jp/main_content0/00156430.pdf）。

14)　刑集65巻8号1285頁参照。本判決に対する主要な評釈として、西野吾一「（1）刑事裁判における国民の司法参加と憲法、（2）裁判員制度と憲法31条、32条、37条1項、76条1項、80条1項、（3）裁判員制度と憲法76条3項、（4）裁判員制度と憲法76条2項、（5）裁判員の職務等と憲法18条後段が禁ずる「苦役」」ジュリスト1442号83頁、平良木登規男「裁判員裁判の合憲性」刑事法ジャーナル32号134頁及び新屋達之「国民の司法参加・裁判員制度の合憲性」法律時報84巻10号126頁参照。

15)　刑集66巻1号1頁参照。本判決に対する主要な評釈として、西野吾一「裁判員制度による審理裁判を受けるか否かについての選択権と憲法32条、37条」ジュリスト1446号95頁参照。

16)　原田國男「裁判員裁判における死刑判決の検討」慶應法学22号（2012年）93頁以下参照。原田教授は、東京地判平成22年11月1日、横浜地判平成22年11月6日、仙台地判平成22年11月25日、宮崎地判平成22年12月7日、長野地判平成23年3月25日、東京地判平成23年3月15日の6判決について検討する。

17)　LEX/DB【文献番号】25470446。

18)　LEX/DB【文献番号】25443083。本判決に対する主要な評釈として、菅原由香「裁判員裁判初の年長少年に対する死刑判決」季刊教育法169号99頁及び武内謙治「少年に対する裁判員裁判：死刑事件を契機として」季刊刑事弁護69号（2012年）191頁参照。

19)　LEX/DB【文献番号】25470198。なお、福岡高裁宮崎支部平成24年3月22日判決（LEX/DB

第 3 章　鳥取地裁平成24年12月 4 日判決及び控訴審判決　　*177*

　　　【文献番号】25480829）は、控訴を棄却している。
20）　LEX/DB【文献番号】25472437。
21）　LEX/DB【文献番号】25480102。なお、共犯者は、長野地裁平成23年12月 6 日判決（LEX/DB【文献番号】25480103）及び長野地裁平成23年12月27日判決（LEX/DB【文献番号】25480169）においてそれぞれ死刑が言渡されている。
22）　LEX/DB【文献番号】25480334。なお、東京高裁平成24年 3 月22日判決（LEX/DB【文献番号】25482668）は、控訴を棄却している。
23）　LEX/DB【文献番号】25471822。村井宏彰「適正・公平な手続と訴訟指揮が実践されないまま死刑判決が下された事例（強盗殺人等被告事件（千葉大女子学生殺人放火事件））」季刊刑事弁護68号（2011年）92頁参照。
24）　LEX/DB【文献番号】25481871。なお、福岡高裁平成24年 4 月11日判決は控訴棄却している（LEX/DB【文献番号】25481870）。
25）　LEX/DB【文献番号】25472813。三宅裕一郎「絞首刑の合憲性」法学セミナー 688号（2011年）130頁及び村井敏邦「絞首刑の合憲性」新・判例解説Watch（法学セミナー増刊）11号143頁参照。
26）　LEX/DB【文献番号】25480579。
27）　前註 4 ）参照。
28）　LEX/DB【文献番号】25443123。
29）　刑集61巻 7 号677頁参照。本決定に対する主要な評釈として、木谷　明「有罪認定に必要とされる立証の程度としての『合理的な疑いを差し挟む余地がない』の意義」ジュリスト1354号211頁、中野目善則「（ 1 ）有罪認定に必要とされる立証の程度としての『合理的な疑いを差し挟む余地がない』の意義、（ 2 ）有罪認定に必要とされる立証の程度としての『合理的な疑いを差し挟む余地がない』の意義は、直接証拠によって事実認定をすべき場合と情況証拠によって事実認定をすべき場合とで異なるか」判例時報2048号174頁、松田俊哉「 1 有罪認定に必要とされる立証の程度としての『合理的な疑いを差し挟む余地がない』の意義　 2 有罪認定に必要とされる立証の程度としての『合理的な疑いを差し挟む余地がない』の意義は、直接証拠によって事実認定をすべき場合と情況証拠によって事実認定をすべき場合とで異なるか」最高裁判所判例解説刑事篇平成19年度415頁及び合田悦三「証明の程度」刑事訴訟法判例百選〔第 9 版〕134頁参照。
30）　刑集64巻 3 号233頁参照。本判決に対する主要な評釈として、原田國男「間接事実による犯人性推認のあり方」法学教室360号40頁、片山真人「間接事実を総合して被告人を有罪と認定した第一審判決及びその事実認定を是認した原判決について、有罪の認定に当たっては、『直接証拠がないのであるから、情況証拠によって認められる間接事実中に被告人が犯人でないとしたならば合理的に説明することができない（あるいは、少なくとも説明が困難である）事実関係が含まれていることを要する』と判示した上で、審理不尽等を理由として各判決をいずれも破棄し、事件を第一審に差し戻した事例」研修745号21頁、鈴木一義「殺人、現住建造物等放火の公訴事実について間接事実を総合して被告人を有罪とした第一審判決及びその事実認定を是認した原判決に、審理不尽の違法、事実誤認の疑いがあるとされた事例」法学新報117巻 5 = 6 号237頁、白取祐司「殺人、現住建造物等放火の公訴事実について間接事実を総合して被告人を有罪とした第 1 審判決及びその事実認定を是認した原判決に、審理不尽の違法、事実誤認の疑いがあるとされた事例」刑事法ジャーナル26号97頁、福島　至「情況証拠による事実認定：大阪母子殺害放火事件」法律時報83巻 9 = 10号118頁、柴田　守「情況証拠による犯人性の推認とその注意則」首都大学東京法学会雑誌52巻 1 号257頁、中川孝博「間接事実の総合評価に関し、一定の外在的ルールを定めた事例」速報判例解説（法学セミナー増刊） 8 号209頁及び中川武隆「情況証拠による犯罪事実の認定」平成22年度重要判例解説239頁参照。
31）　差戻し審大阪地裁平成24年 3 月15日判決は、無罪を言渡した。LEX/DB【文献番号】25481017。
32）　2010年 1 月28日朝日新聞鳥取版参照。
33）　2010年 3 月 3 日朝日新聞鳥取版参照。

34) 2012年10月9日開催第13回裁判員制度に関する検討会は、配布資料3として「審理が比較的長期に及んだ事例一覧表」を配布する。一覧表によると、さいたま地裁平成24年4月13日判決の事案は公判期日回数36回、職務従事期間100日であり、大阪地裁平成23年10月31日判決の事案は公判期日回数18回、職務従事期間60日である（http://www.moj.go.jp/content/000102977.pdf）。
35) 下刑集1巻6号1468頁参照。
36) 死刑の究極性について、村井宏彰「死刑事件審理のあり方」季刊刑事弁護72号（2012）49頁以下参照。本論文は、千葉地裁平成23年6月30日判決の担当弁護士として裁判長の量刑審理及び評議における不適切な措置を具体的に批判する。
37) 原田國男「裁判員制度と死刑適用基準」（『裁判員裁判と量刑法』、成文堂、2011年所収）135頁以下、特に、141頁参照。主要な量刑要素の立証上の諸問題についての詳細な検討として、杉田宗久『裁判員裁判の理論と実践』、成文堂、2012年、363頁以下参照。
38) 渡邊一弘「裁判員制度の施行と死刑の適用基準－施行前の運用状況の数量化と初期の裁判員裁判における裁判例の分析－」（町野 朔他編『刑法・刑事政策と福祉－岩井宣子先生古稀祝賀論文集』、尚学社、2011年）473頁以下、特に487頁参照。
39) 龍岡資晃「裁判員裁判制度と刑事裁判についての若干の覚え書き」（龍岡資晃他編『小林充先生・佐藤文哉先生 古稀祝賀刑事裁判論集 下巻』、判例タイムズ社、2006年所収）706頁以下、安井久治「裁判員裁判における評議について」（前掲『小林充先生・佐藤文哉先生 古稀祝賀刑事裁判論集 下巻』523頁以下参照。裁判員制度施行後の状況を踏まえた文献として、司法研修所編『裁判員裁判における量刑評議の在り方について』、法曹会、2012年参照。
40) 中川博之「量刑に関する評議・評決」判例タイムズ1304号（2009年）79頁以下、特に、86頁及び89頁参照。
41) 平良木登規男「裁判員裁判の評決について」法学研究84巻9号（2011年）237頁、特に246頁参照。
42) 第15回裁判員制度に関する検討会では、合議体での評議の実情の一端が合田悦三委員から紹介されている。被告人に有罪方向での判断をする評決要件を特別多数決とする提案及び死刑判決が想定される評議での全員一致評決との日弁連の提案については、改正に特段の理由はないとして否定された（http://www.moj.go.jp/content/000106075.pdf）。なお、小早川義則教授は、裁判員法第18条に基づく裁判員選任手続での死刑絶対的肯定論者ないし絶対的反対論者の排除の問題を指摘する。小早川義則『裁判員裁判と死刑判決［増補版］』、成文堂、2012年参照。
43) 若園敦雄「長期の審理期間を要する争点が複雑困難な事件の取扱い」論究ジュリスト2号（2012年）70頁以下参照。裁判員等経験者の指摘として、日本裁判官ネットワーク・シンポジュウム「裁判員裁判の量刑」判例時報2135号（2011年）9頁参照。本シンポジュウムは、裁判員裁判実施2年2ヶ月後における裁判官主催のシンポジュウムであり、裁判員経験者及び実務家から量刑をめぐる問題点が指摘されている。特に、裁判員経験者として自己の経験した評議での量刑の検討の状況についての田口真義氏の発言、裁判員裁判を担当した神山啓史弁護士の裁判員に理解される弁護方法についての発言は自己の経験をチェックした上での発言であり、元裁判官の原田國男教授の量刑判断の発言同様示唆的である。
44) 鳥取地裁平成24年12月4日判決後の裁判員等の記者会見について、毎日新聞2012年12月4日参照。読売新聞社説は、最高裁判所事務総局『裁判員裁判実施状況の検証報告書』の公表を受けて制度見直しについて論評する中で本件裁判員裁判に論及する（読売新聞2013年1月6日社説参照）。
45) 酒巻 匡「裁判員制度における量刑の意義」（井上正仁、酒巻 匡編『三井 誠先生古稀祝賀論文集』、有斐閣、2012年）867頁以下、特に873頁参照。裁判員裁判の量刑についての論稿として、原田國男「裁判員制度における量刑判断」（『量刑判断の実務［増補版］』、現代法律社、2004年所収）345頁以下、特に355頁以下、神山啓史・岡 慎一「裁判員裁判における量刑判断」（日本弁護士連合会編『裁判員裁判における弁護活動-その思想と戦略』、2009年所収）、青木孝之「裁判員制度における量刑の理由と動向（上）」判例時報2073号（2010年）3頁、岡上雅美「裁判員制度の下における量刑をめぐる諸問題-学問としての量刑法の展望と課題」刑法雑誌51巻1

第3章　鳥取地裁平成24年12月4日判決及び控訴審判決　　*179*

号（2011年）41頁、井田　良「裁判員裁判と量刑」論究ジュリスト2号（2012年）59頁以下参照。なお、岡上雅美教授は、裁判員制度の下での量刑について量刑傾向の変化を裁判員の感覚的量刑で直感的に決定するのではなく、量刑理由の理論的分析を踏まえ多数の事例の蓄積により暫時進めてゆくことを主張する。岡上雅美「刑種および刑量についての諸基準」（ヴォルフガング・フリッシュ、浅田和茂、岡上雅美編『量刑法の基本問題-量刑理論と量刑実務との対話-』、成文堂、2011年）193頁以下参照。本論文集は、日本とドイツの研究者及び実務家によるシンポジュームの協働成果であり有益な諸論稿が掲載されている。

46）　原田國男「裁判員制度における量刑判断」（前掲『量刑判断の実務〔増補版〕』）345頁以下、特に355頁以下参照。

47）　小池信太郎「裁判員裁判における量刑評議について-法律専門家としての裁判官の役割-」法学研究82巻1号（2009年）599頁参照。

48）　池田　修『解説　裁判員法　立法の経緯と課題〔第2版〕』、弘文堂、2009年、164頁参照。

49）　太田勝造「裁判員制度への人々の態度：裁判員等の記者会見と守秘義務について」東京大学法科大学院ローレビュー6号（2011年）163頁参照。

50）　三島　聡「評議の適正の確保と評議の秘密」法律時報84巻9号（2012年）42頁参照。

51）　BSS山陰放送は、鳥取地裁平成24年12月4日判決の審理経緯を開廷日に合わせニュース番組「テレポート山陰」で詳細に報道した。同局は、2012年12月28日それらの取材に基づき3名の裁判員等にインタビューし、裁判員裁判の問題点について特集番組「裁判員裁判75日　鳥取不審死事件の法廷」を放映した。裁判員裁判における重要な構成員である裁判員及び補充裁判員の経験を通しての問題点の指摘は、制度の在り方を検証する貴重な情報提供である。

52）　平成25年2月1日開催第15回裁判員制度に関する検討会では、論点についての議論として「裁判員等の義務負担に関わる措置等について」及び「審理が極めて長期間に及ぶ事案について」議論され、山根委員からもレポートが提出され裁判員裁判から除外することも提案されている（http://www.moj.go.jp/keiji 1/keiji08_00025.html）。平成25年3月15日開催第17回裁判員制度に関する検討会では、配布資料4としてこれまでの議論を「取りまとめ報告書（案）」として配布した。特に、評議・評決については、死刑を言い渡す場合の評決要件の議論などの紹介がなされ、「現行法の評決要件を変更すべきでないとの意見が多数を占めた。なお、裁判員裁判における死刑判決の問題について、現時点で法改正の必要がないとしても、将来的には、議論自体は進めていくべきとの意見もあった。」として纏められている（http://www.moj.go.jp/content/000109144.pdf）。

53）　原田國男「裁判員制度と死刑適用基準」（前掲『裁判員裁判と量刑法』）135頁以下参照。

54）　本件裁判員裁判の裁判長である野口卓志判事は、大阪高等裁判所平成23年7月26日第1刑事部判決で陪席判事として被告弁護人の控訴を棄却し原審の死刑判決を維持している（LEX/DB【文献番号】25473535）。

55）　裁判員等経験者に対するアンケート調査結果は、裁判員裁判実施以降毎年度最高裁判所HPで公表されている。それらをまとめ検証した報告書として前掲註7）最高裁判所事務総局「裁判員裁判実施状況の検証報告書」参照。なお、実施状況等のデータは、「裁判員制度の運用等に関する有識者懇談会」で最新のものが資料として配布され最高裁判所HPで公表されている。

56）　検察官の裁判員裁判への取り組みについて、法務省HPに掲載された「検事を志す皆さんへ」（http://www.moj.go.jp/keiji 1/kanbou_kenji_index.html）参照。

57）　全国各地の裁判所では、裁判員等経験者の意見交換会が実施されており、各裁判所のHPで議事録の公開がなされている。平成24年4月には多くの裁判所で裁判官、検察官及び弁護士も参加して意見交換会が開催された。特に、受理件数の多い東京地裁、千葉地裁及び大阪地裁ではほぼ毎月意見交換会が開催されている。平成25年3月には各地の裁判所が一括して検索できるバーが、最高裁判所HP裁判員裁判のコーナーに開設された（http://www.courts.go.jp/ikenkoukan/index.html）。鳥取地裁では、平成24年5月25日裁判員等経験者の意見交換会が実施されており、議事録が公開されている（http://www.courts.go.jp/tottori/vcms_lf/gijiyoushi.pdf）。

【付記】 鳥取地裁U被告事件裁判傍聴記

1　鳥取地裁U被告事件傍聴記（2012年10月18日）

　裁判員裁判制度が、発足して3年5ヶ月が経過するに至りました。この間に全国では、本年7月末現在5,604件の裁判員裁判が実施され、死刑判決も14件言渡されています。島根・鳥取両県は、広島高裁松江支部管内にあり、松江地裁本庁及び鳥取地裁本庁では各9件計18件の判決が言渡されています。

　私は、これまで島根県の裁判員裁判第1号事件（松江地裁平成21年10月29日判決）を傍聴する機会が有りました（島大法学53巻4号）。また、鳥取地裁で全国初の死刑求刑がなされるか関心を呼んだ強盗殺人事件では、コメントを求められ関心を持って裁判の経緯を見守りました（鳥取地裁平成22年3月2日判決）。

　私の裁判員裁判を傍聴する目的は、山陰地域での重要な裁判員裁判を単なるローカルなケースとせず問題点を発信してゆくことが、より良い裁判員裁判を構築する一つの契機となると共に法科大学院の責務と考えています。

　現在、鳥取地裁では、全国的にも注目されているU被告に対する強盗殺人2件、住居侵入窃盗1件及び詐欺6件の裁判員裁判が進行中です。先に、さいたま地裁では、K被告に対する殺人3件、詐欺同未遂及び窃盗の7件の被疑事実について100日間の裁判員裁判が開廷され死刑判決が言渡されています（さいたま地裁平成24年4月13日判決）。

　私は、U被告に対する裁判員裁判開始に当たりBSS山陰放送より「テレポート山陰」での10回のコメントを求められ重要な開廷日に傍聴しています。

　鳥取地裁での今回のU被告に対する裁判員裁判（以下、「本件裁判」と略記します）は、犯人性が争点となり、裁判開始に先立ち公判前整理手続に2年8ヶ月余42回を要しています。本件裁判は、K被告裁判に続く全国2番目の長期裁判員裁判で75日間25回の公判期日が予定されています。

　裁判員裁判は、現実に実施される中で幾つかの問題が指摘され、裁判員法附則第9条は、「政府は、この法律の施行後3年を経過した場合において、この法律の施行の状況について検討を加え、必要があると認めるときは、その結果に基づいて、裁判員の参加する刑事裁判の制度が我が国の司法制度の基盤としての役割を十全に果たすことができるよう、所要の措置を講ずるものとする。」と規定しています。裁判員法附則第9条に基づき、最高裁に「裁判員制度の運用等に関する有識者懇談会」（座長・椎橋隆幸中央大学教授）、法務省に「裁判員制度に関する検討会」（座長・井上正仁東京大学教授）が設置され運用状況・問題点等の分析・検討がなされています。特に、「裁判員制度に関する検討会」は、平成24年3月14日開催第8回以降、論点整理のための検討を開始し、審理・公判前整理手続等、評議等、裁判員等選任手続について、対象事件等について、裁判員裁判に関わるその他の手続（上訴審）、裁判員の義務・負担に関わる措置等について等のテーマを取上げています。

　第1回目の傍聴記では、法的論点についての指摘の前提として重要な2点について検討をします。

　第1は、長期間に亘る裁判員等の身体的・精神的負担です。裁判員は、月・火・木・

金曜日の週4回開廷される法廷で検察官及び弁護人の主張や証人の供述に集中力を持って傾聴するという過重な負担が問題となります。
　第2は、本件裁判のような情況証拠のみの否認事件に内在する問題です。最高裁判所は、最高裁平成19年10月16日第一小法廷決定、最高裁平成22年4月27日第三小法廷判決及び最高裁平成24年9月7日第一小法廷判決等で裁判員裁判を視野に入れた判断をしています。特に、最高裁平成22年4月27日第三小法廷判決（刑集64巻3号233頁）は、「情況証拠によって事実認定をすべき場合であっても、直接証拠によって事実認定をする場合と比べて立証の程度に差があるわけではないが（最高裁平成19年（あ）第398号同年10月16日第一小法廷決定・刑集61巻7号677頁参照）、直接証拠がないのであるから、情況証拠によって認められる間接事実中に、被告人が犯人でないとしたならば合理的に説明することができない（あるいは、少なくとも説明が極めて困難である）事実関係が含まれていることを要するものというべきである。」と判示し、本件裁判の事実認定との連関で重要な判示をしています。

2　鳥取地裁U被告事件傍聴記（2012年12月4日）

　2012年12月4日鳥取地裁は、75日間に及ぶ裁判員裁判において強盗殺人罪等で公訴提起されたU被告に求刑通り死刑判決を言渡した（平成21年（わ）第156号、第171号、第184号、平成22年（わ）第5号、第10号、第24号、第39号、第47号）。鳥取地裁での死刑判決は、義理の両親に対する尊属殺人未遂及び義理の姉夫婦に対する殺人罪に問われた事案以来53年振りである（鳥取地裁昭和34年3月24日判決、下刑集1巻6号1468頁）。本傍聴記では、20回開廷された公判の11回の傍聴を通して裁判員裁判に内在する問題点を法曹3者等に焦点を当て報告したい。
　第1は、2010年1月18日から2012年9月19日まで2年8ヶ月42回の長期間に亘る公判前整理手続が行われた点である。当初、被告は、詐欺容疑で拘留中に摩尼川事件の捜査が行われ、殺人罪容疑の固まった2010年1月28日殺人罪で逮捕され、更に北栄町事件の捜査が行われ、殺人容疑が固まった同年3月3日殺人罪で再逮捕された。公判前整理手続の争点の中核は、2件の強盗殺人罪の犯人性であり、被告及び弁護人の否認事件である。検察官は被告の単独犯とのストーリーであり、弁護人は元同居男性の単独犯とのストーリーを展開し、真っ向から相反する犯罪構図を構築した。
　第2は、本件裁判は強盗殺人行為と被告人を結ぶ直接証拠の存在しない状況証拠のみに基づき被告人の罪責を問う事案である。検察官は、被告人の犯罪事実を証明する義務を負い、弁護人は、検察官の主張の合理性に疑問を提起し被告人の犯人性を否定すれば足りる。本件裁判のポイントは、検察及び弁護人双方が相反するストーリーを展開する中で双方の主張の何れが裁判員の理解を得るかにある。被告人は、第1回公判の罪状認否で「2件の強盗殺人については、私はやっていません。詳しいことは弁護士の先生が説明します。」と供述し、公判では弁護人がどのように犯人性を否定するかが注目された。弁護人は、被告人が犯人であるとの検察官の主張一つ一つに疑問を提起するとの弁護方針を取ることなく、犯人は元同居男性であると実名を挙げてストーリーを展開した。このような弁護方針からは、弁護人が元同居男性が犯人であるとの決定的証拠を把握した上での主張であるものと推認され公判の進展が注目された。弁護人は、第15回公判で被告人の黙秘権行使を理由に弁護人による被告人質問を行わないと述べ次回に予定されて

いた公判が中止された。被告人は、検察官及び裁判官による被告人質問にも黙秘し、最終陳述において「2件の強盗殺人についてはわたしはやっていません。」と供述するに留まった。弁護人は、第19回公判の弁護側最終弁論において弁護側方針変更の理由について、法廷で証言した警察官と元同居男性が協力して嘘をつき、妻が待つ元同居男性を救うために被告人のみを強盗殺人の犯人に仕立てあげたと主張した。弁護人の元同居男性が犯人であるとのストーリーの根拠としては、裁判員を説得するに十分であるかは疑問である。なお、弁護人は、成立を認めている7件の詐欺事案について被告人の情状に論及することなく弁護活動を終結させている。

第3は、判決は強盗殺人罪に問われた摩尼川事件の公訴事実に記載された支払を免れた電気製品の購入代金の金額が検察官の主張する123万5800円ではなく53万1950円と認定した点である。強盗殺人罪の犯行動機として被告人の免れた債務金額が幾らであるかは重要であり、判決は被告人の単独犯とする検察のストーリーに沿った全購入代金を否定し、検察官主張の骨子を可能な限り削ぎ落として事実認定している。

第4は、裁判員裁判による死刑判決の是非である。裁判員裁判の対象事案は、「死刑又は無期の懲役若しくは禁錮に当る罪」（裁判員法第2条1項1号）であり、裁判員の関与する評決に際して刑の量定について意見の分かれるときは構成裁判官及び裁判員の双方の意見を含む合議体の員数の過半数の意見により決せられる（裁判員法67条2項）。裁判員には、本件裁判のような状況証拠のみで事実認定しかつ被告人の黙秘権行使がなされた事案での死刑求刑に対する判断は過重な負担を強いるものであり、公判期間中のみならず事後においても心理的ケアが十二分に保証されなければならない。

判決公判直後に裁判所会議室で開催された鳥取司法記者クラブ対象の裁判員及び補充裁判員の会見は、裁判所の慫慂もあって10名全員が出席し、1名の裁判員は氏名及び写真撮影も了解し、75日裁判の実相の一部を垣間見ることが出来た。併しながら、一つ非常に気掛かりなのは、死刑判決にも関らず最終弁論後11回の評議を重ね結論を得た達成感に由来するのか全員明るい表情で会見に臨み質問に答えている点である。死刑判決言渡しは、従来の裁判においても職業裁判官にとり非常に重圧のかかるものであり襟を正して法廷に臨むと仄聞する。裁判員及び補充裁判員は、Team Tenとの一体感のもと死刑判決の重圧から回避しているようであり、裁判官も死刑判決の重圧から裁判員との協同により結果として軽減化しているものと思慮する。なお、野口卓志裁判長は、大阪高裁平成23年5月24日第1刑事部判決及び大阪高裁平成23年7月26日第1刑事部判決で陪席判事として死刑判決に関与している。

第5は、検察官及び弁護人は公判で被告人の犯人性を争点とし、被告人ないし元同居男性の単独犯と主張していたにも関わらず、判決が両者の共謀共同正犯の成否を検討する点である。判決は、「本件の証拠関係を前提とする限り、Aについて被告人との共謀共同正犯が成立すると認めるのは困難である（なお、Aに幇助犯が成立するかどうかは別の問題であるが、被告人の刑責についての判断には必要がないので、ここでは触れないこととする。）。」と判示する。判決文からは、評議の中で被告人と元同居男性の共犯関係について論議されたと推測されるが、公判廷で争点として顕在化していない共犯関係についての判示は、言わずもがなである（但し、第15回公判で証人として出廷した元同居男性に対し陪席判事から補充尋問で捜査段階での強盗殺人幇助の取調べの有無が尋ねられ、証人は強盗殺人幇助の取り調べの事実を肯定している。）。

第6は、本件裁判の主要な争点は被告人が2件の強盗殺人の犯人であるかにあり、その点の審理がなされた。しかしながら、7件の詐欺及び1件の住居侵入・窃盗の共犯関係にある元同居男性が、被告人の2件の強盗殺人について全く知らずに犯行現場まで呼出され迎えに行った点及び被告人の意のままにコントロールされた依存情況にあったとする点等、事件全体の構図は被告人の黙秘により未解明のまま終わってしまった。

　元同居男性の法廷での証言は、情況証拠のみに基づく本件審理において重要であるが故に、証人が証言時に仮釈放中の身分であり迎合的証言がなされていなかったかの検証も必要となる。

　第7は、裁判報道の有り方である。本件裁判は、市民の注目を集めた裁判であり傍聴券を求めて多くの市民が裁判所に集り、傍聴希望者は第1回公判で1,115名、第20回判決公判では1,206名に達した。鳥取地裁第2号法廷は、傍聴席48席の小さな法廷であり報道関係に19席、遺族関係に7席が優先され市民には22ないし23席が割り当てられ48.5倍ないし54.8倍の競争率となる。更に、これら一般の22席の70％は、報道関係により動員されたシルバーセンター等のアルバイトで獲得され報道席とされている実態がある。熱心な記者による取材で正確な報道がなされている反面、市民自身が自らの目で裁判員裁判を傍聴し問題点を広く共有することも重要である。

　以上は、法曹3者を含めオーバーヒートした裁判員裁判の実相の一面の報告である。

　最後に、本件裁判を通して顕在化した今後の課題について若干検討する。

　第1は、被告人に充実した弁護権保障のためSecond Opinionの機会を与えることを提案する。裁判員裁判が実施されて以降、裁判員等経験者によるアンケート調査が最高裁判所によりなされ、法廷での説明等の分かりやすさの項目で検察官の説明と弁護士の説明には常に大きな開きがあり30ポイント余の差があることが報告されている。その一因は、検察庁の指揮のもと制度設計以降十二分になされた検察官の法廷活動の研修・技術の研鑽に対して弁護士の法廷技術の研鑽の不十分さにあるといえる。特に、本件裁判では、裁判員裁判における黙秘権行使が裁判員の心証形成に与える影響を弁護人が等閑視したと言わざるを得ない。黙秘権は、被告人に保障された重要な憲法上の権利であり、弁護人の適切な弁護方針と相俟って有効性が担保される。被告人にとり公判廷で黙秘権行使を貫徹するか否かの判断は極めて困難であり、黙秘権行使のメリット・デメリットについての担当弁護人の説明だけでは十全ではなく、他の弁護人のSecond Opinionを受ける機会の保障が必要である。更に、死刑求刑の予測される事案では、弁護人相互で弁護方針等について徹底的な実質的論議がなされ被告人にとり充実した弁護権の保障が最優先されるべきである。同一事務所の弁護士から構成される弁護団構成のあり方を含め真摯な検証が求められ、鳥取県弁護士会も単位弁護士会として問題点の相互検討が必須である。

　第2は、被害者参加制度で被害者遺族に付添い検察官席の後ろに在廷する弁護人の意見陳述である。本件裁判では2人の弁護士が検察官の論告求刑の後、意見陳述を行い、検察官の立証活動を賞賛し2件の強盗殺人について被告人は100％黒であると言い切る陳述をした。被害者家族をサポートする職責とはいえ弁護士の陳述としては、違和感を禁じえない陳述である。

　第3は、裁判員及び補充裁判員に対しては、継続的な充実したメンタルケアの保障の必要性を提案する。評議を十二分に尽くした直後の裁判員及び補充裁判員は、死刑判決

に対しても揺るぎない自信をもっているものと思慮する。しかしながら、時日の経過の中、裁判員及び補充裁判員は、死刑執行の報道に接する度にU被告の執行ではないかと考え、更に、実際に執行されれば心理的負担が負荷されるであろう。とりわけ、死刑制度に反対する見解の裁判員及び補充裁判員においては顕著であろう。

　第4は、裁判員及び補充裁判員へのインタビューがメディアでなされ、裁判員裁判制度検証のための重要な素材提供がなされている。裁判員裁判制度は、直接参加した裁判員及び補充裁判員の忌憚の無い率直な意見を参考により良い有り方の検討を深化していかなければならない。その際に、これらの意見は、議論の貴重な資料として活用されねばならない。

【付記】
　本件裁判員裁判傍聴に際し、鳥取滞在の日々の中で30代前半の若い人々の店を開拓した。それぞれの店では地元山陰の旬の食材で美味しい料理を提供している。どうぞ自分の触角で探訪されんことを。

第 2 節　広島高裁松江支部平成26年 3 月20日判決

Ｉ．問題の所在

　１．裁判員制度は、2009年 5 月21日に開始され 5 年目を迎えるに至った。2014年 3 月末現在、総数8,009件の裁判員裁判が係属し、6,530人に判決が言渡された。死刑判決21件を含み有罪を言渡された者6,357人（有罪率97.35％）、無罪を言渡された者34人で控訴した者2,245人（控訴率35.31％）である。また、裁判員候補者名簿記載者数は、1,737,106人にのぼり、選任手続期日に出席した裁判員候補者数187,663人の中から裁判員として選任された裁判員36,837人、補充裁判員12,597人であり、総計49,434人の市民が裁判体の構成員として司法に参加している[1]。

　施行責任者である寺田逸郎最高裁判所長官は、平成26年 5 月「憲法記念日を迎えるに当たって」とする談話において「裁判員制度は、間もなく施行後 5 年を迎えます。国民の熱心な御協力の下にこれまでのところ概ね順調に運営されており、我が国の刑事司法の中心をなす裁判として少しずつ定着してきているように思いますが、様々な課題も指摘されており、制度導入の理念や刑事裁判の基本的なありように常に立ち返りつつ、中長期的な視点からも不断の改善を進めていく必要があります。」とし、裁判員制度の現状と課題について述べる[2]。

　２．裁判員裁判制度は、裁判員裁判の展開に伴い制度設計時に自覚されていた幾つかの問題及び新たに顕在化した問題が提起されるに至っている。日本刑法学会では、従来裁判員裁判について幾度かの分科会やワークショップで論議がなされてきた[3]。

　裁判員裁判における控訴審の在り方については、学会レベルでも共通の問題意識となっている。例えば、2014年 5 月17日開催された第92回日本刑法学会分科会Ⅱでは、「裁判員裁判と控訴審の在り方」とのテーマの下に活発な論議がなされている[4]。

　３．最高裁判所は、幾つかの判例を通して裁判員裁判の実施経緯を鑑みながら問題点等に論及する。

例えば、横田尤孝裁判官は、裁判員裁判について補足意見で「裁判員裁判は間もなく施行後5年目を迎える。同制度は概ね順調に運営されているということができるが、これが国民の間に一層深く定着し、安定的に運営され、裁判員裁判導入の理念を現実のものとし続けるためには、法曹三者が、それぞれの事件の内容・特性に応じた柔軟な姿勢で、裁判員裁判として在るべき公判審理、すなわち、裁判員が法廷で見聞きした審理の内容を踏まえて争点等について自らの意見を的確に形成できるような分かりやすい審理の実現に向け、不断の工夫と努力を重ねることが不可欠である。」と判示する[5]。

裁判員等選任手続については、最高裁平成25年3月15日第一小法廷決定において裁判員法35条1項の異議の申立てがなされても、裁判員等選任手続は停止されないと判示する[6]。

公判前整理手続における争点整理及び審理計画の策定については、最高裁平成26年3月10日第一小法廷決定において横田尤孝裁判官は補足意見で円滑な審理の展開に資するには適切な公判前整理手続における争点整理及び審理計画の策定の必要性を指摘する[7]。

4．裁判員裁判における控訴審の制度設計の概要を検討する。

4-i．司法制度審議会『司法制度審議会意見書-21世紀の日本を支える司法制度改革-』（平成13年6月12日）

本意見書は、上訴に関し「Ⅳ国民的基盤の確立 第1国民的基盤の確立（国民の司法参加）（4）公判手続・上訴等」の項において公判手続、判決書及び上訴について以下の様に指摘する[8]。

「裁判員の主体的・実質的関与を確保するため、公判手続等について、運用上様々な工夫をするとともに、必要に応じ、関係法令の整備を行うべきである。
　判決書の内容は、裁判官のみによる裁判の場合と基本的に同様のものとすべきである。
　当事者からの事実誤認又は量刑不当を理由とする上訴（控訴）を認めるべきである。
ア　公判手続
　裁判員が訴訟手続に参加する場合でも、裁判官である裁判長が訴訟手続を主宰し、公判で訴訟指揮を行うことに変わりはない。
　裁判員にとって審理を分かりやすいものとするため、公判は可能な限り連日、継続して開廷し、真の争点に集中した充実した審理が行われることが、何よりも必要である。そのためには、適切な範囲の証拠開示を前提にした争点整理に基づいて有

効な審理計画を立てうるような公判準備手続の整備や一つの刑事事件に専従できるような弁護体制の整備が不可欠となる。非法律家である裁判員が公判での証拠調べを通じて十分に心証を形成できるようにするために、口頭主義・直接主義の実質化を図ることも必要となる。これらの要請は、刑事裁判手続一般について基本的に妥当するものではあるが（前記Ⅱ「国民の期待に応える司法制度」の第2の1.参照）、裁判員が参加する手続については、裁判員の主体的・実質的関与を確保する上で、殊のほか重要となる。そのため、裁判官のみによる裁判の場合への波及の可能性をも視野に置きながら、運用上様々な工夫をするとともに、必要に応じ、関係法令の整備を行うべきである。

イ　判決書

　判決の結論の正当性をそれ自体として示し、また、当事者及び国民一般に説明してその納得や信頼を得るとともに、上訴による救済を可能ないし容易にするため、判決書には実質的な理由が示されることが必要である。裁判員が関与する場合でも、判決書の内容は、裁判官のみによる裁判の場合と基本的に同様のものとし、評議の結果に基づき裁判官が作成することとすべきである。

ウ　上訴

　裁判員が関与する場合にも誤判や刑の量定についての判断の誤りのおそれがあることを考えると、裁判官のみによる判決の場合と同様、有罪・無罪の判定や量刑についても当事者の控訴を認めるべきである。控訴審の裁判体の構成、審理方式等については、第一審の裁判体の構成等との関係を考慮しながら、更に検討を行う必要がある。」

4-ⅱ．裁判員制度の創設を提言する司法制度改革審議会意見書を受け、内閣は、平成13年12月司法制度改革推進本部を設置し、研究者、有識者、法律実務家等11名で構成される「裁判員制度・刑事検討会」を附置した[9]。

　平成15年10月28日開催第28回裁判員制度・刑事検討会で、井上正仁座長は、「座長ペーパー」を提示し、第28回裁判員制度・刑事検討会以降このペーパーをベースに論議が展開された[10]。

「5　「5　控訴審」について

　次は、同じ頁の「5　控訴審」の項目です。ここでは、「現行法どおりとする。」という案をお示ししております。

　たたき台では、現行法どおりとするというＡ案のほか、主として、裁判員の加わった第一審の判決を尊重するという観点から、「控訴審では、裁判官のみで審理及び裁判を行うが、訴訟手続の法令違反、法令適用の誤り等についてのみ自判できるものとし、量刑不当及び事実誤認については自判はできないものとする」というＢ案、「控訴審では、裁判官のみで審理及び裁判を行い、量刑不当についても自判を認めるが、事実誤認についてのみ自判を認めないものとする」というＢ'案、「控訴審では、裁

判官のみで審理及び裁判を行うが、事実認定及び量刑不当に関する破棄理由を加重する」というC案、さらに、「控訴審においても、裁判員が審理及び裁判に関与するものとし、覆審構造とする」というD案が掲げられておりました。

　検討会の議論においては、最終的にD案を採るご意見はなく、控訴審は裁判官のみで構成される裁判所がこれを担当するということを共通の前提としつつ、実際の運用では第一審の判断がより尊重されることになるという含みの下にA案を支持するご意見、B'案を相当とするご意見、C案を相当とするご意見、多少の量刑変更には自判を認めるが、刑種の変更や事実誤認には自判を認めないこととするべきであるというご意見などが述べられたところであります。その中では、A案を支持するご意見が比較的多数でしたが、B'案を支持するご意見も有力であったと理解しております。

　検討会の場でも指摘したことですが、この問題は、結局のところ、職業裁判官のみで構成される控訴審裁判所が裁判員の加わった第一審裁判所の判決の当否を審査し、これを破棄するということ自体を認めるべきかどうか、正当化できるかどうか、ということに帰着するように思われます。そして、その点では、いま申しましたように、どなたもそのような控訴審裁判所による審査や破棄を認めるという立場に立たれるわけですので、そうである以上、現行法の規定によって例外的に控訴審で自判できるとされている場合にまで、それを禁じなければならない合理的な理由は見出しにくいように思われます。

　理論的にも、先に裁判員の員数についてのご説明の中でも触れましたが、控訴審は、全く新たに証拠を調べて独自に心証を形成するというのではなく、あくまで第一審裁判所の判決を前提として、その内容に誤りがないかどうかを記録に照らして事後的に点検するという事後審査を行うだけであると位置付ければ、そのような裁判官のみで構成される控訴審裁判所による審査や破棄を正当化できるのではないかというのが、多くの委員が暗黙の前提とするところであったように思われます。そうであるとすれば、制度としては、まさに控訴審を事後審とする現行法の枠組みを裁判員制度との関係でも基本的に維持することでよく、従ってまた、第一審判決を破棄する場合にも、第一審に事件を差し戻すのが原則であるとして、控訴審裁判所が事後審としての審査のために行った記録の取調べにより、直ちに新たな判決を言い渡せる状況に立ち至っているといえるときには、現行法どおり、例外的に自判することができるとしてもよいように思われます。

　そういうことから、制度としてはA案でよいとしましたが、あくまで裁判員の加わってなされた第一審の裁判を尊重するという意味から、事後審であるという控訴審本来の趣旨を運用上より徹底させることが望ましいと考え、括弧でその旨の確認を行ったものであります。」

4-ⅲ．司法研修所編『裁判員裁判における第一審の判決書及び控訴審の在り方』

　本書は、「控訴審の在り方」に関して「裁判員の加わった第一審の判断をな

ぜ職業裁判官3名で見直すことができるのか」といった原理的、理念的問題を指摘する[11]。更に、本書は、「事後審の最も本質的な特徴を自ら事件について心証を形成するものではなく、原判決の当否を審査する」との視点から、事実誤認の問題及び量刑不当の問題に詳細な論及をする。

控訴審の事実認定に関しては、従前、第1審判決の事実認定に経験則、論理則違反がある場合を事実誤認と解する経験則論理法則違反説と第1審判決の心証ないし認定と控訴審裁判官の心証ないし認定とが一致しない場合には控訴審裁判官のそれを優先して事実誤認と解する心証優先説が対立してきた[12]。

このような見解の対立の中、本書は、事実誤認の問題を「裁判員制度の下で従来の控訴審の運用の在り方の見直しの検討」の求められる事項として位置付ける。その上で、「事実誤認の本質に関する考え方としては、事後審性を徹底させる趣旨からすると、いわゆる経験則・論理法則違反説に見られる基本的思考が最も調和する」として、経験則・論理法則違反説に立つ[13]。本書は、更に、「事実誤認の問題については、通常、事実の推認過程における経験則・論理法則の適用が適切かどうか、客観的な証拠等との関係で経験則・論理法則に反しないかどうかといった観点から審査が行われる」として、以下の2つの具体的な論点を想定する。

①証人や被告人の供述の信用性に関する判断の当否の審査として「裁判員制度導入の意義や、第一審が、直接、証人尋問や被告人質問を見聞きして判断していることを考えれば、例えば、信用性の判断が、客観的な証拠と明らかに矛盾するなど経験則・論理法則上明らかに不合理であり、これが結論に重大な影響を及ぼすといった場合でない限り、第一審の判断をできる限り尊重する」②間接事実を総合して合理的な疑いをいれない程度の証明があったか否かの判断の当否の審査として「第一審の判断は、その経験則・論理法則に裁判員の視点、感覚、健全な社会常識などが反映されたものであるとすれば、控訴審は、例えば、客観的な証拠により認められる事実を見落とすなどして、経験則・論理法則上あり得ない不合理な結論に至っている場合などを除いて、基本的に尊重する」との見解を示唆する[14]。

4-iv. 裁判員制度に関する検討会『裁判員制度に関する検討会・取りまとめ報告書』（平成25年6月）

本報告書は、第4各論点についての検討（検討状況その2）6上訴についての

項で「死刑を言い渡された被告人の上訴」に関する意見が紹介され、それに対する否定的意見が紹介された（22〜23頁）後、添付資料6「論点整理のための検討について」5「裁判員裁判に関わるその他の手続（上訴審）」についての項において、平成24年9月14日開催第12回裁判員制度に関する検討会[15]及び平成24年12月4日開催第15回裁判員制度に関する検討会[16]での論議が以下の3項目に要約されている[17]。

　　(1) 裁判員裁判の控訴審の在り方
　　控訴審の在り方については、最高裁判所が平成24年2月に「控訴審における事実誤認の審査は、第一審判決が行った証拠の信用性評価や証拠の総合判断が論理則、経験則等に照らして不合理といえるかという観点から行うべきものであって、刑訴法382条の事実誤認とは、第一審判決の事実認定が論理則、経験則等に照らして不合理であることをいう」などとする一定の判断を示したので、今後それに沿って運用がなされ、裁判員制度にふさわしい仕組みが整えられていくことが望ましい、控訴審において、最高裁判決の方向性が徹底されていくのか見守っていきたいとの指摘があった。
　　(2) 無罪判決に対する検察官の上訴について
　　無罪判決に対する事実誤認を理由とする控訴の在り方について、裁判員裁判か否かを問わず、議論をしてはどうかとの意見が述べられたが、裁判員裁判による無罪判決と裁判官のみによるそれとを区別する理由はないのではないかという意見もしめされた。
　　(3) 死刑判決が言い渡された場合における上訴について
　　死刑判決については、慎重を期するため、あるいは、裁判員の心理的負担の軽減の観点から、自動的に上訴の効果が生じる仕組みを検討してはどうかとの意見があった。

5．本稿は、2件の強盗殺人罪等で死刑を言渡された鳥取地裁平成24年12月4日判決[18]の控訴審である広島高裁松江支部平成26年3月20日判決を素材に裁判員裁判における控訴審の在り方について検討するものである。

Ⅱ．裁判員裁判における控訴審の機能

Ⅱ-ⅰ．裁判員裁判における控訴審の制度設計

1．平成15年5月20日開催第18回裁判員制度・刑事検討会は、控訴審の在り方について論議する。

井上座長　この点は、このくらいでよろしいですか。次の「控訴審」という項目についての議論に入りたいと思います。たたき台では四つの案が示されていて、１ラウンド目の議論で大体これらのアイディアが出たのではないかということでまとめられたのだと思いますので、それを前提として御議論していただきたいと思います。もちろん、これ以外にも、こんなアイディアがあるということがあれば、それもお出しいただいて結構です。

髙井委員　控訴審は、事実誤認及び著しい量刑不当の場合は自判ができないとし、それ以外は自判ができるという案を提案したいと思います。要するに、懲役５年のものを６年にするとか、懲役４年のものを３年にするというものだったら、これは自判ができる。しかし、実刑のものを執行猶予にする、あるいは死刑を無期にする場合には、自判をすることはできず、差し戻さなければならないとする。要するに、量刑を微調整すればいいという場合だけは自判ができるとし、それ以外は自判はできないという案を、Ｅ案として提案します。とってもいい案ではないかと思います（笑）。

井上座長　今の御提案は、第一審判決を破棄したときに、控訴審が自ら新たな判決を言い渡すのか、第一審に差し戻すのかという論点に関するものですね。もう一点、大きな論点がありまして、それは控訴審の裁判体の構成をどうするのかという問題なのですが。

髙井委員　その点は、当然裁判官のみの構成でいいと考えます。

井上座長　理屈からいうと、量刑不当かどうかというのは、ある基準があって、それに照らして著しいかどうかという判断なのかなと思うのですけれども、髙井委員の提案された枠組みですと、この事件のこの被告人にはこの刑を言い渡すべきであったというものがあり、それと比べて第一審の量刑がどの程度隔たっているのかによって判断するということのようですので、ちょっと量刑不当に関する今までの考え方とは違うような気がしますね。

髙井委員　書きぶりが難しいかなとは思います。

井上座長　量刑不当では破棄するけれども、その場合に新たに言い渡すべき刑というのがかなりかけ離れているような場合は控訴審では自判できない、と法律に書くことになるのでしょうか。

髙井委員　ですから、書きぶりとしては、量刑不当で破棄した場合には、こういう自判しかできませんよというような書き方になるかなと思いますけれども。

井上座長　もう一点、御趣旨を伺いたいのですが、事実誤認と量刑不当でそういうふうに分ける理由というのは何なのでしょうか。

髙井委員　基本的な考え方は、事実の認定は裁判員を入れてやるべきだということです。

井上座長　量刑はそうではないということですか。

髙井委員　はい。価値判断も入るでしょうし、今までの前例とのバランスというものも判断材料に入るでしょう。

平良木委員　髙井委員に質問ですけれども、事実誤認で破棄する場合はどうなるんですか。

髙井委員　事実誤認は破棄すれば全部差戻しというのが私の案です。

平良木委員　そうですか。それから、量刑不当の場合に、著しい量刑不当とそうでな

い量刑不当とを分けるということだけれども、それは、いわゆる自判するかどうかという基準を法定するという意味で分けるということですか。
髙井委員 はい。要するに、例えば懲役6年を5年にするためにもう一回地裁に戻して裁判員集めて裁判をやるのかと考えた場合に、そのようなことはむしろ無駄ではないか、そうであれば、その場合は、高裁で自判したらどうかということです。
平良木委員 私の考えも近いようなんだけど、ちょっと違います。つまり、私は、たたき台の案の中で言うと、やっぱりA案だと思うんですね。ただ、前から言っているのは、運用の問題として、破棄の場合に差戻しを原則にするということです。運用の問題という言い方をしているのですが、どういう運用をするのかというと、恐らく私の考えでは、C案が運用の一つの基準になるのかなという気がしております。もっとも、運用の問題ですから、そこを法律で特に触れないということになる。現行法どおり、控訴審は、事後審で裁判員を入れない形でやるのがいいということになると思います。
井上座長 現行法でも、原判決を破棄した場合に、原則は差し戻すことになっていますよね。
平良木委員 はい。
井上座長 しかし、それまでの控訴審での審理で、判決を直ちに言い渡せるというような場合には控訴審で言い渡してもよいとされており、実際の運用では、自判がほとんどになっている。そのような実務の現状を、むしろ原則の方に戻すということですか。
平良木委員 そうですね。
井上座長 その場合に、C案的な運用ということになると、破棄自体を非常に慎重にするということになるのですか。
平良木委員 控訴理由は現行法のままで構わないと考えています。自判をするか、差戻しをするかという基準について、C案の考え方を使うのがいいということです。
井上座長 破棄事由自体は加重するわけではなく、破棄はするのだけれども、著しい場合には、差戻しと自判のどちらになるのでしょうか。
平良木委員 ずれが著しい場合に、量刑不当の場合は髙井委員と同じような結論になります。ただ、髙井委員の意見は、要するに、自判するかどうかというところの基準を法定しろということだけれども、私は、法定する必要はないということになります。
酒巻委員 髙井委員と平良木委員の意見に対する質問ですが、破棄するかどうかの基準でなくて、差し戻すかどうかの基準について、なぜ、著しいと差し戻して、そうでないと差し戻さないということになるのでしょうか。
髙井委員 著しい量刑不当の場合に自判をするということは、要するに、一審の判決を大きく変えるということですね。私の意見は、控訴審は裁判官だけで構成されるという前提ですから、裁判員が入って判断された量刑を大きく変えるときは、裁判官だけではなくて、やはりもう一回裁判員を入れて判断すべきでしょうというのが基本なんですね。
井上座長 事実認定を変える場合というのは、性質上大きく変える場合というのに当たるということですね。
髙井委員 はい。
本田委員 私は、第1ラウンドでA案だというふうに主張したのですけれど、現在もこれでいいのではないかと思っています。それから、例えば、著しい量刑不当の場

合は差し戻すのだという御意見があるのですけれども、量刑というのはある程度公平でなければいけないわけです。控訴審というのは、各地裁からのいろんな事件が上がってきているわけで、他の事件との関係等をよく見ることができるところであります。これは第1ラウンドでもそう申し上げたんですが、そうすると、量刑不当については、むしろ控訴審でそのままで自判できるとするべきでしょう。ほかの証拠調べが必要とか、そういうのがあれば別ですけれども、第一審で調べた証拠に基づいてきちんと自判できるようなものであるならば、それは控訴審で自判しても構わないだろう。事実誤認についても、やはり、基本的には、どうももうちょっと調べなければいけない証拠があって、これはもう一回一審で調べさせるべきだというなら別ですけれども、事後審としても、一審で調べた証拠で、明らかに事実誤認があってそこで判断できるということであるならば、何もわざわざもう一回差し戻す必要はないだろうという気がします。確かに裁判員を入れた趣旨ということから考えると、例えば、これは破棄理由と書いていますけれども、上訴理由を若干加重するようなことが検討の余地がないとは言いませんけれども、基本的には現行法どおりでいいのだろうと思います。

井上座長 髙井委員が、「著しい量刑不当」と言われたのは、恐らく、典型的には死刑か無期かというような場合だと思うのですが、その点も含めて、控訴審で判断していいのではないかという御意見ですか。

本田委員 はい。

四宮委員 私はどちらかというと、B'案だと思います。今、平良木委員と本田委員が賛成されたA案なんですけれども、事実問題について、破棄した上での自判を認めるというのは、やはり新しい裁判員制度の下ではおかしいと思います。つまり、今回は、一審を充実させて強化しようという発想があるわけで、直接主義、口頭主義に基づいて、しかもそこに国民が入って行った判断、証拠の評価を、―私も控訴審は裁判官3人で構成するというのが前提ですが―、控訴審の3人の裁判官が書面中心に調べて、一審と異なる判断を行うということはやはりおかしいと思います。ですから、事実問題については、髙井委員と同じように、破棄の場合には差し戻すというのが私の意見です。量刑の場合は、さっき本田委員がおっしゃったように量刑のバランスの問題ですとか、あるいはこれは第1ラウンドで出ましたけれども、これは幅の問題が相当にあるということで、控訴審で不当と判断した場合には自判を認めていいのではないかと思います。ただし、その破棄の場合は、さっきも出ましたように、量刑不当で破棄の場合も差戻しが原則だけれど自判もできるとして、あるいは逆にしてもいいのですが、差し戻せる場合は残しておく。つまり、特に幅を超える、先ほどから例に挙がっている一審が死刑で、それを無期に変えるとか、あるいは逆の場合ですとか、特にそういった問題については、もう一度国民の判断をあおぐ機会を残しておくというふうにしたらどうかと思います。そういった趣旨でB'案に賛成したいと思います。

井上座長 髙井委員のE案との違いは、差し戻さなければならない場合として規定するのか、差し戻すことができると規定しておいて運用でやるのかという点にあるわけですね。事実誤認の場合についても、逆の発想をしますと、例外というのは全くないのでしょうか。例えば、明々白々に無実である場合には自判できるというようなことも、一つのアイディアとしてあるようにも思うのですけど。

四宮委員 理屈でいきますと、逆に明々白々に有罪であるというような場合も自判が

可能になるわけですね。
井上座長　そうですね。
四宮委員　それでは筋が通らなくなると思います。
井上座長　そうすると、事実誤認の場合は全部差し戻すべきだということですか。
四宮委員　そういうことです。
大出委員　髙井委員の意見と四宮委員の意見との違いについて、私も事実問題については差し戻さないとまずいというふうに思っているわけですが、量刑については非常に悩ましい。私もB'案かなと思ったのですが、そういう意味では髙井委員の案がいい案だったのかもしれないんですが（笑）、ちょっとそこのところ、四宮委員の意見ですと、裁判所の判断として裁量的に戻す必要があると考えたときに戻せばいいという道を残しておくという話なわけですね。髙井委員の案ですと、なかなか幅を決めて、必ず戻さなければいけないというようなところをどう切るのか、書きぶりが難しいというお話だったと思うんですが、そこのところは非常に決めにくいところで、その限りでは四宮委員の意見に賛成するということになろうかなという気がするんです。いずれにしても、そこは非常に難しい部分だろうと思って、ただ、一応意見を申し上げておかないとまずいと思ったので、申し上げます。
井上座長　難しいという御意見ですね（笑）。
大出委員　量刑問題については、そのどちらかだろうということです。
井上座長　裁量的にした場合、例えば、無期を死刑にする、あるいは、死刑を無期にするという場合にも、差し戻さなくても違法とはいえない。そこが、おそらく四宮委員の意見と髙井委員の案との違いなのですよね。
大出委員　髙井委員の場合にもそうなんですが、御趣旨としては、その場合だけに差し戻す場合に限るわけではないわけでしょう。
髙井委員　原則として、これは差戻しなんです。ただ、例外的にさっきから言っているように、6年を5年にするような微調整のところまで差し戻す必要ないんでしょうということです。
酒巻委員　私は、第1ラウンドで、確かC案にあたることを言ったと思うのですが、ここでも、C案もあり得るのではないかという意見を述べたいと思います。私は、A案を前提に、あとは運用に委ねるというのも可能だとは思います。四宮委員は、先ほど事実認定については必ず差し戻すべきで、それが裁判員制度導入の趣旨にかなうとおっしゃったのですけれども、第一審に、一般国民が主体的、実質的に関与した判断がなされているからといって、それを職業裁判官だけで破ったとしても、必ずしも、それだけで裁判員制度導入の趣旨が没却されるとは私には思われません。上訴審自体は事後審査で、今の建前どおりとする。ただ、第一審に職業裁判官以外の者が入って事実認定と量刑判断を行っているという趣旨を尊重するという観点から、C案のような形、すなわち事実誤認と量刑不当の両方について破棄理由を裁判員制度対象事件については厳格化するという形であれば、破棄を職業裁判官だけでやったとしても、裁判員制度の趣旨を没却することにはならないと思っています。
井上座長　今までの議論とは、ちょっと攻めどころが違うのですね。つまり、酒巻委員が言っておられるのは、破棄事由のところなのです。その点を加重することによって一審を尊重する形にしようということですね。一方、今までの議論は、破棄したと

きに、控訴審で判決していいのか、第一審に差し戻すのかというところで考えようということなのです。酒巻委員は、後の問題、すなわち、破棄事由を加重した場合の破棄した後の取扱いについては、どうお考えですか。C案でいった場合の、差戻しか自判かということになりますけれど。

酒巻委員　　それは両方あり得るのでしょう。

井上座長　　論理的にはどうなっていくのでしょうか。破棄に至るまでの障壁が非常に高いわけで、その意味で第一審の判断を尊重していることになるのですが、著しい事実誤認とか量刑不当があったと認められ、破棄するというときに、差戻しと自判の両方があり得るのですか。

酒巻委員　　両方あると思うんですが、もう少し考えてみることにします。

平良木委員　　恐らく著しい量刑不当の場合には、例えば死刑が無期に変わるようなときには差し戻してやるべきだという考え方が出てくると思います。著しい事実誤認の場合には、戻しても、結局、結論は控訴審と同じことになるので、手間がかかるという意味では自判してもいいという考え方が出てくる余地があるかもしれません。

井上座長　　著しい事実誤認とまで言える場合は、明々白々ではないかということですか。

平良木委員　　そういうことです。ただ、今のような、ちょっとこれは話がずれてしまいますけれども、控訴理由を加重するということになると、従前の控訴理由をどうするのかという問題が出てくると思うんですね。二本立てでいくのか、あるいは、従前の控訴理由も同じように加重して統一し控訴理由にするのか、という問題が出てくる。そういう訳で、私はさっきから言っているように、裁判員制度において控訴理由を変えると、どうも全体のバランスが崩れてしまう。だから、運用に任せるのがいいという言い方をしたんです。

井上座長　　運用に任せながら、実態としては、一審に裁判員が入る場合は、その判断を尊重する趣旨で、著しい場合に限って破棄するという運用をするということでしょうか。

平良木委員　　そういうことです。

大出委員　　現行どおりというようなことで考えた場合、先ほど言わなかったので一言だけですが、自判ということになったときに、現行法上厄介な問題としては、審級の利益との関係の問題はあると思うんですね。これは、特に無罪が有罪になった場合に、結局、あとは上告審しか残ってない形になってしまうわけですね。それは私は問題があると思っているわけでして、事実誤認については差し戻すということが原則であるべきであって、量刑のところも、そこのところはどうしてもひっかかってこないわけではないと思うんですが、質的には違う問題だというふうに考えているということを一言付け加えさせていただきます。

井上座長　　今の御発言は、無罪を有罪にする場合と有罪を無罪にする場合と、論理的には二つの場合があり得て、その両方について違う判決が言い渡されれば、それぞれについて二回上訴が認められるべきだというお考えですね。

大出委員　　そうです。

池田委員　　控訴審は裁判官だけで構成することでいいと思うわけですけれども、その控訴審としては、第一審の判断を尊重することになるだろうと思います。ですから、

そういう意味で、控訴理由についてはかなり運用が制限されてくるだろうという気がするんです。もう一つは、今度は、その後、自判するかどうかの場面についても、このときにも裁判員が加わって行った判断に、それを前提とするような、それを修正するようなものであれば、多分その趣旨を尊重することになるので、自判できるだろうと考えられると思うのですが、逆に、これを全く無にして、せっかく裁判員制度を加えた意味を失わせるような新たな判断をするようなものになるのだったら、差し戻すべきだという議論になってくるのではないかと思います。ただ、破棄できる場合の要件と、自判できる場合の要件を、法律的にきちんと書き分けられるかというと、非常に難しいのではないかと思います。そうなると、現行法どおりのA案というのを前提に、あとは裁判員制度の趣旨を十分忖度した運用をしていくようにすることがいいのではないかと思います。

井上座長　皆さんの御意見の実質はそんなに違っていないような気もしますが、技術的にそれをどう構成するのかという点で違いがあるということでしょうね。

四宮委員　今、座長があまり変わってないとおっしゃるのは、結果的に新しい実務として出てくるものは、みんなが構想した案で変わってないだろうということで、その姿は、池田委員がおっしゃったようなことだと思うのです。ただ、特に事実問題についての組み立て方は、国民にどうアピールするかということも併せて考える必要があると思うんですね。もし、仮に、事実問題について、少なくとも今と同じ控訴のシステムで、最終的に裁判官が自判できるということになると、最初から、それだったら、プロの皆さんが最初からやってくだされればいいのではないか、というふうに思う人がいないとも限らないですね。ですから、ここはこれから協力していただく国民との関係も考えた控訴の在り方ということを検討しておく必要がある。そういう配慮もした上で制度を設計する必要があると思います。

井上座長　そのことについては、制度上も法律にはっきり書くべきだという御意見ですか。

四宮委員　はい。[19]

先に序言で論及したように第18回裁判員制度・刑事検討会では、井上正仁座長より「座長ペーパー」が提示され論議が集約された。

2．裁判員制度に関する検討会『裁判員制度に関する検討会・取りまとめ報告書』の成立経緯について検討する。

裁判員制度に関する検討会は、平成24年3月14日開催第9回以降、「論点整理のための検討」を開始する。控訴審の在り方についての検討は、同検討会第12回及び第15回で論議されている。

平成24年9月14日開催第12回裁判員制度に関する検討会での主要な論議は、以下の通りである。

稲田刑事局長 これまでの検討会では、論点整理のための検討を３期日にわたって行いまして、多くの御意見を頂戴したところでございます。そこで、論点整理のための検討は、できる限り、本日でこれを終えまして、次回以降、論点整理の上で、各論点ごとの議論に入っていただきたいと考えているところでございます。

　つきましては、本日は、まず、これまで御意見を頂いていない裁判員裁判に関わるその他の手続、これは主として上訴審を念頭に置いているということで結構かと思いますが、そのほか、裁判員の義務・負担に関わる措置等につきまして御意見を伺いたいと思いますが、そのような進行でよろしいでしょうか。

　（「異議なし」との声あり）

　それでは、まず、裁判員裁判に関わるその他の手続、主として上訴審等につきまして御意見を伺いたいと思います。

　どなたからでも結構でございますが。

四宮委員 四宮です。

　この検討会が、これ以前にも言いましたところですけれども、裁判員制度固有の問題だけを議論するのかどうかというのがありますけれども、一応、いろいろ論点整理のために議論し合うということですので、そういう意味でも申し上げようと思うんですけれども、議論したらどうかという点ですけれども、一つは、裁判員裁判による判決に対する控訴があった場合に、控訴審はいかにあるべきかと。

　これは、既に最高裁判所が今年の２月だったでしょうか、事実誤認を理由とする控訴の場合ですけれども、一つの新しい規範を定立いたしまして、恐らくは今後はこの判例に従った運用が行われるものと期待されますし、私もそれについてどうこう言うつもりはありません。そういう形で、いろいろと裁判員制度にふさわしい訴訟全体の仕組みが整えられていくことは大変結構なことだと思っております。

　一つは、その最高裁の判例では、一審の裁判員裁判の判決が、あのケースは無罪だったケースですけれども、有罪だったケースにどうなのかということは、判例の法廷意見からは、私の理解でははっきりしないわけです。ただ、あのケースはそうであったということもあって、裁判員裁判による無罪判決に対する事実誤認を理由とする控訴の在り方というものは、一つ議論をしたらどうかと思っております。

　つまり、今まで控訴理由、控訴権者については、特に両当事者間で被告人がする場合と検察官がする場合とで分けてきませんでしたけれども、私の理解というか考えるところでは、今回の最高裁の判例は、無罪判決に対する検察官の事実誤認を理由とする控訴により適合するように私には読めました。

　そういう意味もあって、これは長年来、一つ論点になっていたところでありますけれども、裁判員による無罪判決への事実誤認を理由とする検察官控訴について議論してみてはどうかというのが一つです。

　もう一つは、これも裁判員制度だからというよりは、裁判員制度の下では、必ず裁判員裁判になる死刑求刑事件のことですけれども、死刑判決が出た場合の上訴は、特に制度改革の際にも変えられてはおりません。死刑判決については、やはり慎重の上にも慎重を期するという意味で、例えば死刑判決に限り、被告人の上訴権の行使に関わらず、自動的に上訴の効果が生ずるような仕組みと、少なくとも二つの審級での審理を被告人の意思に関わらずに受けるような仕組みと、そういうような制度も海外に

はあると聞いておりますけれども、そういったものも検討してみたらどうかと。今日で先ほど稲田局長がおっしゃったように、今日、一応の論点出しみたいなものを終わるということもあって、お話ししたような次第です。

前田委員 四宮委員に口火を切っていただきましたので、私は日弁連で改革提言をしている内容で、この間、十分口頭で説明していなかった項目について、上訴審の問題に限らず、幾つか指摘させていただきます。

四宮委員御指摘の上訴審の在り方につきましても、日弁連内部で議論をいたしました。市民を入れた裁判員裁判の判断を尊重すると、その限りではほぼ一致するわけですが、それをどのように制度化するかに関しては議論が難しくて、最終的には日弁連としての意見はまとまっておりません。（中略）

稲田刑事局長 ありがとうございました。今の前田委員からの御指摘は、一部、裁判員の負担や義務の問題にも関わりますので、またそれは、後ほどもう一度取り上げようとは思いますけれども、そのほかに、今のその他の手続上の問題等につきまして、いかがでございますか。では、酒巻委員お願いします。

酒巻委員 四宮委員の御意見の中身を議論するつもりはありませんが、言及されました最高裁判所の判例の事案は、第一審無罪判決を事実誤認の疑いで破棄し有罪とした控訴審の判断手法を誤りとしたものであり、新しいというよりは従来から学界で言われていた、控訴審は事後審査審であるという考えに基づいた事実誤認の意味についての法解釈を述べたものです。例えば第一審有罪を破棄して第二審が無罪判決をする場合はどうかというような事項については、特に何も触れたものではないと理解されます。

また、四宮委員の御意見は、裁判員が関与した無罪判決に対する検察官の上訴をどうするかという、そういう論点出しだったと思いますが、裁判員が関与した無罪判決と職業裁判官だけで出された無罪判決について、法律上、何か区別をする理由はないと思います。そうすると一回無罪が出た場合に検察官が上訴できるかどうかという話は、古典的な問題であり、その問題については、法制審議会部会において弁護士会から論点の提示がされていただろうと思います。

四宮委員 裁判員裁判と裁判官裁判の無罪判決を区別すべきではないというのは御指摘のとおりで、裁判員との関係で今申し上げただけで、そういうふうに限定して論点出しをしたわけではありませんので、それは酒巻委員の御指摘のとおり、無罪一般にということでございます。

上冨刑事法制管理官 四宮委員の御発言の趣旨の確認という意味でございますが、先ほど二点、無罪判決に対する上訴の問題と、それから死刑判決に対する言わば義務的というか自動的な再審理の問題とおっしゃいましたけれども、その死刑判決の方の問題についても同じように一般的な問題としての御提示というふうな御理解なんでしょうか。

四宮委員 理論的にはそうだと思いますけれども、少なくとも裁判員制度全体とする以上は、死刑求刑事件は裁判員裁判ですよね、ではないですか。

上冨刑事法制管理官 例えば、裁判員法第３条の決定があったような場合とか、一部の罪で地方裁判所に第一審の管轄がない罪もあります。

四宮委員 では、そういう意味では一般的と。

上冨刑事法制管理官 　一般的な問題の御提示と理解していいですか。
四宮委員 　そういう趣旨で御理解いただいて結構です。
稲田刑事局長 　ほかにいかがでしょうか。
山根委員 　この件については、裁判員による裁判の結果が尊重されるべきだとは思いますけれども、やはりケース・バイ・ケースというか、様々な論点があると思っています。
　四宮委員からも御指摘がありましたけれども、死刑判決に関しましては、やはり誤審の防止とか、あと、裁判員の心の負担の軽減といったことのためにも、専門家による別の審議があることがある意味望ましいのではないかと私は考えておりますので、論点として残していただければと思います。

(中略)

稲田刑事局長 　ありがとうございました。いろいろと御意見を承っているところですが、主として上訴審の関係等につきまして、ほかに何かおありでしょうか。
酒巻委員 　上訴の在り方については、裁判員制度を設計する検討会においてもかなり議論をした結果、現行法が本来予定していた事後審査審である控訴審が最も裁判員裁判に適合的な上訴の形態である。したがって、現行法について変更を加える必要はないという形で、裁判員制度の導入に伴って上訴審には一切手を加えるということはしなかったわけです。
　最高裁判例があるかないかとは関わりなく、法制度としてはそういう形で裁判員制度と上訴審との関係は整理されて導入されたということでありまして、私としては、法改正を伴うような上訴審の変更は必要ないと考えています。
稲田刑事局長 　ありがとうございました。

(中略)

稲田刑事局長 　ありがとうございました。では、土屋委員、何かありますか。
土屋委員 　控訴審の在り方については、酒巻委員が今おっしゃったようなことで私も記憶を新たにしているんですけれども、制度設計当時に控訴審というのは、事後審であるのか、それとも覆審であるのかという理論面のやり取りのあったことを覚えております。
　その場合に、では、どういう構造にしたらいいのかという、これは私みたいな専門家でない者があれこれ言う話というよりは、もっと原則的な理論的な問題でもありますので、ちょっと余りその話に、私は今ここで踏み込むといいましょうか、それだけの力量もありませんのでそういうつもりはないんですが、恐らく、事後審としての控訴審の捉え方というのを前提にして制度設計がされていると、それは今の刑事裁判全体の在り方と裁判員裁判も異なることがないということだと理解しております。
　私はそれで基本的にはいいのではないかという感じを持っているんです。制度設計当時の私の意見は、覆審的な考え方も取り入れることを考えるといいましょうか、検討したらどうだろうというような意見を述べてはおります。例えば、外国の例なんかでは、一審の裁判員が参加した、国民が参加した判決に対して控訴が行われたときに、それを控訴審段階で覆す、その理由付けをどういうふうにするかというところでいろいろな選択が行われていて、ある国では参加する国民の数を増やして、それで多数の人の目で見てチェックすることによって公正な判断を保障するというか、説得的な理

由付けになるようにそういう構造をとっていると、そういう国もあるという、そういうこれは一種の立法政策的な話ですので、制度設計当時はそれも視野に入れて行われたということでいいと思うんですが、今この検討会で考えるときにそこまで遡ってもう一度考え直す、それはちょっと大変なことかなという気持ちもあります。

そうしますと、先ほどの四宮委員それから前田委員の提案を伺っていて、その趣旨もやはり今の控訴審は事後審だという位置付けを前提としたものであろう、それについて若干の修正を求めると、そういう内容の御意見かなというふうに私は思ったものですから特段何も述べなかったんですが、そういう趣旨であれば、更に論点としてここでいろいろ話していく、その意味合いはあろうかと思っています。そのことがまた、控訴審の在り方について重要な新しい姿を提示することにつながってくるかもしれないと、そういう可能性を感じるわけです。

今までの裁判員裁判をずっと見ていきまして、感じることの一つは、一番変わっていないのが控訴審だという感じです。裁判員裁判の現場といいましょうか、地裁レベルでの傍聴などをしていきますと、審理のやり方その他含めて、随分ドラスティックに変わったなという強い印象があるんですが、それほどの変化というのは高裁段階では感じられないときがあります。そして、それがまた裁判員裁判の判決に対する上訴の問題に対処するときの高裁の判断というものに反映されてきているんだろうというふうに思いまして、そういう意味では、高裁はこのままでいいのかなということになると、高裁も変わってほしいというのが私の意見です。

その辺りは最高裁の判決などで示された控訴審の判断の在り方についての原則といいましょうか、その辺りが更に徹底されていけば、かなり変化が生じてくるものであろうかなというふうに思っておりまして、もうちょっと見てみたいというのがあります。

ですから、そういう変わりつつある控訴審の姿というのを考える上で、四宮委員や前田委員の方から出た提案というのはやはり論点として考えていく問題ではあろうかなというふうに思っております。

四宮委員 補足させていただくと、今の御指摘のとおり、私が申し上げたのは、控訴審が事後審であるという基本構造を前提にした上でということですので、御指摘のとおりでございます。

稲田刑事局長 ありがとうございました。特に上訴審の関係等につきましてはこの辺りということにさせていただいてよろしいでしょうか。」[20]

酒巻委員の発言は、裁判員制度・刑事検討会の構成メンバーとして裁判員制度下の控訴審の在り方についての審議の経緯を端的にまとめたものである。酒巻発言は、同時に意見集約の方向性をリードするものでもある。なお、土屋委員の事後審としての控訴審が裁判員制度の導入によりそれに対応した何等かの変化が期待されるとの指摘は傾聴に値する。

平成24年12月4日開催第15回裁判員制度に関する検討会での主要な論議は、

以下の通りである。

井上座長　論点整理の６つ目の大項目、「上訴」に移りたいと思いますが、これについては「死刑判決が言い渡された場合における上訴について」という項目を掲げております。四宮委員が御発言になって、こういう項目になったというふうに承知していますので、もう一度その趣旨を御説明いただければと思います。

四宮委員　ありがとうございます。

　ここも裁判員裁判だけの問題かと言われれば、先ほど来議論があるように、それに限られないわけですけれども、主に裁判員裁判で出された死刑判決に関するものが多くなるだろうということでの、ここに取り上げていただいたものと理解をしております。私の提案の趣旨は、先ほどの評決と同じように、死刑判断は慎重の上にも慎重にという趣旨でございます。その点については恐らくはどなたも御異論はないんだろうと思うんですね。私の提案は、本人が上訴するという制度を変えるのかというと、そうではありません。当事者の被告人の上訴制度、上訴権というものを前提にした上でということでございます。

　本人が上訴していないのに、なぜ上訴の効果を発生させるのかという疑問があるかもしれませんけれども、まず、特に死刑判決を受ける被告人については、裁判で争点となるかどうかは別にしても、意思等の能力にも疑問がある場合もあります。その意思が十分だったのか、控訴しないとか控訴を取り下げるとかいう意思が十分だったのかということは問題となり得ると思いますし、また、はたには分からない病気というのがどうもあるようでして、そういった可能性もあるだろうと。それから、仮に意思がしっかりしていたとしても、人間の意思というのは変わり得るものですので、そういった場合への配慮も必要ではないか。また、さらには、一審で弁護人の十分な援助を受けられないで死刑判決を受けるということもないではないと。ということなので、本人が上訴しない場合にも上訴の効果を発生させるというのがよろしいのではないかということです。

　本人が上訴していないのに上訴の効果を発生させるということの２番目の理由は、生命の尊厳ということであります。もちろん、個人の権利は原則放棄が可能ではありますけれども、生命ばかりはやはり社会的あるいは国家的な価値というものがあるだろうと思います。その意味で、少なくとも手続的にも国家が後見的な役割を果たすということは合理的なことなのではないかと思うわけです。

　じゃ、具体的にどうなるのかということですけれども、原則は被告人本人の上訴権の行使ということがあります。被告人が上訴期間内に上訴しなかった場合、あるいは上訴しても取り下げた場合については、どこに自動的な上訴の管轄にするかというのは、これはちょっと議論があると思いますが、例えば、少なくとも最高裁判所のレビューを受けるような制度にする必要があるのではないかと思います。

　仮に本人が上訴しなかったと、あるいは上訴権を放棄した、上訴したけれども取り下げたというような場合について、仮に最高裁判所に自動的に上訴する、法定的に上訴すると、上訴の効果が発生するということになれば、そこで原則として国選弁護人を選任する、そしてその記録に基づいて主張すべきものは主張してもらう。そして、

裁判所としては、主に今の法律でいえば刑事訴訟法第411条の規定、各号の事由、死刑判決を破棄しなければ著しく正義に反するかどうかというようなことを中心に、最高裁判所では記録をレビューしていただくというような制度を検討してみたらどうかという趣旨でございます。

井上座長　本人はもう争うつもりはない。もともとの弁護人もそういう意向であるという場合に、上訴審としてどうすればよいのでしょうか。高等裁判所か最高裁かは分からないですけれども、職権で記録を調査して審査するというイメージですか。

四宮委員　そういうイメージです。

井上座長　ということのようですけれども、いかがでしょうか。どうぞ。

菊池委員　私は四宮委員がおっしゃるような自動上訴というものについては消極です。被告人本人が判決に納得している場合でも弁護人には独立して上訴権があります。実際にも、ほとんど多くの事件では死刑判決に対して上訴がなされている現状にあると思います。そのような実情の下において、被告人本人も納得し、弁護人の方でも不服はないというときに、必ず上訴審の審理を行う合理性があるのか疑問です。さらに、当事者の不服申立てがなく、何らの主張がなされていない状態で、職権で審理するといっても、上訴審が審理する対象は何なのか、裁判所は何をどう審理するのかイメージがつかめません。

井上座長　ほかの方はいかがでしょうか。

　ちょっとコメントさせていただくと、恐らく四宮委員はアメリカの死刑を存置している州の法制などを念頭に置かれているのではないかと思います。そういうところの多くでは、死刑判決に対しては、自動的な上訴の制度を設けています。それを念頭に置くなり、参考にして提案なさっているのではないかと思うのですけれども。

四宮委員　参考にはしております。

井上座長　そのアメリカの法制について少しお話ししますと、そういう制度が設けられているのはそれなりの意味があります。御存じのように、アメリカの場合、一審判決に対しては事実誤認や量刑不当を理由にしては上訴できないというのが原則です。通常の上訴は、法律問題や手続上の過誤を理由にするものに限られます。しかも、特に最上級の裁判所への上訴は、憲法違反などのごく限られた事由による場合以外は、権利としては認められておらず、上訴審が受理するかどうかは裁量に委ねられております。我が国の最高裁による上告受理の制度と似たような仕組みなのです。そういう制度を前提にして、死刑判決に限ってオートマチックでダイレクトな上訴の制度を採るということは、一つには、事実認定と、量刑、つまり死刑を選択したのが相当かどうかについて上級審による審査を認めるという点で、特例とするという意味があります。また、もう一つには、オートマチックですので、上級審の裁量で受理してもらえるかどうかが決まるというものではなく、自動的に上級審に係属するという意味があるのです。

　ところが、日本の場合は、そもそも、事実誤認でも量刑でも、いずれを理由にしても上訴できる。被告人の権利として上訴できることになっているので、前提がかなり違うわけです。

四宮委員　よろしいでしょうか。

井上座長　どうぞ。

四宮委員　アメリカの例を参考にしましたけれども、アメリカの例で参考にしたのは、実際に自動的な上訴になった場合にどういう手続になるかということです。私は飽くまでも今の日本の刑事訴訟法の仕組みの中で、そして最高裁判所は職権で事実の問題とか量刑の問題とか判断できるという形になっていますので、そこに組み込んではどうかという趣旨です。

井上座長　ここからは個人の意見ですけれども、今申したように、上訴制度として、救済の道が必ずしも十分でないことを前提にして自動的な上訴の制度を設けているのがアメリカなどの在り方ですが、日本の場合には、死刑を言い渡された被告人は権利として控訴でき、しかも、最上級審に跳躍してではなく、まず高等裁判所の審査を受け、その判決にも不服があるときは、最高裁への上告については事実問題とか量刑問題は裁量的ですけれども、実際の運用上、死刑事件の場合は最高裁も全て審査をしている。そのような制度が採られているのに、更にオートマチックな上訴というものを組み込まなければならない必要性ないし理由があるのかは、疑問と言わざるを得ません。
ほかの方はいかがでしょうか。

上冨刑事法制管理官　すみません、よろしいですか。

井上座長　どうぞ。

上冨刑事法制管理官　自動的に最高裁がレビューをするという制度はかなり今までの現行制度からすると特殊な制度なので、なかなかイメージがつかみにくいところはあるのですが、そのことの当否はともかくとして、最高裁が管轄するということであるから上訴というネーミングになるのかもしれないのですけれども、自動的に必ずレビューしなければ効力が生じない判決というのは、そこで言うところの一審判決というのは、独立した判決として意味を持っている判決なのかどうかというのが私にはよく分からなくて、結局、最高裁の許可を得なければいけないという評決要件を一審判決に加えただけというのと、どこが違うのだろうかという気が最初に伺ったときに思ったのですが。裁判員裁判での裁判員が加わって行った判決が、それ自体では決して完結しないというような制度をあえて設けるという御趣旨になるのかなと思ったのですが、そういう理解でよろしいんでしょうか。

四宮委員　いいえ、私の申し上げた趣旨は違います。第一審の裁判員裁判での判決は、判決の言渡しによってそれで完結するわけです。ただし、その執行力がいつ出るのかという問題ですね。それは最高裁のレビューを経ないと執行力は出ないと、確定はしないという趣旨です。ですから、一審の判決としては言渡しで完結するという趣旨ですけれども。

上冨刑事法制管理官　言葉の問題なんでしょうけれども、第一審における裁判員裁判による判決が、それ自体執行できない判決としてしか存在できないということですか。

四宮委員　だから、今の制度でいえば、上訴期間内の判決のような状態ということですね。

井上座長　それを実質的に見ると、一審判決自体だけでは完結しないというふうにも見えるというのが上冨刑事法制管理官の御趣旨だと思うのですが。
　ほかの方はいかがですか。よろしいですか。この点についても皆さんの御意見はほぼ尽きたということかと思いますので、この程度で終わらせていただきます。[21)]

第15回裁判員制度に関する検討会での死刑判決に対する自動的上訴についての提案は、死刑判断は慎重にとの趣旨に基づくものであるが、被告人及び弁護人が了解している事案でなおかつ最高裁のレビューを受ける場合、当事者不在のシステムを認めることとなり、当事者主義を前提とする限り不要な議論である。

Ⅱ-ⅱ．判例の動向

　１．裁判員裁判制度実施後、最高裁判所は、近時事実誤認の上告に対して５つの判断を示している。以下、裁判員裁判の事実認定を支持する類型と否定する類型とに分けて検討する。[22]

　Ⅱ-ⅱ-ａ．裁判員裁判の事実認定を支持する類型の最高裁の判断としては、①最高裁平成24年２月13日第一小法廷判決及び②最高裁平成26年３月20日第一小法廷判決がある。

　①　最高裁平成24年２月13日第一小法廷判決[23]
【事実の概要】
　被告人は、平成21年11月１日、マレーシアクアラルンプール国際空港から成田国際空港行きの航空機に搭乗し、バッグを機内預託手荷物として預け、航空機に積み込ませた。被告人は、成田国際空港に到着した後、本件バッグを受領し、これを携帯して成田税関支署の職員による税関検査を受けた。その際、被告人は、携帯品・別送品申告書の「他人から預かった物」を申告する欄に「いいえ」と記載し、税関職員から覚せい剤などの持込禁止物件の写真を示されてそれらを持っているかどうかを尋ねられた際もこれを否定した。

　税関職員は、被告人の所持品のうち、まず免税袋を検査し、チョコレート２缶とたばこのカートンが入っていることを確認したが、特に不審な点は発見されず、引き続き、本件バッグの検査を行い、チョコレート３缶（以下「本件チョコレート缶」という。）や黒色ビニールの包みが入っていることを確認した。税関職員は、先に検査した免税袋に入っていたチョコレート缶と比べると、本件チョコレート缶は、同程度の大きさであるのに明らかに重いと感じ、免税袋に入っていたチョコレート缶と本件チョコレート缶を持ち比べ、重さの違いからチョコレート以外の何かが入っているのではないかと考えたため、被告人に本件チョコレート缶についてエックス線検査を行うことの了解を求めた（な

お、本件チョコレート缶は、いずれも横27cm、縦20cm、高さ4cmの同種の平らな缶であり、各缶の蓋と本体の缶の周囲が粘着セロハンテープで留められていた。各缶の裏面には380gのチョコレートが入っている旨が表示されているが、約334gから約350gの覚せい剤がチョコレートのトレーの下に隠匿されていたため、缶の重量を合わせると約1056gから約1071gであった。)。

　被告人は、直ちに検査を承諾し、本件チョコレート缶に対するエックス線検査が行われた。なお、エックス線検査は、検査室の外にあるエックス線検査装置で行われ、被告人は検査室で待っていたため、エックス線検査には立ち会っていない。

　税関職員は、エックス線検査を行い、本件チョコレート缶の底の部分にいずれも黒い影が映し出されたことを確認し、検査室に戻り、被告人に対し、エックス線検査の結果については伝えずに被告人がこれらのチョコレート缶を自分で購入したのかどうかを尋ねたところ、被告人は、「ああそれは、きのう向こうで人からもらったものだよ。」と返答した。税関職員は、被告人に対し、当初は預り物やもらい物がないと申告したのではないかと尋ねたが、被告人から返答はなく、「それではどのような人にもらったのか、日本人ですか。」と質問したところ、被告人は、「イラン人らしき人です。」と答えた。これらの問答の後、税関職員は、被告人に荷物に関する確認票を作成させた上で、被告人にどれが預かってきたものであるのかを尋ね、被告人は、本件チョコレート缶、黒色ビニールの包み、菓子数点を申告した。

　税関職員は、被告人に黒色ビニールの包みを開けるよう求めたが、被告人が企業秘密の書類だからと答えてこれを拒否したため、本件チョコレート缶について、「エックス線検査をした結果、底の部分に影がありますので確認させていただきたい。」とエックス線検査の結果を説明した上で、缶を開けることの承諾を求めた。被告人が承諾したので、税関職員が被告人の面前で缶を開けたところ、本件チョコレート缶3缶全部から白色結晶が発見された。

　税関職員は、被告人に対し、「これはなんだと思うか。」と白色結晶について質問したところ、被告人は、「薬かな、麻薬って粉だよね、何だろうね、見た目から覚せい剤じゃねえの。」と答えた。税関職員は、再び黒色ビニールの包みについて被告人に開披を求め、その同意を得てこれを開けると、中には名義人の異なる5通の外国の旅券が入っており、そのうち3通は偽造旅券であった。

その後、税関職員は、白色結晶の検査をして覚せい剤であることを確認し、被告人を逮捕した。逮捕直後、被告人は、本件チョコレート缶について、マレーシアで知らない外国人から日本に持って行くように頼まれたと述べていたが、その後は、日本国内にいるナスールという人物から、30万円の報酬を約束され、航空運賃等を負担してもらった上で偽造旅券を日本に密輸することを依頼され、マレーシアでジミーという人物から旅券を受け取った際にナスールへの土産として本件チョコレート缶を持って行くよう頼まれたと述べるようになり、次いで、日本で旧知のカラミ・ダボットから被告人が送金を受けていることについて説明を求められた後に、ナスールから頼まれたのではなく、カラミ・ダボットに頼まれ、ジミーから偽造旅券を受け取り、ダボットに渡した上でナスールに渡すことが予定されていた旨述べた。なお、本件当時、カラミ・ダボットは、本件とは別の覚せい剤輸入事件の共犯者として大阪地方裁判所に起訴され、第一審で無罪判決を受けた後、検察官控訴により大阪高等裁判所で審理を受けている状況にあった。被告人は、こうした訴訟経緯をカラミ・ダボットから聞かされていた。

原原審千葉地裁平成22年6月22日刑事第1部判決は、「被告人が、本件チョコレート缶を受け取った際、その中に違法薬物が隠されているかもしれないと思った事実は認められるものの、これらを機内預託手荷物として預けるまでの間に、その不安が払拭されたという被告人の言い分は排斥できないから、被告人が、本件チョコレート缶内に違法薬物が隠されていることを知っていたことが、常識に照らして間違いないとまでは認められない。したがって、本件公訴事実については、犯罪の証明がない」として無罪を言渡した[24]。

原審東京高裁平成23年3月30日第9刑事部判決は、第1審判決には事実誤認があるとして原判決を破棄し、被告人を懲役10年及び罰金600万円に処した[25]。

【判旨】 原判決破棄、控訴棄却。

法廷意見は、「原判決は、間接事実が被告人の違法薬物の認識を推認するに足りず、被告人の弁解が排斥できないとして被告人を無罪とした第一審判決について、論理則、経験則等に照らして不合理な点があることを十分に示したものとは評価することができない。そうすると、第一審判決に事実誤認があるとした原判断には刑訴法382条の解釈適用を誤った違法があり、この違法が判決に影響を及ぼすことは明らかであって、原判決を破棄しなければ著しく正義に

反するものと認められる。」と判示し、原判決を破棄し、刑訴法413条ただし書、414条、396条により検察官の控訴を棄却した。本判決には、白木勇裁判官の補足意見がある。

【研究】

1．法廷意見は、控訴審の性格について「刑訴法は控訴審の性格を原則として事後審としており、控訴審は、第一審と同じ立場で事件そのものを審理するのではなく、当事者の訴訟活動を基礎として形成された第一審判決を対象とし、これに事後的な審査を加えるべきものである。第一審において、直接主義・口頭主義の原則が採られ、争点に関する証人を直接調べ、その際の証言態度等も踏まえて供述の信用性が判断され、それらを総合して事実認定が行われることが予定されていることに鑑みると、控訴審における事実誤認の審査は、第一審判決が行った証拠の信用性評価や証拠の総合判断が論理則、経験則等に照らして不合理といえるかという観点から行うべきものであって、刑訴法382条の事実誤認とは、第一審判決の事実認定が論理則、経験則等に照らして不合理であることをいうものと解するのが相当である。したがって、控訴審が第一審判決に事実誤認があるというためには、第一審判決の事実認定が論理則、経験則等に照らして不合理であることを具体的に示すことが必要であるというべきである。このことは、裁判員制度の導入を契機として、第一審において直接主義・口頭主義が徹底された状況においては、より強く妥当する。」と原則論を判示し、控訴審が第一審判決に事実誤認があるとして第一審判決の事実認定を否定するには、「第一審判決に論理則、経験則等に照らして不合理な点があることを具体的に示さなければ、事実誤認があるということはできない。」と判示する。

2．法廷意見は、原判決の被告人の弁解に関する原判断について「原判決は、被告人の弁解を排斥できないとした第一審判決について、被告人の弁解が信用できないと判示することによりその不合理性を明らかにしようとしたものとみられるが、その指摘する内容は、被告人の弁解を排斥するのに十分なものとはいい難い。被告人の上記弁解は、被告人が税関検査時に実際に偽造旅券を所持していたことや、その際、偽造旅券は隠そうとしたのに、覚せい剤の入った本件チョコレート缶の検査には直ちに応じているなどの客観的事実関係に一応沿うものであり、その旨を指摘して上記弁解は排斥できないとした第一審判決のような評価も可能である。」と判示する。

法廷意見は、検察官の主張する間接事実に関する原判断について「原判決は、間接事実が被告人の違法薬物の認識を推認するに足りず、被告人の弁解が排斥できないとして被告人を無罪とした第一審判決について、論理則、経験則等に照らして不合理な点があることを十分に示したものとは評価することができない。」と判示する。

3．白木 勇裁判官は、補足意見において従前の控訴審について「刑事控訴審の審査の実務は、控訴審が事後審であることを意識しながらも、記録に基づき、事実認定について、あるいは量刑についても、まず自らの心証を形成し、それと第一審判決の認定、量刑を比較し、そこに差異があれば自らの心証に従って第一審判決の認定、量刑を変更する場合が多かったように思われる。これは本来の事後審査とはかなり異なったものであるが、控訴審に対して第一審判決の見直しを求める当事者の意向にも合致するところがあって、定着してきたといえよう。この手法は、控訴審が自ら形成した心証を重視するものであり、いきおいピン・ポイントの事実認定、量刑審査を優先する方向になりやすい。」と判示する。

白木 勇裁判官は、裁判員制度の下での控訴審について「裁判員の加わった裁判体が行う量刑について、許容範囲の幅を認めない判断を求めることはそもそも無理を強いることになるであろう。事実認定についても同様であり、裁判員の様々な視点や感覚を反映させた判断となることが予定されている。そこで、裁判員裁判においては、ある程度の幅を持った認定、量刑が許容されるべきことになるのであり、そのことの了解なしには裁判員制度は成り立たないのではなかろうか。裁判員制度の下では、控訴審は、裁判員の加わった第一審の判断をできる限り尊重すべきであるといわれるのは、このような理由からでもあると思われる。」と判示し、従前の手法の変更を求める。

4．本判決は、裁判員裁判制度の下での控訴審における事実誤認を理由とする第一審の判断を排斥するには論理則、経験則等に照らして不合理な点があることを具体的に示さなければならないとして控訴審の判断プロセスを詳細に検討した上で判示するものであり、控訴審の審理の在り方を示唆する妥当な判断である。

② 　最高裁平成26年3月20日第一小法廷判決[26]

【事実の概要】

被告人A及びB両名は、平成21年4月頃から、広島市内の被告人両名方において、被告人Bの妹であり、医師により統合失調症と診断されていたC（当時21歳）を引き取り同居し、同年6月下旬頃からCを怒鳴り付けるのみならず、その頭部や顔面を殴ったり、顔や背中等に表皮剥奪を生じさせるような暴行を加えるなどの虐待行為に及んでいた。Cは、7月29日頃、顔に黄疸、顔、手及び腰に浮腫がそれぞれ認められ、被告人Bの手を借りて半歩ずつゆっくり歩く状態であった。この状態を目にした皮膚科の医師は、Cは全身状態が悪く内科的治療を要する状態であり、このままだと大変なことになると判断した。

Cは、8月5日頃には、統合失調症による精神状態及び平素からの虐待等を受けていたことにより被告人両名に逆らえない状態になっていた。Cは、自ら進んで必要な医療措置を受けるなどの行動に出るのが困難な状態にあった。Cは、外傷による出血や十分な食事を取っていなかったことなどが原因で、血中の赤血球やヘモグロビン、さらには総タンパクやアルブミン等の数値が通常値よりも相当低いという虚血で低栄養の状態にあった。そして、外見上は、両目の瞼や唇など顔全体を腫らし、被告人Bの手を借りるか、あるいは椅子の背もたれにつかまるなどしてすり足で歩く状態であった。

Cは、その後、虚血の状態が更に悪化し、身体の末梢組織に十分に酸素が行き渡らないことにより体内に毒性物質が生じて全身に炎症反応を起こし、その過程で8月9日頃には危険な状態に至った。Cは、他方で、敗血症を発症し、遅くとも8月14日頃には立ち上がることもできなくなっていた。Cは、8月16日午後7時57分頃に心肺停止の状態で病院に救急搬送され治療を受けたが、8月20日に死亡した。

原原審広島地裁平成23年7月14日刑事第1部判決は、保護責任者遺棄致死罪の成立を認め被告人両名をそれぞれ懲役6年に処した[27]。原審広島高裁平成24年4月10日第1部判決は、「原判決の上記認定、判断には、以下のとおり、論理則、経験則等に照らして不合理であるといわざるを得ず、あるいは、当審における事実取調べの結果等に照らし、是認できないところがあり、被告人両名において、被害者の生命身体に危険があり、その生存に必要な保護として、医師の診察等の医療措置を受けさせる必要があるとの認識を有していたか否かについて、更に審理を尽くす必要がある」と判示し、原判決を破棄し、広島地方裁判所に差戻した[28]。

【判旨】 原判決破棄、広島高等裁判所に差戻。

法廷意見は、原判決で信用性を否定された証言について詳細に検討し「原判決が、E証言及びF証言を信用できないとし、被告人両名は被害者が生存に必要な保護として医療措置を受けさせるなどの保護を必要とする状態であることを分かっていたとする第一審判決の認定、判断を是認できないとした判断は、第一審判決について、論理則、経験則等に照らして不合理な点があることを十分に示したものとは評価することができない。そうすると、第一審判決に事実誤認があるとした原判断には刑訴法382条の解釈適用を誤った違法があり、この違法が判決に影響を及ぼすことは明らかであって、原判決を破棄しなければ著しく正義に反するものと認められる。」と判示し、原判決を破棄し、広島高等裁判所に差戻した。

【研究】

法廷意見は、最高裁平成24年2月13日第一小法廷判決（刑集66巻4号482頁）の「刑訴法382条の事実誤認とは、第一審判決の事実認定が論理則、経験則等に照らして不合理であることをいうものと解するのが相当であり、控訴審が第一審判決に事実誤認があるというためには、第一審判決の事実認定が論理則、経験則等に照らして不合理であることを具体的に示すことが必要である」との判示を引用し、原審の判断は「第一審判決について、論理則、経験則等に照らして不合理な点があることを十分に示したものとは評価することができない。」と判示する。

本判決は、事実誤認を理由とする控訴審において第一審判決の事実認定を論理則・経験則等に照らして不合理であると判断する際の具体的な説示方法について判示するものであり、裁判員による第一審判決の事実認定を重視する立場を改めて確認した判決である[29]。

Ⅱ-ⅱ-ｂ．裁判員裁判の事実認定を否定する類型の最高裁の判断としては、③最高裁平成25年4月16日第一小法廷決定、④最高裁平成25年10月21日第一小法廷決定及び⑤最高裁平成26年3月10日第一小法廷決定がある。

③ **最高裁平成25年4月16日第三小法廷決定**[30]

【事実の概要】

被告人は、氏名不詳者らと共謀の上、営利の目的で覚せい剤を日本国内に輸入しようと計画し、事前にメキシコでパソコン（ラップトップ）、現金2000米ド

ル、メキシコ・成田間の往復航空券（日本円で約18万円）、9月11日から18日までの7泊分の東京の滞在ホテルの予約用紙を受け取り、手渡された現金の使途について日本に着いたらすぐ日本円に換え、食事代や通信・交通費にも使うように指示されていた。平成22年9月13日（現地時間）、メキシコ合衆国のB営業所において、覚せい剤約2978.15gと約2989.84gをそれぞれ隠し入れた段ボール箱2個を航空小口急送貨物として、東京都江東区内保税蔵置場留め被告人宛てに発送し、同日（現地時間）、同国の空港において空港関係作業員に航空機に積み込ませた上、アメリカ合衆国の空港を経由して、航空機により同月15日及び同月17日、それぞれ段ボール箱各1個を千葉県成田市所在成田国際空港駐機場に到着させた上、同空港関係作業員に航空機の外へ搬出させて覚せい剤合計約5967.99gを日本国内に持ち込み、さらに、保税蔵置場にそれぞれ到着させ、同月17日、江東区東京税関検査場において、税関職員が本件貨物を検査したところそれぞれビニールを巻きつけた筒状の物体が入っており、その内部に覚せい剤が隠匿されていることが税関検査により発覚した。警察は、それを無害なものと入れ替えて名宛人に引き渡すというクリーン・コントロールド・デリバリーを実施することとした。

被告人は、9月21日、一人でホテルからタクシーで江東区内のB営業所へ本件貨物等の段ボール箱5個を受取りに行き本件貨物等を受け取りタクシーで同日午後2時15分頃にホテルに戻り自室に運んだ。本件貨物には、警察によって光を感知するセンサーが仕込まれており、同日午後3時15分頃、センサーから発信があった。同日午後3時24分頃、警察官は、捜索差押許可状に基づき、当該ホテル室内を捜索し、本件貨物を発見し、同日午後4時33分頃、被告人を国際的な協力の下に規制薬物に係る不正行為を助長する行為等の防止を図るための麻薬及び向精神薬取締法等の特例等に関する法律違反の現行犯人として逮捕した。被告人は、本件貨物を受け取ることができなかった。

原原審東京地裁平成23年7月1日刑事第6部判決は、「本件のような覚せい剤の輸入行為は許されない犯罪であり、その犯人は処罰されるべきである。また、外国での出来事が関係する事案の証拠収集に難しい点があるのも事実であろう。しかしながら、本件で問題となっているのは、本件犯罪の刑事責任を被告人に問うてよいか否かの点なのであり、他の事件より有罪の証明の程度が低くなるわけではない。本件においては、取調べ済みの関係各証拠によっては、

被告人が本件覚せい剤輸入について犯罪組織関係者と共謀した事実について、なお疑いを残すと言うほかない。したがって、本件公訴事実については犯罪の証明がない」として無罪を言渡した[31]。

原審東京高裁平成23年12月8日第4刑事部判決は、「被告人は、犯罪組織関係者との間で、本件覚せい剤の輸入につき暗黙のうちに意思を通じたものと認められ、本件覚せい剤輸入の故意及び共謀が認められる。」とし、「原判決が被告人につき本件覚せい剤輸入の故意が認められるとした点は結論において正当といえるが、上記のような客観的事情等があるにもかかわらず、これらを適切に考察することなく被告人と犯罪組織関係者との共謀を否定した点は、経験則に照らし、明らかに不合理であり、是認することができない。」と判示し、刑訴法397条1項及び382条により原判決を破棄し、被告人を懲役12年及び罰金600万円に処した[32]。

【判旨】　上告棄却。

法廷意見は、「その余は、単なる法令違反、事実誤認の主張であって、同条の上告理由に当たらない。」と判示し、なお書きで職権判断をした上で上告棄却の決定をした。本決定には、大谷剛彦裁判官及び寺田逸郎裁判官の補足意見がある。

法廷意見は、「被告人が犯罪組織関係者の指示を受けて日本に入国し、覚せい剤が隠匿された輸入貨物を受け取ったという本件において、被告人は、輸入貨物に覚せい剤が隠匿されている可能性を認識しながら、犯罪組織関係者から輸入貨物の受取を依頼され、これを引き受け、覚せい剤輸入における重要な行為をして、これに加担することになったということができるのであるから、犯罪組織関係者と共同して覚せい剤を輸入するという意思を暗黙のうちに通じ合っていたものと推認されるのであって、特段の事情がない限り、覚せい剤輸入の故意だけでなく共謀をも認定するのが相当である。原判決は、これと同旨を具体的に述べて暗黙の了解を推認した上、本件においては、上記の趣旨での特段の事情が認められず、むしろ覚せい剤輸入についての暗黙の了解があったことを裏付けるような両者の信頼関係に係る事情がみられるにもかかわらず、第一審判決が共謀の成立を否定したのは不合理であると判断したもので、その判断は正当として是認できる。（中略）原判決は、第一審判決の事実認定が経験則に照らして不合理であることを具体的に示して事実誤認があると判断した

ものといえるから、原判決に刑訴法382条の解釈適用の誤りはなく、原判決の認定に事実誤認はない。」と判示する。

【研究】

1．本事案は、控訴審が覚せい剤輸入の故意は認められるが共謀は認められないとして無罪を言渡した第一審を刑訴法382条により破棄自判する際の事実認定について、「控訴審が第一審判決に事実誤認があるというためには、第一審判決の事実認定が論理則、経験則等に照らして不合理であることを具体的に示すことが必要である（最高裁平成23年（あ）第757号同24年2月13日第一小法廷判決・刑集66巻4号482頁）」とする前掲①判決に依拠した事例判決である。

2．本決定は、覚せい剤取締法及び関税法違反事案における故意及び共謀の有無が争点となった事案であり、補足意見は第一審の事実認定につき幾つかの視点から最高裁平成24年2月13日第一小法廷判決を踏まえて具体的論点について論及する。

田原睦夫裁判官は、補足意見で最高裁平成24年2月13日第一小法廷判決のいう論理法則の適用について「一定の事実に基づいてそれから合理的に推認される事実を認定し、更にその推認された事実及び他の認定できる諸事実関係と相俟って合理的に推認される事実を認定する」と解し、「かかる経験則の適用を否定するには、その推認過程のうちの何れかの点において、推認することが相当でない特段の事由（推認障害事由）の存在が認定される必要がある。」と判示する。

大谷剛彦裁判官は、補足意見で共謀共同正犯における「共謀」の意義について「裁判員制度の実施に当たり、裁判員と裁判官が、法的概念について、可能な限り共通する理解の下で事実の認定に当たれるよう、その本質ないし本当に意味するところに立ち返った理解や、裁判員への分かりやすい説明の工夫について研究が行われてきており、成果も上がっていると思われる。裁判員に法的な概念を説明するのは、裁判官（長）の役目である（裁判員法66条5項）。裁判員に対し、適切な説明を行って職責を十分に果たすよう配慮する趣旨においても、法的概念についての共通の理解と認識に向けて、一層の研究と裁判官（長）の説明努力が期待されるところである。」と判示する。

更に、寺田逸郎裁判官は、補足意見で控訴審の証明の程度について「このような定式化されたところを欠くと判示引用の最高裁平成24年2月13日第一小法

廷判決のいう『論理則、経験則等に照らして不合理であることを具体的に示』
したことにならないと解することは、厳格にすぎ、相当ではあるまい。一般化
できるものは一般化した形で説明された方がわかりやすいとはいえるであろう
が、常にそれが可能とは限らない。例えば、本件とは逆に、第一審判決が関係
諸事実を総合的に評価して共謀を認めている場合に、その認定が誤っていると
するには、控訴審としては、合理的な疑いがあることを明らかにすることで足
るはずであって、これを覆すための経験則を定式化して示すことを強いるまで
のことはあるまい。このような場合に限らず、結局、控訴審としては、事実誤
認を説明するに当たって、事案に応じ、第一審判決の判断の誤りが看過できな
いレベルにあるとする具体的な理由を客観的な立場にある人にも納得のいく程
度に示すことで足ると解する」と判示する。

　3．大谷剛彦裁判官の補足意見は、裁判員裁判との関連での法的概念とし
ての「共謀」の意義について裁判員の理解及び認識に向けての裁判官（長）の
説明努力を指摘する点で裁判員裁判制度の問題点を考察する上で示唆的であ
る。

④　**最高裁平成25年10月21日第一小法廷決定**[33]

【事実の概要】

　被告人は、氏名不詳者らと共謀の上、営利の目的で平成22年6月2日（現地
時間）、ベナン共和国所在のカルディナル・ベルナディン・ガンティン国際空
港において、航空機に搭乗する際、粘着テープ等で2包に小分けされた覚せい
剤2481.9gを隠し入れた茶色のソフトスーツケースを機内預託手荷物として預
けて同航空機に積み込ませた。被告人は、同月3日（現地時間）、フランス共和
国所在のシャルル・ド・ゴール国際空港において、本件スーツケースを別の航
空機に積み替えさせて出発させ、同月4日、成田国際空港内において本件スー
ツケースを同航空機から搬出させ、覚せい剤取締法違反である覚せい剤の輸入
を行うとともに、同日、同空港内の税関旅具検査場において税関職員の検査を
受けた際、覚せい剤を携帯している事実を申告しないまま同検査場を通過して
輸入しようとして同職員に覚せい剤を発見されたため遂げられなかった。

　原原審千葉地裁平成23年6月17日刑事第1部判決は、「被告人が本件覚せい
剤の隠匿された本件スーツケースを自己の荷物として持ち込んだという事実
に、被告人供述の不自然さを併せて考慮しても、被告人の知情性が常識に従っ

て間違いなくあるとはいえない。」として無罪を言渡した[34]。

原審東京高裁平成24年4月4日第3刑事部判決は、第一審判決の認定する覚せい剤の回収措置に関する経験則及び犯意（知情性）の有無について精査し、「被告人に本件スーツケースに覚せい剤が隠匿されているかもしれないとの認識があったことは優に推認でき、これを否定した原判決は、その結論においても是認できないといわざるを得ない。」と判示し、「原判決は知情性の有無について事実を誤認したものと認められ、この誤認が判決に影響を及ぼすことは明らかである。なお、以上述べたところから、被告人において氏名不詳者らとの共謀があったことも明らかである。」として原判決を破棄し、懲役10年及び罰金500万円に処した[35]。

【判旨】　上告棄却。

法廷意見は、「密輸組織が多額の費用を掛け、摘発される危険を冒してまで密輸を敢行するのは、（中略）密輸組織において目的地到着後に運搬者から覚せい剤を確実に回収することができるような特別な事情があるか、あるいは確実に回収することができる措置を別途講じているといった事情がある場合に限られるといえる。したがって、この種事案については、上記のような特段の事情がない限り、運搬者は、密輸組織の関係者等から、回収方法について必要な指示等を受けた上、覚せい剤が入った荷物の運搬の委託を受けていたものと認定するのが相当である。」として覚せい剤の回収措置に関する経験則を示し、「密輸組織が関与した犯行であることや、被告人が本件スーツケースを携帯して来日したことなどから、被告人は本件スーツケースを日本に運ぶよう指示又は依頼を受けて来日したと認定した原判断は、上記したところに照らし正当である。」と判示する。

法廷意見は、第一審判決は「この種事案に適用されるべき経験則等の内容を誤認したか、あるいは、抽象的な可能性のみを理由として経験則等に基づく合理的な推認を否定した点において経験則等の適用を誤ったものといえ、原判決のとおり、知情性を否定した結論が誤っているといわざるを得ない。」として第一審判決の事実認定を批判する。

【研究】

本決定は、刑訴法382条に関する判例として定着した最高裁平成24年2月13日第一小法廷判決（刑集66巻4号482頁）に依拠して原審の判断を支持した事例

⑤　**最高裁平成26年3月10日第一小法廷決定**[36]

【事実の概要】

被告人は、A、B、C、D及び氏名不詳者らと共謀の上、営利の目的で平成21年7月18日、関西国際空港において、情を知らない同空港関係作業員らに覚せい剤であるフエニルメチルアミノプロパン塩酸塩の結晶約4004.17g在中の機内手荷物であるスーツケースをトルコ共和国のアタチュルク国際空港発トルコ航空第46便から搬出させ、覚せい剤を本邦に輸入した。被告人は、同日、関西空港内大阪税関関西空港税関支署旅具検査場で覚せい剤携帯の事実を申告しないまま通関しようとしたが、税関職員に発見され遂げられなかった。

第一審の公判前整理手続では、本件の争点は「覚せい剤の輸入の共謀があったか否か」と整理され、Aに指示を与えていた上位者として被告人が関与していたかどうかが争われた。検察官は、被告人がAを介してDに指示を出すとともに、イランに向けた国際電話で海外の密輸組織とも連絡を取り合って覚せい剤の密輸入を主導していたものであり、被告人が本件の首謀者であると主張した。検察官は、被告人とAらとの共謀については被告人から指示を受けていたとするA供述のほか、Aや被告人を含む関係者間で行われた通話等の履歴、被告人が本件を含む一連の覚せい剤の密輸入の決行日とされる日に自ら関西空港に赴いていたこと、被告人が本件当時多額の金銭を得ていたことなどによって立証するとした。これに対し、被告人は、A供述の信用性を争った。

原原審大阪地裁平成23年1月28日第3刑事部判決は、A供述の信用性は決して高いものではないとし、他方、関西空港へはAに頼まれて付いて行っただけであるとする被告人の供述は必ずしも信用し難い面があるものの全体として虚偽のものであるとして排斥することはできないとして、被告人とAらとの共謀を否定し、被告人に無罪を言渡した[37]。

原審大阪高裁平成24年3月2日第4刑事部判決は、「A供述は、客観的な証拠である通話記録とよく符合していて信用性が高く、A供述以外から被告人の本件密輸入への関与を基礎付ける事情も認められるから、これらを総合評価すれば被告人とAらとの共謀を優に認定できるというべきである。」と判示し、第一審判決には判決に影響を及ぼすことが明らかな事実の誤認があるとして第一審判決を破棄し、再度裁判員を含めた合議体の審理、判決に委ねるのが相当

として事件を第一審に差戻した[38]。

【判旨】　上告棄却。

　法廷意見は、第一審判決の事実認定を精査し、「第一審判決が、最終的にＡ供述の信用性を否定し、被告人とＡらとの共謀を否定する結論を導いた点も、経験則に照らして不合理な判断といわざるを得ない。原判決は、これと同旨の説示をするとともに、Ａ供述は通話記録とよく符合していて信用性が高く、また、Ａ供述以外から被告人の本件密輸入への関与を基礎付ける事情も認められると指摘して、これらを総合評価すれば、被告人とＡらとの共謀を優に認定することができると判示しているところ、この判断も合理的なものであって、是認できる。」と判示し、原判決は「第一審判決の事実認定が経験則に照らして不合理であることを具体的に示して事実誤認があると判断したものといえ、刑訴法382条の解釈適用の誤りはないし、事実誤認もない。」と判示して上告を棄却した。

【研究】

　本決定は、刑訴法382条に関する判例として定着した最高裁平成24年２月13日第一小法廷判決（刑集66巻４号482頁）に依拠して原審の判断を支持した事例判決である。

　横田尤孝裁判官は、補足意見で「裁判員制度の下での在るべき審理という観点から振り返ると、本件第一審の審理には、いくつか問題があった」として「公判前整理手続における争点整理及び審理計画の策定が不適切であった」点を厳しく批判し、「公判前整理手続における争点整理及び審理計画の策定が不適切なままで終わったことには裁判所のみならず当事者の対応にも問題があったと考えられるところであり、分けても本件公訴事実について立証責任を負う検察官の訴訟活動には問題があったといわざるを得ない。」と判示する。

　更に、横田裁判官は、第一審の判決書についても論及し、「同判決書は、本文だけで43頁に及ぶもので、この種事件にかかる裁判員裁判の判決書としては異例ということもできるほど長く、裁判員が一読して直ちに理解できたであろうかとの感を抱かざるを得ない。もとよりその長短のみをもって判決書の当否を論ずべきではないが、前記のような公判前整理手続及び公判審理の問題点が、評議及び判決にも影響を与えたと見ざるを得ず、公判前整理手続や公判審理の問題点が改善されれば、本件の具体的事案、争点、真に必要な証拠関係等に即

したより分かりやすい内容の判決ができないではなかったはずであると思われる。」として裁判員裁判でのあるべき公判審理についても言及する。

2．覚せい剤取締法違反及び関税法違反事案は、裁判員にとって非日常的な覚せい剤に関する事例ゆえに判断の困難なケースである。本稿で検討した5事例のうち4事例は、覚せい剤取締法違反及び関税法違反事案である。

上告審において第一審の裁判員裁判の事実認定が維持されたのは、①で考察した最高裁平成24年2月13日第一小法廷判決（刑集66巻4号482頁）及び保護責任者遺棄致死罪に関する②最高裁平成26年3月20日第一小法廷判決（刑集68巻3号499頁）である。

累次の上告審判決が上告棄却とする判断を示しているのは、控訴審が、事実誤認を控訴理由とする事案で最高裁平成24年2月13日第一小法廷判決の趣旨を理解し、第1審の裁判員裁判に配慮しつつ的確な事実認定を重ねている証左といえる。

Ⅲ．広島高裁松江支部平成26年3月20日判決

Ⅲ-ⅰ．本判決考察の前提

1．本件は、裁判員裁判で直接証拠の存在しない情況証拠により間接事実の積上げ方式により事実認定がなされた鳥取地裁平成24年12月4日判決の控訴審である[39]。

刑訴法317条は、証拠裁判主義を採用する現行法の下で重要な事実認定には厳格な証明を求めていると解されている[40]。判例は、証明の程度をめぐり最高裁平成19年10月16日第一小法廷決定（刑集61巻7号677頁）及び最高裁平成22年4月27日第三小法廷判決（刑集64巻3号233頁）で状況証拠による事実認定の在り方について判断を示す[41]。

最高裁平成19年10月16日第一小法廷決定は、「刑事裁判における有罪の認定に当たっては、合理的な疑いを差し挟む余地のない程度の立証が必要である。ここに合理的な疑いを差し挟む余地がないというのは、反対事実が存在する疑いを全く残さない場合をいうものではなく、抽象的な可能性としては反対事実が存在するとの疑いをいれる余地があっても、健全な社会常識に照らして、その疑いに合理性がないと一般的に判断される場合には、有罪認定を可能とする

趣旨である。そして、このことは、直接証拠によって事実認定をすべき場合と、情況証拠によって事実認定をすべき場合とで、何ら異なるところはないというべきである。」と判示する[42]。

直接証拠のない間接事実の積上げ方式による証明では、推認プロセスの合理性が担保されているかが重要な論点である[43]。

Ⅲ-ⅱ. 審理の経緯

1. 広島高裁松江支部平成26年3月20日判決は、控訴の趣意等の検討の後、事実誤認を控訴理由とする弁護人の主張の骨子を、第一は、強盗殺人事件の北栄町事件及び摩尼川事件の犯人性を争点とし、原審は被告人を犯人であるとの推認を妨げる重要な間接事実を考慮せず、証拠上認定し得る間接事実を総合しても、被告人が犯人であることには合理的な疑いが残る。第二は、奥田一恵及び奥田康人の現金126万円の詐欺事件以外の詐欺及び窃盗事件で被告人は主導的立場ではない、とまとめる。

本判決は、控訴趣意を詳細に検討するため主要な2件の強盗殺人罪について以下の様に構成する。

第2 控訴趣意中、北栄町事件に関する主張について
1. 原判決の認定
(1) 被告人は、被害者が行方不明となった時点で矢部と行動を共にし、かつ、本件砂浜で全身ずぶ濡れ状態であったのは被告人であって、Aではない以上、北栄町事件の犯人は被告人であるとの推認
(2) 被告人が被害者睡眠薬等の成分の由来となった睡眠薬等を事前に入手していた
(3) 被告人が被害者から270万円の債務の弁済を強く求められていた
(4) 被告人が被害者の死亡後にAに口裏合わせを依頼している
2. 上記認定に対する弁護人の主張の概要
(5) 間接事実を認めるに足る証拠はない。
(6) 意識朦朧となった被害者を車から降ろして海中まで誘導して入水させる行為は著しく困難、第三者に目撃される可能性大
(7) 殺害動機がない

3．検討

（1）被告人は、被害者が行方不明となった時点で被害者と行動を共にし（被害者の最終接触者は被告人か）、かつ、本件砂浜で全身ずぶ濡れ状態であったかについて

（2）被告人は、被害者の体内から検出された睡眠薬等（被害者睡眠薬等）の成分の由来となった睡眠薬等を北栄町事件以前に入手していたかについて

（3）被告人が被害者から270万円の債務の弁済を強く求められていたかについて

（4）被告人がＡに口裏合わせを依頼したかについて

（5）被告人が北栄町事件の犯人であることの推認を妨げる間接事実について

（6）その余の所論（Ａの証言全体の信用性）について

4．北栄町事件に関する結論

第3　控訴趣意中、摩尼川事件に関する主張について

1．原判決の認定

（1）摩尼川事件の犯人が本件現場付近で被害者を入水させた時間帯が平成21年10月6日午前10時20分頃から午前10時50分頃までの間であり、この間にＡは鳥取市山城町4番31号所在のサンマート北園店の北側の同店第2駐車場で待機していたことなどから、被害者と一緒にいて被害者を殺害する機会を有していたのは被告人のみであり、この事実のみで被告人が摩尼川事件の犯人であると推認できる。

（2）被告人が被害者睡眠薬等の由来となった睡眠薬等を事前に入手していた

（3）被告人が被害者から自身購入分53万1950円にＡの購入分を合わせた123万円余りの電化製品代金の支払を強く求められていた

2．上記認定に対する弁護人の主張の概要

（1）ないし（3）の各間接事実を認めるに足る証拠がない

（4）被告人には摩尼川事件の犯行に及ぶ機会がなかった

（5）本件現場付近の状況や被害者が殺害された方法等に照らすと、被告人が意識朦朧状態の被害者を車から降ろして本件現場付近に誘導して入水させるという行為は不可能であり、かつ、第三者に目撃される危険性大

（6）被告人に被害者を殺害動機がない
3．検討
（1）被害者を殺害する機会を有しているのが被告人だけであったか（被害者の最終接触者は被告人か）について
（2）被告人が被害者睡眠薬等摩尼川事件以前に入手していたかについて
（3）被告人が被害者から電化製品代金の支払いを強く求められていたかについて
（4）被告人が摩尼川事件の犯人であることの推認を妨げる間接事実について
（5）その余の所論（Aの証言全体の信用性）について
4．摩尼川事件に関する結論
第4　控訴趣意中、本件詐欺事件等に関する主張について
第5　結論

2．北栄町事件での主要な争点は、①しまむら倉吉店でのキャミソール等の購入経緯及び②被害者の体内から検出された睡眠薬等の入手経路である。

第一の争点であるしまむら倉吉店でのキャミソール等の購入経緯について原審及び控訴審の証言を検討する。

平成24年10月23日原審第14回公判における検察側証人Aに対する証人尋問概要は、以下の通りである。

【弁護側反対尋問】
〔服を買った状況について〕
弁護人　店員と一緒に選んだのか？
A証人　こういう風な服ならこちらにありますと言われ、私が選んだ。四六時中店員がついていたわけではない。
弁護人　まずはどこを案内してもらった。
A証人　下着コーナー。
弁護人　どんなことを聞いた？
A証人　婦人物のパンツや下着がほしいと言った。
弁護人　年齢についてはどんな話をした？
A証人　30歳代くらいが身に着ける服やパンツのたぐい。
弁護人　上着についてどんなことを尋ねた？
A証人　まあ身に着けれるサイズであとは娘も着れるもの。

弁護人	若めのものがいいと言われていたのに、そのことは伝えなかったのか？
Ａ証人	伝えていません。その部分は私が選びました。
弁護人	まずはどの下着を買った？
Ａ証人	パンツやキャミソールです。
弁護人	ズボンと上着はどこにあった？
Ａ証人	店の中央あたり。
弁護人	量はどのくらいあった？
Ａ証人	覚えていない。
弁護人	その中からどうやって被告の服を選んだ？
Ａ証人	店員に案内されて、それを考慮して探した。
弁護人	サイズについても？
Ａ証人	はい。3Lならこちらにありますと言われて。
弁護人	他にはどんなサイズがありましたか？
Ａ証人	他もあったとは思うが、他のサイズは記憶が定かではない。
弁護人	3Lを探すのは大変じゃなかったか？
Ａ証人	案内されたのでそんなに大変じゃなかった。
弁護人	キャミソールはどうやって選んだ？
Ａ証人	店員に案内されて最終的には私が選んだ。
弁護人	店員は見ていた？
Ａ証人	記憶が定かではない。
弁護人	キャミソールのコーナーにはどんなサイズがあった？
Ａ証人	Ｌサイズ。
弁護人	他には？
Ａ証人	1番大きいサイズと店員に案内してもらったと思う、記憶がはっきりしない。
弁護人	Ｍサイズはあったか？
Ａ証人	あったかわからない。とにかく着れるものということで聞いたから。店員には3Lと聞いたが、Ｌサイズでも大丈夫と言われた。
弁護人	Ｓサイズはあったか？
Ａ証人	わからない。
弁護人	キャミソールはどうやって置いてあったか？
Ａ証人	ハンガーにかけて。
弁護人	もう一度聞くがＭサイズはなかったか？
Ａ証人	あったかはっきりしない。
弁護人	2Lサイズは？
Ａ証人	あればそれを買っていたので、なかったんじゃないかと思う。
弁護人	Ｌサイズはあった？
Ａ証人	あったと思う。
弁護人	店員は3Lを買っているあなたにＬをすすめたのか？
Ａ証人	3Lがあればそれを買っていた。
弁護人	キャミソールのハンガーにサイズを示す色はついてなかったか？
Ａ証人	わからない。店員にすすめられるままにこれなら大丈夫ということで選んだ。

弁護人	商品についているタグは確認した？
A証人	したかもしれないが、店員がすすめるならそれでいいと思った。そこは定かではない。

【検察補足尋問】

検察官	しまむらから買った服について、文句は言われた？
A証人	はい。色とか。
検察官	サイズは店員に伝えた？
A証人	服のサイズ3Lと伝えた。
検察官	キャミソールのサイズに関しては？
A証人	3Lがあればそれを買った。大きなものでLがあったので、選んだ。店員からLで着られると言われ納得した。

　平成25年12月10日控訴審第1回公判では、原審で完全黙秘を貫徹した被告人への質問概要は、以下の通りである。

弁護人	Aさんに着替えの服を頼んだことありますか？
被　告	ありません。一切ありません。
弁護人	（着替えの）パーカー、靴下に見覚えは？
被　告	ありません。一切、ありません。
弁護人	（パーカーの見つかった）車は誰でも使えた？
被　告	キーはつけたまま。同じアパートの人がしょっちゅう使っていた。

　原審での弁護人の検察側証人に対する反対尋問は、pointの外れた反対尋問に終始した。犯人性を争点とする弁護側とすれば、犯人と名指する検察側証人の矛盾した証言を引き出して初めて弁護側のストーリーを裁判員および補充裁判員に了解させる有効な機会であるにも拘わらず、却って自らのストーリーの脆弱性を曝露してしまった。しまむら倉吉店での購入の事実確認であれば、店員の証言を求めればより正確となり商品選びの状況も確認され、その上で検察側証人の証言の矛盾点を顕在化することが出来たであろう。

　控訴審は、しまむら倉吉店でキャミソール等の購入について購入商品と同一仕様の一部が被告人の自宅から発見されるのは稀であり、更に、車内で発見された「フジンシャツ」及び自宅で発見された「フジンクツシタ」が売上記録記載商品と同一仕様と一致する蓋然性を否定することは困難であるとして弁護人の主張を排斥した。

　控訴審での被告人質問は、しまむら倉吉店でキャミソール等の購入の事実についての被告人の一方的証言であって、原審が検察側証人の一方的証言であっ

たと同様事実の確認には程遠いものである。原審弁護人が、被告人の完全黙秘戦術を展開したため原審での対審が実施されず斯様な結果を齎した。

　控訴審が、被告人自宅及び車内に残された「フジンシャツ」及び「フジンクツシタ」と売上記録記載商品と同一仕様と一致する蓋然性判断で控訴審弁護人の主張が排斥されたのは控訴審ゆえの限界性である。

　第二の争点である被害者の体内から検出された睡眠薬等入手経路についての控訴審での被告人の証言を検討する。

　平成25年12月10日控訴審第1回公判では、睡眠薬等入手経路について弁護人の被告人質問が実施された。

弁護人　　なぜOKさんから睡眠薬をもらったのか？
被　告　　不眠症の母が飲むためです。
弁護人　　あなたが使うことがありましたか？
被　告　　はい。たまに私の睡眠薬がなくなった時に使っていました。
弁護人　　お母さんとあなた以外が使うことがありましたか？
被　告　　いえ。ありません。
弁護人　　ただでもらっていたのですか？
被　告　　いえ。お金を払っていました。
弁護人　　OSさんは、ハルラックじゃなくハルシオンをくれといっていましたが…。そんなことがありましたか？
被　告　　いいえ。ありません。
弁護人　　OKに睡眠薬を頼んだことがありましたか？
被　告　　ありません。
弁護人　　OKさんの家で、睡眠薬がある場所を知っていましたか？
被　告　　知りません。
弁護人　　無断で取ったことはありますか？
被　告　　ありません。
弁護人　　Aさんが無断で取ったことはありますか？
被　告　　わかりません。

　平成25年12月24日控訴審第2回公判では、睡眠薬等入手経路について検察官の被告人に対する反対尋問が実施された。

検察官　　睡眠導入剤のことについて、あなたはこれまで飲んだことはありますか？
被　告　　Sさんにもらって飲んだことはあります。
検察官　　前回の弁護人の質問と検察側の質問とで、聞く人によって答える内容が違うのはなぜですか？

被　告	検察の言っていることが分からなかったからです。早口でわかりませんでした。
検察官	ハルラックについて飲んだことはありますか？
被　告	今まで飲んだことはあります。
検察官	記憶に基づいてきちんと答えているのですか？
被　告	はいそうです
検察官	その場で適当に答えているのではないですか？
被　告	そんなことはありません。
検察官	今日はきちんと答えてくれるんですね？
被　告	はい。そのために来ています。
検察官	検察官の原島から質問させていただきます。ハルラックのことについて、OMさん以外の人からもらったことは？
被　告	ハルラックはありません。
検察官	あなた自身が処方されたことは？
被　告	ありません。
検察官	お母さんにあげる目的でもらった？
被　告	お母さんにあげました。お母さんが私の睡眠薬をくれと言ってきたが、私も10年以上服用していたので、なくなったら困ると思っていたとき、OSさんが生活保護でたくさんもらえるからと言ってもらってくれました。
検察官	被害者に渡したことはありますか？
被　告	3月28日に1シートあげました。夜寝られないということであげました。

　検察官は、北栄町事件で被害者に服用させたとされる睡眠薬等の入手について被告人がOK宅から窃取したとのストーリーであるが、被告人は入手の依頼も窃取の事実も全面的に否定する。

　控訴審第1回公判の睡眠薬等入手経路についての被告人質問は、弁護人の冒頭の「Oさん」という問いかけに対し、被告人供述でもOK氏かOS氏か曖昧のままに展開している。

　控訴審弁護人は、覚せい剤取締法違反の前科がある検察側証人OKが、睡眠薬の譲渡か麻薬及び向精神薬取締法違反に問われる可能性から捜査官に誘導されての証言の可能性について指摘する。しかし、かかる指摘は、本来、原審で主張されるべき事項であろう。証言の信用性に関し推認で証明が足りるとする控訴審は、「OKが薬事犯での立件を見送るなどの何らかの見返りを受けて捜査官に迎合したなどの事情は全くうかがわれない。」と判示する。しかし、被告人がOKに由来する睡眠薬を所持していたとの認定は、OK証言の信用性に依拠するが、北栄町事件直前の平成21年3月下旬に睡眠薬等1包の紛失に気付き被

告人の持出しの可能性に基づき被告人の所持を認定する根拠としてOK証言の信用性に依拠する控訴審の判断は根拠薄弱である。

本件では、被害者Y及びM双方の服用薬剤の体内残存物とOK睡眠薬等1及び2との完全な成分分析が捜査段階でなされていないにも関わらず、控訴審は「それぞれ由来している蓋然性が極めて高いと認めることが合理的である」と蓋然性で処理している。

更に、控訴審は、被害者Yに提供した「即席みそ汁あるいは缶コーヒーに睡眠薬を入れるなどしてYにOK睡眠薬等1を服用させる機会を有していた」と判示するが、「機会を有していた」ことと「混入した行為」とでは、被告人の実行行為を特定するには質を異にする。「Yの体内から検出されたY睡眠薬等の成分の由来となった睡眠薬等を北栄町事件以前に入手していたか」という争点設定と「Yに提供した即席みそ汁・缶コーヒーにOK睡眠薬等1を何錠入れ服用させた実行行為があるか」を証明する検察官の立証責任は別であり、犯罪の証明がなされていない。

原審弁護人は、捜査段階での不備を指摘し事実認定において被告人に有利に展開できたのではなかろうか。控訴審弁護人には、原審弁護人の弁護活動の不備を補正することは不可能である。

原審で弁護人は、OK証言の捜査官による誘導の可能性を裁判員にアピールしてOK証言の信用性に疑問を抱かせる積極的な反対尋問を展開すべきであった。

間接事実を接木して被告人の犯人性を結論付ける原審の認定に事実誤認はないと判示する控訴審は、被害者が行方不明になった時点で被害者との最終接触者を被告人とする根拠をAの「被告人が全身ずぶ濡れ状態であった」とする証言に依拠するが、被告人の犯行現場からホテルホワイトでの着替え後、被告人方へ戻ったとの被告人の強盗殺人の単独犯とするA証言の信用性は担保されているのかはなお疑問である。

3．摩尼川事件での主要な争点は、①被害者の体内から検出された睡眠薬等の入手経路及び②被害者から電化製品代金の支払を強く求められていたかである。

第一の争点である被害者の体内から検出された睡眠薬等入手経路についての控訴審の判断を検討する。

控訴審は、「被告人は、被害者と喫茶店で朝食を一緒にとる中で、あるいは、被告人が被害者に飲み物を提供することによって、被害者に飲食物と共にOK睡眠薬等2を服用させる機会を有していたと認められる。」と判示する。しかしながら、「被告人が被害者睡眠薬等を摩尼川事件以前に入手していたか」という争点設定と「被害者に被害者睡眠薬等を風邪薬と称してして服用させたとするのであれば、被害者睡眠薬等を何錠入れ服用させた実行行為があるのか」については、検察官が挙証責任を負うのであり、論点を異にする。この点について控訴審は、「服用させる機会を有していた」と判示するのみで、「被害者睡眠薬等を何錠入れ服用させた実行行為」については、北栄町事件同様犯罪の証明ができていない。

第二の争点である被害者から電化製品代金の支払いを強く求められていたかについて控訴審の証言を通して検討する。

平成25年12月10日控訴審第1回公判では、電化製品代金の支払いを強く求められていたかについて弁護人の被告人質問が実施された。

弁護人　1点確認です。自分の名前で注文した電化製品について催促されたことはありましたか？
被　告　催促ではなく、しきりにお金がないと言われたので用意しました。
弁護人　そのあとは注文してないのですか？
被　告　私が住んでいたアパートや家族構成を知っていたので、これ以上は無理だと思い、Aさんに伝えました。すると、Aさんが自分の名前で注文すると言いました。記憶が確かなら3回か4回くらいでした。
弁護人　最後はいつですか？
被　告　平成21年9月2日が最終日です。中学校の子のテントを母から頼まれて借りに行ったところで、Aさんが注文しました。
弁護人　支払い方法は？
被　告　私は一括払いだったと認識していました。15日に払うとか、25日に払うとか言っていたので、そう思った。
弁護人　Aさんは支払いをしていましたか？
被　告　一切されていません。
弁護人　被害者は催促していましたか？
被　告　はい。少なくとも5、6回は催促されているところを見たことがあります。

平成25年12月24日控訴審第2回公判では、電化製品代金の支払いを強く求められていたかについて検察官の被告人に対する反対尋問が実施された。

検察官　5回の（電化製品の）取引について、取り調べで話しましたか？
被　告　詐欺の取り調べで、警察から、俺らが見張っているのによう詐欺したな、と言われて、それで一律話しました。
検察官　被害者のことは聞かれましたか？
被　告　被害者のことは聞かれていません。
検察官　供述調書を作ろうとはしなかったのですか？
被　告　警察署ではしていません。

　控訴審は、被告人は被害者から電化製品代金の支払を強く求められていたとの原審の判断を支持し、弁護人の主張を排斥した。
　4．詐欺事件等の争点は、被告人が主導的立場にあったかである。
　控訴審は、弁護人のA証言の信用性はなく、Aが被告人より優越した関係にあり被告人は主導的立場にはないとの主張に対し、「本件詐欺事件等に及んだきっかけ、本件詐欺事件等における被告人の果たした役割、これらによる不正な利得を得た主体といった本件詐欺事件等及びこれに直接結びつく事情によって判断すべきであって、原判決が認定し、所論が主張する被告人とAとが知り合って以降に形成された両者の優劣関係といった事情は、本件詐欺事件等における主導的立場にあった者を推認する間接事実ではあるものの、被告人が本件詐欺事件等にどの程度の寄与をしたかを直接基礎付ける事情ではない」と判示し、弁護人の「被告人が摩尼川事件の犯人であるとの推認を妨げる重要な間接事実を原判決が考慮せず、証拠上認定し得る間接事実を総合しても、被告人が摩尼川事件の犯人であることには合理的な疑いが残る」との弁護人の主張を排斥する。
　5．以上の検討から明らかなように控訴審は、原審の事実認定に「合理的な疑いが残る」として詳細に指摘した弁護人の主張及び原審の事実認定で欠如した重要な間接事実の判断を回避しているとの主張をことごとく排斥すると共に控訴審での被告人の供述を「不可解な弁解である」等として排斥し、原審の事実認定を追認する。

Ⅲ-ⅲ．本判決の問題点

　1．本判決は、第Ⅲ章第1節本判決考察の前提で検討した前掲最高裁平成19年10月16日第一小法廷決定及び最高裁平成24年2月13日第一小法廷判決の「刑訴法382条の事実誤認とは、第一審判決の事実認定が論理則、経験則等に照

らして不合理であることをいうものと解するのが相当であり、控訴審が第一審判決に事実誤認があるというためには、第一審判決の事実認定が論理則、経験則等に照らして不合理であることを具体的に示すことが必要である」との判断に依拠したものである。

　弁護人の事実誤認の主張は、原審同様のものであり原審の単なるretraceの域を出ていない。原審での弁護方針は、被告人の黙秘戦術を採用したことにより、検察官は、原審第16回公判での被告人質問において61項目の質問に対して被告人の完全黙秘のため被告人の対応を確認しながら少し間をおいてその都度「黙秘ということで次にいきます。」と繰り返した。

　原審公判廷で展開された検察官と被告人とのやり取りは、裁判員及び補充裁判員の事実認定において被告人の犯人性についての弁護人の主張にマイナスの影響が大であり、事実認定で被告人に非常に不利な状況を発生させた[44]。

　原審弁護人は、裁判員裁判における黙秘権行使が裁判員の心証形成に与える影響を等閑視したと言わざるを得ない。控訴審弁護人にとり原審弁護人の瑕疵を補正することは、至難の業である。

　2．本件犯罪の全体的構図としては、被告人が結果惹起に何らかの関与をしていることは推認されるが、被告人の単独犯とするのは不自然である。特に、犯行現場からの帰宅の移動手段は、目撃者回避の重要なファクターである。北栄町事件の「足」を経て、魔尼川事件で再度「足」となる詐欺罪の共犯者Ａが、2件の強盗殺人に何等関与していないというのは疑訝が残る。

　原審が、Ａ証言の信用性を唯一の根拠に被告人を強盗殺人罪の単独犯と認定する論理展開に違和感を覚える。

　以上の点は、控訴審においても未解明のままに終結した。

　3．判決公判後、本件控訴審担当弁護団（弁護士丑久保和彦・同丸山　創・同水野彰子）は、島根県司法記者クラブからの控訴審判決内容についての質問に対し連名の文書で回答をしている。控訴審に対する弁護団の問題意識を検討する上で、主要な回答を以下に紹介する。

〔質問〕今後、被告が上告するかどうか。上告する場合はその理由を教えてください。
〔回答〕詳細な上告理由は判決を精査した後に検討することになると思いますが、犯人性が深刻に争われている事案において1審の死刑判決が支持されたという判決結果の重大性に鑑み、本日、弁護人から上告を申し立てました。

〔質問〕判決を弁護団はどう受け止めているか。
〔回答〕被告人ならびに弁護人の主張をほぼ全面的に斥ける判決内容で、非常に遺憾です。
〔質問〕被告の証言を補強する証人や証拠はなかったのか。
〔回答〕１審で取り調べられた証拠や証言から認定できる事実との整合性という観点から見て、同居男性の証言よりも被告人の供述の方が信用性が高く、この点において控訴審判決は証拠の信用性評価を誤っていると考えています（弁護側の主な主張は控訴審判決に引用されています）。
〔質問〕どういう経緯で被告が控訴審で供述を始めるに至ったのか、そこをしっかりと公判で説明したほうがよかったのではとも考えられるが、もう一度教えてほしい。
〔回答〕具体的な内容は接見の秘密にも関わる事柄ですので回答を差し控えますが、控訴審の段階から詳細な質問を実施したことが控訴審判決において被告人に不利に影響したとは考えていません。
〔質問〕１審判決が維持されたわけだが、判決の中で特に不服と思う箇所はどこか。
〔回答〕同居男性の証言の信用性をほぼ全面的に肯定した点、被告人が本件の犯行現場で単独で行うことが困難であるなど被告人に有利な事実を過小評価している点などです。

控訴審弁護人の回答は、原審での被告人完全黙秘戦術により原審で論議すべき争点が回避され、本件控訴審の事実認定判断を論破出来なかった苦渋を示している。

Ⅳ．今後の課題

１．最高裁判所は、控訴審での判断枠組みを上述で検討した数次の判例で方向性を示唆している。控訴審は、裁判員裁判の事実認定や量刑判断について控訴率35.31％の状況から今後も控訴審としての判断が求められる機会が増えてゆくものと思われる。

控訴審は、個々の具体的事案の特徴を鑑みながら最高裁判例によって示された判断に沿っての判断が求められる。

２．裁判員裁判は、事実認定及び量刑判断で裁判員の判断が重要である。

弁護人は、従前の職業裁判官による裁判に比し、裁判員に了解し易い弁護活動の力量が要求される。

本稿で考察した広島高裁松江支部平成26年３月20日判決は、第１審の裁判員裁判で弁護人が詐欺事件の共犯者を名指しで本件強盗殺人事件等の犯人であるとして犯人性を争点とした弁護方針を採用し、裁判員の理解を全く得ることが出来なかった事案の控訴審であり、第１審の弁護活動の不十分さが控訴審まで

影響を及ぼした事案である。

　裁判員裁判での弁護方針及び活動の重要性は、今後とも留意されねばならない。

1）　最高裁判所は、裁判員裁判の実施状況について最新の情報をHP上に公表している。最新のデータは「制度施行~平成26年3月末・速報」(http://www.saibanin.courts.go.jp/topics/pdf/09_12_05_10jissi_jyoukyou/h26_03_sokuhou.pdf)である。
2）　http://www.courts.go.jp/about/topics/kenpoukinenbi_h26/index.html
3）　学会での論議の状況について、「特集 裁判員裁判と量刑」、刑法雑誌51巻1号（2011年）1-58頁、「特集 裁判員事件の審理方法」、刑法雑誌51巻3号（2012年）313-378頁、「特集 刑事司法情報と法教育-裁判員裁判時代の法教育のゆくえ-」、刑法雑誌52巻1号（2013年）1-66頁、峰 ひろみ「犯罪被害者と量刑-裁判員制度との関係に着目して-」、刑法雑誌52巻3号（2013年）435-449頁、山口直也・松倉治代「裁判員裁判時代における訴追裁量」、刑法雑誌52巻3号（2013年）498-503頁、木谷 明「裁判員制度について-審理及び評議のあり方を中心として」、刑法雑誌53巻3号（2014年）462-467頁等参照。
4）　分科会Ⅱでは、酒巻 匡「裁判員裁判と控訴審の在り方-課題と展望」、後藤 昭「裁判員裁判と控訴審の役割」及び大島隆明「裁判員裁判と控訴審の役割〜実務家の視点から」の報告をベースに論議がなされた。学会レジュメ集には、各報告者の以下の文献が紹介されている。酒巻 匡「裁判員制度と上訴審のあり方」、刑事訴訟法の争点、2013年、後藤 昭「刑訴法382条にいう事実誤認の意義とその判示方法」、ジュリスト1453号（2013年）［平成24年度重要判例解説］187頁、同「裁判員裁判の無罪判決と検察官控訴」、季刊刑事弁護68号（2011年）16頁、同=関 永憲「国民参与裁判で行われた第一審判決に対する控訴審の判断基準」、刑事法ジャーナル24号（2010年）33頁、後藤 昭「裁判員裁判と判決書、控訴審のあり方」、刑事法ジャーナル19号（2009年）25頁、同「裁判員裁判に伴う上訴の構想」、一橋法学2巻1号（2003年）2頁。なお、季刊刑事弁護74号（2013年）は、「特集 新時代の控訴審と刑事弁護」において、白鳥裕司「最近の控訴審の変化と今後の展望」、松宮孝明「控訴審における量刑審査の展望」、緑 大輔「控訴審における事実の取調べ」以下、実務家の論考を掲載する。同誌78号（2014年）は、「特集 裁判員裁判を活かす公判前整理手続」において実務家の論考を掲載する。
5）　最高裁平成26年3月10日第一小法廷決定（刑集68巻3号87頁参照）。
6）　刑集67巻3号319頁以下参照。
7）　前掲註5）参照。
8）　http://www.kantei.go.jp/sihouseido/report/ikensyo/iken-4.pdf
　　なお、『司法制度審議会意見書』提出時の構成メンバーは、以下の通りである。(会長)佐藤幸治・京都大学名誉教授・近畿大学法学部教授、(会長代理)竹下守夫・一橋大学名誉教授・駿河台大学長、(委員)石井宏治・(株)石井鐵工所代表取締役社長、井上正仁・東京大学法学部教授、北村敬子・中央大学商学部長、曽野綾子・作家、髙木 剛・日本労働組合総連合会副会長、鳥居泰彦・慶應義塾大学学事顧問（前慶應義塾長）、中坊公平・弁護士、藤田耕三・弁護士（元広島高等裁判所長官）、水原敏博・弁護士（元名古屋高等検察庁検事長）、山本 勝・東京電力(株)取締役副社長、吉岡初子・主婦連合会事務局長（http://www.kantei.go.jp/shihouseido/report/ikensyo/meibo.html）。
9）　裁判員制度・刑事検討会は、平成14年2月28日第1回が開催され平成16年7月6日第32回で終了した。裁判員制度・刑事検討会の構成メンバーは、(座長)井上正仁・東京大学教授、池田 修・前橋地方裁判所長、大出良知・九州大学教授、清原慶子・三鷹市長、酒巻 匡・京都大学教授、四宮 啓・弁護士、髙井康行・弁護士、土屋美明・共同通信社論説委員、樋口建史・警察庁刑事局刑事企画課長、平良木登規男・慶応義塾大学教授、本田守弘・宮崎地方検察庁検事正の11名で構成されている。同検討会は、井上・酒巻両教授の強いリーダーシップの下に運

営された（http://www.kantei.go.jp/jp/singi/shihou/kentoukai/saibanin/06saibanin.html）。
　井上正仁座長は、平成15年10月28日開催第28回裁判員制度・刑事検討会冒頭において座長ペーパーの趣旨について以下の説明を行う。
　　辻参事官　　まず最初に、予定しておりました検討会が、事務局の都合によりまして、しかも、直前に中止させていただくということになりまして大変御迷惑をおかけしたことと存じますので、その点をお詫び申し上げたいと思います。次に、今日を含めました今後の検討会の進め方につきまして、事務局として従来御説明してきた方針、この検討会の場で協議いただいて御了解いただいた進め方を変更することになりましたので、そのことについて改めて御説明したいと思います。この点につきましては、この場に御参集の各委員の皆様には既に個別に御説明し、御了解をいただいているところでございますが、この場で改めて御説明したいと思います。
　　　９月の検討会におきまして、たたき台を素材としたおさらい的な議論が行われたわけでありますが、事務局におきましては、そのような議論を受けまして、次のステップ、作業の段階といたしまして、新しい制度の骨格を明らかにする案、仮に骨格案と申しますが、それを作成する作業を進めてまいりました。従来は、その骨格案をお示しして、更に検討会の場でも議論をいただくことになっていたわけであります。
　　　そのために、事務局といたしましては、検討会における議論の状況を踏まえることはもちろん、その他、各方面における検討の状況や様々な御意見をも参考にしながら検討をしてきたところでありますが、現時点においては、こうした様々な方面の議論の状況を踏まえて、なお検討が必要であり、事務局としまして、制度の骨格をお示しするというのは若干時期尚早であると判断するに至りましたため、当面、骨格案をお示しすることは見送らせていただくこととした方がよいのではないかと考えました。
　　　これまで申し上げてきた予定、この場でも御了解いただいてきた予定を変更することになったわけでございますので、その点はお詫び申し上げるとともに、今回の予定の変更は、より良い制度設計を、幅広い御意見を参考にして行うためのものであることを御理解いただけますようお願い申し上げたいと思います。
　　　そこで、事務局におきましては、このような判断をするに至りましたことから、今後の検討会の進め方について、井上座長に御相談させていただいたわけでありますが、従前のたたき台につきましては、これを素材とした議論が相当程度積み重ねられてきておりまして、今後、更に議論を進め、深めていただくためには、何らかの新たな素材が必要ではないかと考えられましたことから、座長におかれまして、検討会におけるこれまでの議論を踏まえて、考えられる制度の概要の一例というものを作成していただけることとなったわけであります。この検討会におきましては、次の議論の段階として、これを素材として更に議論を深めていただくということではどうかということになったものです。
　　　そのように座長においてお示しいただくことになった案と申しますのは、これまで検討会において積み重ねられてきた議論の、ある意味一つの到達点を示すとともに、検討会はもとより、そのほかの、事務局あるいは各方面での今後の議論を更に深めることに資する材料を提供するという観点から、座長におかれまして、検討会でのこれまでの議論や、その素材となったたたき台を踏まえ、現段階において考えられる制度の概要の一例を作成いただいたものと承知しております。もちろん、座長に作成していただくものでありますから、今申し上げましたような経緯からも、事務局が作成する骨格案とは、基本的に性格の異なるものであるということです。
　　　事務局といたしましては、今後、骨格案を作成するに当たり、当然、座長に作成していただいた、考えられる制度の概要の一例の内容を参考にさせていただくわけでありますし、それを素材とした検討会その他の場における議論、意見をも参考にさせていただくことになるわけでありますが、座長の作成していただいたものの内容が直ちに事務局作成の骨格案になるというものではないということであります。
　　　事務局といたしましては、非常に御多忙な座長に多大な御配慮と御尽力をいただきまし

て、厚く感謝申し上げたいと思います。

　そして、検討会を含む各方面における検討の状況等を十分に踏まえつつ、平成16年通常国会に所要の法案を提出することができるよう、骨格案作成の作業を引き続き進めたいと考えているところでありますので、委員各位の御理解をいただければと存じます。以上でございます。

井上座長　　ありがとうございました。私からも、若干補足して御説明したいと思います。今も触れられましたが、さきの検討会で御了解いただいたように、事務局においては、9月の検討会でたたき台を素材とした第2ラウンド目の議論が一応終了したことを受けまして、次のステップとして骨格案といったものを作成するということで、その作業を進めてこられたものと承知しております。ただ、今般、現時点において骨格案を出すことは時期尚早であると考えられるので、なお、しばらく見合わせると判断されたということであります。

　そういう予定の変更を受けて、検討会の座長として、検討会を今後どういうふうに進めていけばよいかということについて、事務局の方とも御相談した結果、これまでのたたき台については、これを基にした議論を既に相当程度積み重ねてきたところでありますので、今後この議論を更に前に進めていくためには、何らかの新たな素材が必要であろうと思われることから、これまで検討会において積み重ねてきた議論を踏まえつつ、座長としての立場で、現段階において考えられる裁判員制度の概要の一例というものを作成し、検討会でこれを素材として更に議論を深めていただいてはどうかというふうに考えるに至ったわけでございます。

　こういう予定の変更と、座長としての対応措置の決定につきましては、本来、検討会を開いて、皆さんに御協議いただくべきところでありましたけれども、そのためだけに、それぞれお忙しい方々にお集まりいただくのもどうかと考えまして、持ち回りの形で皆さんの御意見をお聞きしたところ、委員の皆さんも、こういう予定の変更を了承されるとともに、座長として、今申したような対応をすることについて御賛同くださいましたので、急いで、それぞれ本日、お手元に資料1、2としてお配りしてあります、「考えられる裁判員制度の概要について」というペーパーと、「考えられる刑事裁判の充実・迅速化のための方策の概要について」というペーパーの二つを用意させていただいた次第です。

　これに加えまして、検察審査会制度についても議論してきたわけですので、同じ趣旨のペーパーを用意させていただくつもりでありましたけれども、大学での本業を抱えながらの作業でありましたので、本日までに間に合いませんでした。次回の会合までには作成し、お示しできればと考えております。これらのペーパーの位置付けについて、誤解のないように付言させていただきますと、これらのペーパーは、私自身の考えや選択というものも加わっているという意味で、検討会におけるこれまでの議論の結果を単に整理したというだけのものではありません。しかし、また同時に、検討会でのこれまでの議論やたたき台をあくまで踏まえているという意味で、私個人がもともとこう考えていたという、そういう私本来の考えそのものというわけでもない、ということを御了解いただければと思います。

　また、先ほども触れられましたが、これは、検討会としての案というものでないことはもちろんであり、事務局のたたき台と同じように、あくまで検討会における今後の議論の素材としていただくために作成したものにすぎません。検討会として何らかの提言を取りまとめることを予定しているわけではありませんし、これらのペーパーを基に検討会案のようなものを作成することは全く考えていないということも、皆さん御了解いただけると思います。

　こういう方針をとるに至ったことについては、皆さん既に御了解いただいていると承知しておりますが、改めまして、事情を御賢察の上、御確認いただければと思います。

　ここまでの点で何か御質問等ございますか。よろしいですか。それでは、先ほど来、御説明した方向で議論を進めたいと思います。

http://www.kantei.go.jp/jp/singi/shihou/kentoukai/saibanin/dai28/28gaiyou.html（傍点部

は筆者付記)。座長ペーパーの趣旨についての井上座長の説明は、非常に曖昧であり、検討会での審議の進め方の方針変更について持ち回りで各委員の了承を得ているとするが、本来議事録公開を原則とする検討会の制度設計とは異質な対応である。
10) 座長井上正仁「考えられる裁判員制度の概要について」の説明（平成15年10月28日）参照（http://www.kantei.go.jp/jp/singi/shihou/kentoukai/saibanin/dai28/28siryou3.pdf）。
　　従来の刑事司法の特徴について、石井一正「わが国刑事司法の特色とその功罪」、司法研修所論集1987-Ⅰ、314頁以下、刑事裁判実務の改善策の提言として座長ペーパーへの径庭として、井上正仁「刑事裁判に対する提言」、司法研修所論集1991-Ⅰ、93頁以下参照。
11) 司法研修所編『裁判員裁判における第一審の判決書及び控訴審の在り方』（司法研究報告書第61輯第2号）、法曹会、平成21年、6頁以下参照。本書は、協力研究員・東京大学大学院教授大澤　裕、研究員・東京高等裁判所判事田中康郎、同大阪地方裁判所判事中川博之、同広島地方裁判所判事高橋康明4氏の共同研究成果である。
12) 井戸俊一「刑事控訴審における事実誤認の審査方法について」、判タ1359号（2012年）63頁以下参照。
13) 前掲註11)『裁判員裁判における第一審の判決書及び控訴審の在り方』103頁以下、特に105頁（注43）で詳細な論議の状況が示されている。
14) 前掲註11)『裁判員裁判における第一審の判決書及び控訴審の在り方』107頁以下参照。
15) http://www.moj.go.jp/content/000103121.pdf
16) http://www.moj.go.jp/content/000106075.pdf
17) 裁判員制度に関する検討会『裁判員制度に関する検討会・取りまとめ報告書』（平成25年6月）67頁参照。
18) 拙稿「裁判員裁判制度に内在する諸問題-鳥取地裁平成24年12月4日判決を素材に-」、島大法学56巻3号（2013年）1頁以下参照。
19) 出席者（委員）池田　修、井上正仁、大出良知、酒巻　匡、四宮　啓、髙井康行、土屋美明、樋口建史、平良木登規男、本田守弘、（事務局）大野恒太郎事務局次長、辻　裕教参事官（http://www.kantei.go.jp/jp/singi/shihou/kentoukai/saibanin/dai18/18gijiroku.html）。
20) 当日の出席者は、（委員）大久保恵美子・社団法人被害者支援都民センター理事、菊池　浩・最高検察庁検事、合田悦三・東京地方裁判所部総括判事、酒巻　匡・京都大学大学院法学研究科教授、残間里江子・プロデューサー・株式会社キャンディッド、四宮　啓・弁護士、島根　悟・警察庁刑事局刑事企画課長、土屋美明・一般社団法人共同通信社編集委員兼客員論説、前田裕司・弁護士、山根香織・主婦連合会会長、（事務局）稲田伸夫刑事局長、岩尾信行大臣官房審議官、名取俊也刑事局刑事課長、上冨敏伸刑事局刑事法制管理官、東山太郎刑事局刑事法制企画官である（jttp://www.moj.go.jp/content/000103121.pdf）。
21) 当日の出席者は、（委員）井上正仁、大久保恵美子、菊池　浩、合田悦三、酒巻　匡、残間里江子、四宮　啓、島根　悟、土屋美明、前田裕司、山根香織、（事務局）稲田伸夫刑事局長、岩尾信行大臣官房審議官、名取俊也刑事局刑事課長、上冨敏伸刑事局刑事法制管理官、東山太郎刑事局刑事法制企画官である（http://www.moj.go.jp/content000106075.pdf）。
22) 裁判員裁判における事実誤認を理由とする控訴審の在り方について、刑事法ジャーナル33号（2012年）は特集「事実誤認の意義」において、原田國男「事実誤認の意義：最高裁平成24年2月13日判決を契機として」、宮城啓子「控訴審の役割」、中川孝博「最高裁平成24年2月13日判決と東京高裁平成24年4月4日判決：最高裁のメッセージは控訴審に届いているか？」を掲載する。量刑不当を控訴理由とする判決については、別稿を予定している。以下、判例の傾向を概観する。量刑不当との控訴理由に対して永山判決の死刑基準（最高裁昭和58年7月8日第二小法廷判決・刑集37巻6号609頁）を維持して判例違反を理由に原審の死刑判決を破棄して無期懲役とした東京高裁平成25年6月20日第10刑事部判決（判時2197号136頁）及び東京高裁平成25年10月8日第10刑事部判決（LEX/DB【文献番号】25502257）がある。複数の重要な量刑事情に関する事実の認定や評価を誤ったとして原審の死刑判決を破棄して無期懲役とした東京高裁平成26年2月27日第10刑事部判決（LEX/DB【文献番号】25503240）がある。また、原

審の懲役20年（求刑懲役16年）とする大阪地裁平成24年7月30日第2刑事部判決（LEX/DB【文献番号】25482502）を破棄して懲役14年とした大阪高裁平成25年2月26日第3刑事部判決（判タ1390号375頁）がある。なお、本件大阪高裁判決は、最高裁平成25年7月22日第一小法廷決定（LEX/DB【文献番号】25501693）で控訴棄却となり確定した。原審の懲役6年を破棄して懲役5年とした東京高裁平成26年2月25日第10刑事部判決（LEX/DB【文献番号】25503239）がある。他方、東京高裁平成26年2月20日第10刑事部判決（LEX/DB【文献番号】25503241）は、「3名もの命を奪い、多額の現金を強取した結果は極めて重大であり、殺害態様も冷酷かつ非情である。被告人は本件各強盗殺人及び死体遺棄の一連の犯行を首謀し、実行を主導するなど中心的かつ不可欠な役割を果たしたのであり、共犯者の中で責任は最も重い。」として控訴を棄却し、原審の死刑判決を維持した。

23）　刑集66巻4号482頁以下参照。判例評釈として、樋上慎二「事実誤認における合理性審査：最高裁平成24年2月13日判決を踏まえて」、刑事法ジャーナル36号（2013年）82頁、門野博「刑訴法382条の事実誤認の意義（最判平成24・2・13）」、法学教室390号（2013年）別冊付録「判例セレクト2012［Ⅱ］」42頁参照。

24）　刑集66巻4号549頁参照。

25）　刑集66巻4号559頁参照。

26）　刑集68巻3号499頁参照。

27）　刑集68巻3号543頁参照。

28）　刑集68巻3号549頁参照。

29）　差戻し後の控訴審広島高裁平成26年9月18日第1部判決は被告人両名の各控訴を棄却した（LEX/DB【文献番号】25504894）。

30）　刑集67巻4号549頁以下参照、判例評釈として、田淵浩二「共謀の事実誤認を理由とする第1審判決の破棄（最決平成25・4・16）」、法学教室402号（2013年）別冊付録「判例セレクト2013［Ⅱ］」43頁参照。

31）　刑集67巻4号632頁以下参照。

32）　刑集67巻4号637頁以下参照。

33）　刑集67巻7号755頁以下参照、判例評釈として、川上拓一「控訴審における事実誤認の審査」、ジュリスト1466号（2014年）［平成25年度重要判例解説］196頁参照。

34）　刑集67巻7号853頁以下参照。

35）　刑集67巻7号858頁以下参照。

36）　刑集68巻3号87頁参照。

37）　刑集68巻3号207頁参照。

38）　刑集68巻3号267頁参照。

39）　原審については、前掲註18）拙稿参照。第1審完全黙秘の木嶋佳苗事件も控訴審で本件同様の展開をした。具体的審理の経緯は、東京高裁平成26年3月12日第5刑事部判決（LEX/DB【文献番号】25503368）参照。

40）　渥美東洋『全訂 刑事訴訟法〔第2版〕』、有斐閣、2009年、456頁以下参照。

41）　最高裁で審理された事案の詳細は、前掲註18）拙稿13頁以下参照。

42）　刑集61巻7号677頁以下、特に、679頁以下参照。

43）　木口信之「情況証拠による事実認定−裁判の立場から」（三井 誠他編『新刑事手続Ⅲ』、悠々社、2004年）71頁以下参照、豊崎七絵「間接事実の証明・レベルと推認の規制」（浅田和茂・石塚伸一他編『村井敏邦先生古稀記念・人権の刑事法学』、日本評論社、2011年）697頁以下参照。

44）　前掲註18）拙稿18頁以下参照。

第4章　東京地裁平成25年5月21日第1刑事部判決

Ⅰ．序　論

1．我が国の明治期以降の司法制度の歴史は、明治8年6月8日布告された裁判事務心得（太政官第103号布告）に端を発し、明治23年2月10日成立し同年11月1日施行された裁判所構成法（明治23年法律6号）に至る[1]。

裁判事務心得第1条は、「各裁判所ハ民事刑事共法律ニ従ヒ遅滞ナク裁判スヘシ疑難アルヲ以テ裁判ヲ中止シテ上等ナル裁判所ニ伺出ルコヲ得ス但シ刑事死罪終身懲役ハ此例ニアラス」と規定し、迅速な裁判を要請する。

裁判事務心得施行当時の刑事法の状況は、明治3年12月頒布された新律綱領から明治6年6月施行された改定律例（太政官第206号布告）に移行し、明治13年7月17日布告された旧刑法（太政官第36号布告・明治15年刑法）に至る時期であった[2]。

裁判所構成法は、日本国憲法制定に伴い廃止され、裁判所法（昭和22年法律59号）が制定された。同法は、昭和22年4月16日成立し同年5月3日施行された。

時間の経過と社会の変化は、法律を常にout of dateにし、社会的事象との乖離をもたらす。制定法文化は、基本的根幹をなす刑法のように改正が困難なため法律の運用において現実との調和を裁判実務において図っているが、乖離が沸点に達すると司法制度の見直しが検討対象となる。このことは、法律取調委員会及び同委員会廃止に伴い新たに設置された臨時法制審議会の歴史を見ると明らかである[3]。特に、臨時司法制度調査会は、硬直化した司法制度そのものに対して警鐘を鳴らし続けている。

平成11年7月27日設置された司法制度改革審議会の検討の前提として行政改革会議の審議の経緯を検討する。

行政改革会議は、橋本龍太郎内閣総理大臣を会長とし平成8年11月28日第1回会議を開催し、平成9年12月3日開催第42回会議において『最終報告』を答申し、平成10年6月23日開催第45回会議で任を終えた[4]。

行政改革会議『最終報告』は、「内閣機能強化の基本的な考え方」の「内閣機能強化に当たっての留意事項」において「内閣機能の強化は、日本国憲法のよって立つ権力分立ないし抑制・均衡のシステムに対する適正な配慮を伴わなければならない。（中略）（=筆者註・内閣と）司法との関係では、『法の支配』の

拡充発展を図るための積極的措置を講ずる必要がある。そしてこの『法の支配』こそ、わが国が、規制緩和を推進し、行政の不透明な事前規制を廃して事後監視・救済型社会への転換を図り、国際社会の信頼を得て繁栄を追求していく上でも、欠かすことのできない基盤をなすものである。政府においても、司法の人的及び制度的基盤の整備に向けての本格的検討を早急に開始する必要がある。」とし、司法制度改革の方向性を示唆する[5]。

遅延する訴訟及び裁判官の判断の硬直化等は、国民の司法への信頼の低下を齎し、法による問題解決を阻害し、司法府と国民の意識の乖離を顕在化させるに至った。

行政府は、世紀末を迎え、脳死問題を巡る臨時脳死及び臓器移植調査会方式の経験を踏まえ、行財政改革・規制緩和・21世紀とのキーワードの下に橋本龍太郎内閣総理大臣の主導した行政改革会議を範に効率的な審議を促進するために制約された時間内での結論を得るべく内閣と一体となった審議会の設置の必要性を自覚するに至った。

小渕恵三内閣総理大臣は、平成11年7月27日「21世紀の我が国社会において司法が果たすべき役割を明らかにし、国民がより利用しやすい司法制度の実現、国民の司法制度への関与、法曹の在り方とその機能の充実強化その他の司法制度の改革と基盤の整備に関し必要な基本的施策について調査審議する」[6]ことを目的として、司法制度改革審議会を設置した[7]。かかる審議会方式は、国家百年の計を立案するには拙速であるとの批判はあるが、利害関係の複層する問題の迅速な解決の一つの方式ではある。

司法制度改革の必要性は、司法府サイドでも自覚され、矢口洪一最高裁長官は昭和63年以降、竹崎博允判事及び山室　惠判事を米国に、白木　勇判事を英国に派遣し陪審制及び参審制の調査を行なわせた。竹崎博允判事は、後に最高裁長官として裁判員裁判制度導入の陣頭指揮を執り、平成26年の最高裁判所長官「新年のことば」では、「裁判員制度は、今年5月で施行後満5年となります。概ね順調に運営されているということができますが、運用を重ねるに連れ、様々な課題が明らかになってきております。とりわけ、判決書からはうかがえない評議の実情、あるいは控訴審との関係など制度そのものに内在する問題点については、刑事裁判の基本的なありようという原点に立った上での検討が早急に進められなければなりません。そのことを通じて、裁判員裁判にとどまらず刑

事裁判全体の新しい姿が初めて確立されることと思います。」と、実施5年目の課題についても言及する[8]。また、最高裁第一小法廷平成26年7月24日判決は、父親と母親による三女（当時1歳8か月）に対する傷害致死事件の裁判員裁判で検察官の懲役10年の求刑に対し懲役15年を言渡した大阪地裁平成24年3月21日判決[9]の上告審として、原審及び原原審を破棄し、父親を懲役10年母親を懲役8年に処した[10]。白木 勇判事は、同判決の補足意見で裁判員裁判における職業裁判官の量刑評議での在り方を批判し、裁判員裁判制度の牽引者として実務をリードする裁判官の職責に言及する。

2．司法制度改革審議会は、平成11年12月21日開催第9回において「司法制度改革に向けて-論点整理-（平成11年12月21日）」を決定し、論議を重ね、平成13年6月12日開催第63回において『司法制度改革審議会意見書-21世紀の日本を支える司法制度-（平成13年6月12日）』を決定し、小泉純一郎内閣総理大臣に提出した。

同意見書は、「我が国は、直面する困難な状況の中にあって、政治改革、行政改革、地方分権推進、規制緩和等の経済構造改革等の諸々の改革に取り組んできた。これら諸々の改革の根底に共通して流れているのは、国民の一人ひとりが、統治客体意識から脱却し、自律的でかつ社会的責任を負った統治主体として、互いに協力しながら自由で公正な社会の構築に参画し、この国に豊かな創造性とエネルギーを取り戻そうとする志であろう。今般の司法制度改革は、これら諸々の改革を憲法のよって立つ基本理念の一つである『法の支配』の下に有機的に結び合わせようとするものであり、まさに『この国のかたち』の再構築に関わる一連の諸改革の『最後のかなめ』として位置付けられるべきものである。この司法制度改革を含む一連の諸改革が成功するか否かは、我々国民が現在置かれている状況をどのように主体的に受け止め、勇気と希望を持ってその課題に取り組むことができるかにかかっており、その成功なくして21世紀社会の展望を開くことが困難であることを今一度確認する必要がある。」との認識の下に、司法の役割として「法の支配の理念に基づき、すべての当事者を対等の地位に置き、公平な第三者が適正かつ透明な手続により公正な法的ルール・原理に基づいて判断を示す司法部門が、政治部門と並んで、『公共性の空間』を支える柱とならなければならない。」とし、「統治主体・権利主体である国民は、司法の運営に主体的・有意的に参加し、プロフェッションたる法曹との豊

かなコミュニケーションの場を形成・維持するように努め、国民のための司法を国民自らが実現し支えなければならない。」との基本的な考え方を提示する。

『司法制度改革審議会意見書-21世紀の日本を支える司法制度-』は、以上の基本理念の下（１）国民の期待に応える司法制度の構築（制度的基盤の整備）、（２）司法制度を支える法曹の在り方（人的基盤の拡充）及び（３）国民的基盤の確立（国民の司法参加）の３つの視点を制度設計の骨格とする[11]。

司法制度改革実現の具体的方策は、法科大学院の設置と裁判員裁判の実施として具現化する。

３．司法制度の人的基盤は、法曹の養成にある。

司法制度改革審議会は、法曹養成機関として専門職大学院である法科大学院の設置を提言した。文部科学省は、法科大学院設置にあたり大学設置・学校法人審議会法科大学院特別審査会において審査を実施し、平成16年４月全国で68校の法科大学院（国立20大学、公立２大学、私立46大学）が開設され、初年度入試では、志願者72,800名、入学者5,767名（国立:1,701名、公立:133名、私立:3,933名）、13.0倍の倍率であった。翌年４月、新たに６校の法科大学院（国立３大学、私立３大学）が開設し74校となった。

法科大学院における教育理念は、法科大学院の制度設計において「①法科大学院における教育は、法の支配の担い手であり、『国民の社会生活上の医師』としての役割を期待される法曹に共通して必要とされる専門的資質・能力の習得と、かけがえのない人生を生きる人々の喜びや悲しみに対して深く共感しうる豊かな人間性の涵養・向上を図るものでなければならない。②法科大学院における教育は、専門的な法知識を確実に習得させるとともに、それを批判的に検討し、また発展させていく創造的な思考力、あるいは事実に即して具体的な法的問題を解決していくために必要な法的分析能力や法的議論の能力等を育成するものでなければならない。③法科大学院における教育は、先端的な法領域について基本的な理解を得させ、また、社会に生起する様々な問題に対して広い関心を持たせ、人間や社会の在り方に関する思索や実際的な見聞・体験を基礎として、法曹としての責任感や倫理観が涵養されるよう努めるとともに、さらに実際に社会への貢献を行うための機会を提供しうるものでなければならない。」と提示された[12]。

法科大学院志願者は、法科大学院卒業後法曹になってからの収入等コスト・

パフォーマンス等を勘案し激減している。特に、文部科学省は、中央教育審議会大学分科会法科大学院特別委員会の「法科大学院における組織見直しの更なる促進方策の強化について（提言）」（平成25年9月18日）を受け[13]、「法科大学院の組織見直しを促進するための公的支援の見直しの更なる強化について」（平成25年11月11日）において、4指標すなわち1．司法試験の累積合格率（累積合格者数／累積受験者数）2．法学未修者の直近の司法試験合格率（法学未修者の合格者数／法学未修者の全受験者数）3．直近の入学定員の充足率（実入学者数／入学定員）4．法学系以外の課程出身者の直近の入学者数・割合（法学系以外の課程出身者の入学者数／全入学者数）又は社会人の直近の入学者数・割合（社会人の入学者数／全入学者数）を用いて公的支援のカットとして「国立大学は、国立大学法人運営費交付金のうち法科大学院に係る教員経費相当額を、私立大学は、私立大学等経常費補助金の特別補助／法科大学院支援における専任教員に係る補助額とする。」との方針を決定し、経済封鎖を断行した[14]。

　平成26年度入試では、志願者11,450名、入学者2,272名（国立：998名、公立：71名、私立：1,203名）倍率3.0であり、志願者数は初年度入試の15.7%に激減し、全体の91%の61法科大学院は定員割れとなっている（入学定員を75%以上充足しているのは13校、50%未満は44校）。

　法科大学院志願者の凋落化傾向は、文部科学省の政策方針と法科大学院を巡るネガティブキャンペーンと相まって顕著となり平成26年12月現在23校が募集停止に追い込まれている[15]。

　4．裁判員裁判は、平成19年5月21日成立し同月28日より施行された「裁判員の参加する刑事裁判に関する法律（平成16年法律第63号）」（以下、裁判員法と略記する）に基づき運用が開始された。同法第1条は、その趣旨を「この法律は、国民の中から選任された裁判員が裁判官と共に刑事訴訟手続に関与することが司法に対する国民の理解の増進とその信頼の向上に資することにかんがみ、裁判員の参加する刑事裁判に関し、裁判所法（昭和22年法律第59号）及び刑事訴訟法（昭和23年法律第131号）の特則その他の必要な事項を定めるものとする。」と規定する。

　同法第2条第1項は、対象事件を「地方裁判所は、次に掲げる事件については、次条の決定があった場合を除き、この法律の定めるところにより裁判員の参加する合議体が構成された後は、裁判所法第26条の規定にかかわらず、裁判

員の参加する合議体でこれを取り扱う。」とし、第１号で「死刑又は無期の懲役若しくは禁錮に当たる罪に係る事件」、第２号で「裁判所法第26条第２項第２号に掲げる事件であって、故意の犯罪行為により被害者を死亡させた罪に係るもの（前号に該当するものを除く。）」と規定する。

同法第２条第２項は、合議体の構成について「前項の合議体の裁判官の員数は３人、裁判員の員数は６人とし、裁判官のうち１人を裁判長とする。ただし、次項の決定があったときは、裁判官の員数は１人、裁判員の員数は４人とし、裁判官を裁判長とする。」と規定する。

近時の立法は、新たな制度設計を立案し始動させ運用状況と問題解決状況を確認しながら３年後の見直しという附則を設定しながら実践している。

裁判員裁判第１号判決は、平成21年８月６日東京地裁で言渡された。同判決は、被告人（72歳）が自宅斜め向かいに住む被害者（66歳）の左胸を２回、背中を１回サバイバルナイフで突き刺し出血性ショックで死亡させた殺人罪の事案で被告人を懲役15年に処した[16]。

裁判員裁判制度は、平成19年５月21日に開始され５年半を経過した。幾つかの問題が、顕在化しているが概ね順調に推移している。

裁判員裁判の実施状況は、平成26年12月末現在、総数9,093件の裁判員裁判が係属し、7,407人に判決が言渡された。死刑判決22件を含み有罪を言渡された者7,217人（有罪率97.43％）、無罪を言渡された者40人で控訴した者2,580人（控訴率35.74％）である。また、裁判員候補者名簿記載者数は、1,737,106人にのぼり、選任手続期日に出席した裁判員候補者数201,570人の中から裁判員として選任された裁判員41,834人、補充裁判員14,262人であり、総計56,096人の市民が合議体の構成員として司法に参加している[17]。

最高裁判所事務総局は、実施後３年を契機に平成24年12月『裁判員裁判実施状況の検証報告書』を公表する。

本報告書は、裁判員裁判対象事件の全体的状況、選任手続、第一審、評議、上訴審、裁判員の負担等について実証的データを提供し、裁判員裁判の問題点の分析に際し１つの有用な資料である。なお、【資料編】Ⅲの図表１-１から図表１-８は、一定の犯罪類型につき職業裁判官のみによる事案と裁判員裁判による事案の量刑分布のデータであり、平成24年５月18日開催第17回裁判員制度の運用等に関する有識者懇談会配布資料４「特別資料２（量刑分布）」図表２

−1から図表2−8と合わせて量刑分析を検討するうえで重要なデータである[18]。

　平成26年4月1日、寺田逸郎最高裁判所長官は、長官就任談話において裁判員裁判について「時代の要請に応えるため取り組まれてきた一連の司法制度改革については、導入された制度の運用がそれぞれ進められています。このうち、裁判員制度は、まもなく施行から5年になります。裁判員を経験された多くの方々が裁判員裁判に参加したことは得難い経験であったと高く評価しておられ、国民の協力を得て円滑な運用を行うという点では、概ね責任を果たしつつ推移しているということができるでしょう。しかし、この歴史的意義を有する制度の定着に向けて取り組んでいくべき課題もなお少なくありません。また、裁判所にとって、新たに本日施行されたハーグ条約関連法にあるように、家庭内の出来事や国際的な広がりのある分野もが視野に入ってくることも普通に見られるようになっています。このような状況に対応し、司法の機能を充実、強化していくため、国内の実情はもとより国際社会の潮流も見据えて検討を深め、国民の期待と信頼に応え得るよう不断に努力を重ねていくことが求められているのだと思います。」と述べる[19]。

　更に、寺田逸郎長官は、平成26年6月16日開催された高等裁判所長官・地方裁判所長・家庭裁判所長会同の挨拶において「裁判員制度は、今年5月で施行後満5年を経過しました。国民の高い意識と誠実な姿勢に支えられ、概ね安定的に運営されているといえるでしょうが、裁判員と裁判官との真の協働という法の理念を実現するためには、なお実践的に取り組むべき課題が残されています。公判前整理手続において迅速かつ的確に争点整理・証拠整理を行うことや、法廷で心証を得ることのできる分かりやすい公判審理を実現することなどは、かねて指摘されてきたところです。さらに、評議においては、審理を通じて明らかになった争点に即して、適切かつ実質的な意見交換が行われなければなりません。そのためには、一件一件の事件において充実した評議の実現に心を砕くと同時に、審理・評議の経過を虚心に振り返り、新しい時代の刑事裁判における事実認定や量刑判断の枠組み作りに活かしていく姿勢も重要です。刑事裁判に、より確かな国民的基盤を築こうと始められたこの制度については、施行のための準備、円滑なスタートといった段階を経て、今後、国民との協働作業で得られつつある貴重な経験を裁判実務の共有財産として活用していくための

自覚的な努力が、裁判官をはじめとする関係者の間で着実に積み重ねられていく必要があります。」と裁判員裁判の的確な現状認識と今後の課題について指摘する[20]。

　大谷直人最高裁判所事務総長は、平成26年5月20日開催第24回裁判員制度の運用等に関する有識者懇談会の最後の挨拶で「裁判員法施行から5年という時間が流れて、一人一人の裁判官が数十件というような規模での裁判員裁判の体験を重ね、その中で裁判官の個人的な印象を超えて、一般論として裁判員裁判をどうするべきかということを考えることができる段階に入りつつあると思う。裁判所としては、一人一人の裁判官の考え方をどれだけ刑事裁判官の集団として共有できるのかという点について、じっくりと取り組んでいかなくてはならないと思う。」と述べ、刑事裁判官への期待を寄せる[21]。

　島田総一郎教授は、「伝統的な刑法解釈方法論に対しては、近時、批判も多い。『裁判員制度導入後は、あまり細かい解釈問題を議論しても仕方がない』という論調すら見受けられる。しかし、私はむしろ逆ではないかと思う。職業裁判官でない者が、抽象的な基準（例えば「規範的に解釈された実行行為性」）を示されただけで、法律判断が可能であろうか。むしろ、裁判員制度の下においてこそ、裁判官は、法律解釈が問題となる場合には、可能な限り具体的な解釈基準を示すべきであり、そのようにして初めて裁判員の納得も得られるのではないだろうか。そして、そうである以上、学説が解釈論上の問題点について可能な限り具体的な判断基準を示そうと試みる努力は、今後も鋭意続けられるべきと思われる。現に、古くから参審制度が導入されているドイツにおいても、現在なお充実した刑法解釈論が展開され続けているのである。」と指摘し、裁判員裁判制度下における刑法解釈学の在り方について貴重な提言をする[22]。

　5．本稿は、裁判員裁判の臨床的研究の一環として具体的な事案を直接傍聴し当該事案の問題点の分析を通して裁判員裁判制度に内在する問題点を考察する筆者の一連の研究の1つである[23]。

　本稿の基本的視座は、法科大学院で研究者教員の一人として法曹養成の一助を担った者の責務として、裁判員裁判の実務を担当する法曹3者に対し裁判員裁判の是非との二者択一的思考ではなく、裁判員裁判に内在する問題点を抽出しその解決策を思考するものである[24]。

　本稿は、東京地裁平成25年5月21日第1刑事部判決を考察の対象とし、4日

間の審理を傍聴した後、問題点のより深い分析をするために判決確定後、刑事確定訴訟記録法4条1項に基づく保管記録の閲覧機会を重ね、法廷では確認出来なかった公判前整理手続等の細部にも配意した研究である。

Ⅱ. 司法制度改革の経緯の簡考

Ⅱ-ⅰ. 私法制度改革について

裁判員制度の導入は、公判前整理手続等刑事司法手続に変革を齎した。刑事司法手続の変革は、先行する私法制度改革と無縁ではないと思われるので私法制度の一連の改革を概観する。

司法制度改革の眼目は、利用者としての国民の期待に応える民事及び刑事司法制度の確立にあるとされる。

民事司法制度改革は、民事訴訟法改正を契機として刑事司法制度改革に若干先んじてスタートした。わが国における現行民事訴訟法成立の経緯は、明治23年4月21日公布され（明治23年法律29号）明治24年1月1日より施行された明治民事訴訟法が大正15年法律61号により改正され旧民事訴訟法として昭和4年10月1日より施行された。

平成2年7月、法制審議会民事訴訟法部会は、旧民事訴訟法典が社会・経済の変化・発展に伴う民事紛争の複雑化・多様化に合致するかについて疑問を提示し、民事訴訟を国民に利用しやすく分かりやすいものにするとの視点から、民事訴訟手続の全面見直しの調査・審議を開始し、十数名の小準備会で三百数十項目に及ぶ検討事項を作成し、同審議会民事訴訟法部会の承認を得、平成3年12月、「民事訴訟手続に関する検討事項」を作成し公表した。

同検討事項は、関係各界に意見照会され、平成5年12月「民事訴訟手続に関する改正要綱試案」が作成され、法制審議会民事訴訟法部会の承認を得て公表された。平成8年2月2日、法制審議会民事訴訟法部会は、「民事訴訟手続に関する改正要綱」を決定し、同月26日法務大臣に答申した。改正法案は、3月12日の閣議決定を経て同日国会に提出され、4月1日から衆議院法務委員会で審議され一部修正の後、6月12日から参議院法務委員会での審議がなされ6月18日可決成立し、6月26日公布された[25]。

現行民事訴訟法は、民事訴訟手続における訴訟遅延等の改善と「国民に分か

りやすく利用しやすい司法制度の構築」を企図し、充実した迅速な争点中心型集中審理の実現を志向し、平成8年6月26日公布され（平成8年法律109号）平成10年1月1日より施行された[26]。

民事訴訟法を含む一連の民事司法制度改革は、「20世紀の最後の四半世紀が、いわば民事手続法改正の時代」として推進されてきたと解されている[27]。

民事法領域の裁判実務での「迅速かつ適正な裁判」実現に向けての一連の諸提言は、刑事法領域での緩やかな展開に比し司法制度改革の潮流をリードする。

新民事訴訟法は、各地の裁判所及び弁護士会での実践的工夫や運営改善の試みの集大成として施行された。民事訴訟法施行後の民事法領域の裁判実務での次のステップとしては、「専門的知見を必要とする民事訴訟の運営」が論点となり、医療過誤訴訟及び建築関係訴訟に焦点を絞った検討がなされている[28]。

前田順司他「専門的知見を必要とする民事訴訟の運営」は、迅速に的確な争点整理を行うための方策として争点整理後の審理計画の確認及び争点整理に際しての専門家の知見の利用を挙げ、具体的に「争点整理表」や「証拠等チェックリスト」を提示する[29]。

平成13年4月、東京地裁及び大阪地裁は、医事関係訴訟集中部（東京地裁4か部、大阪地裁2か部）及び建築関係訴訟集中部（東京地裁、大阪地裁各1か部）を設置した[30]。

なお、ドイツでの市民及び専門家の司法手続への参加に関するエーベルハルト・シルケン教授（Prof. Dr. Eberhard Schilken）の見解は、我が国の司法改革の検討にも示唆的である[31]。

民事訴訟法は、以上の裁判実務における実践や提案を契機に平成15年法律108号により①特許権等に関する訴えの管轄、②専門員制度の導入、③訴え提起前の証拠収集処分等、④計画審理、⑤和解に代わる決定等を主要とする部分改正がなされた[32]。

私人間の紛争解決を目的とする民事訴訟法は、国家刑罰権行使としての刑事訴訟法とは立法目的が異なることは勿論である。また、刑事訴訟法は、裁判官及び裁判員の予断排除を大原則としており、安易な民事訴訟法との比較・対象は出来ないが、立法過程及び具体的制度設計の方向性を検討する上では民事訴訟法の一連の改革は参考となる。

Ⅱ-ⅱ．司法制度改革の人的基盤としての法曹養成制度について

　司法制度改革審議会は、発足当初、「人的基盤」の整備は「制度的基盤」を補完するものと位置付け、法曹養成制度の在り方については「大学法学教育の役割」を検討すべきであるとし、専門職大学院としての法科大学院制度についての具体的な制度設計は十分ではなかった。本稿では、法科大学院設置までの経緯を検討するに止め、設置後の文部科学省の中央教育審議会大学分科会法科大学院特別部会についての検討は稿を改める。

　平成11年12月21日開催第9回司法制度改革審議会は、「司法制度改革に向けて-論点整理-（平成11年12月21日）」を決定し、論点項目の2として新たな司法制度の人的基盤として法曹養成制度の在り方について、「古典的教養と現代社会に関する広い視野をもち、かつ、『国民の社会生活上の医師』たる専門的職業人としての自覚と資質を備えた人材を育成する上で、大学（大学院）に課された責務は重く、法曹養成のためのプロフェッショナルスクールの設置を含め、法学教育の在り方について抜本的な検討を加えるべきである。」と方向性を提示する[33]。

　平成12年3月2日開催第14回司法制度改革審議会は、井上正仁委員による「法曹養成制度改革の課題」の報告の後、意見交換を行った。井上委員は、法科大学院の設置形態等につき「法科大学院の数は10〜20、あるいは30校程度にすべきだ、といったことがいわれております。しかし、そのような計算で人為的に設置数を限定してかかることが本当に適切かは、疑問とする余地があるように思われます。また、仮にそのような考え方を取るとしても、どのようにしてその何十校を選ぶのかは実際的に見て困難な問題でしょう。これに対して、法科大学院の修了を司法試験の受験資格にするためには、その前提として、その趣旨にふさわしい教育が行われていることを担保するだけの最低の条件を充たしていることが確認される必要があるが、それを実質的に充たしている限りは、設置を認めるべきだという考え方も有力です。」と指摘し、法科大学院設置基準の充足を前提に事前規制を排し自然淘汰に委ねることを前提とする見解を披瀝する[34]。

　司法制度改革審議会は、3月14日開催第15回会議において司法試験関係について小津博司法務大臣官房人事課長、司法修習関係について加藤新太郎東京地方裁判所判事、大学法学教育関係について小島武司中央大学法学部教授からそ

れぞれヒアリングを行い、意見交換を行った後、4月11日開催第16回会議において過去2回の議論の内容を整理しつつ更に意見交換を行った。

　司法制度改革審議会は、以上の議論を踏まえて司法制度の人的基盤として法曹養成制度としての法科大学院について「法曹養成に特化した教育を行うプロフェッショナル・スクールとしての『法科大学院』（仮称。以下同じ）の設置に関する構想が各大学から相次いで公表され、大学関係者や法曹関係者の間で活発な議論が展開されているが、この法科大学院構想は、上記のような新たな法曹養成制度の核となるものとして、有力な方策であると考えられる。そして、そのような方向を採用するとした場合には、当然、司法試験を含む法曹資格付与の在り方も、法科大学院における教育に適切に対応したものとし、プロセスを重視した法曹養成制度としての一貫性を確保する必要があろう。また、法曹として実務に携わる前に実務修習を行うことの意義は十分に認められることから、少なくとも実務修習は法科大学院における教育とは別に実施するものとすべきであるという点でも基本的に異論はなかった。さらに、法科大学院が法曹養成という重要な社会的責任を適切に果たすために必要な人的・財政的基盤の抜本的整備については、国、地方公共団体、法曹三者及びその他の関連機関が適切かつ十分な支援を行う必要があることでも、認識は一致した。」との共通理解に達した[35]。

　司法制度改革審議会は、設置から答申まで2か年（司法制度改革審議会設置法附則3号及び司法制度改革審議会設置法施行令（政令第235号）附則1号で施行期日を平成11年7月27日施行とする。）とする限られた審議時間から具体的な法科大学院の制度設計は司法制度改革審議会設置法（平成11年法律第68号）第6条第1項に基づき文部省に「大学関係者及び法曹三者の参画の下に適切な場を設けて、専門的・技術的見地から検討を行った上、その結果を本年9月頃までに資料として提出することを依頼」した[36]。

　司法制度改革審議会は、委嘱する検討会の構成メンバーについても言及し、文部省1名、法曹三者各1名、大学関係者5名程度とし、本審議会との円滑な連携のため、審議会委員1名の参加とし、井上委員、鳥居委員、山本委員、吉岡委員をあてる[37]。

　文部省は、司法制度改革審議会の要請に基づき省内に「法科大学院（仮称）構想に関する検討会議」を設置し、平成12年5月30日第1回会議を開催し、平

成12年9月20日第12回会議において、「法科大学院（仮称）構想に関する検討のまとめ（案）－法科大学院（仮称）の制度設計に関する基本的事項－」について意見交換がなされ、修正については座長に一任された。

「法科大学院（仮称）構想に関する検討のまとめ－法科大学院（仮称）の制度設計に関する基本的事項－」は、平成12年10月6日開催第33回司法制度改革審議会に報告され意見交換がなされた[38]。

平成12年11月20日開催第38回司法制度改革審議会は、「中間報告」において法科大学院について「『法科大学院』（仮称。以下同じ。）を含む法曹養成制度の整備の状況等を見定めながら、計画的にできるだけ早期に、年間3,000人程度の新規法曹の確保を目指す必要がある、との結論に達した。ここで既に前提とされているように、法曹人口の大幅増員にはそれにふさわしい法曹養成制度の整備が不可欠とされるが、この点に関しては、司法試験という『点』のみによる選抜ではなく、法科大学院を基幹的な高等専門教育機関とし、法学教育、司法試験、司法修習を有機的に連携させた『プロセス』としての法曹養成制度を新たに整備すべきものとした。」とした。更に、中間報告は「新たな法曹養成制度の構築」について以下の様に基本的方向性を提示した[39]。

> 「法科大学院の構想について、文部省に対し、大学関係者及び法曹三者の参画の下に、当審議会が提示した基本的考え方に留意しつつ、専門的技術的見地から具体案を検討することを依頼し、その報告（「法科大学院（仮称）構想に関する検討のまとめ－法科大学院（仮称）の制度設計に関する基本的事項－」）を受けて、それをも踏まえて検討した結果、以下のような判断に達した。
> 　すなわち、まず、現在の法曹養成制度が前記のような要請に十分に応え得るものとなっているかを考えてみると、現行の司法試験は開かれた制度としての長所を持つものの、合格者数が徐々に増加しているにもかかわらず依然として受験競争が厳しい状態にあり、受験者の受験技術優先の傾向が顕著となってきたこと、これ以上の合格者数増をその質を維持しつつ図ることには大きな困難が伴うこと等の問題点が認められ、その試験内容や試験方法の改善のみによってそれらの問題点を克服することには限界がある。
> 　一方、これまでの大学における法学教育は、基礎的教養教育の面でも法学専門教育の面でも必ずしも十分なものとは言えなかった上、学部段階では一定の法的素養を持つ者を社会の様々な分野に送り出すことを主たる目的とし、他方、大学院では研究者の養成を主たる目的としてきたこともあり、法律実務との乖離が指摘されるなど、プロフェッションとしての法曹を養成するという役割を適切に果たしてきたとは言い難いところがある。しかも、司法試験における競争の激化により、学生が

受験予備校に大幅に依存する傾向が著しくなり、『ダブルスクール化』、『大学離れ』と言われる状況を招いており、法曹となるべき者の資質の確保に重大な影響を及ぼすに至っている。
　（中略）司法（法曹）が21世紀の我が国社会において期待される役割を十全に果たすための人的基盤を確立するためには、法曹人口の大幅な増加や弁護士改革など、法曹の在り方に関する基本的な問題との関連に十分に留意しつつ、司法試験という『点』のみによる選抜ではなく、法学教育、司法試験、司法修習を有機的に連携させた『プロセス』としての法曹養成制度を新たに整備することが不可欠である。そして、その中核を成すものとして、大要、以下のような法曹養成に特化した教育を行うプロフェッショナル・スクールである法科大学院を設けることが必要かつ有効であると考える。」

　司法制度改革審議会は、更にその後論議を重ね、平成13年6月1日開催第62回において「最終意見」第3読会を終え、平成13年6月12日開催第63回において『司法制度改革審議会意見書-21世紀の日本を支える司法制度-（平成13年6月12日）』を決定し、小泉純一郎内閣総理大臣に提出した[40]。
　『司法制度改革審議会意見書-21世紀の日本を支える司法制度-』は、法曹養成制度の改革として以下の様に提案する[41]。

1．新たな法曹養成制度の整備
・司法試験という『点』のみによる選抜ではなく、法学教育、司法試験、司法修習を有機的に連携させた『プロセス』としての法曹養成制度を新たに整備すべきである。その中核を成すものとして、法曹養成に特化した教育を行うプロフェッショナル・スクールである法科大学院を設けるべきである。
・法科大学院は、平成16（2004）年4月からの学生受入れ開始を目指して整備されるべきである。
　21世紀の司法を支えるにふさわしい質・量ともに豊かな法曹をどのようにして養成するか。
　この課題に関して、まず、現在の法曹養成制度が前記のような要請に十分に応えうるものとなっているかを考えてみると、現行の司法試験は開かれた制度としての長所を持つものの、合格者数が徐々に増加しているにもかかわらず依然として受験競争が厳しい状態にあり、受験者の受験技術優先の傾向が顕著となってきたこと、大幅な合格者数増をその質を維持しつつ図ることには大きな困難が伴うこと等の問題点が認められ、その試験内容や試験方法の改善のみによってそれらの問題点を克服することには限界がある。
　一方、これまでの大学における法学教育は、基礎的教養教育の面でも法学専門教育の面でも必ずしも十分なものとは言えなかった上、学部段階では一定の法的素養を持つ者を社会の様々な分野に送り出すことを主たる目的とし、他方、大学院では研究者

の養成を主たる目的としてきたこともあり、法律実務との乖離が指摘されるなど、プロフェッションとしての法曹を養成するという役割を適切に果たしてきたとは言い難いところがある。しかも、司法試験における競争の激化により、学生が受験予備校に大幅に依存する傾向が著しくなり、『ダブルスクール化』、『大学離れ』と言われる状況を招いており、法曹となるべき者の資質の確保に重大な影響を及ぼすに至っている。

　前者の問題点については、例えば、現行の司法試験による合格者数を端的に大幅に増加させるということも考えられなくはないが、これでは、前記のような現行の法曹養成制度に関する問題点が改善されないまま残るばかりか、むしろ事態はより深刻なものとなることが懸念される。

　また、大学における法学部教育を何らかの方法で法曹養成に資するよう抜本的に改善すれば問題は解決されるとの見方もありうるかもしれないが、この考え方は、大学法学部が、法曹となる者の数をはるかに超える数（平成12年度においては4万5千人余り）の入学者を受け入れており、法的素養を備えた多数の人材を社会の多様な分野に送り出すという独自の意義と機能を担っていることを看過するものであり、現実的妥当性に乏しいように思われる。それらの点をも含めて考えると、前記のような現行制度の問題点を克服し、司法（法曹）が21世紀の我が国社会において期待される役割を十全に果たすための人的基盤を確立するためには、法曹人口の拡大や弁護士制度の改革など、法曹の在り方に関する基本的な問題との関連に十分に留意しつつ、司法試験という『点』のみによる選抜ではなく、法学教育、司法試験、司法修習を有機的に連携させた『プロセス』としての法曹養成制度を新たに整備することが不可欠である。そして、その中核を成すものとして、大要、以下のような法曹養成に特化した教育を行うプロフェッショナル・スクールである法科大学院を設けることが必要かつ有効であると考えられる。

　法曹人口増加の目標（前記第1『法曹人口の拡大』参照）との関係をも考え、法科大学院は、平成16（2004）年4月からの学生受入れ開始を目指して整備され、司法試験等にも、それに合わせて必要な見直しが行われるべきである。」

　法科大学院スタートまで3年弱という具体的タイムスケジュールの下に概要が示された。

　平成14年3月19日「司法制度改革推進計画」が、閣議決定され、法曹養成制度の中核としての法科大学院について以下の様に規定する[42]。

　司法を担う法曹に必要な資質として、豊かな人間性や感受性、幅広い教養と専門的な法律知識、柔軟な思考力、説得・交渉の能力等に加えて、社会や人間関係に対する洞察力、人権感覚、先端的法分野や外国法の知見、国際的視野と語学力、職業倫理等が広く求められることを踏まえ、法曹養成に特化した教育を行う法科大学院を中核とし、法学教育、司法試験、司法修習を有機的に連携させた新たな法曹養成制度を整備することとし、そのための措置を講ずる。これらを着実に実施するため、本部が設置されている間においては、以下の措置を講ずることとする。

1．法科大学院
　司法制度改革審議会意見が制度設計に関して具体的に提言しているところを踏まえ、学校教育法上の大学院としての法科大学院に関する制度を設けることとし、平成16年4月からの学生の受入れ開始が可能となるよう、所要の措置を講ずる。（本部及び文部科学省）

　文部科学省は、中央教育審議会大学分科会に法科大学院部会を設置し、平成13年8月31日第1回会議を開催し、平成16年12月1日開催の第25回会議まで継続した[43]。
　具体的な法曹養成制度の検討は、司法制度改革推進本部事務局の下に設置された「法曹養成検討会」に委ねられた[44]。本検討会は、平成14年11月11日第1回会合を開催し、平成16年9月1日第24回会合を以って終了した。第1回会合において、平成13年12月26日付の中央教育審議会大学分科会法科大学院部会作成の「法科大学院の設置基準等について／論点を反映した骨子」が参考資料として配布された。
　法科大学院の設置が基本的に決定するに伴い法的整備が進められ、「法科大学院の教育と司法試験等との連携等に関する法律（平成14年12月6日法律第139号）」が制定され、細目については、平成15年3月31日「平成15年文部科学省告示第53号（専門職大学院に関し必要な事項について定める件）」によって規定された。
　法科大学院設置に向けての具体的手続は、平成15年6月文部科学省への法科大学院設置認可申請等がなされ、72大学から設置認可申請がなされる（国立20大学、公立2大学、私立：50大学）。平成15年11月及び16年1月大学設置・学校法人審議会法科大学院特別審査会（法曹三者などの実務経験者、大学法学関係教授、大学長等で構成）による審査で68大学（国立20大学、公立2大学、私立：46大学）に設置認可等がなされ、平成16年4月法科大学院68校（国立20、公立2、私立46）が開設し、翌平成17年4月法科大学院6校（国立3大学、私立3大学）が開設した。
　3．文部科学省は、法科大学院がスタートした後は中央教育審議会大学分科会に法科大学院特別委員会を設置し、同委員会は法科大学院の教育レベル等の状況把握及び改善等の提案をしている。同委員会は、平成17年6月10日第1回を開催し[45]、平成27年1月20日第67回委員会を開催し現在も継続中である。
　同委員会議事録は、当初、第1回委員会から第12回委員会まで発言者氏名も

無いままの議事録である[46]。議事録記載方法は、平成19年3月15日開催第13回委員会から発言者の帰属（説明者・委員）のみ記載され[47]、平成21年2月24日開催第26回委員会から発言者氏名が記載される通常の議事録になった[48]。

　法曹養成制度については、弁護士過剰の状況から司法試験合格者数3000人という当初の計画の大幅変更をもとめる日本弁護士連合会からの提案と3000人維持を求める法科大学院との相克が続いた。中央教育審議会大学分科会法科大学院特別委員会は、ワーキンググループ等で法科大学院の教育の質のチェックという名目で法科大学院の設置数に絞りを掛けはじめた。

　行政府は、法科大学院を巡る一連の流れの中で法曹養成制度の見直しを検討するために平成24年8月21日内閣官房長官を議長とする法曹養成制度関係閣僚会議を設置し、平成25年8月2日までに結論を得るようにした[49]。

　法曹養成制度関係閣僚会議は、その下に法曹養成制度検討会議を置き、「『法曹の養成に関するフォーラム論点整理（取りまとめ）』（平成24年5月10日法曹の養成に関するフォーラム取りまとめ）[50]の内容等を踏まえつつ、検討を行うものとする。」とし、実質的な審議を委嘱した[51]。

　法曹養成制度検討会議は、平成24年8月28日第1回会議を開催し、平成25年6月26日までに16回の会議を重ね、同日「法曹養成制度検討会議取りまとめ」を完成させた[52]。

　総務省は、平成25年2月7日法曹人口の拡大及び法曹養成制度の改革に関する政策評価の結果に基づく勧告に伴う政策への反映状況（回答）について、法務省及び文部科学省からの回答を受け、その概要を取りまとめ「法曹人口の拡大及び法曹養成制度の改革に関する政策評価」を公表した[53]。

　行政府は、平成25年9月17日内閣官房長官を議長とする法曹養成制度改革推進会議を設置し平成27年7月15日までに一定の結論を得るようにした[54]。法曹養成制度改革推進会議は、同日その下に法曹養成制度改革顧問会議を設置し、実質的な審議を委嘱した。

　法曹養成制度改革顧問会議は、平成25年9月24日第1回会議を開催し、平成27年1月27日第15回を開催し、法曹養成制度について論議を継続中である[55]。

　法科大学院は、法曹養成制度の中核として設置されたにも拘らず法科大学院志願者の激減という状況の中で全体の91％の法科大学院で定員割れとなっており、平成26年12月末現在23校が募集停止に追い込まれている。

本稿は、法科大学院設置に至る経緯についての検討を主とし、法科大学院制度衰退の経緯及び原因については、詳細な分析が必要でありその点の分析・検討は別稿を予定している。

Ⅲ．裁判員裁判における諸問題[56]

Ⅲ-ⅰ．公判前整理手続

1．司法制度改革審議会は、『司法制度改革審議会意見書-21世紀の日本を支える司法制度-』において刑事裁判の現状を踏まえ充実・迅速化を図るために新たな具体的な準備手続きの創設を提案する。

同意見書は、公判前審理手続の創設と従来検察官手持ちの証拠の全容が不明で被告人にとり有利な証拠が隠され十分な審理を阻害していた点を解消し、公判前審理手続の実効性を担保するために証拠開示について以下の様に提案する[57]。

・第一回公判期日の前から、十分な争点整理を行い、明確な審理の計画を立てられるよう、裁判所の主宰による新たな準備手続を創設すべきである。
・充実した争点整理が行われるには、証拠開示の拡充が必要である。そのため、証拠開示の時期・範囲等に関するルールを法令により明確化するとともに、新たな準備手続の中で、必要に応じて、裁判所が開示の要否につき裁定することが可能となるような仕組みを整備すべきである。

同意見書は、公判前整理手続において事前に証拠が裁判官に提示されることは予断排除の原則に抵触する可能性が生じるため「予断排除の原則との関係にも配慮しつつ、当該手続における裁判所の役割・権限（証拠の採否等裁判所の判断の対象範囲や訴訟指揮の実効性担保のための措置等を含む。）や当事者の権利・義務の在り方についても検討されるべきである。また、証拠開示のルールの明確化に当たっては、証拠開示に伴う弊害（証人威迫、罪証隠滅のおそれ、関係者の名誉・プライバシーの侵害のおそれ）の防止が可能となるものとする必要がある。」と指摘し、弊害の除去を念頭に提案する。

裁判員が参加する裁判員裁判制度の実現には、「・直接主義・口頭主義の実質化を図るため、関連諸制度の在り方を検討すべきである。・充実・円滑な訴

訟運営のため、裁判所の訴訟指揮の実効性を担保する具体的措置を検討すべきである。・公的刑事弁護制度の整備を含め、弁護人が個々の刑事事件に専従できるような体制を確立するとともに、裁判所、検察庁の人的体制をも充実・強化すべきである。」等の検討が併せてなされなければ、実効性は担保されない。

意見書の提案の具体的検討は、裁判員制度・刑事検討会に委ねられた。

2．立法府は、司法制度改革の実現に向けて「裁判の迅速化に関する法律（平成15年7月16日法律第107号）」（以下、迅速化法と略称する）を制定した。

本法第1条は、本法の目的として「この法律は、司法を通じて権利利益が適切に実現されることその他の求められる役割を司法が十全に果たすために公正かつ適正で充実した手続の下で裁判が迅速に行われることが不可欠であること、内外の社会経済情勢等の変化に伴い、裁判がより迅速に行われることについての国民の要請にこたえることが緊要となっていること等にかんがみ、裁判の迅速化に関し、その趣旨、国の責務その他の基本となる事項を定めることにより、第一審の訴訟手続をはじめとする裁判所における手続全体の一層の迅速化を図り、もって国民の期待にこたえる司法制度の実現に資することを目的とする。」と規定する。第2条は、迅速化の実現に向けて第1項で「裁判の迅速化は、第一審の訴訟手続については2年以内のできるだけ短い期間内にこれを終局させ、その他の裁判所における手続についてもそれぞれの手続に応じてできるだけ短い期間内にこれを終局させることを目標として、充実した手続を実施すること並びにこれを支える制度及び体制の整備を図ることにより行われるものとする。」とし、第3項で迅速化に伴う弊害の除去として「裁判の迅速化に当たっては、当事者の正当な権利利益が害されないよう、手続が公正かつ適正に実施されることが確保されなければならない。」と規定する。第8条は、法律の執行状況を検証するため「最高裁判所は、裁判の迅速化を推進するため必要な事項を明らかにするため、裁判所における手続に要した期間の状況、その長期化の原因その他必要な事項についての調査及び分析を通じて、裁判の迅速化に係る総合的、客観的かつ多角的な検証を行い、その結果を、2年ごとに、国民に明らかにするため公表するものとする。」と規定し、最高裁判所に対して調査結果の公表を課し、迅速化の実現を確定的にする方策を規定する[58]。

立法府は、迅速化法の施行と並行して刑事訴訟法の改正を提案し、平成16年法律第62号において刑事訴訟法第2編　第1審　第3章　第2節　争点及び証拠の

整理手続を規定した。第2節第1款は、公判前整理手続について316条の2以下316条の27を、第2款は、期日間整理手続について316条の28を、第3款は、公判手続の特例を316条の29以下316条の39を追加規定する。

刑事訴訟法第316条の2は、第1項で「裁判所は、充実した公判の審理を継続的、計画的かつ迅速に行うため必要があると認めるときは、検察官及び被告人又は弁護人の意見を聴いて、第一回公判期日前に、決定で、事件の争点及び証拠を整理するための公判準備として、事件を公判前整理手続に付することができる。」とし、第2項で「公判前整理手続は、この款に定めるところにより、訴訟関係人を出頭させて陳述させ、又は訴訟関係人に書面を提出させる方法により、行うものとする。」と規定する。更に、同法第316条の3は、公判前整理手続の目的として第1項で「裁判所は、充実した公判の審理を継続的、計画的かつ迅速に行うことができるよう、公判前整理手続において、十分な準備が行われるようにするとともに、できる限り早期にこれを終結させるように努めなければならない。」とし、第2項で「訴訟関係人は、充実した公判の審理を継続的、計画的かつ迅速に行うことができるよう、公判前整理手続において、相互に協力するとともに、その実施に関し、裁判所に進んで協力しなければならない。」と規定する。

迅速化法に基づき最高裁判所に課せられた2年ごとの迅速化の実現の調査結果の公表と刑事訴訟法改正による公判前整理手続の実施状況の再検討を経て、法制審議会-新時代の刑事司法制度特別部会は、平成26年7月9日開催された第30回会議において『新たな刑事司法制度の構築についての調査審議の結果【案】〔改訂版〕』を承認した。同結果は、証拠開示制度の拡充として「（1）証拠の一覧表の交付制度の導入（要綱15頁）及び（2）公判前整理手続の請求権の付与（要綱16頁）」を提案する[59]。

要綱（骨子）は、より具体的に以下の様に提案する。

(1) 証拠の一覧表の交付制度の導入
一1 検察官は、刑事訴訟法第316条の14の規定による証拠の開示をした後、被告人又は弁護人から請求があったときは、速やかに、被告人又は弁護人に対し、検察官が保管する証拠の一覧表を交付しなければならないものとする。
2．検察官は、1により一覧表を交付した後、証拠を新たに保管するに至ったときは、速やかに、被告人又は弁護人に対し、当該新たに保管するに至った証拠の一覧表を交付

しなければならないものとする。
二　1-1及び2の一覧表には、次の㈠から㈢までに掲げる証拠の区分に応じ、証拠ごとに、当該㈠から㈢までに定める事項を記載しなければならないものとする。
㈠証拠物品名及び数量
㈡供述録取書当該供述録取書の標目、作成の年月日及び供述者の氏名
㈢証拠書類（㈡に掲げるものを除く。）当該証拠書類の標目、作成の年月日及び作成者の氏名
2　検察官は、1にかかわらず、1の事項を記載した一覧表を交付することにより、次に掲げるおそれがあると認めるときは、そのおそれを生じさせる事項の記載をしないことができるものとする。
㈠人の身体若しくは財産に害を加え又は人を畏怖させ若しくは困惑させる行為がなされるおそれ
㈡人の名誉又は社会生活の平穏が著しく害されるおそれ
㈢犯罪の証明又は犯罪の捜査に支障が生ずるおそれ
（2）公判前整理手続の請求権の付与
　刑事訴訟法第316条の2及び第316条の28の整理手続の規定をそれぞれ次のように改めるものとする。
1．裁判所は、充実した公判の審理を継続的、計画的かつ迅速に行うため必要があると認めるときは、検察官、被告人若しくは弁護人の請求により又は職権で、第1回公判期日前に、決定をもって、事件の争点及び証拠を整理するための公判準備として、事件を公判前整理手続に付することができる。
2．裁判所は、審理の経過に鑑み必要と認めるときは、検察官、被告人若しくは弁護人の請求により又は職権で、第1回公判期日後に、決定をもって、事件の争点及び証拠を整理するための公判準備として、事件を期日間整理手続に付することができる。
3．1若しくは2の決定又は1若しくは2の請求を却下する決定をするには、裁判所の規則の定めるところにより、あらかじめ、検察官及び被告人又は弁護人の意見を聴かなければならない。
（3）類型証拠開示の対象の拡大
一　共犯者の取調べ状況等報告書
　　刑事訴訟法第316条の15第1項第8号を次のように改めるものとする。
　　取調べ状況の記録に関する準則に基づき、検察官、検察事務官又は司法警察職員が職務上作成することを義務付けられている書面であって、身体の拘束を受けている者の取調べに関し、その年月日、時間、場所その他の取調べの状況を記録したもの（被告人又はその共犯として身体を拘束され若しくは公訴を提起された者であって第5号イ若しくはロに掲げるものに係るものに限る。）
二　検察官が取調べを請求した証拠物に係る差押調書又は領置調書
　　刑事訴訟法第316条の15第1項による開示の対象となる証拠の類型として次のものを加えるものとする。
　　押収手続の記録に関する準則に基づき、検察官、検察事務官又は司法警察職員が職務上作成することを義務付けられている書面であって、検察官請求証拠である証拠物の押収に関し、その押収者、押収の年月日、押収場所その他押収の状況を記録したもの

三　類型証拠として開示すべき証拠物に係る差押調書又は領置調書
　　刑事訴訟法第316条の15に次の項を加えるものとする。
　　検察官は、押収手続の記録に関する準則に基づき、検察官、検察事務官又は司法警察職員が職務上作成することを義務付けられている書面であって、第1項の規定により開示すべき証拠物の押収に関し、その押収者、押収の年月日、押収場所その他押収の状況を記録したものについて、被告人又は弁護人から開示の請求があった場合において、当該証拠物により特定の検察官請求証拠の証明力を判断するために当該開示をすることの必要性の程度並びに当該開示によって生じるおそれのある弊害の内容及び程度を考慮し、相当と認めるときは、速やかに、前条第1号に定める方法による開示をしなければならない。この場合において、検察官は、必要と認めるときは、開示の時期若しくは方法を指定し、又は条件を付することができる。

　3．具体的な事案を通して裁判実務における公判前整理手続の状況について若干の検討をする[60]。
［判例1］松江地裁平成21年10月29日判決[61]
　本判決は、島根県での裁判員裁判1号事件であり、住居侵入、強盗致傷、銃砲刀剣類等所持で懲役5年（求刑懲役6年）を言渡された事案である。
　本件は、自白事案で第1回の公判前整理手続でほぼ決まり、主たる争点は量刑であり、公判期日3日間で評議は2日目4時間15分及び3日目判決公判日午前・午後各2時間延べ3回計7時間15分の短時間であった。
［判例2］鳥取地裁平成24年12月4日判決[62]
　本判決は、2件の強盗殺人罪で死刑が言渡された事案であり、争点整理に2年8ヵ月42回（平成22年1月18日から平成24年9月19日まで）の時間が費やされている。立件の経緯は、詐欺容疑で拘留中に摩仁川事件の捜査が行われ平成22年1月18日殺人罪で逮捕され、更に、北栄町事件の捜査が行われ、殺人容疑が固まった同年3月3日殺人罪で再逮捕された。
　被告人は、2件の強盗殺人罪については否認した否認事件であった。
［判例3］最高裁平成26年3月10日第一小法廷決定[63]
【事案の概要】
　本決定は、覚せい剤在中の機内手荷物のスーツケースをトルコ共和国アタチュルク国際空港発トルコ航空第46便で関西空港まで運び、同空港内大阪税関関西空港税関支署旅具検査場で覚せい剤携帯の事実を申告しないまま通関しようとして覚せい剤取締法違反及び関税法違反に問われた事案である。

原原審大阪地裁平成23年1月28日第3刑事部判決は、被告人と共犯者の共謀を否定し無罪を言渡した。

原審大阪高裁平成24年3月2日第4刑事部判決は、被告人と共犯者らとの共謀を優に認定することができるとして、被告人を無罪とした原判決は判決に影響を及ぼすことが明らかな事実の誤認があるとして破棄し、審理を原審に差戻し、再度裁判員を含めた合議体の審理、判決に委ねるのを相当とした。

被告人は、原審を判例違反（最高裁平成22年4月27日第三小法廷判決・刑集64巻3号233頁）として上告したが、最高裁は単なる法令違反、事実誤認の主張に過ぎないとして上告を棄却した。

【判旨】　上告棄却

法廷意見は、職権判断で最高裁平成24年2月13日第一小法廷判決（刑集66巻4号482頁）を引用して「刑訴法382条の事実誤認とは、第1審判決の事実認定が論理則、経験則等に照らして不合理であることをいう」としたうえで「原判決は、第1審判決の事実認定が経験則に照らして不合理であることを具体的に示して事実誤認があると判断したものといえ、刑訴法382条の解釈適用の誤りはないし、事実誤認もない。」と判示する。

なお、本決定には、横田尤孝裁判官の補足意見がある。

【研究】

1．本決定は、法廷意見の判示するように裁判員裁判での判決を刑訴法382条の事実誤認を理由とする控訴審の審査の在り方についての事例判決である。

最高裁平成24年2月13日第一小法廷判決は、「控訴審が第一審判決に事実誤認があるというためには、第一審判決の事実認定が論理則、経験則等に照らして不合理であることを具体的に示すことが必要であるというべきである。」と判示し、控訴審が第1審の判断を事実誤認とする際の判断方法を示した[64]。

更に、最高裁平成25年4月16日第三小法廷決定は、上記最高裁平成24年2月13日第一小法廷判決に依拠して覚せい剤の回収措置に関する経験則及び犯意（知情性）の有無についての判断方法を示した[65]。

2．横田尤孝裁判官は、補足意見で公判前整理手続に論及し、「公判審理において、A供述の信用性の判断に当たり重要とは思われない事項をめぐって長時間にわたり主張・立証が行われるなどして、審理全体が分かりづらいものになってしまったことにあるといえ、さらに、そのような公判審理が行われた

ことのいわば根源的な要因は、公判前整理手続における争点整理及び審理計画の策定が不適切であったことにあると思われる。すなわち、本件公判前整理手続において裁判所、検察官、弁護人の三者間で確認された争点は『覚せい剤の輸入の共謀があったか否か』というものであるところ、第１審判決の中で重視された『Ａ供述と通話記録との整合性』及び『被告人以外の第三者の存在の可能性』という事項が明確に意識されながら争点整理がされていたようにはうかがえない。第１審裁判所が、公判前整理手続において、当事者の主張・立証予定を基本的にそのまま受け入れただけで、判断の分かれ目を意識した争点整理を行わなかったものと見ざるを得ない。そのため、裁判員が参加した公判審理において、当事者は、争点の判断・認定上必ずしも重要とはいえない枝葉末節的な事項についてまで漫然と主張・立証する結果となった。また、同整理手続で定められた審理計画においては、Ａに対する証人尋問の予定時間は合計６時間40分、被告人質問のそれは合計５時間40分とされたが、事案の内容や証拠関係等に照らすと果たしてそれほどの時間が必要であったか、全体として裁判員が法廷で見聞きしただけで理解できるような審理計画であったかについて疑問が残る。不必要なまでの時間配分がなされたがゆえにかえって尋問等が細部にわたりあるいは散漫になるなどして審理内容が分かりづらいものとなり、裁判員に対して必要以上の負担を強いる結果となりはしなかったであろうか。

　このように、公判前整理手続における争点整理及び審理計画の策定が不適切なままで終わったことには裁判所のみならず当事者の対応にも問題があったと考えられるところであり、分けても本件公訴事実について立証責任を負う検察官の訴訟活動には問題があったといわざるを得ない。」と問題点を具体的に摘示し、適切な公判前整理手続の必要性から検察官の訴訟活動に厳しい批判を加える。

　更に、横田裁判官は、公判前整理手続の不備の齎した影響について「第１審の判決書についても触れておきたい。同判決書は、本文だけで43頁に及ぶもので、この種事件にかかる裁判員裁判の判決書としては異例ということもできるほど長く、裁判員が一読して直ちに理解できたであろうかとの感を抱かざるを得ない。もとよりその長短のみをもって判決書の当否を論ずべきではないが、前記のような公判前整理手続及び公判審理の問題点が、評議及び判決にも影響を与えたと見ざるを得ず、公判前整理手続や公判審理の問題点が改善されれば、

本件の具体的事案、争点、真に必要な証拠関係等に即したより分かりやすい内容の判決ができないではなかったはずであると思われる。」と判示する。

3．本決定は、控訴審における事実誤認の判断についての一連の最高裁判決に1事例を加える事例判決であり妥当である。

本決定は、横田尤孝裁判官の補足意見で示された公判前整理手続及び争点整理の在り方に等に関する見解が今後の裁判員裁判の実務に指針を与える点で意義を有する。

公判前整理手続については、裁判員法第49条及び刑事訴訟法316条の2以下に規定する。

第1審裁判所が主宰する公判前整理手続は、横田尤孝裁判官が示唆するように第1審裁判所に対し「判断の分かれ目を意識した争点整理」と「適切な審理計画の策定」を要請する。

［判例4］　最高裁平成26年4月22日第三小法廷判決[66]
【事実の概要】
平成22年11月4日午前4時頃、被告人は、弁護士である被害者が自己の離婚の際に元妻の代理人として財産分与の調停を申し立て、裁判官や不動産鑑定士とも結託して不動産評価額をつり上げて不公平な審判を出させ、自分から財産を奪い取って多額の報酬を得るためであったと考えるようになり、被害者に対して自分からすべてを奪った張本人であるとの強い恨みを持つようになった。被告人は、その恨みを晴らすため被害者を殺害し、可能ならその前に被害者を拉致して裁判所に連行する目的で、被害者方の応接室の掃き出し窓から屋内に侵入した。被告人は、寝室で被害者を発見し、実包が装てんされたけん銃を突きつけて予め準備した火薬入りのベストを着るように迫ったが被害者に拒否され、さらに被害者の妻が110番通報したため、被害者の拉致を断念し被害者を殺害しようと向けていたけん銃の引き金を2回引いた。ところが事前の操作を誤っていたため弾が発射されず、けん銃を奪おうとした被害者と被告人は、廊下の台所入り口付近でもみ合いとなった。その後、警察官2名が被害者方に駆けつけたが、警察官らは、けん銃を被告人から取り上げて手にしていた被害者を犯人と取り違えて取り押さえた。ほどなく、警察官らは被害者を離したが、その隙に被告人は、応接室に置いていた本件刃物を手にし、両手で槍のように構えて廊下にいた被害者に向けて駆け寄った。被告人は、廊下の台所入り口付

近から被害者寝室内部の入り口付近までの間において、被害者（当時55歳）に対し殺意をもって刃体の長さ約22cmの刃物を複数回突き出し、心臓の損傷を伴う深さ約12cmの前胸左側部及び肋骨後面に達する深さ約19cmの前胸左側下部の2か所の傷を生じさせ、同日午前5時32分頃、市内の病院において被害者を心損傷に基づく左胸腔内出血により死亡させた。

原原審秋田地裁平成23年12月9日判決は、検察官の無期懲役の求刑に対し被告人を懲役30年に処した[67]。

原審仙台高裁秋田支部平成24年9月25日判決は、職権判断で1審の事実の「『被告人は、被害者を殺害しようと向けていたけん銃の引き金を2回引いた。ところが事前の操作を誤っていたため弾が発射されず、』との部分は、それ自体殺人未遂罪の構成要件に該当する行為（ただし、包括して1個の殺人罪として処断される行為）であり、検察官が訴因として提示していない事実である」として、原判決がこれを訴因あるいは訴因類似の重要事実として認定したかどうかを検討する。原審は、1審の「被告人は、被害者を殺害しようと向けていたけん銃の引き金を2回引いた」との認定は「訴因変更手続を経ることなく、訴因を認定し、あるいは、争点として提示するなどの措置をとることなく、訴因類似の重要事実を認定した」として訴訟手続に法令の違反があり、その違反は判決に影響を及ぼすことが明らかであるとし、原審を破棄し原裁判所である秋田地方裁判所に差し戻した[68]。

【判旨】原判決を破棄し、仙台高裁に差し戻した。

法廷意見は、未発射事実について原判決の訴訟経過を公判前整理手続の過程、公判手続、証拠調べ、論告を精査し、「第1審の公判前整理手続において、本件未発射事実については、その客観的事実について争いはなく、けん銃の引き金を引いた時点の確定的殺意の有無に関する主張が対立点として議論されたのであるから、その手続を終了するに当たり確認した争点の項目に、上記経過に関するものに止まるこの主張上の対立点が明示的に掲げられなかったからといって、公判前整理手続において争点とされなかったと解すべき理由はない。加えて、第1審の公判手続の経過は、検察官が本件未発射事実の存在を主張したのに対し、特段これに対する異議が出されず、証拠調べでは、被告人質問において上記確定的殺意を否認する供述がなされ、被告人の供述調書抄本の取調べ請求に対し『不同意』等の意見が述べられ、第1審判決中に検察官の主張に

沿って本件判示部分が認定されたというものであるから、この主張上の対立点について、主張立証のいずれの面からも実質的な攻撃防御を経ており、公判において争点とされなかったと解すべき理由もない。そうすると、第1審判決が本件判示部分を認定するに当たり、この主張上の対立点を争点として提示する措置をとらなかったことに違法があったとは認められない。」と判示し、原判決を破棄し、仙台高等裁判所に差し戻した。

【研究】
　本判決は、未発射事実の認定に関する事例判決ではあるが、公判前整理手続における争点整理についての判断の在り方を示唆する点で参考となる事案である。最高裁は、特に、被告人の弁護権の確保といった視点から第1審では「実質的な攻撃防御」が担保されていると判示し、公判前整理手続における争点整理を公判審理の枠組みと捉える考えを示唆している。

　なお、原審での職権判断に際しての未発射事実をめぐる公判前整理手続の検討は、検察官の証明予定事実記載書、同（補充）、弁護人の予定主張記載書面や公判前整理手続期日の内容等に及び興味深いものがある。

　4．本稿では、考察の対象とする東京地裁平成25年5月21日判決の具体的公判前整理手続について、【資料編】Ⅱにおいて刑事確定訴訟記録法4条1項に基づき保管記録閲覧で得た情報（打合せ6回及び公判前整理手続10回）及び『新たな刑事司法制度の構築についての調査審議の結果【案】』を紹介する。

Ⅲ-ⅱ．検察官の求刑を超過する量刑

　1．本節では、裁判員裁判における量刑の問題点について検討する。裁判員裁判制度が開始され5年半の時間の経過の中で係属件数9,093件、判決言渡し人員7,407人（平成26年12月末現在）の累積から性犯罪及び児童虐待事案等では従前の職業裁判官のみによる量刑に比し、重罰化の傾向が指摘されている[69]。

　裁判員裁判においては、従前とは異なり検察官の求刑を超過する事案が散見されるに至っている。特に、大阪地裁平成24年3月21日判決は、1歳8か月の3女に対する傷害致死事案である身体的虐待事案で両親に対し検察官の求刑懲役10年超過する懲役15年を言渡した。

　検察官の求刑を超過する7つの下級審の事案を検討の後、最高裁平成26年7月24日第一小法廷判決を検討する。

［判例1］さいたま地裁平成22年5月19日第3刑事部判決[70]

本件は、平成21年10月1日午後10時35分頃、被告人が、勤務先に原動付自転車で向かう途中自転車で走行中の被害者A（19歳）の左腕をつかんで引っ張り、Aを自転車から降ろし、Aのショーツをスカートごと引き下ろし、さらにAを仰向けに押し倒すなどの暴行を加え、その膣内に手指を挿入し、強いてわいせつな行為をし、その際、Aに全治約8日間を要する傷害を負わせ強制わいせつ致傷に問われた事案である。

裁判所は、自己の特異な性的嗜好に基づく欲求を満たすため、直ちにAの後をつけて本件犯行に及んだとし、その経緯及び動機・目的は短絡的かつ自己中心的であって酌量の余地は全くないとし、被告人を検察官の求刑懲役7年を超過する懲役8年に処した。

［判例2］宇都宮地裁平成23年2月3日刑事部判決[71]

本件は、平成22年5月28日午後9時頃、宇都宮市内の路上において被告人が自転車に乗って帰宅途中の女子高校生B（当時15歳）の身体をその右横から両手で押して自転車もろとも路上に転倒させ、Bの口を手でふさぎ、「静かにしろ。声出すな。」などと強い口調で言い、その腕を手でつかんでBをその付近の草むらに引きずり込むなどの暴行脅迫を加えて反抗を抑圧し、自己の陰茎を無理やりBの口に押し込む等した後、その場に押し倒し下着を脱がせて姦淫し、その際、Bに全治約2週間の処女膜損傷の傷害を負わせ強姦致傷に問われた事案である。

裁判所は、量刑理由において「被害者は本件被害により、全治約2週間を要する処女膜損傷の傷害を負ったものであり、その傷害内容等からすると、全治期間では計り知ることのできない意味があり、肉体的被害は重大である。（中略）（被害者は）1人でいるのが怖くなって睡眠や入浴を母親とともにするようになったり、被害者としての意見陳述の文面を作成することを示唆されるやコントロールできない恐怖感等で思いも掛けない反応を示すなどしているという。また、現在に至っても、1日1日やっとの思いで生きている、事件前に抱いていた将来の目標や希望まで失ったなどとも述べている。このように、被害者が負った心の傷は余りに深く、被害から約8か月が経過した現在においてもその傷は癒えておらず、癒える見込みも定かでない。本件が、15歳という若年の被害者の将来に与える影響は非常に憂慮される。被害者が受けたこれら被害

の点は、量刑上もっとも重視すべき事情である。また、被害者の両親は、愛情いっぱいに育ててきた娘が本件被害に遭い、苦しんでいる姿を間近で見るなどして、自ら深い心の傷を負っている。被害者の父親は、娘を守りきれず本当に申し訳ない気持ちでいっぱいであると、母親は、事件のときから時が止まってしまった、悲しみはおさまるどころか、ますます強くなっているなどと、その苦しい心情を法廷で明らかにしている。（中略）被告人は、犯行後、被害者の名前や学校名を聞いた上、被害者の家を知っているなどと言って口止め工作をしており、被害者はそのために事件後もおびえる生活を送っているのであって、犯行後の行動も悪質である。（中略）被告人の具体的刑量について検討するに、本件犯行結果が単なる傷害の治療期間では計ることのできない重大なものであることは十分に斟酌されるべきであり、その他計画的犯行であること、犯行態様が卑劣かつ悪質であること、動機や経緯に酌むべき点が全くないこと、犯行後の行動も悪質であること、再犯のおそれは高く、反省も深まっていないことなどの諸事情を考慮する」と判示し、検察官の懲役8年の求刑は軽きに失するとして被告人を懲役9年に処した[72]。

［判例3］盛岡地裁平成24年1月27日刑事部判決[73]

被告人は、平成22年11月29日午後5時45分頃、日頃対立していたC（当時62歳）の腹部、右側胸部等を殺意を持って右手に持ったマキリ包丁（刃体の長さ約13.6cm）で5回突き刺し加療約59日間を要する腹部刺創、腹腔内出血、肝・胃損傷等の傷害を負わせた。その後、殺人未遂の犯行を目撃し逃げ出したD（当時72歳）の着衣の襟をつかみ、引きずってE方風除室まで連行し風除室の戸を閉めて施錠し、Dに対しマキリ包丁を示して翌30日午前4時40分頃まで約10時間55分にわたりDをE方風除室から脱出することを不能にした。

裁判所は、量刑理由において「鋭利な刃物で被害者Cの腹部等を強い力で複数回にわたり突き刺しているのであって、本件は強い殺意に基づく危険性の高い犯行である。実際にも、被害者Cは、腹腔内に大量に出血したため、出血性ショックによって死亡してもおかしくないような状態に陥りながら、何とか一命を取り留めたのであって、本件は、殺人未遂罪という犯罪類型の中でも相当に重い部類に属する、正に殺人既遂罪と紙一重の悪質な犯行といわなければならない。（中略）外気温が氷点下にまで下がる気象条件の下、半透明の波トタンや網戸でしか外気を遮ることのできない狭い風除室内に、夕刻から翌朝

未明までという夜間や深夜の時間帯に、11時間近くにわたって、被害者Dを監禁している。このように、被害者Dは、長時間にわたって非常に過酷な状況下に置かれていたのであって、逮捕監禁の犯行態様は、被害者Dに多大な精神的、肉体的苦痛を与える誠に悪質なものである。」と判示し、被告人を検察官の求刑懲役13年を超過する懲役14年に処した。

控訴審仙台高裁平成24年7月3日判決は、原判決に事実誤認及び量刑判断の誤りはないとして、「被告人は、本件各犯行について不合理な弁解を弄した上、従前からの被害者側の対応に問題があったなどとして、被害者両名に対する謝罪の言葉さえも口にしていないばかりか、侮辱的な発言すら繰り返す有様であり、真摯に反省する姿勢は窺われず、従前の一部住民に対する粗暴な言動等にも鑑み、再犯のおそれも否定し難い。」と判示し、被告人の控訴を棄却した[74]。

［判例4］大阪地裁平成24年3月21日第5刑事部判決[75]

本件は、両親X及びYが、3女Fに継続的に暴行を加え、相互に認識しつつも制止することなく容認し共謀を遂げて、Xが平成22年1月27日午前零時頃、自宅において、F（当時1歳8か月）の顔面を含む頭部分を平手で強打し、頭部を床に打ち付けさせるなどの暴行を加えた結果、急性硬膜下血腫などの傷害を負わせ、同年3月7日午後8時59分頃、急性硬膜下血腫に基づく脳腫脹により死亡させた事案である。

裁判所は、本件を親による常習的幼児虐待の傷害致死事案と捉え行為責任が重大であるとの視点から「親権者たる親は、児童の生命・身体等を保護すべき重い責務を負っている。特に幼児の生存は親に全面的に依存しており、幼児が親に抵抗したり逆らったり逃げて助けを求めたりすることはほぼ不可能と考えられ、親が幼児を支配することは容易である。それにもかかわらず、親が、幼児に対し、理不尽な暴行などの虐待を繰り返した場合、幼児は虐待から逃れられないまま肉体的にも精神的にも苦痛を甘受し続けなければならず、その場合、幼児の心身の成長や人格形成に重大な影響を及ぼすことが懸念される上、虐待の程度によっては、その生命の安全までも脅かされることとなる。もとより児童・幼児であってもその生命の尊さが成人に比して劣るものでないことは明らかである。児童・幼児には生きて幸福を追求する権利があり、親であっても虐待によりその権利を侵害することは絶対に許されない。このような観点から考えると、児童虐待を犯す親は、厳しい非難を免れないし、特に幼児虐待につい

ては、極めて厳しい非難を免れないものと考えられる。虐待を犯す親の中には、虐待に当たると考えず軽い気持ちで行っている場合もあり得ると思われ、被告人両名もこれに当たる可能性がうかがえる。しかし、それは倫理観の欠如と評価すべきものにすぎず、自らに置き換えて考えれば虐待された児童・幼児の苦しみを容易に推知することができるはずである。したがって、たとえ虐待を犯した親が、自らの行いについて虐待であると評価していなかったとしても、これをもって厳しい非難を免れることは許されない。」と判示する。

　裁判所は、更に、「近時、児童虐待が社会的にも大きな問題と認識されており、児童虐待を防止してその生命等を守るために、いわゆる児童虐待防止法等の改正が重ねられるとともに、親権停止制度を新設するなどの民法等の改正が図られており、このような社会情勢も行為責任を検討するに当たっては考慮すべきである。」と児童虐待防止への法制度の変遷と社会の認識について判示する。

　裁判所は、量刑判断に際し「公益の代表者である検察官の求刑や、同種事犯のほか死亡結果について故意が認められる事案等の量刑傾向を参照しつつ、この種事犯におけるあるべき量刑等について議論するなどして評議を尽くした結果、(1)検察官の求刑は、〔1〕本件犯行の背後事情として長期間にわたる被害女児に対する不保護が存することなどの本件幼児虐待の悪質性と、〔2〕責任を次女になすりつけるような被告人両名の態度の問題性を十分に評価したものとは考えられず、また、(2)同種事犯等の量刑傾向といっても、裁判所のデータベースに登録された数は限られている上、量刑を決めるに当たって考慮した要素をすべて把握することも困難であるから、その判断の妥当性を検証できないばかりでなく、本件事案との比較を正確に行うことも難しいと考え、そうであるなら、児童虐待を防止するための近時の法改正からもうかがえる児童の生命等尊重の要求の高まりを含む社会情勢にかんがみ、本件のような行為責任が重大と考えられる児童虐待事犯に対しては、今まで以上に厳しい罰を科することがそうした法改正や社会情勢に適合する」との視点からX及びY両名を検察官の求刑懲役10年を遥かに超過する懲役15年に処した。

　控訴審大阪高裁平成25年4月11日判決は、量刑不当とする被告人の控訴に対し「量刑検索システムによる検索結果は、これまでの裁判結果を集積したもので、あくまで量刑判断をするに当たって参考となるものにすぎず、法律上も事実上も何らそれを拘束するものではないから、本件の量刑判断が、所論の検索

条件により表示された量刑分布よりも突出して重いものとなっていることや、量刑判断をするに当たって死亡結果について故意が認められる事案等の量刑傾向をも参照したことによって、憲法14条、31条又は37条1項に反するということになるとはいえないし、直ちに不当であるということになるともいえない。以上のとおり、原判決が、本件における量刑を決するに当たって、裁判官及び裁判員から成る合議体が評議を尽くして到達したところとして述べている諸点には、それ自体として誤っていると目すべきものが含まれているわけではない上、その結果としての懲役15年という量刑も、3年以上20年以下という傷害致死罪の法定刑の広い幅の中に本件を位置付けるに当たって、なお選択の余地のある範囲内に収まっているというべきものであって、検察官の求刑を大きく上回っているなどの事情があるからといって、これが破棄しなければならないほどに重すぎて不当であるとはいえない。」と判示し、控訴を棄却した[76]。

［判例5］高知地裁平成24年5月23日刑事部判決[77]

被告人は、平成23年6月7日午前1時50分頃、自宅（床面積約64.94平方メートル）において、強固な殺意をもってダイニングキッチンで就寝中の夫G（当時46歳）にガソリンをかけた上、マッチを用いて火を放ち、その火を室内の内壁等に燃え移らせ、Gを火傷性ショックにより殺害した。なお、自宅には、長男（当時8歳）及び次男（当時1歳）が在室し、次男は重傷を負った。放火により自宅のダイニングキッチン及び寝室（床面積合計約22.96平方メートル）が焼損した。被告人は、従前よりGに精神的に強く依存するとともに、妄想性パーソナリティ障害の影響によりGが浮気をしており、自分以外の女性の元に去ってしまうと考えるに至った。

裁判所は、量刑理由において「殺害方法は、極めて残酷であり、被害者を確実に死に至らしめる計画的な犯行である。また、放火という側面からは、被害者に加えて、被告人の子ら2名（次男は実際に重傷を負っている。）のほか、近隣住民の生命、身体をも危険にさらすものであり、重大な公共の危険を生じさせたものである。」と判示し、被告人を検察官の求刑懲役17年を超過する懲役18年に処した。

［判例6］大阪地裁平成24年7月30日第2刑事部判決[78]

本件は、平成23年7月25日午後2時15分頃、母親が施設入所のため約30年間のほとんどを自宅で引きこもる生活を送ってきた被告人宅を訪れた長姉H（当

時46歳）に対して、事前に用意した刃体の長さ約15.7cmの文化包丁様のもので殺意をもって、Hの心窩部や左上腕等を多数回突き刺し、5日後、病院において肝臓刺創及び左上腕動脈損傷に基づく出血性ショックによる低酸素虚血性脳症により死亡させた殺人の事案である。

　裁判所は、量刑に対する一般論として「被告人や関係者等を直接取り調べた上で本件行為に見合った適切な刑罰を刑事事件のプロの目から検討し、同種事案との公平、均衡などといった視点も経た上でなされる検察官の科刑意見については相応の重みがあり、裁判所がそれを超える量刑をするに当たっては慎重な態度が望まれるというべきである。」と判示した。裁判所は、その上で「被告人は、本件犯行を犯していながら、未だ十分な反省に至っていない。確かに、被告人が十分に反省する態度を示すことができないことにはアスペルガー症候群の影響があり、通常人と同様の倫理的非難を加えることはできない。しかし、健全な社会常識という観点からは、いかに精神障害の影響があるとはいえ、十分な反省のないまま被告人が社会に復帰すれば、そのころ被告人と接点を持つ者の中で、被告人の意に沿わない者に対して、被告人が本件と同様の犯行に及ぶことが心配される。被告人の母や次姉が被告人との同居を明確に断り、社会内で被告人のアスペルガー症候群という精神障害に対応できる受け皿が何ら用意されていないし、その見込みもないという現状の下では、再犯のおそれが更に強く心配されるといわざるを得ず、この点も量刑上重視せざるを得ない。被告人に対しては、許される限り長期間刑務所に収容することで内省を深めさせる必要があり、そうすることが、社会秩序の維持にも資する。」と判示し、被告人を検察官の求刑懲役16年を超過する懲役20年に処した。

　控訴審大阪高裁平成25年2月26日第3刑事部判決は、「本件犯行に至る経緯や動機形成過程にアスペルガー障害が影響していることが認められ、この点が本件犯行を特徴づける大きな事情となっている。そして、アスペルガー障害が動機形成に関わっている点では被告人に対する責任非難は低減されるものであって、量刑判断に当たって被告人のために相当程度有利に考慮されるべきものである。また、当審における事実取調べの結果によれば、犯情以外の一般情状として、アスペルガー障害を有する者の出所後の生活について、公的機関等による一定の支援態勢がとられており、原判決後、被告人は、大阪府Dの相談員と面談し、社会復帰後の精神科の受診や同センターの支援を受けることに

ついて同意するなど更生に向けての意欲を示していることが認められる。」と判示し、原判決を破棄し、被告人を懲役14年に処した[79]。

最高裁平成25年7月22日第一小法廷決定は、被告人の上告を棄却した[80]。

[判例7] 宮崎地裁平成26年5月16日刑事部判決[81]

被告人は、かねてから女性の居住先として把握していたI方に、平成25年2月22日午前10時頃、強姦の目的で無施錠の同女方台所東側掃き出し窓から侵入し、同日午前10時30分頃、一人で在室し板間の布団の上で就寝中であったI（当時20歳）に近寄り異変に気付いて声を出したIに対し、馬乗りになり、その両肩を両手で押さえ付けて、静かにするよう言い、Iの着衣を無理矢理脱がせ、その両膝を両手で押し広げるなどの暴行を加えその反抗を抑圧し、Iを姦淫した。被告人は、J方を女性の居室と確認した上、平成26年1月14日午後6時20分頃、強姦の目的で、無施錠のJ方玄関ドアから侵入し、単身で居住していたJの様子をうかがいJが入浴を始めた隙に台所に置かれていた包丁を手に取り、同日午後7時頃、風呂から出てきたJ（当時24歳）に対し、上記包丁を突き付けて脅迫し、その反抗を抑圧してJを姦淫した。

裁判所は、「被告人は、約1年間で2度にわたり、いずれも全く面識のない女性方に強姦目的でそれぞれ忍び込み、就寝中あるいは入浴直後の被害者を襲ってその目的を遂げた。いずれも性交類似のわいせつ行為を伴うもので、特に後者の犯行では包丁を突き付けて脅迫し、極度の恐怖心から抵抗できなくなった被害者に対して、殊更に膣内射精を敢行しており、このようにして性的自由を侵害された被害者らの精神的苦痛も大きいものと認定せざるを得ない。もとより被害者らに何ら落ち度は見出せず、妻の束縛から逃れて妻以外のとりわけ見知らぬ女性と関係を持ちたかったなどという動機も極めて身勝手とするほかないのであって、これらに加え、予め女性の居宅であると把握するなどして事を進めた判示のような経過等に照らしても、非難を弱めることはできない。こうした犯情を中心に、見ず知らずの女性2名に対する強姦事案として、これに見合った量刑を検討すると、おおむね懲役5年付近から10年程度に刑の大枠としての傾向を見出していく中で、直ちに軽い部類に位置付けるのは困難であり、比較的重い部類にあるとして判断していくのが相当である。（中略）検察官が我が国の刑事政策の在り方を追求していく機関に属し、公益の代表者として訴追裁量も付与された立場にあることなどに鑑み、一般的にその求刑には重

みがあるものとして認識されるべきといえる。しかしながら、この種事犯の量刑傾向は当然ながら罪刑の均衡、量刑の公平性を踏まえつつも、旧来のそれより既に全体的に重罰化を示してきており、このことは致傷を伴う事案を対象とするとはいえ、いわゆる裁判員裁判において積み重ねられてきた量刑の動向からも支持されていると考えられる。」と判示し、被告人を検察官の求刑懲役5年を超過する懲役7年に処した。

 2．最高裁平成26年7月24日第一小法廷判決[82]
【事案の概要】
 本件は、両親X及びYが、3女Fに継続的に暴行を加え、相互に認識しつつも制止することなく容認し共謀を遂げて、Xが平成22年1月27日午前零時頃、自宅において、F（当時1歳8か月）の顔面を含む頭部分を平手で強打し、頭部を床に打ち付けさせるなどの暴行を加えた結果、急性硬膜下血腫などの傷害を負わせ、同年3月7日午後8時59分頃、急性硬膜下血腫に基づく脳腫脹により死亡させた事案である。
 原審大阪高裁平成25年4月11日判決は、量刑不当とする被告人の控訴を棄却した。
【判旨】 原判決及び第1審判決を破棄する。被告人Xを懲役10年、被告人Yを懲役8年に処する。
 法廷意見は、「我が国の刑法は、一つの構成要件の中に種々の犯罪類型が含まれることを前提に幅広い法定刑を定めている。その上で、裁判においては、行為責任の原則を基礎としつつ、当該犯罪行為にふさわしいと考えられる刑が言い渡されることとなるが、裁判例が集積されることによって、犯罪類型ごとに一定の量刑傾向が示されることとなる。そうした先例の集積それ自体は直ちに法規範性を帯びるものではないが、量刑を決定するに当たって、その目安とされるという意義をもっている。量刑が裁判の判断として是認されるためには、量刑要素が客観的に適切に評価され、結果が公平性を損なわないものであることが求められるが、これまでの量刑傾向を視野に入れて判断がされることは、当該量刑判断のプロセスが適切なものであったことを担保する重要な要素になると考えられるからである。（中略）裁判員裁判において、それが導入される前の量刑傾向を厳密に調査・分析することは求められていないし、ましてや、これに従うことまで求められているわけではない。しかし、裁判員裁判といえ

ども、他の裁判の結果との公平性が保持された適正なものでなければならないことはいうまでもなく、評議に当たっては、これまでのおおまかな量刑の傾向を裁判体の共通認識とした上で、これを出発点として当該事案にふさわしい評議を深めていくことが求められているというべきである。(中略)第1審判決は、これまでの傾向に必ずしも同調せず、そこから踏み出した重い量刑が相当であると考えていることは明らかである。もとより、前記のとおり、これまでの傾向を変容させる意図を持って量刑を行うことも、裁判員裁判の役割として直ちに否定されるものではない。しかし、そうした量刑判断が公平性の観点からも是認できるものであるためには、従来の量刑の傾向を前提とすべきではない事情の存在について、裁判体の判断が具体的、説得的に判示されるべきである。」と判示し、原審及び第1審判決を破棄し、父親を懲役10年、母親を懲役8年に処した。

なお、白木 勇裁判官の補足意見がある。

【研究】

1．白木 勇裁判官は、補足意見において「裁判員裁判を担当する裁判官としては、量刑に関する判例や文献等を参考にしながら、量刑評議の在り方について日頃から研究し、考えを深めておく必要があろう。評議に臨んでは、個別の事案に即して判断に必要な事項を裁判員にていねいに説明し、その理解を得て量刑評議を進めていく必要がある。(中略) 処罰の公平性は裁判員裁判を含む刑事裁判全般における基本的な要請であり、同種事犯の量刑の傾向を考慮に入れて量刑を判断することの重要性は、裁判員裁判においても何ら異なるものではない。そうでなければ、量刑評議は合理的な指針もないまま直感による意見の交換となってしまうであろう。こうして、量刑判断の客観的な合理性を確保するため、裁判官としては、評議において、当該事案の法定刑をベースにした上、参考となるおおまかな量刑の傾向を紹介し、裁判体全員の共通の認識とした上で評議を進めるべきであり、併せて、裁判員に対し、同種事案においてどのような要素を考慮して量刑判断が行われてきたか、あるいは、そうした量刑の傾向がなぜ、どのような意味で出発点となるべきなのかといった事情を適切に説明する必要がある。このようにして、量刑の傾向の意義や内容を十分理解してもらって初めて裁判員と裁判官との実質的な意見交換を実現することが可能になると考えられる。そうした過程を経て、裁判体が量刑の傾向と異なっ

た判断をし、そうした裁判例が蓄積されて量刑の傾向が変わっていくのであれば、それこそ国民の感覚を反映した量刑判断であり、裁判員裁判の健全な運用というべきであろう。」と判示する。

2．原原審大阪地裁平成24年3月21日第5刑事部判決は、量刑判断において「あるべき量刑等について議論する」、「行為責任が重大と考えられる児童虐待事犯に対しては、今まで以上に厳しい罰を科することがそうした法改正や社会情勢に適合する」等と当該傷害致死事案を児童虐待への警鐘との視点から検察官の求刑を大幅に超過する量刑を科した。同判決は、大阪市が全国でもトップの児童相談所への児童虐待相談件数という事実にも配意しての量刑にも思われ、単なる事案解決を超えての判断であり公平な事案解決を逸脱する。

本判決は、市民の参加する裁判員裁判の合議体での量刑評議において処罰の公平性という視点の重要性を指摘する妥当な判断である[83]。

Ⅳ．東京地裁平成25年5月21日第1刑事部判決

Ⅳ-ⅰ．本判決考察の前提

1．本事案は、平成21年2月23日母親が生後1か月の次女殺害しようとして鼻口部を手で塞いで窒息させ心肺停止状態に陥れ蘇生後脳障害を負わせた殺人未遂の裁判員裁判である。犯行翌日、被告人は警察署に自首した。同月25日、被告人は、精神科を受診し、脅迫症状及び解離症状を伴ううつ病と診断され、同日、精神医学研究所付属病院に医療保護入院し、重症うつ病エピソードと診断され、同年10月4日まで入院し、退院後も継続して通院していた。その後、被告人は、平成22年3月25日から同年5月2日まで再度同病院に入院した。平成23年12月10日、被告人は、警視庁原宿分室に逮捕され、平成23年12月22日から平成24年2月21日まで鑑定留置で入院し、完全責任能力を有するとの精神鑑定に基づき同月29日殺人未遂罪で起訴された。

平成24年3月5日公判前整理手続決定がなされ、同月23日の打合せ同年6月11日の第1回公判前整理手続以降、平成25年4月26日第10回公判前整理手続及び同年5月7日第6回打合せに至るまで1年2か月余の間に全6回の打合せ及び10回の公判前整理手続が実施された。

公判期日は、第1回平成25年5月13日から第4回同月16日までの連日開廷で

あり、第5回平成25年5月21日が判決公判である。なお、評議は、第4回公判午後、17日、20日の終日及び21日午前に実施された。

 2．本項では、第1回公判期日に至るまでの経緯を検討する。

 平成24年3月5日、裁判所は、本件を公判前整理手続に付する決定をし、同日、検察官及び主任弁護人に通知した。検察官は、平成24年3月14日付証明予定事実記載書を裁判所に提出した。

 平成24年3月23日、弁護人は、東京地裁評議室での打合せにおいて検察官に対して類型証拠開示請求を更に行う予定であることを告知した。検察官は、弁護人の平成24年3月19日付各証拠開示請求に対する回答を3月30日までに行う予定であるとした。

 平成24年5月7日、弁護人は、東京地裁評議室での打合せにおいて弁護人の予定主張記載書面、検察官請求証拠に対する意見を6月7日までに提出する予定であり、可能であれば鑑定請求も同日までに行う予定を告知した。

 裁判長は、第1回公判前整理手続を平成24年6月11日午前10時に指定すると提案し、検察官及び弁護人は了承した。弁護人は、平成24年6月11日付予定主張記載書面及び鑑定請求書を裁判所に提出した。

 平成24年6月11日開催第1回公判前整理手続が、東京地裁法廷で実施され、被告人の人定質問の後、争点整理に関する事項として証明予定事実等において弁護人は、「罪体については、故意の点を含めて争わない。」とし、検察官は、責任能力についての検察官の主張を平成24年7月11日までに書面で提出するとした。証拠整理に関する事項として証拠開示・証拠調・証拠の厳選について協議がなされ、裁判長は医師2名の意見書及び精神鑑定書の提出命令の予定であることを告知した。検察官は、平成24年7月11日付証明予定事実記載書及び弁護人の平成24年6月11日付鑑定請求書に対する意見書を裁判所に提出した。

 平成24年7月17日開催第2回公判前整理手続では、争点整理に関する事項として鑑定請求及び証拠調べ等について協議された。

 平成24年9月7日開催第3回公判前整理手続で裁判長は、争点整理に関する事項として弁護人に検察官の意見書に対する弁護人の意見書の提出期日を9月28日までと区切り、弁護人は了解した。裁判長は、証拠整理に関する事項として証拠意見について弁護人に検察官請求甲7号証ないし14号証に対する意見を9月28日までに提出するよう伝え、弁護人は了解した。検察官は、弁護人に対

し弁護人請求第2号証ないし12号証についての意見の抄本化と内容の厳選を求め、弁護人は了解した。弁護人は、証人請求として医師の証人請求書を提出する予定を告知した。

　平成24年10月1日開催第4回公判前整理手続で裁判長は、争点整理に関する事項として鑑定請求について弁護人の鑑定請求を却下する方向で考えているとし、正式な却下決定は期日外で行う予定であると告知した。裁判長は、証拠の厳選について資料として事実経過一覧表のようなものの作成を検察官及び弁護人に求め、双方が了解した。裁判長は、証拠調べの方法について検察官請求のA医師と弁護人請求予定の医師を証人尋問する際、いわゆる対質尋問の可能性を検察官及び弁護人に尋ねた。弁護人及び検察官は、新たな証拠調べの請求予定について特にないとしている。第4回公判前整理手続では、裁判所の積極的な方針がみられる。

　平成24年11月2日開催第5回公判前整理手続で弁護人は、証拠整理に関する事項として証拠調べの方法について弁護人請求予定のB医師が被告人問診後に意見書を提出の予定であると告知した。裁判長は、今後の進行について検察官請求のA医師及び弁護人請求のB医師の証人尋問の実施にあたりカンファレンスをするとし、A医師については平成25年2月26日午後5時30分から、B医師については同月20日の午後5時から実施可能か調整して裁判所への報告を求めた。

　平成24年12月3日開催第6回公判前整理手続では、証拠の厳選について検察官から事実経過一覧表作成状況が報告され、証拠開示について弁護人から鑑定留置の際のカルテや診療記録等が検察官から手持ち証拠に存在しないとの回答を受け、弁護士照会で取り寄せ中との報告がなされた。裁判長は、今後の進行として検察官に対し事実経過一覧表の作成を弁護人に対しては情状について立証計画の提出を共に次回公判前整理手続までとし時間を区切った。なお、弁護人に対しては、B医師作成の意見書を1月中に提出するように告知した。

　平成25年1月22日開催第7回公判前整理手続で、検察官は、証拠整理に関する事項として新たな証拠調べの請求予定として作成した事実経過一覧表を弁護人に開示し、双方で内容を詰めた上で証拠請求する予定を告知し、裁判長は、弁護人から請求のあったカルテや診療記録等の回答書は到着していないと報告した。弁護人は、照会結果を踏まえて協力医師による意見書等の提出と情状立

証の請求も同時期に行う予定を告知した。

　平成25年2月26日開催打合せで、弁護人及び検察官は、進行状況について報告した。弁護人は、責任能力を争うとの主張は撤回の見込みであることを、検察官は、弁護側がA医師の鑑定書について争わない場合にはA医師についての証人尋問を実施する必要はないと報告した。裁判長は、次回の打合せ期日までに弁護人には時系列一覧表の内容の検討を求め、検察官及び弁護人双方にA医師及びB医師の証人尋問を実施するか否かを含め、審理日程の検討を告知した。

　平成25年3月12日開催打合せで、弁護人は、進行状況についてB医師の意見書のサマリーを平成25年3月18日までに検察官に開示予定であると報告し、裁判長は弁護人に対しB医師の証人尋問の必要性の検討を指示する。更に、裁判長は、A医師の証人尋問の実施の調整と、検察官及び弁護人に対し客観的な事実を記載した事実経過一覧表の早期作成を要望し、検察官及び弁護人は了承した。

　平成25年3月18日開催第8回公判前整理手続で、弁護人は、証拠整理に関する事項として新たな証拠調べの請求予定についてB医師作成の意見書サマリーを検察官に開示したことを報告し、意見書の早期提出をB医師に促すとした。検察官は、B医師の意見書原本の早期提出を求め、裁判長は、提出期日を3月28日の打合せまでと時間を区切った。裁判長は、B医師の証人尋問の採用は未定とし、B医師の証人尋問を請求する場合には4月24日のカンファレンスへの出席の都合の確認を求めた。裁判長は、弁護人に事実経過一覧表について3月28日までに案を作成し、検察官及び弁護人双方に証拠の必要性を意識したうえで証拠請求に対する意見等の検討を要望した。弁護人は、争点の整理に関する事項として証明予定事実等について責任能力の主張を撤回し、公訴事実は争わないとした。裁判長は、争点整理の結果として量刑が争点であると確認した。

　その上で、裁判長は、裁判員等選任手続に関する決定として2人の補充裁判員を置くことと呼び出すべき裁判員候補者の員数を70人とし、裁判員等選任手続期日を平成25年5月10日午前10時00分とし、公判期日を平成25年5月13日、14日、15日、16日各午前10時00分、21日午後3時30分開廷とした。

　弁護人は、平成25年3月28日付予定主張記載書面2において責任能力に関す

る予定主張の撤回と情状に関する主張を内容とする書面を裁判所に提出した。

平成25年3月28日開催打合せで、裁判長は、進行について検察官に対しA医師からB医師作成の鑑定書に対する意見を聴取するように要請し、A医師の意見内容によりB医師の4月24日カンファレンスへの参加の是非を検討するとした。裁判長は、弁護人に対し情状立証及び事実経過一覧表の検討を要請した。

平成25年4月12日開催第9回公判前整理手続で裁判長は、証拠整理に関する事項として新たな証拠調べの請求予定について弁護人に対し早期に情状立証の確定を督促し、弁護人は親族2名を情状証人として新たに請求する予定で来週中には証拠請求書を提出する予定であるとした。裁判長は、4月26日の公判前整理手続日までに検察官及び弁護人に最終的な立証方法及び証拠意見を確定するように要請した。検察官及び弁護人は、裁判員等選任手続について裁判員等選任手続で用いる当日質問票別紙「質問票（当日用）」記載の質問事項以外に裁判長に対して質問することを求める事項はなく、また、別紙「事案の説明」についても意義はないとした。

弁護人は、平成25年4月22日付予定主張記載書面3において情状に関する主張を内容とする書面を裁判所に提出した。

平成25年4月26日開催第10回公判前整理手続で裁判長は、争点及び証拠整理の結果確認をした。その内容は、下記の通りである。

1．争点の整理の結果確認
　本件の争点は次のとおりである。
　（1）　本件公訴事実に争いはない。
　（2）　本件の争点は、被告人をどのような刑に処するべきかという点である。
2．証拠の整理の結果
　（1）　証拠等関係カード記載のとおり
　（2）　甲3号証については証人Aの尋問終了後に、甲4号証及び甲5号証については証人夫の尋問終了後に、乙1号証ないし6号証については被告人質問終了後に、それぞれ採否を判断する。

検察官及び弁護人は、上記結果確認に同意した。

なお、裁判長は、平成25年5月14日午前10時の公判期日を同日の午後1時30分と変更する旨決定した。

平成25年5月7日開催打合せで、裁判長は、変更後の審理予定表を確認した。

以上、平成24年3月23日の打合せ及び同年6月11日の第1回公判前整理手続以降実施された10回の公判前整理手続及び6回の打合せが終了した。

3．公判前整理手続及び打合せは、裁判員裁判という開廷期日の限られた公判日程において迅速な裁判と裁判員に分かりやすい審理との要請から法曹三者の協力との名目で裁判長のリーダーシップの下に展開されている状況が以上の検討から明らかとなった。

公判前整理手続における裁判所の職権主義に基づく職権行使は、現行法の基本原則としての当事者追行主義とのバランスが問題となる[84]。公判前整理手続及び打合せにおける裁判長の強力なリーダーシップは、時として「当事者主義の危機」として批判の対象となる[85]。

Ⅳ-ⅱ．審理の経緯

1．本件の公訴事実は、「被告人は、平成21年2月23日午後8時50分頃、被告人方において、次女（当時生後1月）に対し、殺意をもって、その鼻口部を手で塞いで窒息させて心肺停止状態に陥らせたが、同人に加療期間不明の蘇生後脳傷害を負わせたにとどまり、死亡させるに至らなかったものである。」というものである。

審理予定表の詳細は、下記の通りである。

【第1回公判期日】平成25年5月13日
　10：00～10：05　冒頭手続（5分）
　10：05～10：20　検察官の冒頭陳述（15分）
　10：20～10：35　弁護人の冒頭陳述（15分）
　　　　　　　　　公判前整理手続の結果顕出
　10：35～10：55　休廷（20分）
　10：55～11：20　甲号証（甲6を除く）、乙7号証の証拠調べ（25分）
　　　　　　　　　弁15号証の証拠調べ
　11：20～13：15　休廷
　13：15～13：30　甲6号証の証拠調べ（15分）
　13：30～14：20　夫証人尋問（検察官50分）
　14：20～14：40　休廷（20分）
　14：40～15：50　夫証人尋問（弁護人50分、検察官10分、補充10分）
【第2回公判期日】平成25年5月14日

13：30～14：20　被告人質問（弁護人50分）
　14：20～14：40　休廷（20分）
　14：40～15：30　被告人質問（検察官50分）
　15：30～15：50　休廷（20分）
　15：50～16：10　被告人質問（補充20分）
　　　　　　　　　乙号証の証拠調べ
　　＊罪体についての被告人質問。A医師に内容を傍聴してもらう。
【第3回公判期日】平成25年5月15日
　10：00～11：00　A医師証人尋問（検察官30分、弁護人20分、補充10分）
　11：00～11：20　休廷（20分）
　11：20～11：45　B医師証人尋問（弁護人15分、検察官5分、補充5分）
　11：45～13：30　休廷
　13：30～13：50　弟証人尋問（弁護人10分、検察官5分、補充5分）
　13：50～14：15　夫の母証人尋問（弁護人15分、検察官5分、補充5分）
　14：15～14：35　休廷（20分）
　14：35～15：25　被告人質問（弁護人30分、検察官15分、補充5分）
　　＊A医師証人尋問の最初に20分程度のプレゼンテーションを行ってもらう
【第4回公判期日】平成25年5月16日
　10：00～10：15　論告（15分）
　10：15～10：35　弁論（20分）
　　　　　　　　　最終陳述
　　＊16日の午後、17日、20日の終日、21日の午前は評議
【第5回公判期日】平成25年5月21日
　15：30～　　　　判決宣告

　第1回公判期日は、検察官及び弁護人の冒頭陳述の後、公判前整理手続の結果顕出がなされ、証拠調べがなされた。その後、13時30分から16時30分まで、休廷をはさんで被告人の夫の証人尋問が行われた。

　本件東京地裁第1刑事部合議体の構成メンバーは、裁判員法2条2項に基づき裁判官3名、裁判員6名及び補充裁判員2名である。裁判員候補者の員数は、平成25年3月18日開催第8回公判前整理手続において70名とされた。選任された裁判員及び補充裁判員は、共に男女同数である。裁判員の推定年齢分布は、女性は20代後半、30代前半、60代後半（3児の母親）、男性は30代前半、30代後半、60代前半であり、補充裁判員の推定年齢分布は、女性は20代後半、男性は30代前半である。本合議体で選任された裁判員及び補充裁判員の年齢分布から判明することは、都心の各企業での中心的年齢層の40代及び50代の参加は企業及び個人の努力にも関わらず困難であることである。

検察官及び弁護人は、冒頭陳述に先立ちB4判1枚の全体の流れが把握し易い箇条書きの要旨を裁判員、補充裁判員及び裁判官に配布した後、各自の冒頭陳述を実施した。

　検察官は、冒頭陳述において被告人が了解可能な動機に基づいて本件犯行に及んだ経緯について、「1　被告人は、元来、頑固で行動に『ため』のない性格であり、また、自身が2人姉弟であったことなどから、家庭像としては子供が2人いる家庭が理想的であるとの考えを持っていた。2　被告人は、長男及び長女を出産したが、これらの子育てに手がかかり、負担を感じていた。また、被告人は、平成19年に体調を崩して勤務先を休職し、以後は夫の給料と自己の休職中の手当により生計を立てていたが、経済的にはそれほど余裕はないと感じていたことから、平成20年ないし平成21年には復職しようと考えていた。3　被告人は、平成20年10月、第三子である被害者を妊娠したことなどを知るや、予測しなかった事態に狼狽するとともに、これ以上の子育ての負担に耐えられない、経済的にも3人の子を育てるのは苦しいなどと感じ、自己の生活に混乱と負担をもたらす被害者の存在を厭わしく思い、被害者への憎しみを募らせていった。4　被告人は、被害者を出産した後、夫らの家族に対し、被害者を乳児院等に預けたり里子に出すことなどを求めたが、家族に反対された。5　そこで、被告人は、厭わしい被害者の存在を消したいとの思いから、その殺害を決意し、本件犯行に及んだ。」と陳述する。

　検察官は、被告人の被害者の殺害に向けて計画的で一貫した合理的な行動を取った点について、「1　被告人は、本件前、インターネットで調べた上、被害者を乳幼児突然死症候群に見せかけて窒息死させることを考え、被害者を痕跡が残らないよう窒息死させるため、平成24年2月頃、4、5回にわたり、抱いた被害者の鼻口部を手で塞ぐことを繰り返したが、夫に静止された。2　被告人は、本件当日、夫、長男及び長女の入浴中という、家族から制止を受けることのない機会に、前記同様の被害者の鼻口部を手で塞ぐ行為に及び、本件犯行を遂げた。」と陳述する。

　検察官は、被告人の病状が本件犯行に直接影響を与えるものではない点について、「1　被告人は、仕事や家事のストレスから体調を崩し、平成19年には、医師に『抑うつ状態』と診断され、以後、勤務先を休職するようになったが、休職中は、体調が回復し、家族と旅行に出かけたり、パソコン教室に通ったり

していた。2　被告人は、平成20年10月、第三子妊娠発覚を契機として、第三子を欲していなかったにもかかわらず妊娠したことに対するショックや出産を望まない自己の心情を周囲の者が理解してくれないことに対する辛さなどから、再び抑うつ状態に堕いった。しかし、被告人は、本件直前頃も、長女を保育園まで迎えに行ったり、食事の準備をしたり、被害者のおむつを替えてやったりするなど、ある程度の生活能力を示す行動をしていた。3　本件直前頃の被告人は、子育ての負担に対する不安、経済的な不安、自己の生活の計画を狂わせた被害者の存在に対する憎しみ等の心情は抱いていたものの、病的な貧困妄想は抱いていなかった。また、その頃の被告人は、医師に対し、子供がいない自分がいるなどと訴えることがあったが、それは病的な解離状態ではなく、置かれた状況により健常者に生じる反応のレベルのものであった。」と陳述する。

　弁護人は、冒頭陳述において本件犯行に至る被告人の動機形成の機序として、「1　被告人は、『家族は子どもが2人の4人家族が理想』という内容の支配観念（優格観念）にとらわれていたために本件犯行に及んでおり、被告人が有した支配観念の存在が、被告人の本件犯行動機の形成に直結している。2　支配観念（優格観念）とは、人格やめぐり合わせた出来事から了解できる強い感動を帯びているために、いわばその人格が観念と一体になってしまい、誤って本当と思われるような確信のことをいい、妄想様観念（人格と状況から了解しうる強い情動があり、その結果いわば人格が観念と一体になるために、誤って真実と思いこまれる確信）の一種である。被告人が有した『家族は子どもが2人の4人家族が理想』という内容の支配観念も、一般人が科学的事実において抱くのと同様、被告人にとっては100パーセント正しいという確信であり、周囲の働き掛けや、自らの思考の振り返り等によっても思考の修正が困難な性質のものであった。3　被告人は、長女の育児休暇明けの職場での多忙と、職場で上司から意に添わない処遇を受けたこと等が原因で、平成18年5月に不安発作を起こし、それがきっかけでうつ病を発症した。被告人は、予想外の次女の妊娠発覚後、上記のような支配観念に基づき抱いていた家族の理想像が崩れてしまうと感じ、絶望感を抱き、抑うつ状態が悪化していった。しかし、被告人の夫や被告人の母親らは、被告人が有する支配観念の性質（被告人にとっては100パーセント正しいとの確信であり、思考の修正が困難であること）を理解することができなかった。そのため、被告

人は、周囲の人に自らの考えが全否定されたという気持ちを抱き、その結果、孤立感を深めっていった。そのような過程で、被告人は抑うつ状態をいっそう悪化させていき、心理的な追い込まれ感を深めていき、自らが有する支配観念を維持するために次女を消してしまうしかないと思うに至り、本件犯行に及んだ。4 被告人が有した支配観念は、妄想と類似した構造を有しており、本件犯行は、妄想型統合失調症の患者が妄想支配のもと実行した犯行と類似したものである。」と陳述し、支配観念（優格観念）というキーワードで被告人の動機形成を説明する。

被告人の夫は、犯行に至るまでの経緯や犯行後の被告人の状況について以下の供述をする。

> Xとは大学時代に知り合い、Xは都留文科大学を卒業する。結婚3年目に長男を出産し、その5年後に長女を出産し、産後職場である郵便局に復帰したが、体調を崩して休職する。平成20年10月3日、妊娠23週と診断され堕胎は無理と言われ、1週間後に気分変調をきたし、自傷行為、マンションからの飛び降り行為、腹を叩く等の危険な行為を惹起する（「大きくなったおなかを自分の手でたたいたり、包丁を持ち出して、おなかに向ける仕草をしたり、あとは、マンションの階段の上のほうまで上っていって、踊り場から下をのぞき込んでいたりした」）。同月29日、C病院精神科に入院する。同年12月28日、切迫流産の危険からD病院に転院する。平成21年1月20日、次女（約2800g）を出産後、死にたい等との精神不安定の状況から同年2月13日、精神科を受診するが、同月25日、新生児1ヶ月検診のため様子をみることとする。なお、同年2月13日、受診した精神科担当医から児童相談所へ虐待通報がなされる。

裁判員から被告人の夫である証人に対し以下の質問がなされた。

裁判員2番 先ほど、お子さんを2人目を産んでという状態ですごされていたということなんですけれども、3人目は、ちょっと予定ではなかったということでお聞きしたんですけれども、被告人の方が絶対に2人がいいというふうに思われていたというふうな認識は、証人の方はあったんでしょうか。

証人 言葉でそういう、要らないというのを聞いたことはありましたけれども、彼女はそう思っていたのかもしれないという認識で、僕自身はもう一人いても構わないというふうには思っていましたので、強くお互いがお互いを否定することはなかったと思います。

裁判員2番 そういったことはお二人でじっくり話し合ったりしたことはあったんでしょうか。

証人 じっくりという言葉では話したことはないです。

更に、右陪席から証人に対し以下の質問がなされた。

右陪席　　犯行直前、被害児の口を塞ぐ等のおかしな行動を目撃したのか？
証人　　　いいえ。

　第2回公判期日は、公判前整理手続で故意を含め罪体については争わないとの弁護方針から被告人の犯行行為の動機やその理由などが被告人質問の対象となった。以下では、主要な質問と被告人の答弁を検討する。

【被害者の鼻と口の部分を手で塞ぐ行為の理由について】
弁護人　　どうしてそのようなことをしたんですか。
被告人　　中絶して、どうしてもこの妊娠をなくしたかったからです。
弁護人　　生まれた赤ちゃんを中絶することはできませんよね。
被告人　　できません。
弁護人　　でも、中絶したいというのは、どういう意味ですか。
被告人　　妊娠を知ってから生まれるまでたった3か月しかなかったので、自分の中では、中絶できるという思いを引きずったまま生まれて、事件に至ってしまったんだと思います。
【次女妊娠の経緯について】
弁護人　　その子を妊娠していることは、いつどのようにして分かったんですか
被告人　　平成20年10月3日、それまでに産婦人科に行って、分かりました。
弁護人　　妊娠の兆候にはそれまで気が付かなかったんですか。
被告人　　全く気付きませんでした。
弁護人　　何か、おなかが大きくなってきたとか、吐き気がして、つわりじゃないかとか、そういうようなことはなかったんですか。
被告人　　まず、5月に生理が止まったんですが、そのときにちょうど精神薬を変えていて、精神薬の副作用だと思っていました。その後、7月に生理が来て、8月にも今度はだらだら続く生理が来たので、妊娠だとは思いませんでした。吐き気は6月に1週間ぐらいありましたが、胃腸炎のような吐き気なので、胃腸炎と間違えて、内科で胃腸薬をもらいました。おなかが大きくなってきたのは、やっぱり薬の副作用かと思って調べてみたら、やっぱりその薬の副作用で、妊婦さんのようにおなかが大きくなるとあったので、その副作用だと思っていました。
弁護人　　今、薬というのが出てきましたけれども、それは何の薬なんですか。
被告人　　アモキサンという精神薬です。
弁護人　　精神薬を飲んでいたのは、どういう理由ですか。
被告人　　うつ病にかかっていたからです。
【中絶可能期間を徒過して中絶できる病院が見つからなかった点について】
弁護人　　それで、どうしましたか

被告人　中絶できないのなら自分で何とかしようと思って、おなかをこぶしでたたいてみたり、マンションの上階に上がって飛び下りようとしてみたり、最後には、もう出産するぐらいなら自分が死んでしまえと思って、自殺未遂を図ったりしました。
【平成20年10月29日精神科入院直前の自殺未遂について】
弁護人　自殺未遂というのは、どんなことをしていたんですか
被告人　首つりや、包丁をおなかに突き立てて刺そうとしたりとか、マンションの上階に上って飛び下りようとしたりとか、あとは、水銀を飲むと流産できるというのを知って、水銀体温計を割って水銀を飲もうとしました。

　被告人は、同日、Ｃ病院への２日間措置入院となるが、切迫流産の危険からＤ大学病院産科に転院し、妊婦集中治療室（MFICU）に搬送された。
　被告人は、被害児出産後、平成21年２月13日Ｃ病院精神科を受診している。

【平成21年２月13日Ｃ病院精神科受診の経緯について】
弁護人　その後、２月13日に精神科を受診していますけれども、これはどうして受診しているんですか。
被告人　育てているうちに、やっぱり頭がぐるぐるして、混乱して、全然精神的に育てられなかったのと、赤ちゃんの記憶がふっとなくなってしまって、出産祝いや、おめでとうと言われても、何を言われているのか分からなかったり、また記憶が戻ってきたりということが起こったり、あとは、あとは、衝動的にベランダから赤ちゃんを投げ捨ててしまいたい気持ちになったり、また、衝動的に赤ちゃんの口を塞いでしまいたい気持ちになって、実際に何回か塞いでしまったり、自分でも歯止めが利かなくなってしまったので、精神科を受診しなきゃ、これはおかしくなっているのでまずいと思って、受診しました。
弁護人　お医者さんは何とおっしゃいましたか。
被告人　入院したほうがいいと言われました。そして、赤ちゃんの記憶が消えてしまうのは乖離性障害という障害だというふうに教えてくれました。
弁護人　その後、どうなりましたか。
被告人　結局、とにかく赤ちゃんと離れたほうがいいからと先生が言って、児童相談所にもう一度通報してくれることになって、そして、乖離に効く薬を処方してくれました。

　なお、被告人の両親は、被告人の精神科入院に反対した。
　検察官は、被告人質問で「妊娠をなかったことにする」との意味を尋ねるとともに、次女と同室になった３日目から「鼻を抓んだり枕で顔全体を押さえつける等の行動」をした理由について質問した。
【犯行直近の行為と犯行行為について】

被告人　　乳幼児突然死症候群の様に見せかけるためどの様な方法が良いのか考え、手の平で鼻を中心に顔を覆うようにしました。どんどん御乳がでる体質なので仕方なく次女に母乳を与えていました。

　検察官は、被告人に犯行当日平成21年2月23日午後8時50分頃の行動とその時の思いを質問した。

被告人　　抱いていた被害児の顔を左手で心臓の鼓動が止まるまで覆った。心臓が止まり、「本当に死んじゃったんだ。」と思いました。良心の呵責に耐え切れなくなっておむつを替えて、「綺麗にしてあげようと思った。」。その後、夫に「様子がおかしい。」と伝えました。犯行日翌日24日午前0時から0時半の間に夫に自分が被害児の顔を押えたことを伝えました。
【被害児が搬送先の病院で心臓の蘇生処置後に心臓が動き出しICUに移動した点について】
被告人　　動揺した。死んだと思ったのに生き返ってしまった、どうしようと思いました。
裁判長　　鼓動が再開したことで、よかったなとは思わなかったんですか。
被告人　　いえ、重い脳障害が残ると聞かされたので、重い脳障害が残るくらいなら亡くなってもらったほうがいいと思いました。
裁判長　　仮定の質問になりますが、脳障害の話を聞いてなかったらどう思ったと思いますか。
被告人　　脳障害が残らずに元気によみがえったと。
裁判長　　仮にそう仮定したら、今振り返って、あなたはどう思ったと思いますか。
被告人　　……そのときは、良心の呵責が、すごく沸き上がっていたので、多分、元気な状態で、もっと正常に、また普通に、全快できますと言われたら、やっぱり殺さなくてよかったと思ったと思います。

　裁判長との質問のやり取りで、被告人の答弁から被告人が今回の鼻口部を塞ぐ行為の他にも危険な行為を反復していることが判明する。

【実母の検面調書での「盥に落とす行為」について】
裁判長　　（盥に）落としたというのは、落としちゃったの、それとも、わざと落としたの。
被告人　　わざと落としました。そのときは、本当に赤ちゃんに危険な行為をいろいろしていて、その1つとして、盥に落とすということを2、3回しました。その日を含めて。お風呂に入れていて、ふと、このまま落として窒息させてしまおうかと思って、お風呂にいれるときは頭が沈まないように手で支えているんですけれども、このまま死なせてしまおうと思って、発作的に頭をバシャンと落として苦しむのを見て、はっと我に返って、上げるという危険なことを、2、3回した記憶があります。

以上、第2回公判では、被告人質問が実施され、被告人の本件犯行行為の具体的態様、次女の妊娠を知った時の妊娠事実の捉え方、その後の精神的状況、受診歴等詳細な質問と応答がなされた。

　第3回公判期日は、Ａ医師、Ｂ医師、実弟及び義母の証人尋問の後に被告人質問が実施された。

　Ａ医師は、平成23年12月22日から平成24年2月21日までの被告人鑑定留置の際、被告人の精神鑑定を実施し、平成24年2月14日付被告人の心理検査結果報告書を作成している。

　Ａ医師は、証人尋問に先立って精神鑑定についてのプレゼンテーションを行い、その後、検察官の尋問がなされた。

【診断基準に用いたICD-10との関連について】
検察官　何らかの状態が見られた場合に、その状態に応じてICD-10という国際的な診断基準があって、それを形式的に満たすと何々病というふうに分類されると、こういうものだと伺ってよろしいですか。
Ａ証人　そういうことです。
検察官　そうすると、具体的に、その病気の原因が何であるかということについては関係なく分類されるものなんですね。
Ａ証人　そういうことです。
検察官　更に伺っていくんですけれども、先生の先ほどの説明を踏まえますと、被告人のうつ病というのは、今回の犯行の主な原因ではないと理解してよろしいですか。
Ａ証人　はい。
検察官　昨日の被告人質問で、被告人は、子供が2人の4人家族が理想であるといった自分の考えが今回の犯行に及んだ原因であるというふうに話していたんですが、精神鑑定をされた先生の立場からはどう考えますか。
Ａ証人　同じ考えです。
検察官　もう少し具体的に言っていただけますか。
Ａ証人　この方の場合には、本来そういう考えがあり、自分のプランと言いますか、計画があって、それが崩れてしまったというところに、すごいショックを受けられたと思う。普通ならそこで現実を受け入れるんですけれども、そうではなくて、自分の存在自体も不安になったのかと思いますけれども、それを解決しなければならない。それ以上に、自分の気持ちを周囲の人が分かってくれないということが一番強かったんだと思います。そういうストレスフルな環境が続くことによって、反応的にうつ状態が進んでいったというふうに考えています。
検察官　自分を否定するような気持ちになることとの比較では、被告人の場合はどうだったんでしょうか。
Ａ証人　これは、私の想像になってしまうんで、被告人の気持ちとははずれるかもし

れませんけれども……

　以上が、A医師の証人尋問での検察官との質疑応答である。
　B医師は、精神科医として被告人と拘置所で9回の面接、被告人の夫、両親及び弟と各1回の面接を実施している。B医師の被告人の診断名は、ICD-10診断基準の反復性うつ病性障害（F33.1）である。弁護人は、B医師への証人尋問で以下の点を確認した。

【被告人の治療及び処遇法について】
弁護人　被告人に今後どのような治療、処遇が必要なのかについて御説明いただきたいと思います。
B証人　うつ病エピソード、うつ病の状態というのは、主に2つの症状群から成り立っていると考えると理解しやすい訳です。1つは気分症状というもの、もう一つは制止症状と呼ばれているものです。分かりやすく言うと、気持ちのほうに来る心の鬱が気分症状で、体の状態のほうに来るのが制止症状と考えていただけると、整理がつくと思います。（中略）抑鬱気分自身は、やっぱり重症感のあるものだったというふうに思います。ここが被告人は、自分のうつは重症であるというふうに言っていても、でも、診断基準に当てはめると、先ほど御説明させていただきましたように、全ての症状がそろっておりませんので、診断としては中等レベルということになる、そこが違いなんだというふうに考えられます。

　B医師の証人尋問の後、被告人の弟及び義母について証人尋問が実施された。
　第3回公判の最後に、被告人質問が、弁護人、検察官、裁判員及び裁判長からなされた。

検察官　今回のあなたが犯した罪について、自分のどこが一番いけなかった、悪かったと思いますか。
被告人　まず、生まれてしまった子供を中絶できると思ってしまったことが一番の原因だと思います。
検察官　ちょっとよく分からないですけど、生まれた子供を、子供は生まれてしまったら中絶も何もないですよね。
被告人　はい。妊娠を知ってから生まれるまでたった3か月しか時間がなかったので、気持ちの整理のつかないまま産んでしまったんですね。生まれた後も、私はまだ妊娠したばかりなのに、頭の中ではまだ妊娠3か月なのに、どうして中絶できないんだろう、中絶できるはずなのに、手術したいっていう気持ちをずっと引きずっていました。そ

れで、生まれた後も中絶したい、中絶したいと、ずっと赤ちゃんを見ながら思っていて、そして、事件を起こしてしまいました。

裁判員5　被告人にちょっと感じたことをお話したいと思います。私も3人の子供を育てた母親の先輩として先日から、ずっとそちらのいろんな態度を見ていまして、今まで淡々と、冷静だったあなたが今日は涙を見せる場面があって、母親としてホットしたというか女性としてそういう感情があったんだなということでちょおと救われました。

被告人　有り難うございます。

裁判員5　それまで余りにも冷静なので、何だか本当に胸が痛かったですね。最後にちょっと言われた言葉の中で、生まれた後も中絶したいと思っていたという言葉がどうも私には理解できません。中絶という言葉のとらえ方が違うのか、何かちょっとそこら辺が、どうもふに落ちないままでいるんですけれども、生まれた後ということは母乳も与え、おむつの世話もし、しっかり赤ん坊を手にしたあなたが、その後もまだ中絶という言葉をお使いになるというところがちょっと私が理解できないんですが、その辺について少しお話しいただけますか、お願いします。

被告人　まず、妊娠を知ったのが、23週、もう6か月の終わりでした。で、私は、もともと早産体質なので、長男が38週、長女も35週で産んでいるので、で、次女も結局38週で生まれたので、結局、3か月で生まれたことになります。で、事件を起こしたときは、妊娠を知ってからちょうど4か月でした。うまく言えないんですけれども、自分の脳内カレンダーでは、まだ妊娠4か月という気分がずっとあったんですね。妊娠3か月から妊娠4か月という気分がずっとあったんですね。それで、おむつを替えたり、おっぱいをあげたり、お風呂に入れたりは、3人目ですから当然御存じだと思いますけれども、頭が回っていなくても手が動くものですよね。で、周囲の人はそれを見て、手慣れていますねって言って、それで、私のことを心配ないというふうに、特に、昨日の話でも出ましたけど、保健師さんなんかは、そういうふうに言っていたんですけれども、私の頭の中では、まだ胎児の赤ちゃんのはずなのにどうしてという風に、混乱したままおっぱいをあげたり、何でおむつ替えをしたり、何でお風呂に入れているんだろうと思いながら、本当にまだ胎児の、中絶可能な胎児のはずなのにどうしてという思いでずっと育児をしていました。かなり混乱していました。

裁判員5　今もその中絶という言葉の意味合いは同じようにとらえていますか、今は現実として、生まれた後も中絶という言葉がふさわしくないとお考えになりませんか。

被告人　今はふさわしくないと考えています。

裁判員5　それは、今は、そういうふうに思っているんですね。

被告人　はい。事件当時はそう思わなかったので、事件を起こしてしまったんだと思います。

裁判長　先ほど、裁判員の方に聞かれて、なぜ自分が中絶という言葉を使ったかということを話しましたよね。客観的に胎児じゃないってことは、あなたも当時、この行為をしてしまったときね、分かっていたということでいいんですか。それとも、それが分かってなかったと言いたいんですか。どちらですか。

被告人　分かっていなかったと思います。

裁判長　と言いたいわけ。

被告人　　はい。
裁判長　　事件を、つまり、被害者の鼻と口の部分をあなたが手で押さえているとき、あなたの昨日の話では、抱っこしていて心臓の音が、鼓動が止まるところまでは意識して止めたと言ってましたよね。
被告人　　はい。
裁判長　　そのときのあなたの気持ちなんだけれども、どう考えていたんですか。
被告人　　そのときは、止めていたときですか、止まった後ですか。
裁判長　　いや、その間。止めていたとき、押さえていたとき。
被告人　　押さえていたときは、中絶しないと私の気がおかしくなっちゃう、中絶するんだという気持ちでした。
裁判長　　じゃあ止まったとき、どう思いましたか。
被告人　　ああ、とまちゃった、ちょっとびっくりして、その後、うわあっと、どうしようという気持ちが湧いてきました。
裁判長　　じゃあ、例えば、とてもかわいそうだけど、早く止まってくれみたいなあなたの中で、必死になって耐えてるみたいな、そんなような感情は、当時ありましたか。
被告人　　なかったです。
裁判長　　それはなかったんですか。
　　　　　それは、どうしてないんだと思いますか。
被告人　　自分の頭が、もうとにかく赤ちゃんに消えてもらわないと私が狂ってしまう、狂ってしまうというふうな気持ちの方が強かったと思います。
弁護人　　中絶の件ですけど、生まれた赤ちゃんを中絶するということについて、さっき、胎児だと認識していたのか、ちゃんと子供として認識してたのかっていうところで、私は胎児だと思っていたというふうに言ったんだけれども、それは、それでいいんですか。
被告人　　胎児だという認識も、ありました。
弁護人　　抱いている赤ちゃんが、胎児だと思ってたってことですか。
被告人　　胎児だというか、まず、自分の子供ではないというか、なぜ赤ちゃんがここにいるんだろうという気持ちが一番でした。

　第4回公判期日には、検察官の論告求刑と弁護人の最終弁論及び被告人の最終陳述が実施された。
　検察官は、被告人の行為は被害児（1ヶ月）に対し今もなお生死の境をさまよっている殺人に限りなく近い殺人未遂であるとした。検察官は、量刑に際して被告人に不利な情状として、1．自己中心的かつ身勝手な行為動機であるとして「4人家族」という自分の理想が崩れるとの動機に基づく犯行であり育児疲労・ノイローゼによる犯行ではないとする。2．虐待と同様な残酷な犯行態様であるとして被告人が終始犯行を冷静に行い、乳幼児突然死症候群に見せかけて鼻と口を塞いだ点を指摘する。3．重大な結果惹起であるとして、被害児

は脳死に限りなく近い状態で回復の見込みの無い植物状態にあり被害児の無限の可能性を奪ったとし、生後1か月の乳児は大きな音にピクッと手足を伸ばしたり、泣き出したり、裸にすると手足をよく動かし、産み落とされた直後の嬰児殺とは異なると指摘する。4．深い反省はなく、表面的なものに留まっているとし、中絶の延長行為として殺害行為を捉え、生命を軽視し、今、なお被害児に消えて欲しいと望んでいる点を指摘する。他方、被告人に有利な情状として、うつ病の治療、被告人の再起更生及び家族が被告人を監督する旨の証言により、刑期の短縮及び執行猶予を付する可能性を指摘した後、被告人やその家族再生に否定的見解を示唆する。検察官は、現実的視点から「・医療機関での入院治療は困難であること、・通院には家族によるサポートが必要、サポート体制の構築には相当程度の時間が必要であること、・夫は被告人と向き合うことを避けていること、・長男、長女への説明等、今後直面する問題への対処案が全くない」点を指摘し、現実には、短期の刑期・執行猶予によって、被告人やその家族を再生させることは困難であるとし、服役により罪を償わせ、その間にじっくりと家族のサポート体制を構築し、社会復帰への環境を整えるべきであるとして懲役6年を求刑した。

　弁護人は、1．犯行に至る経緯・動機として、抑鬱状態での犯行であり、児童相談所の時宜を得た対応がなされていないこと。2．犯行後の事情として、自身の犯行後警察へ自首しようとしたが、病院への見舞いが優先とする夫の言葉に従った点、捜査官への協力及び夫からの手紙で自己中心的な考えを改めようと努力している点を指摘する。3．家族の被害感情の軽減を指摘する。4．類似の事案の量刑検索により15件中9件が執行猶予付き判決であり、実刑は6件（3件は5年以上）であるとし、・被告人自身がコントロールできない事情、・犯行を告白・反省・考え方を変える努力、・被害者の立場でもある家族が許しているとして懲役3年以下で考えるべきだと指摘する。その上で、弁護人は、・治療が必要であること、・家族が執行猶予を希望しているとして社会内処遇の必要性・許容性があると指摘する。弁護人は、・家族のサポート体制を作る必要性、・被告人自身が抱えている問題の深刻さに着目して更生保護の専門家による見守りの下、保護観察とし、保護観察付執行猶予判決を求める。

　被告人は、最終陳述において「私は取り返しのつかないことをしてしまいました。本来なら誕生を一番喜んであげなければいけない母親の私が、次女をひ

どい目に遭わせてしまいました。次女の人生の全てを奪ってしまいました。謝っても謝っても謝りきれるものではありませんが、次女にひどい目に遭わせてごめんねと言いたいです。そして本来なら次女を囲んで、5人家族、夫や私の実家の家族みんなで、幸せに暮らせるはずでした。その生活を全部私が、壊してしまいました。そのことを家族みんなに謝りたいと思います。」と自己の心情を述べた。

Ⅳ-ⅲ. 本判決の検討

【判旨】裁判所は、殺人未遂罪を適用し被告人を懲役4年に処し未決勾留日数中300日を刑に算入した。

裁判所は、量刑理由において被告人の病歴等と犯行との関連性について「被告人が、本件当時、中程度のうつ病エピソードに該当する状態であって、それが被告人の本件犯行当時の判断能力等にある程度の影響を与えていたことは否定できない。しかしながら、そもそも、被告人の本件犯行は、次女の存在を受け入れられないという被告人の考えが発展したもので、その動機は、抑うつ状態などの症状の影響で生じたものではない。」と判示した上で、「当合議体は、被告人が、本来愛情をかけるべき存在であった次女に対して行った自分の罪と正面から向き合い、真の意味での反省を深めながら服役し、その上で、次女を含めた5人家族として、他の家族全員が、次女の前で再出発の日を迎えてほしいと願うものである。」と付言する。

【研究】

1. 本事案は、公判前整理手続で争点は量刑に絞られ、検察官の求刑懲役6年に対し弁護人の保護観察付執行猶予判決との主張のなかで裁判所が合議体としてどのような判断を示すか注目された。裁判所は、犯行当時被告人が罹患していた中等症うつ病エピソードが犯行当時の被告人にある程度の影響のあったことは認めながらも犯行動機との関係を否定する。被告人の責任能力は、直接的争点となりえなかったので中等症うつ病エピソード罹患は情状論での一要素となってしまい、弁護人の主張が裁判員、補充裁判員及び裁判官に理解されぬまま量刑にも反映されずに判決に至った。

裁判所は、本件犯行を被告人特有の「家族は子どもが2人の4人家族が理想」という固着した考え方の発展として被告人の殺意を認定するが、殺意を形成し

実行行為に至る段階で中等症うつ病エピソードによる影響に起因する抑うつ状態が犯行の抑制力を阻害したと考えられる。

被告人が、次女殺害を実行した時間帯が夫の仕事で不在の時間帯ではなく在宅時であることにも注目する必要がある。被告人の意識下では次女を消してしまいたいという気持ちと夫に止めて欲しいとの思いが錯綜していたと解される。また、第3回公判での「次女の存在は受容できず、このままでは頭が狂ってしまいそうで口と鼻を塞いだ。」との被告人の供述は、生後1ヶ月の次女を胎児だと思っていたとの供述と併せると被告人は自己の行為を殺害行為と認識していたのではなく堕胎行為として被害児の口と鼻を塞いでいると解する余地がある。

弁護人が、被告人の供述の意味内容を十二分に理解した上での公判前整理手続及び法廷での弁護活動が実践されたのか、被告人の十全な弁護権の保障の視点から疑念が残る。

2．被告人の精神的状況の改善は、社会復帰に向け不可欠の条件である。

B医師は、被告人の治療としてFamily Therapyの必要性を証言する。然しながら、被告人特有の考え方である「自分の計画通りに進める」という固着した思考パターンの改善が並行してなされる必要があり、認知行動療法的アプローチ（Cognitive Behavioral Therapy Approach）が有効である。

裁判所は、量刑で付言として「次女を含めた5人家族として、他の家族全員が、次女の前で再出発」を願うとするが、現実にはどのよう体制を構築するかが問題である。

被告人に対する治療を実践するに当たり、治療のための費用の経済的負担能力が、現実的な問題となる。また、家族の再生（re-born）の可能性を考える際に、長男（14歳）及び長女（9歳）が、母親による次女殺害の事実を知った時の対応と家族全体をサポートする体制の構築が問題となる。

IV-iv．本判決の問題点

本事案の公判前整理手続及び公判での検討から幾つかの問題点が、顕在化する。本節では、公判前整理手続及び責任能力の問題について検討する。

IV-iv-a．公判前整理手続

1．本事案では、公判前整理手続実施の決定の後、裁判長の積極的訴訟指揮の下に打合せ 6 回及び公判前整理手続10回に 1 年 2 か月余の時間をかけて実施された。

　問題点の検討に先立ち、犯罪行為後から公判前整理手続に至る経緯と公判前整理手続でのキーポイントとなる手続を概観する。

　被告人に対する殺人未遂罪の起訴状は、平成24年 2 月29日に作成される。東京地裁は、平成24年 3 月 5 日に公判前整理手続開始決定をし、同日検察官及び弁護人に通知する。検察官は、平成24年 3 月14日付証明予定事実記載書を裁判所に提出する。弁護人は、平成25年 6 月11日付予定主張記載書面及び鑑定請求書を裁判所に提出する。検察官は、平成24年 7 月11日付証明予定事実記載書を裁判所に提出する。裁判所は、第 2 回公判前整理手続において弁護人に検察官の平成24年 7 月11日付意見書に対する弁護人の意見を次回公判前整理手続期日 9 月 7 日までに提出するように指示する。第 3 回公判前整理手続において弁護人は主任弁護人の体調不良により意見書の提出の延期を求め、裁判所は、 9 月28日までの提出を指示した。弁護人は、提出期日に検察官の意見書に対する意見書を提出した。第 4 回公判前整理手続において裁判長は、検察官に弁護人の意見書に反論があれば述べられたいと促したが、検察官からは特に無いとの返答がなされる。なお、裁判長は、弁護人からの鑑定請求を却下する方向であることを示唆する。第 6 回公判前整理手続では、弁護人は、被告人の鑑定留置の際のカルテ及び診察記録等を取り寄せ中であると報告した。第 8 回公判前整理手続において弁護人は、平成24年 6 月11日付予定主張記載書面の責任能力に関する予定主張を撤回し、公訴事実は争わないとする。裁判長は、本件の争点を量刑であるとする。平成25年 3 月28日開催打合せにおいて、弁護人は、同日提出予定主張記載書面 2 に基づき被告人の支配観念等を責任能力ではなく情状の問題として主張する予定を告知する。弁護人は、平成25年 4 月22日付予定主張記載書面 3 を裁判所に提出する。第10回公判前整理手続において争点整理の結果確認がなされ、平成25年 5 月 7 日打合せにおいて最終的な審理日程が確定する。

　公判前整理手続は、迅速な裁判員裁判の執行と裁判員の理解しやすい進行を考えて裁判所、検察官及び弁護人の協力の下に遂行する手続であるが、以上の概観から若干の問題点が顕在化する。

第1は、第1回公判前整理手続時点において検察官手持ち証拠開示がどこまでなされたのかである。弁護人は、被告人の平成23年12月22日から平成24年2月21日までの鑑定留置の事実及びA医師の精神鑑定書の存在をどの時点で知り得たのか。平成24年3月23日打合せにおいて、弁護人は、検察官に対して類型証拠開示請求を更に行う予定であるとし、検察官は、弁護人の平成24年3月19日付各証拠開示請求に対する回答は3月30日までに行う予定であるとする。少なくとも第1回公判前整理手続時点では、平成24年3月14日付証明予定事実記載書しか提出されておらず、弁護人にはA医師の精神鑑定書の存在は明らかではない[86]。第2回公判前整理手続では、平成24年7月11日付証明予定事実記載書が提出されており、甲7号証として「第1　被告人が了解可能な動機に基づいて本件犯行に及んだこと　1　被告人は、元来、頑固で行動に『ため』のない性格であり、また、自身が2人姉弟であったことなどから、家庭像としては子供が2人いる家庭が理想的であるとの考えを持っていた。」としてA医師の精神鑑定書の存在が示されている。被告人の責任能力は、重要な争点となり得るのを承知で検察官は第1回公判前整理手続では様子見でA医師の精神鑑定書の存在には触れず証拠開示しなかったのではとの推測の余地が生ずる。検察官手持ち証拠の一括開示による迅速な裁判との視点からは、問題のある検察官の対応である。

　法制審議会-新時代の刑事司法特別部会「新たな刑事司法制度の構築についての調査審議の結果【案】」は、現行証拠開示制度の枠組みを前提に検察官に対し検察官請求証拠の開示後、被告人又は弁護人から請求のあった時には速やかに証拠の一覧表を交付する制度を提案する[87]。

　第2は、次項の検討と関連するが弁護人の鑑定請求に対し、裁判長は第4回公判前整理手続で却下の方向で考えているとして期日外に正式な却下決定を行うと告知した。かかる告知は、手続きの迅速性との視点からとはいえある種の結論の先取りであり適切性に疑問を生ずる。

　被告人の責任能力の有無は、前節本判決考察の前提で検討した公判前整理手続及び打合せにおいて争点整理がなされ論点が形成されてゆく過程において検察官及び弁護人双方の争点形成の背後で意識されていた。

　検察官は、平成24年3月14日付証明予定事実記載書において、被告人の身上等、犯行に至る経緯、犯行状況等、犯行後の状況、その他の情状等について概

略を記載する。弁護人は、平成24年6月11日付予定主張記載書面において、罪体について、責任能力に関する主張、情状に関する主張の概略を記載する。弁護人は、同日、被告人が心神喪失ないし心神耗弱にあったことを立証するために鑑定請求書を裁判所に提出した。

弁護人は、第1回公判前整理手続の争点整理の証明予定事実等において「罪体については、故意の点を含めて争わない。」とした。

検察官は、平成24年7月11日付証明予定事実記載書において責任能力を争点とする弁護人の主張に対して、被告人の責任能力を基礎づける事実として、「被告人が了解可能な動機に基づいて本件犯行に及んだこと、被告人が被害者の殺害に向けて計画的で一貫した合理的な行動を取っていること、被告人が本件犯行について違法な行為であるとの認識を有していたこと、被告人に犯行時の記憶の障害はないこと、被告人の病状は本件犯行に直接影響を与えるものではなかったこと」との項目の下に各事実の概要を挙示する。

弁護人は、平成25年3月28日付予定主張記載書面2において責任能力に関する予定主張の撤回と情状に関する主張として「本件犯行に至る被告人の動機形成の機序」として被告人の有する支配観念（優格観念）について詳細に展開する。

裁判長は、第8回公判前整理手続で争点が量刑であることを確認し、更に第10回公判前整理手続で争点が「（1）本件公訴事実に争いはない。（2）本件の争点は、被告人をどのような刑に処するべきかという点である。」ことを最終確認している。

被告人の責任能力の有無の問題は、弁護人が責任能力に関する主張を撤回したことにより情状問題として量刑の中に追いやられて論議されるに至った。

Ⅳ-ⅳ-ｂ．責任能力

1．被告人の精神的状況及び受診歴の概要は、下記の通りである。

平成18年5月、第2子を出産後、復職し、職場不適応からうつ病となる。平成19年1月、クリニックを受診後、通院しうつ状態が軽減する。平成20年10月3日、第3子の妊娠が判明し、妊娠による抑うつ状態を発症しICD-10診断基準の「ストレスによる解離性健忘」と診断される。被告人は、犯行当日の平成21年2月23日は抑うつ状態であった。被告人は、犯行後、平成21年2月25日から10月4日まで7ヶ月間Ｃ病院精神科に入院する。

Ａ医師の心理検査結果報告書（報告日平成24年2月14日）の要約は、下記の通

りである。

　依頼した実施検査項目は、風景構成法、WAIS-Ⅲ、SCT、HTPP、Rorscha Testであり、各項目の結果は〈描画テスト〉・風景構成法・人物画・樹木画、〈WAIS-Ⅲ〉、〈SCT・文章完成法〉、HTPP、Rorscha Testとして記載されている。

　性格傾向としては、感情、直感によってその場その場で行動するタイプである。表面的な応対でかかわりを回避し場当たり的にしのぐことも多い。行動に「ため」がない人といえるだろう。これ自体は病的なものとは言えないし、通常は行動面での問題も表面化しにくいだろう。しかし、表面的な対応の背景には、対人不安の強さもうかがえる。また、感情刺激に非常に敏感な一方、自身の葛藤や不安についての自覚が非常に乏しく、どういった感情を体験したのかを自身で統合できないまま、衝動に振り回されて現実検討を欠いた行動に至りやすい。内的な感情が育っていないまま外的な基準に合わせる形で適応してきたところがあるよう。実際に体験していることと言葉で表現されることの間にはかなり乖離も生まれると思われる。外から見るよりも、心理状態は幼いままにとどまっており、強い依存欲求もうかがわれる。

　被告人の責任能力については、鑑定留置の際のA医師の平成24年2月22日付精神鑑定書（甲7号証・A鑑定）があり、鑑定事項は「1．本件犯行時における被告人の精神障害の存否、2．その精神障害が本件犯行にいかなる影響を与えたか、3．被告人の善悪の判断能力及びその判断に従って行動する能力の有無及びその能力に関して参考になる事項、4．その他参考事項」の4点であった。

　同鑑定書は、「1．被告人は、犯行当時、中等症うつ病エピソード（ICD-10 F32.1）に罹患していた、2．その『中等症うつ病エピソード』は本件犯行に影響しているが、著しいものではない、3．犯行当時における被告人の善悪の判断能力及びその判断に従って行動する能力は減弱していたが、著しいものではなかった、4．なお被告人の精神障害に対しては手厚い継続的な精神科治療が必要である」として被告人は完全責任能力を有すると鑑定する。

　2．弁護人は、平成24年6月11日付予定主張記載書面において「1．職場環境の激変や、上司のパワハラとも言える態度、長男の養育問題が一度に重なり、平成18年5、6月頃から、動悸、不眠、頭痛等の不調に悩まされるようになった。2．平成19年、被告人は、うつ病と診断され、直ちに職場を休職するようアドバイスを受け、休職して家事育児を継続しながら通院し、服薬治療を

継続した。しかし、いったん症状が改善しても、ストレスがかかると悪化し、しばしばパニックや過呼吸の発作を起こすということを繰り返していた。3．平成20年10月3日、被告人は、産婦人科受診で第三子（次女）の妊娠を告げられ、妊娠を受容出来ず夫の面前でお腹を叩いたり、台所で包丁を握ってお腹に向けていたり、マンションの踊り場に無表情で立つということを繰り返した。4．同年10月29日、被告人がＣ病院を受診したところ、自殺企図があり危険な状態であると診断され、同日精神医学研究所付属病院に医療保護入院となった。同病院では、『抑うつ気分、日常の楽しみの消失、易疲労感、集中困難、焦燥感、希死念慮、自殺企図、胎児に対する危険行為（胎児に対する殺意）、貧困妄想、食欲低下、睡眠障害、抑うつ状態。精神病症状を伴う重症うつ病エピソード』と診断された。」との病歴等を指摘する。弁護人の指摘する被告人の一連の精神科通院歴からは、行為時における被告人の責任能力への疑念が生じる。

　弁護人は、同日付の鑑定請求書において立証の趣旨を本件犯行当時、被告人が心神喪失ないし心神耗弱状態にあったこととし、鑑定事項として、「1．被告人の本件犯行当時における精神状態、2．被告人の本件犯行当時における是非善悪弁別能力と、それにしたがって行動を制御する能力の有無、程度、3．その他、被告人に関し参考となるべき事項」を挙げる。

　弁護人は、捜査段階における警視庁野方警察署が被告人の逮捕前に依頼したα大学医学部精神科β教授の平成23年7月20日付意見書の問題点として「β教授は、被告人や家族と直接面談をしておらず、診療録や看護記録上の記載に依拠しており、起訴前鑑定の方が鑑定資料は豊富であった。」と指摘し、又、Ａ医師の起訴前鑑定書は、「起訴前鑑定書では、犯行前後に実際に被告人を治療していた3病院の医師がいずれも被告人について重症うつ病エピソードと診断していたにもかかわらず、中等症うつ病エピソードと診断している。何故当時の各病院の重症うつ病エピソードという診断を否定するのかという根拠について何ら説明がなく、妄想様観念にとらわれていたかどうかについても全く触れられていない。第1子及び第2子には愛情を持って出産し、養育してきた被告人がなぜ、第3子である被害者だけ受け入れられないという心境になり、自殺するか殺すしかないと思ったのかという説明も全くなされていない。」と問題点を指摘する。

　弁護人は、被告人の精神状態が本件犯行に与えた影響について、「弁護人は、

開示証拠を検討し、協力医の意見も聞いた結果、現時点では以下のように考えている。被告人は、子どもの頃から几帳面で真面目な性格であり、被告人の性格傾向は、うつ病の発症や悪化に影響を与え、貧困妄想の発症にも影響しているものの、それ自体は犯行の原因ではない。犯行の原因は、妄想貧困という精神病症状を伴う重症うつ病エピソードに罹患していた被告人が、第3子を殺すしかないという観念にとらわれたからである。犯行当時、被告人は善悪の判断能力及びその判断に従って行動する能力が失われていた、もしくは著しく減退していた可能性が極めて高い。起訴前鑑定書は、現在の被告人の病状、現在の性格やそれを前提とした言動に引きずられて、犯行当時の被告人の病状や心理状態を正しく理解していない。成育歴の記載がないことから、発症以前の被告人について、家族からの聞き取りや高校時代の記録の検討が全くなされていない可能性もある。犯行前後の各病院の診断と異なる診断をする根拠も全く記載がない。よって、起訴前鑑定の結果は、根拠に欠けていて信用性が乏しい。」と指摘し、精神鑑定を必要とする理由を挙げる。

　次に、弁護人の精神鑑定請求採否の一連の経緯を検討する。弁護人は、平成24年6月11日付鑑定請求書を裁判所に提出した。検察官は、平成24年7月11日付弁護人の平成24年6月11日付鑑定請求書に対する意見書を裁判所に提出した。弁護人は、平成24年7月11日付検察官の意見書に対し平成24年9月28日付意見書を裁判所に提出した。裁判長は、平成24年10月1日開催第4回公判前整理手続において弁護人の鑑定請求を却下する方向で考えているとし、正式な却下決定は期日外で行う予定であると告知した。平成24年10月12日、裁判所は、弁護人からの精神鑑定請求を却下する決定をした。同月22日、弁護人は、裁判所の決定を不服として裁判所に異議を申立てた。同月23日、裁判所は、弁護人の異議申立てを却下した[88]。

　本決定は、検察官の意見聴取をしたうえで異議申立て理由がないとするが、理由の説明はなく裁判進行の効率にのみ目が向き結論の先取りをし、弁護活動に制約を与えている点で予断排除及び当事者主義との視点から問題を包含する訴訟指揮である。

　3．本件裁判では、量刑が争点となり弁護人は被告人の責任能力を情状の問題に還元したが弁護方針を含め問題の所在を検討する。

　第1は、裁判所が採用した平成24年2月22日付A医師の精神鑑定書（甲7号

証）の問題である。A医師は、平成23年12月22日から平成24年2月21日までの被告人の鑑定留置の際、平成24年2月14日付心理検査結果報告書を作成している。

本心理検査結果報告書の問題点は、以下の6点である。

1．本検査は、A医師の精神鑑定書の基礎となった資料であるが、A医師は臨床心理士に検査を依頼し、要約も含め検査結果にサインをした心理検査依頼医に過ぎない。

2．A医師は、平成24年2月22日付精神鑑定書作成に際し、被告人とどの程度の面接を実施しているのか明らかではない。

3．A医師は、精神鑑定結果においてICD-10に基づき被告人が犯行当時、中等症うつ病エピソード（ICD-10 F32.1）に罹患していたと診断する。A医師が診断基準に用いたICD-10は、A医師が証人尋問の際に検察官の「それ（ICD-10）を形式的に満たすと何々病というふうに分類される」ものであり、「具体的に、その病気の原因が何であるかということについては関係なく分類される」診断基準であると供述している。ICD-10は、被告人の犯行の原因と被告人の病気との関連性を考察するには不適切な診断基準である。

4．A医師は、被告人の治療に関し「精神障害というのは、中等症うつ病エピソード以外のものも含めての話ですけれども、被告人に対しては、手厚い、継続的な精神科治療が必要であると、そういうふうに考えました。」と供述するが、A医師自身は、被告人及び実母に1回面接するのみで被告人の家族の構成メンバーである夫や義母との面接は行わないまま家族の問題に論及しており鑑定資料として不十分である。

5．A医師は、証人尋問で「これは、私の想像になってしまうんで、被告人の気持ちとははずれるかもしれません。」と供述するが、証人尋問での証言は精神鑑定医の想像を確認するものではない。

6．A医師の精神鑑定書は、鑑定時点での被告人の精神状態であり平成21年2月23日犯行時点ないしその直近での精神状態を判断するものではない。

第2は、被告人が次女出産時に「次女をまだ妊娠3ヶ月と思っていた」との供述の理解は被告人の責任能力の有無を判断する際に重要なキーワードである。

被告人が生後1ヶ月の次女の鼻口部を手で塞ぐ実行行為の背景には、医師

から妊娠23週に次女の妊娠を告げられた被告人は、自からの「家族は子どもが2人の4人家族が理想」という考え方に固着し、次女の妊娠を望まない妊娠と考えていた事実がある。

　妊娠38週で出産した次女は、被告人の意識の中では「3ヶ月で生まれたことになります。で、事件を起こしたときは、妊娠を知ってからちょうど4ヶ月でした。うまく言えないんですけれども、自分の脳内カレンダーでは、まだ妊娠4ヶ月という気分がずっとあったんですね。妊娠3ヶ月から妊娠4ヶ月という気分がずっとあったんですね。」と捉えられ、被告人は、生後1ヶ月の次女を妊娠3ヶ月から妊娠4ヶ月の「胎児」として把握していた。

　それ故、次女の鼻口部を手で塞ぐ被告人の行為は、被告人にとり、「中絶して、どうしてもこの妊娠をなくす」行為であり、「押さえていたときは、中絶しないと私の気がおかしくなっちゃう、中絶するんだという気持ちでした」行為に他ならなかったのである。

　弁護人は、被告人の「家族は子どもが2人の4人家族が理想」という固着した考え方を心理学用語の支配観念（優格観念）で説明し、被告人の行為を妄想型統合失調症の患者が妄想支配のもと実行した犯行と類似したものとする。

　弁護人は、被告人特有の「生後1ヶ月の次女を妊娠3ヶ月から妊娠4ヶ月の『胎児』」とする捉え方を裁判員、補充裁判員及び裁判官に翻訳し理解させる法廷活動が求められており、優格観念をキーワードに説明するだけでは被告人の通訳者としては不十分であり、精神医学的知見を十二分に理解した上でのプレゼンテーション能力が不可欠である。弁護人は、被告人の犯行前後の行動態様を詳細に検討することにより裁判員及び補充裁判員に被告人の責任能力についての疑念を誘引させ、その上で被告人特有の固着した捉え方を合議体構成員と共有すべきであった。

　裁判員裁判では、責任能力は裁判員に理解し難い概念の一つであるとされ、責任能力の何を具体的に争点とするのか等を公判前整理手続で整理し、裁判員に問題の所在を明確に理解できるようにすることが必要であり、カンファレンスの利用も一つの方策である[89]。

　第3は、被告人の精神科受診歴と既往症の関係である。被告人は、平成18年5月第2子出産後うつ病となり治療を受けており、平成20年10月第3子の妊娠が判明した頃、妊娠による抑うつ状態を発症しICD-10診断基準の「ストレス

による解離性健忘」と診断されている。同月29日医療保護入院となったC病院では精神病症状を伴う重症うつ病エピソード（ICD-10 F32.3）と診断され、被告人の精神鑑定をしたA医師は、中等症うつ病エピソード（ICD-10 F32.1）と診断する。弁護人は、「家族は子どもが2人の4人家族が理想」という被告人の固着した考え方を被告人の精神病症状を伴う重症うつ病エピソードと関連させ支配観念（優格観念）というキーワードで被告人の責任能力への疑問を提示し、裁判員及び補充裁判員に説明する。

しかしながら、被告人の病歴と出産直後の諸行動を精査する時、被告人を産後うつ病（PND：Postnatal Depression）という視点からの分析が必要であり、弁護人が支配観念（優格観念）に固執することにより裁判員及び補充裁判員の理解を得られなかった。

産後2～4週間に褥婦の12.8％に急激に発症する精神疾患である産後うつ病は、合議体の構成員の半数である女性裁判員及び補充裁判員にも理解しやすい疾患である[90]。津地裁平成25年12月18日判決は、母親が長男（生後5ヶ月）を夏の炎天下の駐車場に停めた自動車のチャイルドシート上に着座させ2時間半放置して保護責任者遺棄致死罪に問われた事案で、裁判所は、被告人を産後うつ病と認定し心神耗弱とした[91]。

Ⅴ．結　語

1．裁判員裁判は、職業裁判官の硬直した思考に市民の視点を導入し、妥当な結論を得ることを目的の一つとする。

刑事裁判においては、被告人の充実した弁護権の保障を図ることは自明である（憲法34条、37条2項）。裁判官は、迅速な裁判の実現と共に適切な訴訟指揮を要求されている。検察官は、手持ち証拠開示に際し、段階的証拠開示方式から証拠一覧表開示の方向性への運用が求められている。弁護人は、裁判員裁判の訴訟活動全体で被告人の弁護権を確保するため訴訟活動能力の絶え間ざるスキルアップが責務である。

2．裁判員裁判に内在する問題は、多々あり実務の運用の中で顕在化してくる。本稿は、公判前整理手続及び責任能力の問題について東京地裁平成25年5月21日第1刑事部判決を素材に考察した。

公判前整理手続の問題としては、裁判長の訴訟指揮が迅速な裁判の実現を企図するために法曹3者の協働との名目のもと時には強引となり、当事者主義の視点から問題が内在することを指摘した。

責任能力の問題としては、弁護人の精神鑑定の理解と被告人特有の考え方を十二分に理解した上で裁判員及び補充裁判員に「通訳」する能力の涵養が不可欠であることを指摘した。

本稿では直接論及はしていないが、裁判員裁判における評議の透明性の確保は、重要な論点である[92]。裁判員裁判における評議の経緯をどの様に判決文に反映させ論及するかである。千葉地裁平成21年9月30日刑事第4部判決は、覚せい剤取締法及び関税法違反事案において評議の結果及び経緯に論及するものである[93]。

裁判員裁判が実施される中での控訴審は、事後審として控訴理由の存否の審査をする機能を負うとするのが裁判員裁判制度の制度設計である。最高裁平成24年2月13日第一小法廷判決は、第1審判決の事実認定を否定するには「第1審判決の事実認定が論理則、経験則等に照らして不合理であることを具体的に示すことが必要である」として控訴審の在り方を判示し、判例として定着した[94]。更に、最高裁平成26年7月24日第一小法廷判決は、裁判員裁判での量刑判断について「量刑判断が公平性の観点からも是認できるものであるためには、従来の量刑の傾向を前提とすべきではない事情の存在について、裁判体の判断が具体的、説得的に判示されるべきである。」と判示し、量刑評議の在り方について判断を示した[95]。

裁判員裁判で死刑が言渡された控訴審において原判決を破棄自判した事例は、以下の3判例である[96]。

［判例1］東京高裁平成25年6月20日第10刑事部判決[97]

東京高裁は、原審東京地裁平成23年3月15日判決に対し「裁判員と裁判官が評議において議論を尽くした結果であるが、無期懲役刑と死刑という質的に異なる刑の選択に誤りがあると判断できる」として前科を重視して死刑を選択したとして破棄自判し、無期懲役を言渡した。

［判例2］東京高裁平成25年10月8日第10刑事部判決[98]

東京高裁は、原審千葉地裁平成23年6月30日判決に対し無期懲役刑と死刑という質的に異なる刑の選択に誤りがあるとして破棄自判し、無期懲役を言渡した。

[判例3] 東京高裁平成26年2月27日第10刑事部判決[99]

　東京高裁は、原審長野地裁平成23年12月6日判決に対し「本件各犯行への被告人の関わり方については上記のような斟酌すべき重要な事情が複数存在するから、被告人の行為責任については相当程度限定的に考えなければならず、その他の酌むべき事情も併せ考慮すれば、被告人に対して死刑を選択することが真にやむを得ないとはいえないというべきである。原判決は、無期懲役刑と死刑という質的に異なる刑の選択に当たり、複数の重要な量刑事情に関する事実の認定や評価を誤った結果、死刑の選択もやむを得ないと判断した点において不合理である。」と判示し、破棄自判し、無期懲役を言渡した。

　3．裁判員及び補充裁判員に対しての職務従事中及び終了後以降の継続的かつ充実したメンタルケアは、必要であり十二分な保証がなされなくてはならない[100]。

　裁判員及び補充裁判員に対するメンタルケアは、個人でカウンセリング等を受ける場合には多額の経済的負担を強いられると共に、その間の就業及び家事にも支障をきたすこともある。これらの点をカバー出来るサポート体制の構築が、不可欠である。

　平成26年3月、女性裁判員は、福島県会津美里町で夫婦が殺害された強盗殺人事件の裁判員裁判公判廷で遺体の写真や被害者が助けを求める119番通報の録音を見聞きし、急性ストレス障害（Acute Stress Disorder：ASD）に罹患した。最高裁判所は、これを契機に被害者の写真等の扱いに対し各裁判所に配慮を求めた[101]。福島地裁平成26年9月30日判決は、元裁判員の提起した急性ストレス障害に起因する被害に対して国に慰謝料200万円を請求した国家賠償請求訴訟事案で請求棄却の判断を示した[102]。

　4．本稿では、『裁判員制度に関する検討会・取りまとめ報告書』及び『新たな刑事司法制度の構築についての調査審議の結果【案】』により提案された事項にも本稿のテーマと関連する範囲で論及した。

　なお、法制審議会・新時代の刑事司法制度特別部会設置の背景は、大阪地方検察庁特別捜査部検察官の証拠の改竄に端を発するものである[103]。

　裁判員制度に関する検討会及び法制審議会・新時代の刑事司法制度特別部会の裁判員制度改善の提案は、具体的事案の累積から得た知見を基により良い裁判員制度の実現を図るものであり、裁判員及び補充裁判員の円滑な刑事司法参

加を促進するとともに究極的には被告人の刑事裁判権の保障にある。提案の具体的制度への実践は、その運用においても法曹3者の自己利益実現のために提案趣旨を没却してはならないのは自明である。

　裁判員裁判に内在する問題の解決は、実務の蓄積の中から新たな問題が顕在化する都度その問題点の解決を法曹3者及び研究者とともに図る不断の努力が必要である。

1）　司法制度の歴史について、利光三津夫『裁判の歴史-律令裁判を中心に-』、至文堂、昭和39年参照（本書は、利光三津夫・長谷山 彰『新 裁判の歴史』、成文堂、1997年に収録されている）。
2）　現行刑法に至る刑法改正事業について、拙著『改正刑法假案成立過程の研究』、成文堂、2003年、12頁以下参照。新律綱領及び改定律例の編纂過程の詳細について、藤田弘道『新律綱領・改定律例編纂史』、慶應義塾大学出版会、2001年参照。
3）　法律取調委員会及び臨時法制審議会の規則・構成メンバーについては、前掲註2）拙著『改正刑法假案成立過程の研究』、19頁註（6）、27頁註（7）参照。
4）　行政改革会議の構成メンバーは、会長：橋本龍太郎・内閣総理大臣、会長代理：武藤嘉文・総務庁長官／行政改革担当大臣、委員：芦田甚之助・日本労働組合総連合会会長、同：有馬朗人・東京大学名誉教授・理化学研究所理事長、同：飯田庸太郎・三菱重工業株式会社相談役・行政改革委員会委員長、同：猪口邦子・上智大学法学部教授、同：河合隼雄・国際日本文化研究センター所長、同：川口幹夫・日本放送協会会長、同：佐藤幸治・京都大学大学院法学研究科教授、同：塩野谷祐一・一橋大学名誉教授・社会保障研究所所長、同：豊田章一郎・トヨタ自動車株式会社取締役会長・経済審議会会長、同：藤田宙靖・東北大学法学部教授、同（事務局長）：水野 清・内閣総理大臣補佐官、同：諸井 虔・秩父小野田株式会社取締役相談役・地方分権推進委員会委員長、同：渡辺恒雄・読売新聞社代表取締役社長／主筆である（http://www.kantei.go.jp/jp/gyokaku/1203dail.html）。行政改革会議は、平成8年11月21日設置され行政改革会議議事規則附則により設置期限を平成10年6月30日までとする。
5）　行政改革会議『最終報告』（平成9年12月3日）参照（http://www.kantei.go.jp/jp/gyokaku/report-fainal）。
6）　司法制度改革審議会設置法（平成11年法律第68号）第2条第1項参照。
7）　司法制度改革審議会の構成メンバーは、会長：佐藤幸治・近畿大学法学部教授・京都大学名誉教授、会長代理：竹下守夫・一橋大学名誉教授・駿河台大学学長、委員：石井宏治・（株）石井鐵工所代表取締役社長、同：井上正仁・東京大学法学部教授、同：北村敬子・中央大学商学部長、同：曽野綾子・作家、同：高木 剛・日本労働組合総連合会会長、同：鳥居泰彦・慶應義塾大学学事顧問（前慶應義塾長）、同：中坊公平・弁護士（元日本弁護士連合会会長）、同：藤田耕三・弁護士（元広島高等裁判所長官）、同：水原敏博・弁護士（元名古屋高等検察庁検事長）、同：山本 勝・東京電力（株）取締役副社長、同：吉岡初子・主婦連合会事務局長である（http://www.kantei.go.jp/jp/sihouseido/990803meibo.html）。
8）　http://www.courts.go.jp/about/topics/shinnennokotoba-h26/index.html
9）　刑集68巻6号948頁参照。
10）　刑集68巻6号925頁参照。
11）　『司法制度改革審議会意見書-21世紀の日本を支える司法制度-』、3頁及び8頁以下参照（http://www.kantei.go.jp/jp/shihouseido/report/ikensyo/pdfs/iken-1.pdf）。
12）　平成12年4月25日開催第18回司法制度改革審議会「法曹養成制度の在り方に関する審議の状況と今後の審議の進め方について」において添付資料として配布された「法科大学院（仮称）に関する検討に当たっての基本的考え方」（http://www.kantei.go.jp/jp/sihouseido/dai18/

18bessi2.html）参照。
13) http://www.mext.go.jp/ b _menu/shingi/chukyo/chukyo4/houkoku/1341063.htm
14) http://www.mext.go.jp/ b _menu/houdou/25/11//1341427.htm
15) 募集停止を決定したのは、姫路獨協大学、大宮法科大学院大学、明治学院大学、神戸学院大学、駿河台大学、東北学院大学、大阪学院大学、島根大学、大東文化大学、東海大学、信州大学、関東学院大学、新潟大学、龍谷大学、香川大学愛媛大学連合大学院、久留米大学、鹿児島大学、広島修道大学、獨協大学、白鷗大学、東洋大学、静岡大学、愛知学院大学で国立6校、私立17校である（2014年12月18日現在）。
16) 判タ1325号68頁参照。本件は、事実誤認及び量刑不当で控訴されたが東京高裁平成21年12月17日判決は控訴を棄却した（判タ1325号60頁参照）。控訴審についての判例批評として、上田信太郎「公判前整理手続及び公判手続において顕在化されていない犯行動機を原審が認定したことは、被告人の防御権侵害にあたるとする弁護人の主張が斥けられた事例」、刑事法ジャーナル28号（2009年）114頁参照。
17) http://www.courts.go.jp/saikousai/vcms_lf/h26_12saibaninsokuhou.pdf
18) 最高裁判所事務総局『裁判員裁判実施状況の検証報告書』（http://www.courts.go.jp/saikousai/vcms_lf/80822003.pdf）。第17回裁判員制度の運用等に関する有識者懇談会配布資料4「特別資料2（量刑分布）」（http://www.courts.go.jp/saikosia/vcms_lf/80818005.pdf）参照。
19) http://www.courts.go.jp/about/topics/syuunindanwah2604/index.html
20) http://www.courts.go.jp/vcms_lf/H260618_kaido_aisatu.pdf
21) 平成26年5月20日開催第24回裁判員制度の運用等に関する有識者懇談会・議事概要23頁参照（http://www.courts.go.jp/saikosai/vcms_lf/808024.pdf）。
22) 島田総一郎『正犯・共犯論の基礎理論』、東京大学出版会、2002年、はしがきii頁参照。裁判員裁判に関する論議は、刑事訴訟法研究者及び実務家により精力的に展開され今日に至っている。島田教授の指摘から12年、裁判員裁判実施5年余を経て実体法研究者からの裁判員裁判研究の論議が始まろうとしている。
23) 拙稿「裁判員裁判に内在する諸問題－島根県裁判員裁判第1号事件を素材として－」、島大法学53巻4号（2010年）1頁以下、拙稿「裁判員制度の運用実態と問題点の考察－刑法の視点から－」、法政論叢47巻1号（2010年）185頁以下、拙稿「裁判員裁判制度に内在する諸問題－鳥取地裁平成24年12月4日判決を素材に－」、島大法学56巻3号（2013年）1頁以下、拙稿「裁判員裁判制度に内在する諸問題－広島高裁松江支部平成26年3月20日判決を素材に－」、武蔵野大学政治経済研究所年報第9号（2014年）1頁以下参照。
24) 裁判官OBから裁判員裁判に対する近時の否定的見解として、瀬木比呂志教授は最高裁判所事務総局を頂点とするヒエラルキーに基づく日本の裁判所のキャリアシステムの崩壊を指摘し、陪審員裁判を提案する（瀬木比呂志『絶望の裁判所』、講談社現代新書、2014年参照）。
25) http://www.kantei.go.jp/sihouseido/dai8/houmusyou/1h.pdf 平成26年9月18日現在、法務省HP上では法制審議会民事訴訟法部会第34回会議（平成8年9月6日開催）から第36回会議（平成10年12月18日）までの議事概要にアクセスできるに過ぎず、それ以前の審議状況は不明である（http://www.moj.go.jp/shingi1/shingi_960906-1.html）。
26) 詳細な経緯について、中野貞一郎「司法改革の軌跡」1頁（『民事手続法学の革新－三ヶ月章先生古稀祝賀〈上巻〉』、有斐閣、1991年所収）、徳田和幸「民事手続法の改正と司法改革」、ジュリスト1170号（2000年）37頁参照。民事訴訟法の主要な改正点は、①争点及び証拠の整理手続の整備、②証拠収集手続の拡充、③少額訴訟制度の創設、④最高裁判所に対する上訴制度の整備の4点である（新堂幸司教授は、新民事訴訟法の企図した分かりやすさについて「一つは、手続進行が具体的な形となって関係者によく見え、そのために手続に参加するプレイヤー達が各自の役割を掴みやすいこと、そして、傍観者には、一つのドラマをみるようにみえること、もう一つは、敗者にとっても、裁判官の前で、相手方と公平に扱われ、自分の気持ちを十分に伝えたし聴いてもらったという、あきらめにも似た満足感を与える手続であり、傍聴者には、公平な裁判だったと感じさせるような、そんな手続こそ、分かりやすい手続きではないか、と

考えてみた。むろん、これも一つの基準でしかない。」と記される(新堂幸司『新民事訴訟法〔第5版〕』、弘文堂、2011年、8頁参照)。

27) 川嶋四郎「より利用しやすい司法改革−紛争処理制度へのアクセスの拡充について」、ジュリスト1198号(2001年)119頁参照(川嶋四郎『民事訴訟過程の創造的展開』、弘文堂、2005年所収)。
28) 前田順司・高橋譲・中村也寸志・近藤昌昭・徳田園恵『専門的知見を必要とする民事訴訟の運営』、司法研究報告第52輯第1号、同司法研究報告の概要として、前田順司他「専門的知見を必要とする民事訴訟の運営」、判夕1018号(2000年)4頁以下参照。
29) 同様の視点からの提言として、東京地方裁判所プラクティス第1委員会「医療過誤訴訟の運営について」、判夕1018号32頁以下、東京地方裁判所医療過誤訴訟検討チーム「東京地方裁判所における医療過誤訴訟の審理の実情について」、判夕1018号59頁以下、大阪地方裁判所建築関係訴訟検討プロジェクトチーム「建築関係訴訟の審理の在り方について」、判夕1029号(2000年)4頁以下、シンポジウム「医療事故訴訟の審理について〜鑑定を中心として〜」、判夕1032号(2000年)4頁以下、大阪地方裁判所医療過誤訴訟検討プロジェクトチーム「医療過誤訴訟の審理の在り方について」、判夕1032号44頁以下参照、赤西芳文他「神戸地裁モデル部における審理−書記官との協働による審理充実の取組みとアンケート方式による鑑定など訴訟運営の工夫」、判夕1032号68頁以下等がある。
30) 審理の状況について、角 隆博・田中 敦・中本敏嗣「大阪地方裁判所における医事および建築関係訴訟集中部の審理の実状」、民訴雑誌48号(2002年)46頁以下、下田文男「東京簡易裁判所における少額訴訟及び市民訴訟の運用状況」、民訴雑誌53号(2007年)44頁以下参照。
31) エーベルハルト・シルケン(高田昌宏訳)「ドイツにおける裁判手続への素人および専門家の関与」、民訴雑誌48号70頁以下。
32) 河野正憲『民事訴訟法』、有斐閣、2009年、29頁参照。
33) 「司法制度改革に向けて−論点整理−(平成11年12月21日)」、11頁参照(http://www.kantei.go.jp/sihouseido/pdfs/1221ronten.pdf)。
34) http://www.kantei.go.jp/jp/sihouseido/dai14/14siryou-a2.html
35) http://www.kantei.go.jp/jp/sihouseido/dai18/18bessi2.html
36) http://www.kantei.go.jp/jp/sihouseido/dai18/18bessi2.html
37) http://www.kantei.go.jp/jp/sihouseido/dai19/19gijiroku.html
38) http://www.kantei.go.jp/jp/sihouseido/dai33/33siryou1.pdf。法科大学院(仮称)構想に関する検討会議の構成メンバーは、(協力者)井田 良、伊藤 眞、加藤哲夫、小島武司(座長)、田中成明、遠藤純一郎、金築誠志、川端和治、房村精一、(司法制度改革審議会)井上正仁、鳥居泰彦、山本 勝、吉岡初子、(事務局)佐々木正峰高等教育局長、合田隆史大学課長である(http://www.kantei.go.jp/jp/sihouseido/houkadaigakuin/1yousi.html)。
39) http://www.kantei.go.jp/jp/sihouseido/report/naka_houkoku.html
40) http://www.kantei.go.jp/jp/sihouseido/dai63/63gijiroku.html
41) http://www.kantei.go.jp/jp/sihouseido/report/ikensyo/pdf-dex.html
42) http://www.kantei.go.jp/jp/sihouseido/keikaku/020319keikaku.html
43) 中央教育審議会大学分科会法科大学院部会の構成メンバーは、委員3名、臨時委員2名、専門委員11名、計16名であり、部会長委員:佐藤幸治・近畿大学法学部教授・京都大学名誉教授、副部会長委員:奥島孝康・早稲田大学総長、委員:高木 剛・ゼンセン同盟会長、臨時委員:石 弘光・一橋大学長、同:浜田道代・名古屋大学大学院法学研究科教授、専門委員:磯村 保・神戸大学大学院法学研究科長、同:井上正仁・東京大学大学院法学政治学研究科教授、同:太田 茂・法務省大臣官房司法法制部司法法制課長、同:奥田隆文・司法研修所事務局長、同:川端和治・日本弁護士連合会法科大学院問題特命嘱託、同:小島武司・中央大学法学部教授、同:館 昭・大学評価・学位授与機構評価研究部教授、同:ダニエル・フット・東京大学大学院法学政治学研究科教授、同:藤川忠宏・日本経済新聞社論説委員、同:藤田宙靖・東北大学大学院法学研究科教授、同:牧野純二・トヨタ自動車株式会社法務部長である(http://www.mext.go.jp/ b _menu/shingi/chukyo/chukyo4/meibo/021203.html)。

44) 法曹養成検討会のメンバーは、井上正仁・東京大学教授、今田幸子・日本労働研究機構統括研究員、加藤新太郎・司法研修所教官・判事、川野辺充子・広島地方検察庁次席検事、川端和治・弁護士、木村 孟・元東京工業大学学長、大学評価・学位授与機構長、田中成明・京都大学教授、ダニエル・フット・東京大学教授、永井和之・中央大学法学部長、牧野和夫・国士舘大学助教授・テンプル大学ロースクール準教授、諸石光熙・住友化学工業㈱専務取締役、座長は田中成明教授である（http://www.kantei.go.jp/jp/singi/sihou/kentoukai/kaisai.html）。
45) 中央教育審議会大学分科会法科大学院特別委員会の構成メンバーは、座長（臨時委員）：田中成明・京都大学理事・副学長、座長代理（委員）：木村 孟・独立行政法人大学評価・学位授与機構長、専門委員：荒井 勉・司法研修所事務局長、同：磯村 保・神戸大学大学院法学研究科教授、同：井上正仁・東京大学大学院法学政治学研究科教授、同：大谷晃大・法務省大臣官房司法法制部司法法制課長、同：小幡純子・上智大学大学院法学研究科教授、同：鎌田 薫・早稲田大学大学院法務研究科長、同：川端和治・弁護士、同：川村正幸・一橋大学大学院国際企業戦略研究科教授、同：小島武司・中央大学大学院法務研究科・法学部教授、同：瀬戸純一・毎日新聞社論説委員、同：永田眞三郎・関西大学法学部教授・学校法人関西大学理事、同：中谷 実・南山大学大学院法務研究科長、同：平良木登規男・慶應義塾大学大学院法務研究科（法科大学院）委員長、同：諸石光熙・住友化学株式会社特別顧問、同：山中 至・熊本大学大学院法曹養成研究科長、以上17名である（http://www.mext.go.jp/ b _menu/shingi/chukyo/chukyo4/meibo/021203.htm）。
46) http://www.mext.go.jp/ b _menu/shingi/chukyo/chukyo4/012/gijiroku/1264070.htm
47) http://www.mext.go.jp/ b _menu/shingi/chukyo/chukyo4/012/gijiroku/1264082.htm
48) http://www.mext.go.jp/ b _menu/shingi/chukyo/chukyo4/012/gijiroku/1283333.htm。平成26年9月12日現在の、中央教育審議会大学分科会法科大学院特別委員会の構成メンバーは、（座長）井上正仁・早稲田大学大学院法務研究科教授、（座長代理）田中成明・京都大学名誉教授、（臨時委員）有信睦弘・東京大学監事、土井真一・京都大学大学院法学研究科教授、（専門委員）磯村 保・早稲田大学大学院法務研究科教授、笠井 治・弁護士、樫見由美子・金沢大学人間社会学域長・研究域長、片山直也・慶應義塾大学大学院法務研究科（法科大学院）委員長・教授、鎌田 薫・早稲田大学総長・法学学術院教授、木村光江・首都大学東京大学院社会科学研究科法曹養成専攻教授、椎橋隆幸・中央大学大学院法務研究科教授、杉山忠昭・花王株式会社執行役員法務・コンプライアンス部門統括、土屋美明・一般社団法人共同通信社編集委員兼客員論説委員、西山卓爾・法務省大臣官房司法法制部司法法制課長・内閣官房法曹養成制度改革推進室副室長、長谷部由起子・学習院大学大学院法務研究科教授、日吉由美子・弁護士、松下淳一・東京大学大学院法学政治学研究科教授、山本和彦・一橋大学大学院法学研究科教授、吉崎佳弥・司法研修所事務局長である（http://www.mext.go.jp/ b _menu/shingi/chukyo/chukyo4/meibo/1352174.htm）。
49) http://www.kantei.go.jp/jp/singi/hoso/konkyo.pdf
50) http://www.kantei.go.jp/jp/singi/hoso/siryou03.pdf
51) http://www.moj.go.jp/housei/shihouseido/housei10_00001.html
52) http://www.moj.go.jp/content/000112068.pdf。法曹養成制度検討会議設置時の構成メンバーは、【関係政務等】竹歳 誠・内閣官房副長官、大島 敦・総務副大臣、松野信夫・法務大臣政務官、藤田幸久・財務副大臣、高井美穂・文部科学副大臣、中根康浩・経済産業大臣政務官、【有識者】座長：佐々木 毅・学習院大学法学部教授、伊藤鉄男・弁護士（元次席検事）、井上正仁・東京大学大学院法学政治学研究科・法学部教授、岡田ヒロミ・消費生活専門相談員、翁 百合・株式会社日本総合研究所理事、鎌田 薫・早稲田大学総長・法学学術院教授、清原慶子・三鷹市長、久保 潔・元読売新聞東京本社論説副委員長、国分正一・医師・東北大学名誉教授、田島良昭・社会福祉法人南高愛隣会理事長、田中康郎・明治大学法科大学院法務研究科教授（元札幌高等裁判所長官）、南雲弘行・日本労働組合総連合会事務局長、萩原敏孝・株式会社小松製作所特別顧問、丸島俊介・弁護士、宮脇 淳・北海道大学公共政策大学院長、山口義行・立教大学経済学部教授、和田吉弘・弁護士、【関係機関】小林宏司・最高裁判所事務総局審議官、【オブザー

バー】林　眞琴・最高検察庁総務部長、橋本副孝・日本弁護士連合会法曹養成制度改革実現本部委員である（http://www.moj.go.jp/content/000101500.pdf）。
53）　http://www.soumu.go.jp/main_content/000201644.pdf
54）　http://www.cas.go.jp/jp/seisaku/hoso_kaikaku/dai1/siryou1.pdf
55）　http://www.cas.go.jp/jp/seisaku/hoso_kaikaku/dai1/gijiroku.pdf。法曹養成制度改革顧問会議の設置時の構成メンバーは、座長：納谷廣美・大学基準協会会長・前明治大学学長、委員：阿部泰久・一般社団法人日本経済団体連合会経済基盤本部長、同：有田知徳・弁護士（元福岡高等検察庁検事長）、同：宮﨑　誠・弁護士（元日本弁護士連合会会長）、同：山根香織・主婦連合会会長、同：吉戒修一・弁護士（前東京高等裁判所長官）である（http://www.cas.go.jp/jp/seisaku/hoso_kaikaku/dai1/siryou1.pdf）。
56）　裁判員裁判の実施状況を踏まえた上での問題点の検討として、平成24年10月13日より開始された大阪刑事実務研究会の成果が「裁判員裁判を巡る諸問題」として連載が開始されている。現時点での研究テーマとしては、「第1　公判前整理手続の在り方　1　争点整理の在り方／2　証拠整理の在り方／3　審理期間・審理計画の策定（一般）第2　審理の在り方　1　冒頭陳述、論告・弁論／2　証拠調べ一般／3　新たな証拠請求の可否／4　主張の追加・変更を巡る問題／5　公判手続の更新／6　2号書面（前・後段）の採否が問題となる事案の審理の在り方　第3　審理計画に工夫を要する類型　1　自白の任意性が問題となる事案の審理計画・審理の在り方／2　精神鑑定が問題となる事案の審理計画・審理の在り方／3　少年事件の審理計画・審理の在り方／4　併合事件における審理計画・審理の在り方　第4　裁判員・補充裁判員に対する配慮の在り方（選任手続を含む）」が挙げられている（判タ1392号（2013年）41頁以降参照）。大阪刑事実務研究会「争いのある事件についての争点整理の在り方（1）」、判タ1392号（2013年）41頁以下、同「争いのある事件についての争点整理の在り方（2）」、判タ1393号（2013年）46頁以下、同「裁判所の基本的スタンス（1）」、判タ1394号（2014年）83頁以下、同「裁判所の基本的スタンス（2）」、判タ1395号（2014年）63頁以降、同「証拠調べ一般（上）」、判タ1398号（2014年）45頁以下、同「証拠調べ一般（下）」、判タ1399号（2014年）33頁以下、同「自白事件における争点整理の在り方、争点整理の結果確認の在り方」、判タ1400号（2014年）82頁以下、同「裁判員裁判における証拠の関連性、必要性判断の在り方」、判タ1401号（2014年）123頁以下参照。各論稿は、実務家と研究者の協働作業の成果であり示唆的である。
57）　前註11）41頁以下参照。
58）　最高裁判所事務総局は、2年ごとの報告を実施するとともに平成25年7月『裁判の迅速化に係る検証に関する報告書（概要）』を公表する（http://www.courts.go.jp/vcms_lf/20509001.pdf）。最高裁は、「裁判の迅速化に係る検証に関する検討会」を設置し、平成15年12月22日第1回検討会を開催し、平成26年7月2日開催第52回検討会に至っている。審議状況は、簡単な「開催結果概要」で公表されている。
59）　法制審議会－新時代の刑事司法特別部会「新たな刑事司法制度の構築についての調査審議の結果【案】」15頁以下参照（http://www.moj.go.jp/content/000125178.pdf）。法制審議会－新時代の刑事司法特別部会の構成メンバーは、（部会長）本田勝彦・日本たばこ産業株式会社顧問、（委員）青木和子・弁護士、井上正仁・早稲田大学大学院教授（東京大学名誉教授）、今崎幸彦・最高裁判所事務総局刑事局長、岩井宜子・専修大学名誉教授、上野友慈・最高検察庁公安部長、大久保恵美子・公益社団法人被害者支援都民センター理事、小野正典・弁護士、川端　博・明治大学教授、栗生俊一・警察庁刑事局長、神津理季生・日本労働組合総連合会事務局長、後藤　昭・青山学院大学大学院教授、酒巻　匡・京都大学教授、佐藤英彦・元警察庁長官（弁護士）、椎橋隆幸・中央大学教授、周防正行・映画監督、但木敬一・元検事総長（弁護士）、龍岡資晃・元福岡高等裁判所長官（弁護士）、種谷良二・警視庁副総監、角田正紀・東京高等裁判所判事、林　眞琴・法務省刑事局長、松木和道・北越紀州製紙株式会社常務取締役、宮崎　誠・元日本弁護士連合会会長（弁護士）、村木厚子・厚生労働事務次官、安岡崇志・元日本経済新聞社論説委員兼編集委員（日本司法支援センター理事）、山口　厚・早稲田大学大学院教授、（幹事）上冨敏伸・法務省大臣官房審議官、宇藤　崇・神戸大学教授、岡本　章・内閣法制局参事官、香

川徹也・最高裁判所事務総局刑事局第一課長、加藤俊治・法務省刑事局刑事法制管理官、川出敏裕・東京大学教授、北川佳世子・早稲田大学教授、吉川 崇・法務省刑事局参事官、小坂井 久・弁護士、坂口拓也・警察庁刑事局組織犯罪対策部暴力団対策課長、神 洋明・弁護士、露木康浩・警察庁刑事局刑事企画課長、久田 誠・法務省刑事局刑事法制企画官、保坂和人・法務省刑事局参事官、（関係官）辻 裕教・法務省大臣官房付、松尾浩也・法務省特別顧問（東京大学名誉教授）である。特集「法制審特別部会は課題に答えたか－『新たな刑事司法制度の構築』を読む」、法律時報86巻10号（2014年）4頁以下参照。

60) 公判前整理手続に関する文献として、杉田宗久「公判前整理手続における『争点』の明確化について－被告人側の主張明示義務と争点関連証拠開示の運用をめぐって－」、判タ1176号（2005年）4頁、同「公判前整理手続の現状と課題－裁判所の立場から」、刑法雑誌49巻1号（2009年）49頁参照（杉田宗久『裁判員裁判の理論と実践』、成文堂、2012年所収）、大阪弁護士会裁判員制度実施大阪本部［編］『コンメンタール公判前整理手続［補訂版］』、現代人文社、2010年、日本弁護士連合会裁判員本部［編］『公判前整理手続を活かす〔第2版〕』、現代人文社、2011年、鈴木芳夫「公判前手続・期日間整理手続について」、中央ロージャーナル10巻2号（2013年）89頁以下参照。鈴木論文は、類型証拠について詳細な説明がなされている。なお、季刊刑事弁護78号（2014年）は、弁護士からの具体的提案がなされた特集「裁判員裁判を活かす公判前整理手続」を掲載する。

61) 前掲註23) 拙稿・島大法学53巻4号1頁以下参照。
62) 前掲註23) 拙稿・島大法学56巻3号1頁以下参照。
63) 刑集68巻3号87頁参照。事案の詳細な検討は、拙稿「裁判員裁判制度に内在する諸問題－広島高裁松江支部平成26年3月20日判決を素材に－」、武蔵野大学政治経済研究所年報第9号（2014年）44頁以下参照。
64) 刑集66巻4号482頁参照。
65) 刑集67巻4号549頁参照。事案の詳細な検討は、前掲註63) 拙稿・武蔵野大学政治経済研究所年報第9号38頁以下参照。
66) 刑集68巻4号730頁参照。なお、第2次控訴審仙台高裁平成26年9月24日判決は、原判決を破棄し、被告人を無期懲役に処した（LEX/DB【文献番号】25504834）。
67) 刑集68巻4号757頁参照。
68) 刑集68巻4号765頁参照。
69) 前掲註23) 拙稿・法政論叢47巻1号189頁以下、拙稿・島大法学56巻3号23頁以下及び註（45）から（47）参照。大阪弁護士会人権擁護委員会性暴力被害検討プロジェクトチーム編『性暴力と刑事司法』、信山社、2014年、岡岡まな「性犯罪の重罰化－真の問題はどこにあるのか？」、法学セミナー722号（2015年）39頁以下参照。量刑分布について、最高裁判所事務総局「裁判員裁判実施状況の検証報告書」、平成24年12月、図表52-1～52-8参照（http://www.saibanin.courts.go.jp/vcms_lf/diagram_1-55.pdf）。量刑分布について、平成24年5月18日開催第17回裁判員制度の運用等に関する有識者懇談会配布資料4「特別資料2（量刑分布）」参照（http://www.courts.go.jp/saikosai/vcms_lf/80818005.pdf）。後掲〔資料編〕Ⅲ．裁判員裁判の量刑データ 349頁以下参照。
70) LEX/DB【文献番号】25442644。
71) LEX/DB【文献番号】25470407。
72) 平山真理准教授は、本件を傍聴した上で本件補充裁判員のコメントを紹介する。平山真理「性犯罪の裁判員裁判の現状と課題－『市民の目線』は何を変えるのか」、145頁以下参照（前掲註69)『性暴力と刑事司法』所収）。
73) LEX/DB【文献番号】25482168。
74) LEX/DB【文献番号】25482167。
75) 刑集68巻6号948頁参照。
76) 刑集68巻6号954頁参照。
77) LEX/DB【文献番号】25481695。

78) LEX/DB【文献番号】25482502。
79) 判タ1390号375頁参照。
80) LEX/DB【文献番号】25501693。
81) LEX/DB【文献番号】25504150。
82) 刑集68巻6号925頁参照。拙稿「裁判実務における児童虐待事案の刑事法的一考察」、法学新報121巻11=12号（2015年）597頁以下参照。
83) 小池信太郎准教授は、本最高裁決定を「裁判体に、量刑傾向から踏み出す際の根拠提示義務を課したもの」と解し、「量刑傾向を変容させる意図で量刑してもよいが、斬新的なものにとどめる」という「緩やかな規制機能の承認」であり裁判員制度の内在的規制として支持される。法律時報86巻11号（2014年）1頁以下参照。
84) 当事者追行主義に関して、平木正洋「公判前整理手続の運営」（松尾浩也・岩瀬 徹編『実例刑事訴訟法Ⅱ』、青林書院、2012年）90頁参照。
85) 弁護人の訴訟活動としての公判前整理手続について、虫本良和「公判前整理手続を通じたケース・セオリーの構築」、季刊刑事弁護78号（2014年）21頁以下参照。遠藤直也弁護士は、平成25年4月千葉地方裁判所刑事第4部が「裁判員裁判を担当する弁護人の方へ」と弁護人に配布した文書を素材に裁判官の強権的な訴訟指揮に疑問を呈する。遠藤直也「当事者主義の危機」、季刊刑事弁護78号47頁以下参照。
86) 類型証拠開示の対象とならない責任能力に関する証拠を検察官の任意開示とする実務の運用状況について、吉村典晃「証拠開示に関する実務上の運用と課題」、刑法雑誌53巻3号（2014年）36頁以下、特に44頁以下参照。椎橋隆幸教授は、現行証拠開示制度を段階的証拠開示方式と捉えその特徴を紹介する。椎橋隆幸「共同研究『証拠開示の理論と実務』の趣旨」、刑法雑誌53巻3号1頁以下参照。
87) 前註59）参照。大澤 裕「証拠開示制度」、法律時報86巻10号（2014年）46頁以下参照。
88) 裁判所の決定の内容は、下記の通りである。

平成24年合（わ）第38号

決定

被告人　S

被告人に対する殺人未遂被告事件について、平成24年10月12日、当裁判所がした、弁護人からの精神鑑定請求を却下した決定に対し、平成24年10月22日、主任弁護人村中貴之から異議の申立てがなされたところ、当裁判所は検察官の意見を聴いたうえ、理由がないものと認め、次のとおり決定する。

本件異議申立てを棄却する。

　　　平成24年10月23日
　　　東京地方裁判所刑事第1部
　　　　　裁判長裁判官　若園敦雄
　　　　　裁判官　　　　今泉裕登
　　　　　裁判官　　　　澤井彬子

---

89) 司法研修所編『難解な法律概念と裁判員裁判』、法曹会、2009年、46頁参照。中田 修他［編著］『精神鑑定事例集』、日本評論社、2000年、安田拓人「責任能力と精神鑑定をめぐる諸問題」、司法研修所論集2013（第123号）174頁以下、特に、193頁以下参照。

90) 山縣然太朗教授によれば、産後うつ病の発生率は12.8％である。厚生労働科学研究『健やか親子21の推進のための情報システム構築及び各種情報の利活用に関する研究（平成17年度）』（主任研究者山縣然太朗）参照。
91) LEX／DB【文献番号】25502702。
92) 前掲註23）拙稿・島大法学56巻3号22頁以下参照。
93) LEX／DB【文献番号】25460210。青木孝之『刑事司法改革と裁判員制度』、日本評論社、2013年、285頁参照。
94) 前註64）参照。渡辺 修教授は、控訴審の在り方について「控訴審は、裁判員裁判に『忠実な犬』ではなく、一審の審理が終わってからその経緯を振り返り、あるべき裁判員裁判を指し示す『ミネルバの梟』でなければならない。」と指摘される。渡辺 修「『破棄』された裁判員裁判と控訴審の機能」、甲南法務研究10号（2014年）60頁参照（渡辺 修『現代の刑事裁判』、成文堂、2014年、124頁以下所収）。
95) 前註82）参照。
96) 事案の概要について、前註23）拙稿・島大法学56巻3号8頁以下参照。
97) 判時2197号136頁参照。
98) 高刑集66巻3号42頁参照。
99) 最高裁平成27年2月9日第三小法廷決定は、被告人の上告を棄却し、原審の無期懲役の判断を支持した（LEX/DB【文献番号】25503240）。
100) 前註23）拙稿・島大法学56巻3号29頁参照。
101) 平成25年6月21日開催第18回裁判員制度に関する検討会では、「裁判員等の精神的負担に対する配慮の在り方」が議題とされ、本件福島地裁郡山支部の裁判員裁判でのケースが検討された。土屋美明委員は、配布の説明資料「裁判員・補充裁判員の保護についての心理的ケアを中心に」で具体的提案をする（http://www.moj.go.jp/content/000112001.pdf）。四宮委員は、配布の説明資料「裁判員の心理的負担とその軽減について（意見要旨）」においてアメリカの陪審員経験者に実施しているデブリーフィング（Debriefing）を紹介し導入の検討を提案する（http://www.moj.go.jp/content/000111963.pdf）。
102) 判時2240号119頁以下参照。事実の経緯は、「迎えた同4日の初公判。帰宅した女性は無口になり、肉料理をいやがった。審理が進むにつれ、食べても嘔吐を繰り返し、体重は急激に減少。夜中に突然起き上がり『夢に出てきて怖い』と震えた。認知症のお年寄りも預かる福祉施設に勤める女性は、職場での夜勤中に『幻覚を見る時もあった』と漏らす。評議の内容を口外してはいけないという守秘義務も重くのしかかった。『いろいろと話せれば気が楽になるかもしれないのに、どこまでが守秘義務に反するのか分からない』。職場でも公判のことを話せず、同僚も気遣って聞かなくなった。他の裁判員や裁判官との評議の結果は、死刑。14日の判決公判後には、その重い判断に加わったことへの悩みも抱えた。女性の様子を見て、夫は裁判員のためのカウンセリング制度の存在を知り『裁判員メンタルヘルスサポート窓口』に電話した。面談できる場所は東京が最も近く、1人5回まで無料だという。しかし『裁判で有給休暇を使っており、さらに仕事を休んで交通費をかけてまで行けない』。センターに紹介された県内の保健所に電話すると『裁判員のための相談は知らない』、『必要なら精神科を紹介する』と言われ、がくぜんとした。自力で何とかするしかないと女性は3月22日、自宅近くの総合病院を受診。心療内科の医師は『ASDで1カ月の休養が必要だ』と診断。心的外傷後ストレス障害（PTSD）への進行を懸念し、薬物療法を決めた。職場は常に人手不足で『休めない』。薬物の副作用が出たら責任ある仕事ができないと、服用をためらう時がある。夫は『過料を払っても裁判員を拒否させるべきだった』と悔やむ。『死刑しかないと思っても『思う』のと『決める』のとは別。一般人の裁判員は、たった一度の裁判で一生苦しみ続ける」
　女性は自らを責めるように問う。『私は特別に弱い人間なのでしょうか。心を病んでしまった裁判員は他にいないのでしょうか』
◇サポート利用、163件
　最高裁によると、昨年5月末までの『裁判員メンタルヘルスサポート窓口』の利用件数は電

話や電子メール、面接など計163件。うち123件がメンタルヘルスに関する相談で、昨年5月までの約1年間では、医療機関を紹介した例が2件あったという。一方で『窓口だけでは不十分』とする裁判員経験者や弁護士、臨床心理士らは10年12月、最高裁に提言書を出し、（1）審理が5日以上の場合は臨床心理士らカウンセラーを待機させる（2）判決後に臨床心理士らが見守る中で経験者が体験を語り合う制度導入の検討−などを求めた。

札幌地裁では昨年7月、強盗殺人未遂事件の初公判で女性裁判員が卒倒して審理が中断。地裁はこの裁判員を交代。法廷で見た写真などにショックを受けた可能性がある。ある裁判所関係者は『ショックを与えるような画像を法廷で示す際は事前に内容を裁判員に説明しているが、同じようなケースが出てくる可能性もあり、ケア体制の一層の充実が必要ではないか』と話した。【和田武士】

◇大阪の経験者『理解できる』

大阪地裁の裁判員裁判で、殺人などの罪に問われた被告に死刑を言い渡した事件を審理した40代の男性会社員＝大阪府＝は『自分も嫌な気分になった。急性ストレス障害になったという女性のことは理解できる』と話した。

男性は『遺体のカラー写真などを見ると心が折れそうで、なるべく真正面から見ないようにしていた』と振り返った。裁判終了後もしばらくの間、思い出すことがあったという。男性は『死刑の判断も素人には重い負担になる。裁判員裁判の対象を軽微な事件に限定するなど、制度の見直しも必要だと思う』と指摘した。【渋江千春】 毎日新聞 2013年4月18日 大阪朝刊参照。

裁判所も裁判員のストレスには一定の配慮を示すようになり、東京地裁は、申し合わせ事項として「①『事前説明』のほか、公判前整理手続で現場の写真といった証拠を必要不可欠なものに絞り込む②裁判官が公判中に裁判員の様子に変化がないか十分目配りする③判決後であっても精神的負担を感じた場合には担当裁判官に直接相談できることを裁判員に伝える」こととし、東京地検や東京の3弁護士会にも同様の内容を伝えた。最高裁は、東京地裁から報告を受け同月26日付で各地裁に申し合わせの内容を伝え、参考にするよう促した（毎日新聞 2013年8月1日夕刊参照）。

原告の元裁判員の女性は、審理で示された被害者の遺体のカラー写真や119番通報の断末魔の叫びを録音したテープなどにショックを受け、死刑判決直後の昨年3月にASDと診断された。『裁判員に指名された際に送られた説明書に、なりたくないという辞退項目はなかった』と制度の強制性を指摘し、『こんな苦しみは私で終わりにしたい』と制度の違憲性を訴えていた。福島地裁平成26年9月30日判決は、症状と裁判員経験の因果関係を認めつつ、「身体上、精神上、経済上の重大な不利益が生じる」場合などに辞退を認める規定があることや、国家公務員災害補償法で救済を受けられることなどを挙げ、「国民の負担が合理的な範囲を超えているとはいえない」と結論付け、苦役を禁止する憲法18条には違反しないとした。（毎日新聞2014年9月30日夕刊参照）。

103）　大阪地裁平成22年9月10日判決は、虚偽有印公文書作成、同行使に問われた当時担当課長として心身障害者団体用の郵便割引に関する公的証明書発行の職務に従事していた厚生労働省元局長・村木厚子被告に無罪を言渡した（判タ1397号309頁参照）。大阪地検特捜部は、平成21年5月26日被告人のひとりである厚労省社会・援護局障害保健福祉部企画課元係長のフロッピーディスクごと元データを差押さえた。大阪地裁平成23年4月12日判決は、担当主任検事を証拠物件のフロッピーディスクを改ざんした証拠隠滅罪で懲役1年6ヶ月の実刑判決に処した（判タ1398号374頁参照）。大阪地裁平成24年3月30日判決は、上司の元特捜部長及び元同副部長を犯人隠避罪で懲役1年6月執行猶予3年に処した。大阪高裁平成25年9月25日判決は、元特捜部長及び元同副部長の控訴を棄却した（高刑集66巻3号17頁参照）。

【資料編】

解 題

1．資料編Ⅰは、本稿の考察素材とした東京地裁平成25年5月21日第1刑事部判決の全文である。

資料編Ⅱは、刑事確定訴訟記録法4条1項に基づく保管記録閲覧で確認し得た平成24年2月29日付起訴状、平成24年3月5日付公判前整理手続決定、検察官作成平成24年3月14日付証明予定事実記載書、平成24年3月23日開催第1回打合せ調書、平成24年6月11日開催第1回公判前整理手続調書（手続）、弁護人作成平成24年6月11日付予定主張記載書面、弁護人作成平成24年6月11日付鑑定請求書、検察官作成平成24年7月11日付証明予定事実記載書、弁護人作成平成25年3月28日付予定主張記載書面2、質問票（当日用）、事案の説明、弁護人作成平成25年4月22日付予定主張記載書面3、審理予定表、全6回の打合せ調書及び全10回の公判前整理手続調書（手続）を記載した。

資料編Ⅱは、具体的な裁判手続特に公判前整理手続実態の解明に重要な示唆を含むものであり、検察官手持ち証拠開示の在り方を検証する手掛かりともなる。

打合せ調書及び公判前整理手続調書（手続）は、共に簡潔なものであり実際の審議状況は参加している法曹3者のみの知るところであり、作成された調書の行間からは必ずしも窺い知るところではないが、若干の状況は推測可能である。

更に、他の裁判体での保管記録閲覧との比較は、それぞれの裁判体の特徴を顕在化する[1]。

現行証拠開示制度は、争点及び証拠の整理と連動した現在の段階的な証拠開示制度の枠組みを採用している。

証拠開示の適正な運用及び必要な証拠が検察官の手持ち証拠の中に埋もれることによる誤判防止の視点からは、被告人側の請求に応じて検察官が保管する証拠の標目等を記載した一覧表が交付される仕組みへの転換が争点となっている[2]。

検察官作成の証明予定事実記載書は、公判前整理手続の進展に伴い新たな証

明予定事実記載書の作成となり、争点の明確化が図られている。弁護人作成の予定主張記載書面は、同様に争点の明確化に伴い3通作成されている。検察官及び弁護人作成の双方の書面は、公判前整理手続の状況をダイナミックに示すものである。

　資料編Ⅲは、裁判員裁判の最新の実施状況[3]と幾つかの犯罪類型について職業裁判官による量刑と裁判員裁判での量刑を比較した量刑データであり、量刑判断の考察に参考となる重要な資料である[4]。

　資料編Ⅳ.は、裁判員制度に関する検討会作成の作成した『取りまとめ報告書』であり、裁判員法の改正の方向性を示唆するものである。今崎幸彦最高裁刑事局長は、平成26年11月13日開催第25回裁判員制度の運用等に関する有識者懇談会で配布資料「裁判員法を改正する法律案関係資料」に基づいて裁判員法改正の概要を説明する[5]。

　資料編Ⅴは、法制審議会新時代の刑事司法制度特別部会作成の『新たな刑事司法制度の構築についての調査審議の結果【案】』を紹介するものであり、捜査段階での被疑者取調べのDVD録画等捜査の可視化を提案する[6]。

1) 　刑事確定訴訟記録法4条1項に基づく保管記録閲覧に基づく研究として、拙稿「裁判員裁判に内在する諸問題－松江地裁平成21年10月29日判決刑事確定訴訟記録法4条1項に基づく保管記録を素材として－」、武蔵野大学政治経済研究所年報第10号（2015年）1頁以下参照。
2) 　法制審議会新時代の刑事司法制度特別部会「時代に即した新たな刑事司法制度の基本構想」（平成25年1月）22頁以下参照。
3) 　http://www.courts.go.jp/saikousai/vcms_lf/h26_12saibaninsokuhou.pdf
4) 　平成24年5月18日開催第17回裁判員制度の運用等に関する有識者懇談会配布資料4「特別資料2（量刑分析）」(http://www.courts.go.jp/saikosai/vcms_lf/80818005.pdf)
5) 　長期間を要する事案については、下記の条文が示されている（http://www.courts.go.jp/saikosai/vcms_lf/808025.pdf）。
第3条の2　地方裁判所は、第2条第1項各号に掲げる事件について、次のいずれかに該当するときは、検察官、被告人若しくは弁護人の請求により又は職権で、これを裁判官の合議体で取り扱う決定をしなければならない。
　一　公判前整理手続による当該事件の争点及び証拠の整理を経た場合であって、審判に要すると見込まれる期間が著しく長期にわたること又は裁判員が出頭しなければならないと見込まれる公判期日若しくは公判準備が著しく多数に上ることを回避することができないときにおいて、他の事件における裁判員の選任又は解任の状況、第27条第1項に規定する裁判員等選任手続の経過その他の事情を考慮し、裁判員の選任が困難であり又は審判に要すると見込まれる期間の終了に至るまで裁判員の職務の遂行を確保することが困難であると認めるとき。
　二　第2条第1項の合議体を構成する裁判員の員数に不足が生じ、かつ、裁判員に選任すべき補充裁判員がない場合であって、その後の審判に要すると見込まれる期間が著しく長期にわたること又はその期間中に裁判員が出頭しなければならないと見込まれる公判期日若しくは公判準備が著しく多数に上ることを回避することができないときにおいて、他の事件におけ

る裁判員の選任又は解任の状況、第46条第2項及び同項において準用する第38条第1項後段の規定による裁判員及び補充裁判員の選任のための手続の経過その他の事情を考慮し、裁判員の選任が困難であり又は審判に要すると見込まれる期間の終了に至るまで裁判員の職務の遂行を確保することが困難であると認めるとき。
2 前条第2項、第3項、第5項及び第6項の規定は、前項の決定及び同項の請求を却下する決定について準用する。
3 第1項の決定又は同項の請求を却下する決定をするには、あらかじめ、当該第2条第1項各号に掲げる事件の係属する裁判所の裁判長の意見を聴かなければならない。
6)『新たな刑事司法制度の構築についての調査審議の結果【案】』(http://www.moj.go.jp/content/000125178.pdf)。

I. 東京地裁平成25年5月21日刑事第1部判決文

東京地方裁判所平成25年5月21日第1刑事部判決

平成24年合(わ)第38号

被告人　S
検察官　松本　朗、小松聡美、坂田裕紀
弁護人　(主任)村中貴之、馬場　望

　　　　　　　　　　　判決

S
上記の者に対する殺人未遂被告事件について、当裁判所は、裁判員の参加する合議体により、検察官松本　朗、同小松聡美、同坂田裕紀、国選弁護人村中貴之(主任)、同馬場　望各出席の上審理し、次のとおり判決する。

　　　　　　　　　　　主文

被告人を懲役4年に処する。
未決勾留日数中300日をその刑に算入する。

　　　　　　　　　　　理由

(罪となるべき事実)
　被告人は、夫と長男、長女の4人家族で暮らしていたが、平成20年10月3日、産婦人科を受診した際、妊娠していると同時に、既に中絶ができない時期であることを知った。子供2人の4人家族が理想という考えを強く持っていた被告人は、その考えと異なる現実を受け入れられず、妊娠をなかったことにしたいなどと思い悩んで、拳で自分の腹部

を叩くなどの行為をし、抑うつ状態になって入院するなどした。その後、被告人は、平成21年1月20日にＺ（以下、「次女」という。）を出産したが、それでも前記の考えを変えることができず、次女を育てられない、かわいくないなどと思い、その存在を消すために、乳児院に預けること、養子に出すことなどを相談したが、周囲に理解してもらえずに孤立感を深め、一方では、次女の存在を乳幼児突然死症候群に見せかけて消そうとして、その鼻や口を塞ぐなどの行為を繰り返し、夫に止められることもあった。

　被告人は、平成21年2月23日も、次女の鼻や口を塞ぐ行為を繰り返していたところ、同日午後8時50分頃、被告人方において、次女（当時生後1か月）に対し、殺意をもって、その鼻口部を手で塞いで窒息させて心肺停止状態に陥らせたが、同人に加療期間不明の蘇生後脳症の傷害を負わせたにとどまり、死亡させるに至らなかった。

（証拠の標目）（括弧内の番号は、証拠等関係カードにおける検察官請求証拠の番号を示す。）
・被告人の公判供述
・証人夫、同Ａの各公判供述
・捜査報告書2通（甲15、16）

（法令の適用）

　被告人の判示所為は刑法203条、199条に該当するところ、所定刑中有期懲役刑を選択し、判示の罪は未遂であるから同法43条本文、68条3号を適用して法律上の減軽をし、その所定刑期の範囲内で被告人を懲役4年に処し、同法21条を適用して未決勾留日数中300日をその刑に算入することとし、訴訟費用は刑事訴訟法181条1項ただし書を適用して被告人に負担させないこととする。

（量刑の理由）

　当合議体は、弁護人の主張を踏まえて、被告人に対し、刑務所で服役することなく、社会内において更生する機会を与えるかについて議論したが、被告人の本件刑事責任が、特に以下の3点からすれば重いと考え、被告人を懲役4年の刑に処することに決めた。

　まず、本件犯行の結果が、未遂とはいえ重大である点である。すなわち、次女は、犯行当時、生後わずか約1か月であったが、本件によって脳死に限りなく近い状態となり、本件犯行以後、現在に至るまで意識を回復したことはなく、今後もその見込はない。被告人は、本件犯行により、次女の人生の全てを奪ったに等しい。

　次に、犯行態様が強い殺意に基づく冷酷なものであるという点である。すなわち、被告人は、抵抗もできない次女の鼻口部を、その心臓の音が止まることを確認するまで、手のひらで塞ぎ続けた。そして、そのやり方は、妊娠中に、被告人自身が調べて考えた、乳幼児突然死症候群に見せかけるためのものであった。さらに、被告人は、同じような行為を、本件以前に幾度となく繰り返していた。次女を養育すべき母親である被告人のこのような行為は、厳しい非難を免れない。

　そして、本件が、自己中心的な犯行であって、犯行に至る経緯や被告人の犯行動機について、被告人に同情できる程度が乏しいという点である。確かに、被告人は、次女出産後も、次女の存在を受け入れられず、それを周囲に訴えたが、家族の理解や関係機関の適切な支援が得られなかったのであり、これらがあれば本件の発生を防ぐことができたと考えられることは、一定程度被告人に有利に解すべきである。また、被告人が、本件当時、中程度のうつ病エピソードに該当する状態であって、それが被告人の本件犯行当時の判断能力等にある程度の影響を与えていたことは否定できない。しかしながら、

そもそも、被告人の本件犯行は、次女の存在を受け入れられないという被告人の考えが発展したもので、その動機は、抑うつ状態などの症状の影響で生じたものではない。そして、被告人自身も、自らの考えについて、他人の場合はそれに固執しないことは十分認識していた。にもかかわらず、次女やその他の家族の心情を考えることなく、自己の苦しみから解放されることを優先して、次女を殺すという手段を選択して実行した被告人には、強い非難が加えられるべきであって、上記で検討した、周囲の理解や支援が得られなかった点や、被告人の抑うつ状態の影響を重視することはできない。

　これらの事情の他、本件においては、被告人が本件犯行を犯行翌日に夫に告げたことや、余りにも遅いとはいえ、夫からの手紙を契機として、被告人が自分の考え方を改めなければならないと思うに至り、到底十分とは言えないものの、被告人なりの反省の言葉を述べていることも、量刑に当たっては、被告人に有利に考慮した。

　なお、付言するに、当合議体は、被告人が、本来愛情をかけるべき存在であった次女に対して行った自分の罪と正面から向き合い、真の意味での反省を深めながら服役し、その上で、次女を含めた5人家族として、他の家族全員が、次女の前で再出発の日を迎えてほしいと願うものである。

(求刑　懲役6年　弁護人　保護観察付執行猶予判決)
東京地方裁判所平成25年5月21日第1刑事部判決
　裁判長裁判官　若園敦雄
　　　裁判官　大槻友紀
　　　裁判官　宇野由隆

Ⅱ．刑事確定訴訟記録法4条に基づく保管記録

平成23年東地庁外領第112171号

平成23年検第39068号

起訴状

平成24年2月29日

東京地方検察庁
検察官　検事　金子達也

下記被告事件につき公訴を提起する。

記

本籍
住居
職業

勾留中

S
生

公訴事実

　被告人は、平成21年2月23日午後8時50分頃、被告人方において、次女（当時生後1月）に対し、殺意をもって、その鼻口部を手で塞いで窒息させて心肺停止状態に陥らせたが、同人に加療期間不明の蘇生後脳傷害を負わせたにとどまり、死亡させるに至らなかったものである。

罪名及び罰条
　　殺人未遂　刑法203条、199条

平成24年合（わ）第38号

決定

被告人　S

　被告人に対する殺人未遂被告事件について、当裁判所は、次のとおり決定する。
　本件を公判前整理手続に付する。

　平成24年3月5日
　　東京地方裁判所刑事第1部
　　　　　裁判長裁判官　若園敦雄
　　　　　裁判官　　　　下津健司
　　　　　裁判官　　　　澤井彬子

平成24年3月5日検察官・主任弁護人
　　　　　　被告人・申出人　　　　　に通知済

証明予定事実記載書

平成24年3月14日

東京地方裁判所刑事第1部殿
　　東京地方検察庁
　　　　検察官　検事　竹内弘樹

　被告人Sに対する殺人未遂被告事件について、検察官が証拠により証明しようとする事実は下記のとおりである。

記

1　被告人の身上等 　その後、被告人は、長男及び長女を出産し、平成21年1月X日、本件の被害者である次女を出産した。	甲4乙1、7
2　犯行に至る経緯 　被告人は、平成20年10月3日、医師から告げられて、第三子を妊娠していること、既に23週目で堕胎はできないことを知った。	
被告人は、元々、家庭像としては子供は2人が理想と考えていたことや、出産・育児に伴う負担に対する不安などから、第三子はいらないと思い、夫ら家族にその旨を強く訴えた。	甲4、乙2、3
しかし、夫は「産むしかない。」との意見であったことから、被告人は、周囲が無理解であると苛立ちを募らせ、夫の前で「子供はいらない」と言って腹を両手の拳で叩いたり、自宅マンションから飛び降りようとするなどした。	
被告人は、同月29日、自殺の恐れなどを理由にY病院に緊急入院した後、同月31日、C病院に転院し、同年12月下旬、同病院を退院した。	
被告人は、平成21年1月X日、第三子である被害者を出産した。	甲5、乙3
被告人は、同年2月頃、夫に対し、被害者を捨てたいなどと言い始めた。被告人は、被害者を赤ちゃんポストに捨てることや、乳児院に預けること、里子に出すことなどを提案したが、夫から反対されたため、長男・長女に対する育児も放棄し、日中も寝たまま過ごすことが多くなった。	
さらに、被告人は、インターネットで調べた上、被害者を乳幼児突然死症候群に見せかけて窒息死させようと考え、同年2月頃、4、5回にわたり、抱いた被害者の鼻口部を手で塞いだが、これを目撃した夫に制止された。	
3　犯行状況等 （1）　被告人は、平成21年2月23日午後4時30分頃、手伝いに来ていた実母が実家に帰宅して一人になった後、被告人方において、抱いていた被害者の鼻口部を手で断続的に塞ぐなどしたが、被害者を窒息させるには至らなかった。	甲6、乙4
（2）　被告人は、同日午後7時頃、夫が帰宅した後、被告人方において、家族で一緒に夕食を摂り、被害者のおむつを替えるなどした。	甲5、乙4
（3）　被告人は、夫、長女及び長男が一緒に入浴中であった同日午後8時50分頃、被告人方において、被害者に対し、殺意をもって、少なくとも3分間以上にわたり、右腕に抱いた被害者の顔の上に左掌を乗せ、その鼻口部を手で塞いで窒息させ、心肺停止状態に陥らせた。	甲1〜3、乙4〜6
4　犯行後の状況 （1）　被告人は、犯行後、ソファーの上に置いたクーハン（新生児を寝かし付けたりするための籠）に被害者の身体を仰向けに置き、夕食	

で使った食器を洗い始め、同日午後9時頃、風呂から出て来た夫に対｜
し、被害者の様子がおかしい旨告げた。
　　夫は即座に被害者を抱き上げたが、呼吸していなかったことから、｜甲1、5、乙6
被告人に命じて119番通報させた。
（2）　被害者は、救急車で運ばれた病院で治療を受け、蘇生したもの｜甲2
の、意識は回復しないまま、全治不明の蘇生後脳症の傷害を負った。
（3）　被告人は、翌24日、夫に対し、「実は私が口を押さえた。これ｜甲5、乙6
からどうなるんだろう。」などと犯行を告白した。
5　その他の情状等
　　結果の重大性、本件後の被告人の言動等
　　　　　　　　　　　　　　　　　　　　　　以上

裁判長認印

平成24年合（わ）第38号

打合せ調書

被告人氏名　　　　　S
被告事件名　　　　　殺人未遂
打合せ年月日　　　　平成24年3月23日
打合せ場所　　　　　東京地方裁判所第6評議室
打合せをした裁判所　東京地方裁判所刑事第1部
裁判長裁判官　　　　若園敦雄
裁判官　　　　　　　下津健司
裁判官　　　　　　　深井彬子
裁判所書記官　　　　石橋　恵
検察官　　　　　　　竹内弘樹
弁護人　　　　　　　（主任）武藤　暁、村中貴之
打合せの要旨
　進行について
　　主任弁護人
　　　　検察官に対して類型証拠開示請求を更に行う予定である。
　　検察官
　　　　弁護人の平成24年3月19日付各証拠開示請求に対する回答は3月30日までに
　　　行う予定である。
　次回打合せ期日
　　　　平成24年5月7日午後4時

平成24年3月27日
　　東京地方裁判所刑事第1部
　　　　　　　　　裁判所書記官　石橋　恵

　　　　　　　　　　　　　　　　　　　　　　　　　　　　　　裁判長認印

平成24年合（わ）第38号
　　　　　　　　　　打合せ調書

被告人氏名　　　　　S
被告事件名　　　　　殺人未遂
打合せ年月日　　　　平成24年5月7日
打合せ場所　　　　　東京地方裁判所第6評議室
打合せをした裁判所　東京地方裁判所刑事第1部
裁判長裁判官　　　　若園敦雄
裁判官　　　　　　　今泉裕登
裁判官　　　　　　　深井彬子
裁判所書記官　　　　石橋　恵、阿野富紀緒
検察官　　　　　　　竹内弘樹
弁護人　　　　　　　村中貴之
打合せの要旨
進行について
　　主任弁護人
　　　弁護人の予定主張記載書面、検察官請求証拠に対する意見は6月7日までに提出する予定である。可能であれば鑑定請求も同日までに行う予定である。
公判前整理手続期日について
　　裁判長
　　　第1回公判前整理手続を平成24年6月11日午前10時に指定することにつき意見をうかがいたい。
　　検察官
　　　しかるべく
　　弁護人
　　　しかるべく。主任弁護人も同意見である。

平成24年5月7日
　　東京地方裁判所刑事第1部
　　　　　　　　　裁判所書記官　石橋　恵
　　　　　　　　　同　　　　　　阿野富紀緒

　　　　　　　　　　　　　　　　　　　　　　　　　裁判長認印

平成24年合（わ）第38号
　　　　　　　　　　第1回公判前整理手続調書（手続）

被告人氏名　　　　　　　S（出頭）
被告事件名　　　　　　　殺人未遂
公判前手続をした年月日　平成24年6月11日
公判前手続をした場所　　東京地方裁判所第531号法廷
公判前手続をした裁判所　東京地方裁判所刑事第1部
裁判長裁判官　　　　　　若園敦雄
裁判官　　　　　　　　　今泉裕登
裁判官　　　　　　　　　澤井彬子
裁判所書記官　　　　　　石橋　恵
出頭した検察官　　　　　竹内弘樹、吉田將治
出頭した弁護人　　　　　（主任）武藤　暁、村中貴之
人定質問
　　　氏名　　S
　　　生年月日、職業、住居及び本籍は起訴状記載のとおり
争点の整理に関する事項
　　　証明予定事実等
　　　　　主任弁護人
　　　　　　　罪体については、故意の点を含めて争わない。
　　　　　竹内検察官
　　　　　　　責任能力についての検察官の主張を平成24年7月11日までに書面で提出する。
証拠の整理に関する事項
　　　証拠開示について
　　　　　主任弁護人
　　　　　　　現時点で、類型証拠開示請求は終了した。主張関連証拠開示請求の予定はない。
　　　証拠調べ等
　　　　　証拠等関係カード記載のとおり
　　　証拠の厳選について
　　　　　武内検察官
　　　　　　　弁護人の平成24年6月11日付鑑定請求に対する意見を同年7月11日までに書面で提出する。
　　　　　裁判長
　　　　　　　検察官の意見が提出され次第、C氏作成の平成23年7月20日付の意見書とA氏作成の精神鑑定書について、提示を命ずる予定である。
　　　武内検察官、主任弁護人

しかるべく。
指定告知した次回期日
　　　　平成24年7月17日午後4時30分

　　平成24年6月14日
　　　　東京地方裁判所刑事第1部
　　　　　　　　　　裁判所書記官　　石橋　恵

平成24年合（わ）第38号　　　　殺人未遂被告事件
被告人　　　　S

予定主張記載書面

　　　　　　　　　　　　　　　　　　　　　　平成24年6月11日
東京地方裁判所刑事第1部　御中
　　　　主任弁護人　　武藤　暁
　　　　　　弁護人　　村中貴之

　上記被告人に対する頭書被告事件について、弁護人が公判期日においてすることを予定している主張は、下記のとおりである。

記

第1　罪体について
　被告人が次女の鼻口部を手で塞いだこと、及び、それにより次女が窒息して心肺停止に陥り、蘇生後脳症の傷害を負ったこと

第2　責任能力に関する主張
1　被告人は、生来、生真面目で几帳面な性格であった。長女出産後の育児休暇後、勤務していた職場Gに復帰した。
　しかし、折からのHの影響による職場環境の激変や、上司のパワハラとも言える態度、長男の養育問題が一度に重なり、平成18年5、6月頃から、動悸、不眠、頭痛等の不調に悩まされるようになった。
2　平成19年、被告人は、うつ病と診断され、直ちに職場を休職するようアドバイスを受け、休職して家事育児を継続しながら通院し、服薬治療を継続した。しかし、いったん症状が改善しても、ストレスがかかると悪化し、しばしばパニックや過呼吸の発作を起こすということを繰り返していた。
3　平成20年10月3日、被告人は、不正出血が止まらないため産婦人科を受診したところ、第三子（次女）の妊娠を告げられた。この時点で既に妊娠6か月目に入っており、中絶することは不可能であった。
　第三子の妊娠は被告人にとって予想外のことであり、被告人は3人もの子を育てるのは経済的に厳しい、しかもまた産休で仕事復帰が遅れるので収入が増えない、うつ

病を抱えている自分が3人もの子を育てることができるだろうかなどと悩み、そのストレスから妊娠を知って5日後頃には、うつ病の症状が急激に悪化し、意欲低下や疲労感を訴え、1日中寝ている日もあった。

　さらに、被告人は、このままでは破産だ、一家心中するしかなくなるなどと考え、第三子の妊娠に対し強い嫌悪感や拒否反応を示し、堕胎か自殺しかないという考えにとらわれるようになった。被告人は、「絶対無理」、「今すぐ堕ろしたい」、「消したい」、「お腹ごと切って捨てたい」と述べたり、夫の面前でお腹を叩いたり、台所で包丁を握ってお腹に向けていたり、マンションの踊り場に無表情で立つということを繰り返した。

4　同年10月29日、被告人がY病院を受診したところ、自殺企図があり危険な状態であると診断され、同日C病院に医療保護入院となった。C病院では、「抑うつ気分、日常の楽しみの消失、易疲労感、集中困難、焦燥感、希死念慮、自殺企図、胎児に対する危険行為（胎児に対する殺意）、貧困妄想、食欲低下、睡眠障害、抑うつ状態。精神病症状を伴う重症うつ病エピソード」と診断された。

　同年10月31日、被告人に切迫早産の兆候が見られたため、精神科と産婦人科双方に対応できるD大学に転院した。その後は徐々に症状が落ち着き、自殺や早産のおそれが低下したことから、同年12月末に退院となったが、第三子を受け入れられないという被告人の心境は変わっていなかった。

5　平成21年1月X日、被告人はD病院において本件被害者である次女を出産した。次女の出産後、病院から自宅に戻り、家事育児の一切が自分の責任としてのしかかってくると、約1週間たったころからストレスで再び病状が悪化し、やはり次女を受け入れられない気持ちが強くなっていった。

　そこで、被告人は、次女を乳児院に入れることや養子に出すことを希望したが、夫から反対され、このままでは、次女を目の前から消す手段は同人の殺害しかないと思いつめていった。

6　以上のとおり、被告人は、精神病症状を伴う重症うつ病エピソードに罹患しており、被告人の生来有していた強迫的な性格傾向も影響して、それらの要因により次女の妊娠後に強固な貧困妄想を発症した。被告人は、かかる貧困妄想に基づき次女を殺害しようと企図し、本件犯行に及んだと考えられる。

　したがって、犯行当時、被告人は、自己の行為の是非善悪を判断する能力及びその判断に従って行動する能力が失われていた、もしくはそれらの能力が著しく減退していた可能性が極めて高い。

第3　情状に関する主張

　追って主張する。

以上

平成24年合（わ）第38号　　　　　殺人未遂被告事件
被告人　　　S
鑑定請求書

平成24年6月11日

東京地方裁判所刑事第1部　御中
　　　　主任弁護人　武藤　暁
　　　　　　弁護人　村中貴之

　上記被告人に対する頭書被告事件について、下記のとおり鑑定を請求する。

記

第1　立証趣旨
　本件犯行当時、被告人が、心神喪失ないし心神耗弱状態にあったこと。

証明予定事実記載書

平成24年7月11日

東京地方裁判所刑事第1部　殿

　　　　　　東京地方検察庁
　　　　　　　検察官　検事　竹内弘樹

　被告人Sに対する殺人未遂被告事件につき、検察官が証拠により証明しようとする事実は、下記のとおりである。

記

　本件犯行当時、被告人には責任能力があったことを基礎づける事実

第1　被告人が了解可能な動機に基づいて本件犯行に及んだこと	
1　被告人は、元来、頑固で行動に「ため」のない性格であり、また、自身が2人姉弟であったことなどから、家庭像としては子供が2人いる家庭が理想的であるとの考えを持っていた。	甲7~9、乙2
2　被告人は、平成X年に長男を、平成Y年に長女を出産したが、これらの子育てに手がかかり、負担を感じていた。 　また、被告人は、平成C年に体調を崩して勤務先aを休職し、以後はbである夫の給料と自己の休職中の手当により生計を立てていたが、経済的にはそれほど余裕はないと感じていたことから、平成20年ないし平成21年にはaに復職しようと考えていた。	甲3、7、乙2
3　被告人は、平成20年10月、第三子である被害者を妊娠したことなどを知るや、予測しなかった事態に狼狽するとともに、これ以上の子育ての負担に耐えられない、経済的にも3人の子を育てるのは苦しいなどと感じ、自己の生活に混乱と負担をもたらす被害者の存在を厭わしく思い、被害者への憎しみを募らせていった。	甲3、7、10~14、乙2、3
4　被告人は、被害者を出産した後、夫らの家族に対し、被害者を乳児院等に預けたり里子に出すことなどを求めたが、家族に反対され	甲5、6

た。
　5　そこで、被告人は、厭わしい被害者の存在を消したいとの思いか | 乙3、4
　　　ら、その殺害を決意し、本件犯行に及んだ。
第2　被告人が被害者の殺害に向けて計画的で一貫した合理的な行動
　　を取っていること
　1　被告人は、平成24年3月14日付証明予定事実2（2）記載のとおり、| 乙3
　　　本件前、インターネットで調べた上、被害者を乳幼児突然死症候群
　　　に見せかけて窒息死させることを考え、被害者を痕跡が残らないよ
　　　う窒息死させるため、平成24年2月頃、4、5回にわたり、抱いた
　　　被害者の鼻口部を手で塞ぐことを繰り返したが、夫に静止された。
　2　被告人は、本件当日、夫、長男及び長女の入浴中という、家族 | 乙4
　　　から制止を受けることのない機会に、前記同様の被害者の鼻口部を
　　　手で塞ぐ行為に及び、本件犯行を遂げた。
第3　被告人が本件犯行について違法な行為であるとの認識を有して
　　いたこと
　1　被告人は、平成24年3月14日付け証明予定事実3（1）記載のと | 乙4
　　　おり、本件当日、本件犯行に及ぶ前にも、抱いた被害者の鼻口部を
　　　手で塞ぐ行為を繰り返したが、子を殺すことに対するためらいから、
　　　その都度被害者の鼻口部を塞いだ手を自ら離していた。
　2　被告人は、本件犯行により、被害者の心臓の鼓動が止まるなどし
　　　たことから、被害者を殺害したものと考えた。
　　　　被告人は、我が子を殺害したことに対する良心の呵責に耐えきれ | 甲5、乙6
　　　ず、犯行直後、風呂から出てきた夫に対し、被害者の様子がおかし
　　　い旨を告げ、さらに、犯行翌日である平成21年3月24日、夫に対し、
　　　本件犯行に及んだ旨を告白した。
第4　被告人に犯行時の記憶の障害はないこと
　　　被告人は、捜査段階において平成24年3月14日付証明予定事実3及 | 乙4〜6
　　び4記載の事実等を一貫して自ら供述しており、本件犯行状況及びそ
　　の前後の状況の記憶を有している。
第5　被告人の病状は本件犯行に直接影響を与えるものではなかった
　　こと
　1　被告人は、仕事や家事のストレスから体調を崩し、平成19年には、| 甲4、6、7
　　　医師に「抑うつ状態」と診断され、以後、勤務先aを休職するよう
　　　になったが、休職中は、体調が回復し、家族と旅行に出かけたり、
　　　パソコン教室に通ったりしていた。
　2　被告人は、平成20年10月、第三子妊娠発覚を契機として、第三子 | 甲7、9、乙2〜4
　　　を欲していなかったにもかかわらず妊娠したことに対するショック
　　　や出産を望まない自己の心情を周囲の者が理解してくれないことに
　　　対する辛さなどから、再び抑うつ状態に堕いった。
　　　　しかし、被告人は、本件直前頃も、長女を保育園まで迎えに行っ

たり、食事の準備をしたり、被害者のおむつを替えてやったりするなど、ある程度の生活能力を示す行動をしていた。	
3　本件直前頃の被告人は、子育ての負担に対する不安、経済的な不安、自己の生活の計画を狂わせた被害者の存在に対する憎しみ等の心情は抱いていたものの、病的な貧困妄想は抱いていなかった。 　　また、その頃の被告人は、医師に対し、子供がいない自分がいるなどと訴えることがあったが、それは病的な解離状態ではなく、置かれた状況により健常者に生じる反応のレベルのものであった。	甲7〜9

平成24年合（わ）第38号

第2回公判前整理手続調書（手続）

被告人氏名	Ｓ　（出頭）
被告事件名	殺人未遂
公判前手続をした年月日	平成24年7月17日
公判前手続をした場所	東京地方裁判所第531号法廷
公判前手続をした裁判所	東京地方裁判所刑事第1部
裁判長裁判官	若園敦雄
裁判官	今泉裕登
裁判官	澤井彬子
裁判所書記官	石橋　恵、阿野富貴緒
出頭した検察官	竹内弘樹、吉田將治
出頭した弁護人	（主任）武藤　暁、村中貴之

争点の整理に関する事項
　鑑定請求について
　　　主任弁護人
　　　　検察官の平成24年7月11日付意見書に対する弁護人の意見を、次回期日までに書面で提出する。
　証拠調べ等
　　　証拠関係カード記載のとおり
指定告知した次回期日
　　　平成24年9月7日午後4時

　　平成24年7月19日
　　　　東京地方裁判所刑事第1部
　　　　　　　　裁判所書記官　石橋　恵
　　　　　　　　同　　　　　　阿野富貴緒

平成24年合（わ）第38号

　　　　　　　　　　　　　第３回公判前整理手続調書（手続）

被告人氏名　　　　　　　　S（出頭）
被告事件名　　　　　　　　殺人未遂
公判前手続をした年月日　　平成24年９月７日
公判前手続をした場所　　　東京地方裁判所第531号法廷
公判前手続をした裁判所　　東京地方裁判所刑事第１部
裁判長裁判官　　　　　　　若園敦雄
裁判官　　　　　　　　　　今泉裕登
裁判官　　　　　　　　　　澤井彬子
裁判所書記官　　　　　　　阿野富貴緒
出頭した検察官　　　　　　竹内弘樹、吉田將治
出頭した弁護人　　　　　　村中貴之
副主任弁護人の指定
　　　裁判長
　　　　　　村中貴之弁護人を副主任弁護人に指定する。
争点の整理に関する事項
　鑑定請求について
　　　副主任弁護人
　　　　　　前回、本日までに検察官の平成24年７月11日付意見書に対する弁護人の意見を書面で提出する旨お約束したが、主任弁護人の体調不良により提出することができなかったため、早急に準備の上、提出する。
　　　裁判長
　　　　　　９月28日までに提出されたい。
　　　副主任弁護人
　　　　　　承知した。
証拠の整理に関する事項
　証拠意見について
　　　副主任弁護人
　　　　　　検察官請求甲７号証ないし14号証に対する意見については、早急に検討の上回答する。
　　　裁判長
　　　　　　上記書証に対する意見は、９月28日までに提出されたい。
　　　副主任弁護人
　　　　　　承知した。
　　　竹内検察官
　　　　　　弁護人請求第２号証ないし12号証についての意見は、方向性として基本的に同意しうるものであるものの、抄本化を進めるなどして内容を厳選されたい。

副主任弁護人
　　厳選については、検察官と検討の上、抄本化を検討する。
証人請求について
　副主任弁護人
　　証人として協力を依頼中の医者については、次回公判前整理手続までに目途をつけて証人請求書を出すことにしたい。
受命決定
　裁判長
　　本件につき、次回の公判前整理手続期日を、受命裁判官若園敦雄及び澤井彬子をして行わせる。
指定告知した次回期日
　　平成24年10月1日午前11時00分

　　平成24年9月10日
　　　東京地方裁判所刑事第1部
　　　　　　　裁判所書記官　　阿野富貴緒

平成24年合（わ）第38号
第4回公判前整理手続調書（手続）

被告人氏名　　　　　　S（出頭）
被告事件名　　　　　　殺人未遂
公判前手続をした年月日　平成24年10月1日
公判前手続をした場所　　東京地方裁判所第531号法廷
公判前手続をした裁判所　東京地方裁判所刑事第1部
受命裁判官　　　　　　若園敦雄
受命裁判官　　　　　　澤井彬子
裁判所書記官　　　　　阿野富貴緒
出頭した検察官　　　　竹内弘樹、吉田將治
出頭した弁護人　　　　村中貴之（副主任）
争点の整理に関する事項
　鑑定請求について
　　若園裁判官
　　　検察官の平成24年7月11日付意見書に対する弁護人の意見書が9月28日に提出されたが、検察官としてこれに反論があれば述べられたい。
　　竹内検察官
　　　従前から申し上げているとおりであり、特に付け加えるべきことはない。
　　若園裁判官
　　　裁判所の方針としては、本件鑑定請求については却下する方向で考えている。

正式な却下決定は期日外で行う予定である。

証拠の整理に関する事項
　証拠調べ等
　　証拠関係カード記載のとおり
　証拠の厳選について
　　若園裁判官
　　　本件の資料として、事実経過一覧表のようなものがあった方がありがたいが、双方が折り合えて基礎資料化できるものを作成していただけないかと考えている。
　　竹内検察官
　　　骨格となる時系列表は統合報告書で作成可能である。
　　副主任弁護人
　　　検察官と詰めて内容を検討したい。
　証拠調べの方法について
　　若園裁判官
　　　仮に検察官請求のＡ医師と弁護人請求予定の医師を証人として尋問する際、いわゆる対質による尋問が可能かどうか打診されたい。
　　竹内検察官
　　　了解した。
　　副主任弁護人
　　　了解した。但し、当方の請求予定の医師については、まだ確定した返事をいただいていないので、正式な証人請求については、もう少し時間をいただきたい。
　新たな証拠調べの請求予定について
　証拠意見について
　　副主任弁護人
　　　情状関係の書類をのぞいて、新たな証拠請求はないものと考えている。
　　竹内検察官
　　　検察官としても、統合化した証拠及び先ほどの事実経過一覧表以外に、新たに証拠請求をするものはないと考えている。
指定告知した次回期日
　　平成24年11月2日午前10時00分

　平成24年10月3日
　　東京地方裁判所刑事第1部
　　　　裁判所書記官　　阿野富貴緒

平成24年合（わ）第38号
第5回公判前整理手続調書（手続）

被告人氏名	S（出頭）
被告事件名	殺人未遂
公判前手続をした年月日	平成24年11月2日
公判前手続をした場所	東京地方裁判所第531号法廷
公判前手続をした裁判所	東京地方裁判所刑事第1部
裁判長裁判官	若園敦雄
裁判官	今泉裕登
裁判官	澤井彬子
裁判所書記官	鈴木梨紗子、阿野富貴緒
出頭した検察官	古川貴大、吉田將治
出頭した弁護人	（主任）村中貴之、馬場 望

証拠の整理に関する事項
　証拠の厳選について
　　吉田検察官
　　　　事実経過一覧表については、どのような内容にするか検討中である。
　　主任弁護人
　　　　弁2号証について、請求を維持するか否か検討をする。弁3号証ないし12号証については、事実経過一覧表や医師の意見を踏まえて、年末までにまとめる。
　証拠調べの方法について
　　主任弁護人
　　　　弁護人請求予定の医師としてB医師に正式に依頼をしたところである。同医師による被告人問診後に意見書を提出してもらう予定である。
今後の進行等
　　裁判長
　　　　A医師及びB医師の証人尋問の実施にあたりカンファレンスをすることとし、A医師については平成25年2月26日午後5時30分から実施することとし、B医師については同月20日の午後5時から実施可能か調整の上、裁判所に報告されたい。
　　吉田検察官及び主任弁護人
　　　　了解した。
受命決定
　　裁判長
　　　　本件につき、次回の公判前整理手続期日を、受命裁判官若園敦雄及び澤井彬子をして行わせる。
指定告知した次回期日
　　　　平成24年12月3日午後1時30分
　　　　平成25年1月22日午前10時00分

　　平成24年11月9日
　　　　東京地方裁判所刑事第1部
　　　　　　　　裁判所書記官　鈴木梨紗子

　　　　　　　　　　同　　　　　　阿野富貴緒

平成24年合（わ）第38号
　　　　　　　　　　第6回公判前整理手続調書（手続）

被告人氏名　　　　　　S（出頭）
被告事件名　　　　　　殺人未遂
公判前手続をした年月日　平成24年12月3日
公判前手続をした場所　　東京地方裁判所第531号法廷
公判前手続をした裁判所　東京地方裁判所刑事第1部
受命裁判官　　　　　　若園敦雄
受命裁判官　　　　　　澤井彬子
裁判所書記官　　　　　鈴木梨紗子、阿野富貴緒
出頭した検察官　　　　古川貴大、吉田將治
出頭した弁護人　　　　（主任）村中貴之、馬場　望
証拠の厳選について
　　吉田検察官
　　　　事実経過一覧表については、弁護人の意見を確認しつつ、調整中である。検察官請求甲1号証及び2号証については証拠の統合化を進める。
証拠開示について
　　主任弁護人
　　　　鑑定留置の際の研究所付属C病院のカルテや診療記録等については、検察官から手持ち証拠に存在しないとの回答があったので弁護士照会で取り寄せ中である。
今後の進行等
　　若園裁判官
　　　　検察官は事実経過一覧表を次回までに作成されたい。また、弁護人はB医師作成の意見書を1月中に提出されたい。併せて、弁護人は、次回期日までに情状について立証計画を立てられたい。
　　吉田検察官及び主任弁護人
　　　　了解した。
先に指定済の次回期日
　　　　平成25年1月22日午前10時00分

　　平成24年12月7日
　　　　東京地方裁判所刑事第1部
　　　　　　　　　　裁判所書記官　鈴木梨紗子
　　　　　　　　　　同　　　　　　阿野富貴緒

平成24年合（わ）第38号

決定

被告人　S

被告人に対する殺人未遂被告事件について、当裁判所は、次のとおり決定する。

主文

　本件の第7回公判前整理手続期日（平成25年1月22日午前10時00分）における手続きを、受命裁判官若園敦雄及び同今泉裕登に行わせる。

　　　　　平成25年1月22日
　　　　　　東京地方裁判所刑事第1部
　　　　　　　　　　　裁判長裁判官　　若園敦雄
　　　　　　　　　　　裁判官　　　　　下津健司
　　　　　　　　　　　裁判官　　　　　今泉裕登

　　　　　平成25年1月22日
　　検察官・主任弁護人・被告人に通知済
　　　　　　　　　　裁判所書記官　　阿野富貴緒

平成24年合（わ）第38号

第7回公判前整理手続調書（手続）

被告人氏名　　　　　　　S（出頭）
被告事件名　　　　　　　殺人未遂
公判前手続をした年月日　平成25年1月22日
公判前手続をした場所　　東京地方裁判所第531号法廷
公判前手続をした裁判所　東京地方裁判所刑事第1部
受命裁判官　　　　　　　若園敦雄
受命裁判官　　　　　　　今泉裕登
裁判所書記官　　　　　　阿野富貴緒
出頭した検察官　　　　　吉田將治、古川貴大
出頭した弁護人　　　　　馬場　望
証拠の整理に関する事項
　新たな証拠調べの請求予定について
　　　吉田検察官

事実経過一覧表は、本日弁護人に開示した。双方で内容を詰めた上で証拠請求する予定である。
若園裁判官
　弁護人から請求のあった研究所付属Ｃ病院に対する照会は、期日外で決定したとおり現在照会中であるが、本日現在、裁判所にはまだ回答書は到着していない状況である。
馬場弁護人
　弁護側としては、その照会結果を踏まえて協力医師による意見書等を提出することを考えている。なお、情状立証の請求についてもそれと同時期に行うこととしたい。
カンファレンスの準備について
若園裁判官
　検察官、弁護人双方は、２月26日27日に実施予定のカンファレンスの準備も平行して進められたい。
吉田検察官
　Ａ医師については、被告人質問実施時に在廷してその内容を傍聴していただくことについて了解を得ています。
指定告知した次回期日
　　平成25年３月18日午前10時00分

平成25年１月24日
　　東京地方裁判所刑事第１部
　　　　　　裁判所書記官　　阿野富貴緒

　　　　　　　　　　　　　　　　　　　　　　　　　　　裁判長認印

平成24年合（わ）第38号
打合せ調書

被告人氏名　　　　　　Ｓ
被告事件名　　　　　　殺人未遂
打合せ年月日　　　　　平成25年２月26日
打合せ場所　　　　　　東京地方裁判所第１評議室
打合せをした裁判所　　東京地方裁判所刑事第１部
裁判長裁判官　　　　　若園敦雄
裁判官　　　　　　　　今泉裕登
裁判官　　　　　　　　宇野由隆
裁判所書記官　　　　　鈴木梨紗子、阿野富貴緒
出頭した検察官　　　　古川貴大、吉田將治
出頭した弁護人　　　　（主任）村中貴之、馬場　望

打合せの要旨
進行について
　　主任弁護人
　　　B医師の意見書は、作成が遅れており、未だ提出できる状況にはないが、意見書が完成され次第、早急に提出する予定である。いずれにせよ、弁護側の責任能力を争うとの主張は撤回する見込みである。
　　吉田検察官
　　　B医師の意見書の内容次第で、A医師の証人尋問の必要性は変わってくるものと考えている。仮に、弁護側がA医師の鑑定書について争わない場合には、A医師についての証人尋問を実施する必要はないものと思料する。
　　主任弁護人
　　　B医師について証人尋問するか否かは検討中である。B医師の意見がA医師の鑑定書と全く同じ意見になる見込みは低いので、B医師を尋問する可能性は高いと思われる。
　　裁判長
　　　次回の打合せ期日までに、弁護人は、時系列一覧表の内容について検討されたい。なお、検察官及び弁護人は、A医師及びB医師の証人尋問を実施するか否かを含め、審理日程を検討されたい。
　　吉田検察官及び主任弁護人
　　　了解した。
次回打合せ期日
　　　平成25年3月12日午後5時30分

　　平成25年3月5日
　　　東京地方裁判所刑事第1部
　　　　　　裁判所書記官　　鈴木梨紗子
　　　　　　同　　　　　　　阿野富貴緒

　　　　　　　　　　　　　　　　　　　　　　　　　　裁判長認印

平成24年合（わ）第38号

打合せ調書

被告人氏名　　　S
被告事件名　　　殺人未遂
打合せ年月日　　平成25年3月12日
打合せ場所　　　東京地方裁判所第1評議室
打合せをした裁判所　東京地方裁判所刑事第1部
裁判長裁判官　　若園敦雄
裁判官　　　　　今泉裕登

裁判官　　　　　　　宇野由隆
裁判所書記官　　　　鈴木梨紗子、阿野富貴緒
出頭した検察官　　　古川貴大、吉田將治
出頭した弁護人　　　（主任）村中貴之、馬場　望
打合せの要旨
進行について
　　主任弁護人
　　　　Ｂ医師の意見書については未だ作成中であるが、意見書とＡ医師作成の鑑定書とで、鑑定主文のレベルでの相違は生じないと思われる。Ｂ医師作成の意見書のサマリーを、平成25年3月18日までに検察官に開示する予定である。
　　裁判長
　　　　Ｂ医師の証人尋問が必要か否かも検討されたい。
　　主任弁護人
　　　　了解した。被告人のパーソナリティー障害が本件に影響しているということになれば、情状証人として被告人の母親を尋問するか否かも検討する。
　　裁判長
　　　　Ａ医師の証人尋問は、弁護人が責任能力の主張を撤回するか否かにかかわらず、実施するということで調整をお願いしたい。検察官及び弁護人は、客観的な事実を記載した事実経過一覧表を早期に作成されたい。
　　吉田検察官及び主任弁護人
　　　　了解した。
　　裁判長
　　　　検察官及び弁護人は以下の通り予定されたい。
　　　①　平成25年4月24日　カンファレンス（Ａ医師）
　　　②　平成25年5月10日の午前　裁判員等選任手続期日
　　　③　平成25年5月13日から16日　公判期日
　　吉田検察官及び主任弁護人
　　　　了解した。
打合せ期日
　　　　　平成25年3月28日午後5時00分
　　　　　平成25年5月7日午後5時30分

　　　平成25年3月15日
　　　　　東京地方裁判所刑事第1部
　　　　　　　　　裁判所書記官　鈴木梨紗子
　　　　　　　　　同　　　　　　阿野富貴緒

平成24年合（わ）第38号
　　　　　　第8回公判前整理手続調書（手続）

第4章　東京地裁平成25年5月21日第1刑事部判決

被告人氏名	S（出頭）
被告事件名	殺人未遂
公判前手続をした年月日	平成25年3月18日
公判前手続をした場所	東京地方裁判所第531号法廷
公判前手続をした裁判所	東京地方裁判所刑事第1部
裁判長裁判官	若園敦雄
裁判官	今泉裕登
裁判官	宇野由隆
裁判所書記官	鈴木梨紗子、阿野富貴緒
出頭した検察官	古川貴大、吉田將治
出頭した弁護人	（主任）村中貴之、馬場望

証拠の整理に関する事項
　新たな証拠調べの請求予定について
　　主任弁護人
　　　B医師作成の意見書のサマリーは既に検察官に開示した。意見書自体については、今週B医師に会う予定があるので、早期提出を促す。B医師の証人尋問については、情状面の主張方法や証人尋問の必要性を検討したうえで決めることにはなるが、今のところ請求する予定である。
　　吉田検察官
　　　A先生に意見書原本を見ていただいたうえで、意見聴取したいので、意見書原本を早期に提出されたい。
　　裁判長
　　　3月28日の打合せ期日までには、意見書原本を提出されたい。
　　主任弁護人
　　　了解した。弁護人の主張との関係では、被告人の支配観念、妄想観念をA医師がどう捉えるかが重要となると思われる。
　　裁判長
　　　B医師の証人尋問を採用するか否かは未定であるが、B医師の証人尋問を請求する場合には、4月24日のカンファレンスにB医師も出席していただきたいので、その場合のB医師の都合を確認されたい。
　　主任弁護人
　　　了解した。また、3月28日の打合せ期日までに、被告人の母親の証人尋問を請求するか否かを決める予定である。
　証拠の厳選について
　　吉田検察官
　　　甲7号証ないし14号証については、撤回するか否かは現段階では保留する。甲10号証以下については、統合したうえで撤回するか、事実経過一覧表としてまとめたうえで撤回するつもりである。既に事実経過一覧表の案は作成済みである。
　　主任弁護人
　　　甲10号証から甲14号証については争わないつもりである。弁2号証から弁12

　　　　　　号証については、B医師やA医師の尋問で足りるようであれば、必ずしも証
　　　　　　拠請求を維持するつもりはない。
　　　　裁判長
　　　　　　弁護人は、事実経過一覧表について、3月28日までに案を作成されたい。検
　　　　　　察官及び弁護人は、それぞれ証拠の必要性を意識したうえで、証拠請求に対
　　　　　　する意見等を検討されたい。
　　　　吉田検察官及び主任弁護人
　　　　　　了解した。
争点の整理に関する事項
　　証明予定事実等
　　　　主任弁護人
　　　　　　平成24年6月11日付予定主張記載書面の第2についての主張は撤回する。公
　　　　　　訴事実は争わない。
争点の整理の結果の確認
　　　　裁判長
　　　　　　本件の争点は量刑である。
裁判員等選任手続に関する決定
　　　　裁判長
　　　　　　本件について、2人の補充裁判員を置く。
　　　　　　本件について、呼び出すべき裁判員候補者の員数を70人と定める。
指定告知した公判前整理手続期日
　　　　　　　　　平成25年4月12日午後4時00分
　　　　　　　　　平成25年4月26日午後4時00分
指定した裁判員等選任手続期日
　　　　　　　　　平成25年5月10日午前10時00分
告知した公判期日
　　　　　　　　　平成25年5月13日午前10時00分
　　　　　　　　　平成25年5月14日午前10時00分
　　　　　　　　　平成25年5月15日午前10時00分
　　　　　　　　　平成25年5月16日午前10時00分
　　　　　　　　　平成25年5月21日午後3時30分
被告人質問の記録媒体への記録の決定
　　　　裁判長
　　　　　　検察官及び弁護人の意見を聴いた上、裁判員法65条1項本文により、被告人
　　　　　　に対する質問及び被告人の供述並びにその状況などを記録媒体に記録する旨
　　　　　　決定

　　平成25年3月22日
　　　　　　東京地方裁判所刑事第1部
　　　　　　　　　裁判所書記官　　鈴木梨紗子
　　　　　　　　　同　　　　　　　阿野富貴緒

平成24年合（わ）第38号　殺人未遂被告事件
被告人　　　S

予定主張記載書面2

平成25年3月28日

東京地方裁判所刑事第1部　御中

主任弁護人　　村中貴之
弁護人　　馬場　望

　上記被告人に対する頭書被告事件について、弁護人が公判期日においてすることを予定している主張は、下記のとおりである。

記

第1　主張の撤回
　平成24年6月11日付予定主張記載書面記載の責任能力に関する予定主張は、撤回する。
第2　情状に関する主張
1　本件犯行に至る被告人の動機形成の機序（弁14）
　（1）　被告人は、「家族は子どもが2人の4人家族が理想」という内容の支配観念（優格観念）にとらわれていたために本件犯行に及んでおり、被告人が有した支配観念の存在が、被告人の本件犯行動機の形成に直結している。
　（2）　支配観念（優格観念）とは、人格やめぐり合わせた出来事から了解できる強い感動を帯びているために、いわばその人格が観念と一体になってしまい、誤って本当と思われるような確信のことをいい、妄想様観念（人格と状況から了解しうる強い情動があり、その結果いわば人格が観念と一体になるために、誤って真実と思いこまれる確信）の一種である。
　　　　被告人が有した「家族は子どもが2人の4人家族が理想」という内容の支配観念も、一般人が科学的事実において抱くのと同様、被告人にとっては100パーセント正しいという確信であり、周囲の働き掛けや、自らの思考の振り返り等によっても思考の修正が困難な性質のものであった。
　（3）　被告人は、長女の育児休暇明けの職場での多忙と、職場で上司から意に添わない処遇を受けたこと等が原因で、平成18年5月に不安発作を起こし、それがきっかけでうつ病を発症した。
　　　　被告人は、予想外の次女の妊娠発覚後、上記のような支配観念に基づき抱いていた家族の理想像が崩れてしまうと感じ、絶望感を抱き、抑うつ状態が悪化していった。
　　　　しかし、被告人の夫や被告人の母親らは、被告人が有する支配観念の性質（被告人にとっては100パーセント正しいとの確信であり、思考の修正が困難であること）を理解することができなかった。そのため、被告人は、周囲の人に自らの考

えが全否定されたという気持ちを抱き、その結果、孤立感を深めっていった。
そのような過程で、被告人は抑うつ状態をいっそう悪化させていき、心理的な追い込まれ感を深めていき、自らが有する支配観念を維持するために次女を消してしまうしかないと思うに至り、本件犯行に及んだ。
（４）　被告人が有した支配観念は、妄想と類似した構造を有しており、本件犯行は、妄想型統合失調症の患者が妄想支配のもと実行した犯行と類似したものである。
2　その他の情状に関する予定主張
追って主張する。

以上

裁判長認印

平成24年合（わ）第38号

打合せ調書

被告人氏名　　　　　　S
被告事件名　　　　　　殺人未遂
打合せ年月日　　　　　平成25年3月28日
打合せ場所　　　　　　東京地方裁判所第1評議室
打合せをした裁判所　　東京地方裁判所刑事第1部
裁判長裁判官　　　　　若園敦雄
裁判官　　　　　　　　今泉裕登
裁判官　　　　　　　　宇野由隆
裁判所書記官　　　　　鈴木梨紗子、阿野富貴緒
出頭した検察官　　　　古川貴大、吉田將治
出頭した弁護人　　　　（主任）村中貴之、馬場　望
打合せの要旨
進行について
　　主任弁護人
　　　B医師作成の意見書のサマリーは検察官に提出済みである。被告人の支配観念等は責任能力ではなく、情状の問題として主張する予定である。
　　裁判長
　　　検察官は、A医師からB医師作成の鑑定書に対する意見を聴取されたい。その内容によって、4月24日のカンファレンスにB医師に来ていただくか検討する。弁護人は、B医師に4月24日に出席可能かを確認されたい。
　　吉田検察官及び主任弁護人
　　　了解した。
　　裁判長
　　　弁護人は、情状立証及び事実経過一覧表について検討されたい。
　　主任弁護人

いずれも4月24日までには検討する。なお、情状立証として、母親についての証人尋問請求は行わない予定である。

平成25年4月4日
　東京地方裁判所刑事第1部
　　　　裁判所書記官　　鈴木梨紗子
　　　　同　　　　　　　阿野富貴緒

平成24年合（わ）第38号
第9回公判前整理手続調書（手続）

被告人氏名	S（出頭）
被告事件名	殺人未遂
公判前手続をした年月日	平成25年4月12日
公判前手続をした場所	東京地方裁判所第531号法廷
公判前手続をした裁判所	東京地方裁判所刑事第1部
裁判長裁判官	若園敦雄
裁判官	今泉裕登
裁判官	宇野由隆
裁判所書記官	鈴木梨紗子、阿野富貴緒
出頭した検察官	古川貴大、吉田將治
出頭した弁護人	（主任）村中貴之、馬場望

証拠の整理に関する事項
　新たな証拠調べの請求予定について
　　裁判長
　　　弁護人は早期に情状立証を確定されたい。
　　主任弁護人
　　　親族2名を情状証人として新たに請求する予定である。来週中には証拠請求書を提出する予定である。B医師は4月24日のカンファレンスに出席可能である。
　　　B医師への証人尋問を請求するか否かは、A医師の支配観念に対する意見次第である。
　証拠の厳選について
　　主任弁護人
　　　事実経過一覧表については、本日、検察官に提出した。
　　裁判長
　　　4月26日の公判前整理手続日までに、検察官も弁護人も最終的な立証方法及び証拠意見を確定されたい。
　　吉田検察官及び主任弁護人
　　　了解した。

裁判員等選任手続について
　　松本検察官及び主任弁護人
　　　　裁判員等選任手続で用いる当日質問票について、別紙「質問票（当日用）」記載の質問事項以外に、裁判長に対して質問することを求める事項はない。また、別紙「事案の説明」についても意義はない。

　平成25年4月16日
　　　東京地方裁判所刑事第1部
　　　　　　裁判所書記官　鈴木梨紗子

質問票（当日用）

問1　あなたは、被告人と親しい友人・知人であったり、事件の捜査に関与するなど、この事件と特別の関係がありますか。
　　　　・ある　　　　　　　　　　・ない
　　　ある場合は、具体的にお書きください。
　　　（　　　　　　　　　　　　　　　　　　　　　　　　　　　　　　）

問2　今回の事件のことを詳しく知っているとか、同じような犯罪の被害に遭ったことがあるなどの理由で、公平な判断が困難だという特別な事情がありますか。
　　　　・ある　　　　　　　　　　・ない

問3　事前に提出した質問票に記載した事項（裁判員になれない事情、裁判員を辞退したい事情など）について、今日までの間に何か変更はありますか。
　　　　・ある　　　　　　　　　　・ない
　　　ある場合は、具体的にお書きください。
　　　（　　　　　　　　　　　　　　　　　　　　　　　　　　　　　　）

　　　　　　　　　　　　　　　　　　　　　　　　　　　　平成25年5月10日
　　　お名前（署名）　　　　　　　　　印

事案の説明

1　被告人について
　〔氏名・年齢〕　　杉田真美（すぎたまみ）　　・　42歳
　〔住所〕
2　事件の内容について
　　被告人は、平成21年2月23日午後8時50分頃、M所在の被告人方において、次女A（当

時生後1月）に対し、殺意をもって、その鼻口部を手で塞いで窒息させて心肺停止状態に陥らせたが、同人に加療期間不明の蘇生後脳症の傷害を負わせたにとどまり、死亡させるに至らなかった。

平成24年合（わ）第38号　殺人未遂被告事件
被告人　　　S

予定主張記載書面3

平成25年4月22日

東京地方裁判所刑事第1部　御中

　　　　主任弁護人　　村中貴之
　　　　弁護人　　　　馬場　望

　上記被告人に対する頭書被告事件について、弁護人が公判期日においてすることを予定している主張は、下記のとおりである。

記

第1　情状に関する主張
1　被告人の更生を支援する環境が整備されていること（夫・弟・夫の母）
　（1）　被告人の夫は、親族に協力してもらい、専門家にも相談しながら、精神鑑定で指摘された被告人の性格傾向を理解して対応し、うつ病などの精神障害についても被告人に適切な治療を受けさせるなどして、被告人が平穏な家庭生活を送れるように努力していきたいと考えている。
　（2）　被告人の弟であるNは、被告人が社会復帰した際には、夫と密接に連絡を取るなどして、協力して被告人の更生を支援したいと考えている。
　（3）　被告人の夫の母Kは、被告人が逮捕された後、被告人の夫の求めに応じて、子どもたちの世話をするなどしている。同人も、被告人が社会復帰した際には、可能な限り被告人夫妻の生活を支えるなどして、被告人の更生を支援したいと考えている。

以上

平成24年合（わ）第38号

第10回公判前整理手続調書（手続）

被告人氏名　　　　　　S（出頭）
被告事件名　　　　　　殺人未遂
公判前手続をした年月日　平成25年4月26日

公判前手続をした場所　　東京地方裁判所第531号法廷
公判前手続をした裁判所　　東京地方裁判所刑事第1部
裁判長裁判官　　　　　　若園敦雄
裁判官　　　　　　　　　今泉裕登
裁判官　　　　　　　　　宇野由隆
裁判所書記官　　　　　　鈴木梨紗子
出頭した検察官　　　　　松本　朗、前田佳行、小松聡美
出頭した弁護人　　　　　（主任）村中貴之、馬場　望
証拠の整理に関する事項
　証拠調べ等
　　　　証拠等関係カード記載のとおり
　記録媒体への記録の決定
　　　　裁判長
　　　　　検察官及び弁護人の意見を聴いた上、裁判員法65条1項本文により、訴訟関係人の尋問及び供述等を記録媒体に記録する旨決定
争点及び証拠の整理の結果確認
　　　裁判長
　　　　1　争点の整理の結果確認
　　　　　本件の争点は次のとおりである。
　　　　（1）　本件公訴事実に争いはない。
　　　　（2）　本件の争点は、被告人をどのような刑に処するべきかという点である。
　　　　2　証拠の整理の結果
　　　　（1）　証拠等関係カード記載のとおり
　　　　（2）　甲3号証については証人Aの尋問終了後に、甲4号証及び甲5号証については証人夫の尋問終了後に、乙1号証ないし6号証については被告人質問終了後に、それぞれ採否を判断する。
　　　松本検察官及び主任弁護人
　　　　上記の結果に相違はない。
公判期日の変更
　　　裁判長
　　　　先に指定告知済の平成25年5月14日午前10時の公判期日を、同日の午後1時30分と変更する旨決定
公判審理の予定
　　　裁判長
　　　　別紙「S・審理予定表」のとおり審理予定を定める。

　平成25年5月7日
　　　　　東京地方裁判所刑事第1部
　　　　　　　　　裁判所書記官　　鈴木梨紗子
　　　　　　　　　同　　　　　　　阿野富貴緒

裁判長認印

平成24年合（わ）第38号

打合せ調書

被告人氏名	S
被告事件名	殺人未遂
打合せ年月日	平成25年5月7日
打合せ場所	東京地方裁判所医療観察準備室
打合せをした裁判所	東京地方裁判所刑事第1部
裁判長裁判官	若園敦雄
裁判官	今泉裕登
裁判官	宇野由隆
裁判所書記官	鈴木梨紗子、阿野富貴緒
出頭した検察官	古川貴大、吉田將治
出頭した弁護人	（主任）村中貴之、馬場 望

公判審理の予定
　　裁判長
　　　別紙「S・審理予定表」のとおり審理予定を変更する。

平成25年5月8日
　　東京地方裁判所刑事第1部
　　　　　　裁判所書記官　　鈴木梨紗子

S・審理予定表

平成25年5月13日（第1回公判期日）
10：00 ～ 10：05　　冒頭手続（5分）
10：05 ～ 10：20　　検察官の冒頭陳述（15分）
10：20 ～ 10：35　　弁護人の冒頭陳述（15分）
　　　　　　　　　　公判前整理手続の結果顕出
10：35 ～ 10：55　　休廷（20分）
10：55 ～ 11：20　　甲号証（甲6を除く）、乙7号証の証拠調べ（25分）
　　　　　　　　　　弁15号証の証拠調べ
11：20 ～ 13：15　　休廷
13：15 ～ 13：30　　甲6号証の証拠調べ（15分）
13：30 ～ 14：20　　夫証人尋問（検察官50分）
14：20 ～ 14：40　　休廷（20分）
14：40 ～ 15：50　　夫証人尋問（弁護人50分、検察官10分,補充10分）

平成25年5月14日（第2回公判期日）

13：30～14：20　被告人質問（弁護人50分）
14：20～14：40　休廷（20分）
14：40～15：30　被告人質問（検察官50分）
15：30～15：50　休廷（20分）
15：50～16：10　被告人質問（補充20分）
　　　　　　　　乙号証の証拠調べ
　＊罪体についての被告人質問。A医師に内容を傍聴してもらう。

平成25年5月15日（第3回公判期日）
10：00～11：00　A医師証人尋問（検察官30分、弁護人20分、補充10分）
11：00～11：20　休廷（20分）
11：20～11：45　B医師証人尋問（弁護人15分、検察官5分、補充5分）
11：45～13：30　休廷
13：30～13：50　弟証人尋問（弁護人10分、検察官5分、補充5分）
13：50～14：15　夫の母証人尋問（弁護人15分、検察官5分、補充5分）
14：15～14：35　休廷（20分）
14：35～15：25　被告人質問（弁護人30分、検察官15分、補充5分）
　＊A医師証人尋問の最初に20分程度のプレゼンテーションを行ってもらう

平成25年5月16日（第4回公判期日）
10：00～10：15　論告（15分）
10：15～10：35　弁論（20分）
　　　　　　　　最終陳述
　＊16日の午後、17日、20日の終日、21日の午前は評議

平成25年5月21日（第5回公判期日）
15：30～　　　　判決宣告

Ⅲ. 裁判員裁判の量刑データ

図表1-1　量刑分布の比較（殺人既遂）

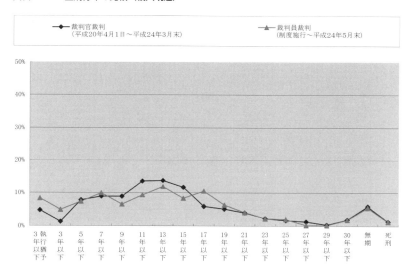

			裁判官裁判	裁判員裁判
判決人員			531	496
有期懲役	3年以下	執行猶予	25	41
		実刑	7	24
	5年以下		41	36
	7年以下		47	49
	9年以下		47	32
	11年以下		72	46
	13年以下		73	59
	15年以下		62	41
	17年以下		31	52
	19年以下		27	31
	21年以下		21	20
	23年以下		12	11
	25年以下		9	10
	27年以下		7	1
	29年以下		2	1
	30年以下		10	9
無期懲役			31	27
死刑			7	6

図表1-2 量刑分布の比較（殺人未遂）

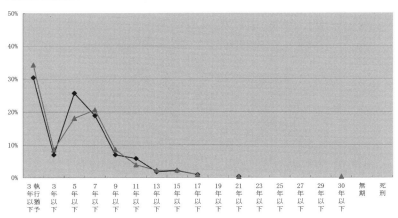

			裁判官裁判	裁判員裁判
判決人員			339	359
有期懲役	3年以下	執行猶予	103	123
		実刑	24	31
	5年以下		87	65
	7年以下		64	74
	9年以下		24	31
	11年以下		20	14
	13年以下		6	8
	15年以下		7	8
	17年以下		3	3
	19年以下		-	-
	21年以下		1	1
	23年以下		-	-
	25年以下		-	-
	27年以下		-	-
	29年以下		-	-
	30年以下		-	1
無期懲役			-	-
死刑			-	-

図表 1 − 3　量刑分布の比較（傷害致死）

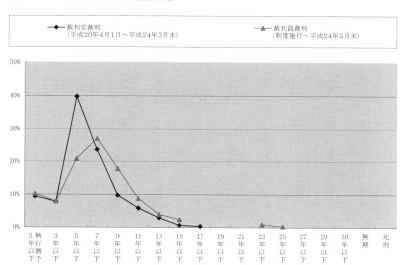

			裁判官裁判	裁判員裁判
判決人員			309	332
有期懲役	3年以下	執行猶予	29	34
		実刑	24	26
	5年以下		123	69
	7年以下		73	90
	9年以下		30	59
	11年以下		18	29
	13年以下		9	13
	15年以下		2	8
	17年以下		1	−
	19年以下		−	−
	21年以下		−	−
	23年以下		−	3
	25年以下		−	1
	27年以下		−	−
	29年以下		−	−
	30年以下		−	−
無期懲役			−	−
死刑			−	−

図表1-4　量刑分布の比較（（準）強姦致傷）

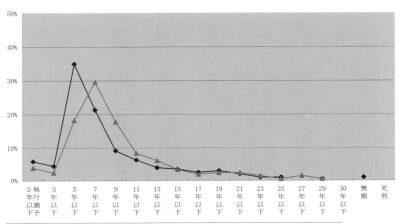

			裁判官裁判	裁判員裁判
判決人員			206	213
有期懲役	3年以下	執行猶予	12	8
		実刑	9	5
	5年以下		72	39
	7年以下		44	63
	9年以下		19	38
	11年以下		13	18
	13年以下		8	13
	15年以下		7	7
	17年以下		5	4
	19年以下		6	5
	21年以下		4	5
	23年以下		2	3
	25年以下		2	1
	27年以下		-	3
	29年以下		1	1
	30年以下		-	-
無期懲役			2	-
死刑			-	-

第4章　東京地裁平成25年5月21日第1刑事部判決　　353

図表1-5　量刑分布の比較（(準)強制わいせつ致傷）

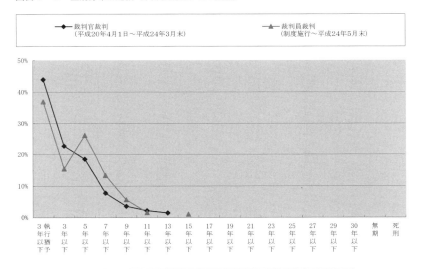

			裁判官裁判	裁判員裁判
判決人員			141	195
有期懲役	3年以下	執行猶予	62	72
		実刑	32	30
	5年以下		26	51
	7年以下		11	26
	9年以下		5	11
	11年以下		3	3
	13年以下		2	-
	15年以下		-	2
	17年以下		-	-
	19年以下		-	-
	21年以下		-	-
	23年以下		-	-
	25年以下		-	-
	27年以下		-	-
	29年以下		-	-
	30年以下		-	-
無期懲役			-	-
死刑			-	-

図表1-6　量刑分布の比較（強盗致傷）

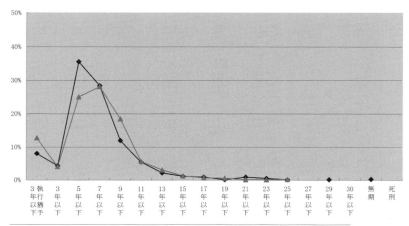

			裁判官裁判	裁判員裁判
判決人員			792	893
有期懲役	3年以下	執行猶予	64	114
		実刑	34	36
	5年以下		282	224
	7年以下		225	251
	9年以下		95	165
	11年以下		43	50
	13年以下		17	27
	15年以下		9	11
	17年以下		7	6
	19年以下		1	5
	21年以下		7	1
	23年以下		4	1
	25年以下		1	2
	27年以下		-	-
	29年以下		1	-
	30年以下		-	-
無期懲役			2	-
死刑			-	-

第4章　東京地裁平成25年5月21日第1刑事部判決

図表1－7　量刑分布の比較（現住建造物等放火）

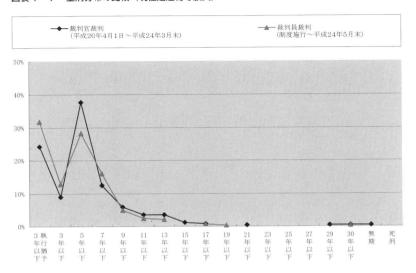

			裁判官裁判	裁判員裁判
判決人員			255	286
有期懲役	3年以下	執行猶予	62	91
		実刑	23	37
	5年以下		96	81
	7年以下		32	46
	9年以下		15	14
	11年以下		9	7
	13年以下		9	6
	15年以下		3	－
	17年以下		2	2
	19年以下		－	1
	21年以下		1	－
	23年以下		－	－
	25年以下		－	－
	27年以下		－	－
	29年以下		1	－
	30年以下		1	1
無期懲役			1	－
死刑			－	－

図表1-8　量刑分布の比較（覚せい剤取締法違反）

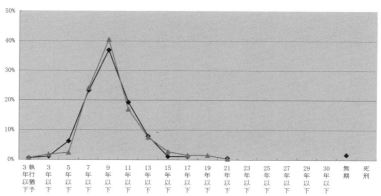

			裁判官裁判	裁判員裁判
判決人員			176	331
有期懲役	3年以下	執行猶予	1	2
		実刑	2	6
	5年以下		11	8
	7年以下		41	80
	9年以下		65	134
	11年以下		34	56
	13年以下		14	25
	15年以下		2	9
	17年以下		2	5
	19年以下		-	5
	21年以下		1	1
	23年以下		-	-
	25年以下		-	-
	27年以下		-	-
	29年以下		-	-
	30年以下		-	-
無期懲役			3	-
死刑			-	-

（注）　処断罪名が覚せい剤取締法違反（営利目的輸入）のものに限る（未遂のものを含む。）。

- 図表1-1～1-8 最高裁判所事務総局『裁判員裁判実施状況の検証報告書』
（http://www.saibanin.courts.go.jp/vcms_lf/diagram_1-55.pdf）より引用 -

図表2-1 殺人既遂

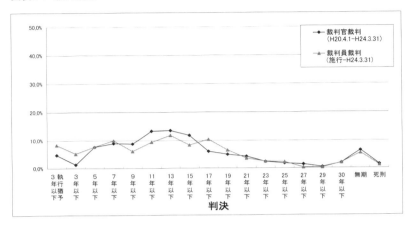

判決		裁判官裁判	裁判員裁判
3年以下	執行猶予	25	39
	実刑	7	24
5年以下		41	36
7年以下		48	47
9年以下		47	28
11年以下		72	44
13年以下		73	56
15年以下		64	39
17年以下		32	49
19年以下		27	30
21年以下		22	16
23年以下		12	11
25年以下		9	10
27年以下		7	1
29年以下		2	1
30年以下		10	9
無期		34	25
死刑		7	5
合計		539	470

図表2-2 殺人未遂

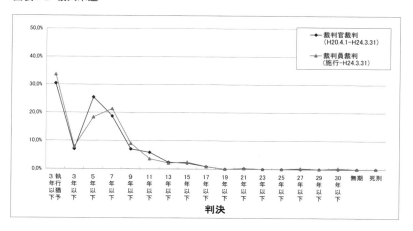

判決		裁判官裁判	裁判員裁判
3年以下	執行猶予	104	112
	実刑	24	26
5年以下		87	61
7年以下		64	71
9年以下		24	30
11年以下		20	12
13年以下		8	7
15年以下		7	8
17年以下		3	3
19年以下		0	0
21年以下		1	1
23年以下		0	0
25年以下		0	0
27年以下		0	1
29年以下		0	0
30年以下		0	1
無期		0	0
死刑		0	0
合計		342	333

第4章　東京地裁平成25年5月21日第1刑事部判決

図表2-3　傷害致死

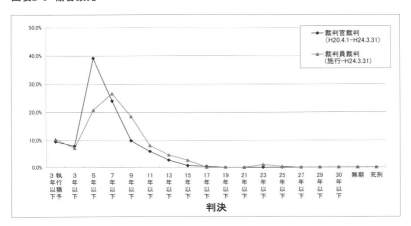

判決		裁判官裁判	裁判員裁判
3年以下	執行猶予	29	32
	実刑	24	22
5年以下		119	64
7年以下		73	82
9年以下		30	57
11年以下		18	25
13年以下		8	14
15年以下		2	8
17年以下		1	0
19年以下		0	0
21年以下		0	0
23年以下		0	3
25年以下		0	1
27年以下		0	0
29年以下		0	0
30年以下		0	0
無期		0	0
死刑		0	0
合計		304	308

図表2-4 強姦致傷

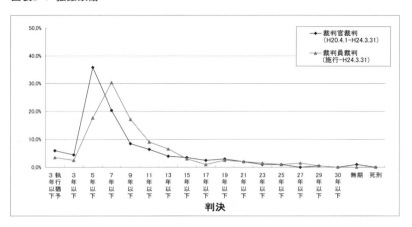

判決		裁判官裁判	裁判員裁判
3年以下	執行猶予	12	7
	実刑	9	5
5年以下		72	35
7年以下		41	60
9年以下		17	34
11年以下		13	18
13年以下		8	13
15年以下		7	6
17年以下		5	2
19年以下		6	5
21年以下		4	4
23年以下		2	3
25年以下		2	2
27年以下		0	3
29年以下		1	1
30年以下		0	0
無期		2	0
死刑		0	0
合計		201	198

第4章　東京地裁平成25年5月21日第1刑事部判決

図表2-5　強制わいせつ致傷

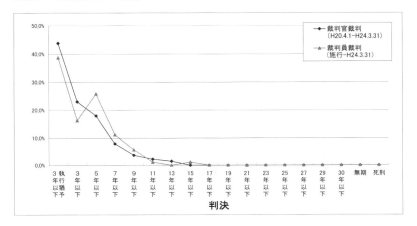

判決		裁判官裁判	裁判員裁判
3年以下	執行猶予	61	69
	実刑	32	29
5年以下		25	46
7年以下		11	20
9年以下		5	10
11年以下		3	2
13年以下		2	0
15年以下		0	2
17年以下		0	0
19年以下		0	0
21年以下		0	0
23年以下		0	0
25年以下		0	0
27年以下		0	0
29年以下		0	0
30年以下		0	0
無期		0	0
死刑		0	0
合計		139	178

図表2-6 強盗致傷

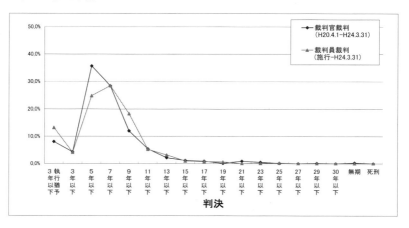

判決		裁判官裁判	裁判員裁判
3年以下	執行猶予	64	108
	実刑	34	34
5年以下		283	203
7年以下		225	233
9年以下		95	150
11年以下		43	43
13年以下		17	26
15年以下		9	8
17年以下		7	6
19年以下		1	5
21年以下		7	0
23年以下		4	1
25年以下		1	2
27年以下		0	0
29年以下		1	0
30年以下		0	0
無期		2	0
死刑		0	0
合計		793	819

第4章 東京地裁平成25年5月21日第1刑事部判決

図表2-7 現住建造物等放火

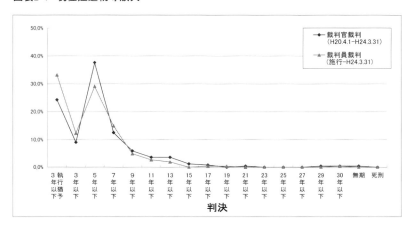

判決		裁判官裁判	裁判員裁判
3年以下	執行猶予	62	89
	実刑	23	33
5年以下		96	78
7年以下		32	40
9年以下		15	13
11年以下		9	7
13年以下		9	5
15年以下		3	0
17年以下		2	1
19年以下		0	1
21年以下		1	0
23年以下		0	0
25年以下		0	0
27年以下		0	0
29年以下		1	0
30年以下		1	1
無期		1	0
死刑		0	0
合計		255	268

図表2-8 覚せい剤取締法違反(営利目的輸入)

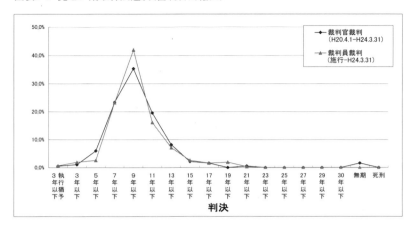

判決		裁判官裁判	裁判員裁判
3年以下	執行猶予	1	2
	実刑	2	6
5年以下		11	8
7年以下		43	72
9年以下		65	130
11年以下		36	50
13年以下		15	22
15年以下		4	8
17年以下		3	5
19年以下		0	6
21年以下		1	1
23年以下		0	0
25年以下		0	0
27年以下		0	0
29年以下		0	0
30年以下		0	0
無期		3	0
死刑		0	0
合計		184	310

-図表2-1〜2-8 平成24年5月18日開催第17回裁判制度の運用等に関する有識者懇談会配布資料4「特別資料2（量刑分析）」(http://www.courts.go.jp/saikousai/vcms_lf/80818005.pdf) より引用-

結　語

　１．司法制度に内在する問題は、臨時司法制度調査会等で幾度となく指摘されながらも抜本的改革に至らないまま時日を渡過した[1]。臨時司法制度調査会は、その成果を『臨時司法制度調査会意見書（昭和39年８月）』において公表する。主要な提案は、法曹一元制度の導入とそれに伴う裁判官及び検察官の任用制度・給与制度その他の問題点の具体的な施策等である。司法制度の根源的改革は、従来の臨時司法制度調査会等での検討では不十分であり司法府自らの改革には限界が有り、行政府のリーダーシップの下に強力に推進されるに至った[2]。

　司法制度改革審議会は、期限を設定し論議を重ね平成13年６月12日『司法制度改革審議会意見書-21世紀の日本を支える司法制度-』を公表し、改革の基軸を提示した。具体的制度設計は、司法制度改革推進本部顧問会議による有識者等による検討会議に委ねられた。各検討会の提言は、必ずしも十全なものとは言えず、法曹制度改革として21世紀に必要とする法曹人口増加を予測し平成22年頃を目途に年間3000名の新司法試験合格者数という具体的数値目標を設定した。法曹養成制度の中核に位置付けられた法科大学院構想は、設定された具体的数値目標のもと制度設計を担保するシステムが充足されぬままの見切り発車的色彩もあった。

　司法制度改革のもう一つの眼目である裁判員裁判制度導入は、平成16年５月21日成立した「裁判員の参加する刑事裁判に関する法律（平成16年法律第63号）」（以下、裁判員法と略記する）附則第１条に基づき平成21年５月21日施行とされ、導入まで５年間の準備期間が設けられた。法曹３者は、平成17年８月３日から５日までの３日間開廷の模擬裁判等を通して実施に向け問題点の解析と改善のための論議が重ねられ、裁判所及び検察庁の組織としての積極的姿勢がみられた。

　裁判員裁判制度に反対する立場からは、裁判員裁判制度違憲との主張もなされている。最高裁平成23年11月16日大法廷判決は、「憲法上、刑事裁判に国民の司法参加が許容されているか否かという刑事司法の基本に関わる問題は、憲法が採用する統治の基本原理や刑事裁判の諸原則、憲法制定当時の歴史的状況

を含めた憲法制定の経緯及び憲法の関連規定の文理を総合的に検討して判断されるべき事柄である。(中略)国民の司法参加に係る制度の合憲性は、具体的に設けられた制度が、適正な刑事裁判を実現するための諸原則に抵触するか否かによって決せられるべきものである。換言すれば、憲法は、一般的には国民の司法参加を許容しており、これを採用する場合には、上記の諸原則が確保されている限り、陪審制とするか参審制とするかを含め、その内容を立法政策に委ねていると解されるのである。(中略)裁判員裁判対象事件を取り扱う裁判体は、身分保障の下、独立して職権を行使することが保障された裁判官と、公平性、中立性を確保できるよう配慮された手続の下に選任された裁判員とによって構成されるものとされている。また、裁判員の権限は、裁判官と共に公判廷で審理に臨み、評議において事実認定、法令の適用及び有罪の場合の刑の量定について意見を述べ、評決を行うことにある。これら裁判員の関与する判断は、いずれも司法作用の内容をなすものであるが、必ずしもあらかじめ法律的な知識、経験を有することが不可欠な事項であるとはいえない。さらに、裁判長は、裁判員がその職責を十分に果たすことができるように配慮しなければならないとされていることも考慮すると、上記のような権限を付与された裁判員が、様々な視点や感覚を反映させつつ、裁判官との協議を通じて良識ある結論に達することは、十分期待することができる。他方、憲法が定める刑事裁判の諸原則の保障は、裁判官の判断に委ねられている。このような裁判員制度の仕組みを考慮すれば、公平な『裁判所』における法と証拠に基づく適正な裁判が行われること(憲法31条、32条、37条1項)は制度的に十分保障されている上、裁判官は刑事裁判の基本的な担い手とされているものと認められ、憲法が定める刑事裁判の諸原則を確保する上での支障はないということができる。」とし、裁判員裁判制度の合憲性を判示した[3]。

2．裁判員裁判制度実施5年9ヶ月を経た平成27年2月末現在の実施状況は、新受人員総数9,274人が係属し7,615人に判決が言渡され、選任された裁判員42,268人及び補充裁判員14,413人計56,681人の市民が合議体の構成員として司法に参加している。終局人員は、7,615人で有罪人員は7,417人(有罪率97.39%)であり、控訴人員は2,653人(控訴率35.76%)である。無罪人員は、42人で覚せい剤取締法違反18人(無罪率2.80%)、傷害致死罪8人(無罪率1.09%)、殺人罪8人(無罪率0.48%)である[4]。

寺田逸郎最高裁判所長官は、裁判員裁判について「裁判員制度は、施行から7年目を迎えます。制度の施行以来、国民の高い意識と誠実な姿勢に支えられて、概ね安定した運用が積み重ねられているように見受けられますが、具体的な手続の運営については、繰り返し指摘されているように、解決すべき課題が少なくありません。今後とも、分かりやすい公判審理やそのための的確かつ迅速な公判前整理手続の運営を定着させ、裁判員、裁判官の間で充実した評議が行われるよう、実証的な検証を重ねつつ運用改善の努力を進め、刑事裁判全体のレベルアップにつなげていってほしいものです。」と評価すると共に課題を指摘する[5]。

裁判員裁判5年余の実務経験は、制度設計当初懸念されていた問題について一定の方向性を示すに至った。

第1は、裁判員裁判制度導入に伴う刑訴法改正による公判前整理手続の在り方である。覚せい剤取締法及び関税法違反に問われた最高裁平成26年3月10日第一小法廷決定は、法曹3者の協働を前提とする公判前整理手続の在り方について横田尤孝裁判官は補足意見で論及する。横田裁判官は、第1審の裁判員裁判が経験則に反する不合理な事実認定に至った「根源的な要因は、公判前整理手続における争点整理及び審理計画の策定が不適切」であるとし、「第1審裁判所が、公判前整理手続において、当事者の主張・立証予定を基本的にそのまま受け入れただけで、判断の分かれ目を意識した争点整理を行わなかったものと見ざるを得ない。そのため、裁判員が参加した公判審理において、当事者は、争点の判断・認定上必ずしも重要とはいえない枝葉末節的な事項についてまで漫然と主張・立証する結果となった。（中略）このように、公判前整理手続における争点整理及び審理計画の策定が不適切なままで終わったことには裁判所のみならず当事者の対応にも問題があったと考えられるところであり、分けても本件公訴事実について立証責任を負う検察官の訴訟活動には問題があったといわざるを得ない。」と判示し、検察官の公判前整理手続の在り方を批判する[6]。

第2は、裁判員裁判制度下の控訴審の在り方である。覚せい剤取締法及び関税法違反に問われた最高裁平成24年2月13日第一小法廷判決は、裁判員裁判で無罪とされた判決を事実誤認として破棄自判した控訴審の判断を刑訴法382条の解釈適用の誤りがあるとして原判決を破棄し控訴棄却した事案である[7]。保護責任者遺棄致死罪に問われた最高裁平成26年3月20日第一小法廷判決は、控

訴審の判断を「第1審判決を論理則、経験則等に照らして不合理である」ことを十分に示したものとはいえないとして刑訴法382条の解釈適用を誤りがあるとして原判決を破棄し、高等裁判所に差戻した事案である[8]。千葉勝美裁判官は、控訴審の在り方について最高裁平成27年2月3日第二小法廷決定の補足意見において「裁判員法の制定に当たり、上訴制度については、事実認定についても量刑についても、従来の制度に全く変更は加えられておらず、裁判員が加わった裁判であっても職業裁判官のみで構成される控訴審の審査を受け、破棄されることがあるというのが、我が国が採用した刑事裁判における国民参加の形態である。すなわち、立法者は、裁判員が参加した裁判であっても、それを常に正当で誤りがないものとすることはせず、事実誤認や量刑不当があれば、職業裁判官のみで構成される上訴審においてこれを破棄することを認めるという制度を選択したのである。(中略)もっとも、国民参加の趣旨に鑑みると、控訴審は、第1審の認定、判断の当否を審査する事後審としての役割をより徹底させ、破棄事由の審査基準は、事実誤認であれば論理則、経験則違反といったものに限定されるというべきであり、量刑不当については、国民の良識を反映させた裁判員裁判が職業裁判官の専門家としての感覚とは異なるとの理由から安易に変更されてはならないというべきである。」と判示する[9]。

　第3は、裁判員裁判における量刑の在り方である。傷害致死罪に問われた最高裁平成26年7月24日第一小法廷判決は、検察官の求刑懲役10年に対し裁判員裁判合議体が懲役15年に処した量刑判断を妥当とした控訴審の判断を量刑判断の公平性との視点から破棄自判し、実行行為者である父親を懲役10年に関与者である母親を懲役8年に処した[10]。白木　勇裁判官は、補足意見において「裁判員裁判を担当する裁判官としては、量刑に関する判例や文献等を参考にしながら、量刑評議の在り方について日頃から研究し、考えを深めておく必要があろう。評議に臨んでは、個別の事案に即して判断に必要な事項を裁判員にていねいに説明し、その理解を得て量刑評議を進めていく必要がある。(中略)処罰の公平性は裁判員裁判を含む刑事裁判全般における基本的な要請であり、同種事犯の量刑の傾向を考慮に入れて量刑を判断することの重要性は、裁判員裁判においても何ら異なるものではない。そうでなければ、量刑評議は合理的な指針もないまま直感による意見の交換となってしまうであろう。こうして、量刑判断の客観的な合理性を確保するため、裁判官としては、評議において、当

該事案の法定刑をベースにした上、参考となるおおまかな量刑の傾向を紹介し、裁判体全員の共通の認識とした上で評議を進めるべきであり、併せて、裁判員に対し、同種事案においてどのような要素を考慮して量刑判断が行われてきたか、あるいは、そうした量刑の傾向がなぜ、どのような意味で出発点となるべきなのかといった事情を適切に説明する必要がある。このようにして、量刑の傾向の意義や内容を十分理解してもらって初めて裁判員と裁判官との実質的な意見交換を実現することが可能になると考えられる。そうした過程を経て、裁判体が量刑の傾向と異なった判断をし、そうした裁判例が蓄積されて量刑の傾向が変わっていくのであれば、それこそ国民の感覚を反映した量刑判断であり、裁判員裁判の健全な運用というべきであろう。」と判示する。

　東京高裁平成25年6月20日第10刑事部判決（南青山事件）[11]及び東京高裁平成25年10月8日第10刑事部判決（松戸事件）[12]は、従前の量刑判断と異にする裁判員裁判での死刑判断に際しては「合理的かつ説得力のある理由」の提示を求め、死刑を言渡した東京地裁平成23年3月15日刑事第7部判決及び千葉地裁平成23年6月30日刑事第2部判決を破棄自判し、無期懲役に処した。

　最高裁平成27年2月3日第二小法廷決定は、裁判員裁判合議体が、被害者1名の死亡事案について死刑判決を言渡し控訴審が無期懲役に減刑した事案について上告を棄却した。法廷意見は、「刑罰権の行使は、国家統治権の作用により強制的に被告人の法益を剥奪するものであり、その中でも、死刑は、懲役、禁固、罰金等の他の刑罰とは異なり被告人の生命そのものを永遠に奪い去るという点で、あらゆる刑罰のうちで最も冷厳で誠にやむを得ない場合に行われる刑罰であるから昭和58年判決で示され、その後も当裁判所の同種の判示が重ねられているとおり、その適用は慎重に行われなければならない。また、元来、裁判の結果が何人にも公平であるべきであるということは、裁判の営みそのものに内在する本質的な要請であるところ、前記のように他の刑罰とは異なる究極の刑罰である死刑の適用に当たっては、公平性の確保にも十分に意を払わなければならないものである。（中略）死刑が究極の刑罰であり、その適用は慎重に行われなければならないという観点及び公平性の確保の観点からすると、同様の観点で慎重な検討を行った結果である裁判例の集積から死刑の選択上考慮されるべき要素及び各要素に与えられた重みの程度・根拠を検討しておくこと、また、評議に際しては、その検討結果を裁判体の共通認識とし、それを出

発点として議論することが不可欠である。このことは、裁判官のみで構成される合議体によって行われる裁判であろうと、裁判員の参加する合議体によって行われる裁判であろうと、変わるものではない。」と一般原則を判示する。南青山事件の法廷意見は、「前科を除く諸般の情状からすると死刑の選択がやむを得ないとはいえない本件において、被告人に殺人罪等による相当長期の有期懲役の前科があることを過度に重視して死刑を言い渡した第1審判決は、死刑の選択をやむを得ないと認めた判断の具体的、説得的な根拠を示したものとは言い難い。」と判示し、裁判員裁判を量刑不当として破棄した原審の量刑判断を支持する[13]。松戸事件の法廷意見は、「松戸事件が被害女性の殺害を計画的に実行したとは認められず、殺害態様の悪質性を重くみることにも限界がある事案であるのに、松戸事件以外の事件の悪質性や危険性、被告人の前科、反社会的な性格傾向等を強調して死刑を言い渡した第1審判決は、本件において、死刑の選択をやむを得ないと認めた判断の具体的、説得的な根拠を示したものとはいえない。」と判示し、裁判員裁判を量刑不当として破棄した原審の量刑判断を支持する[14]。千葉勝美裁判官は、補足意見において「裁判官に求められるのは、従前の裁判官による先例から量刑傾向ないし裁判官の量刑相場的なものを念頭に置いて方程式を作り出し、これをそのまま当てはめて結論を導き出すことではなく、裁判例の集積の中からうかがわれるこれらの考慮要素に与えられた重みの程度・根拠についての検討結果を、具体的事件の量刑を決める際の前提となる共通認識とし、それを出発点として評議を進めるべきであるということである。このように、法廷意見は、死刑の選択が問題になった裁判例の集積の中に見いだされるいわば『量刑判断の本質』を、裁判体全体の共通認識とした上で評議を進めることを求めているのであって、決して従前の裁判例を墨守するべきであるとしているのではないのである。このことは、裁判員が加わる合議体であっても裁判官のみで構成される裁判体であっても異なるところはない（それが控訴審であっても同じである。）。そして、裁判員を含む裁判体は、これらの共通認識を基にした上で、具体的事件で認定された犯罪事実等における前記各考慮要素を検討し、それらの総合考慮により非難可能性の内容・程度を具体的に捉え、結論として死刑か否かを決定するのであり、そこでは正に裁判員の視点と良識、いわゆる健全な市民感覚が生かされる場面であると考える。」と判示する。

最高裁は、公平性の視点から従前の判例の示した量刑判断と異なる判断をする際にはその論拠を具体的に説明することを要求する。被害結果に直近する裁判員裁判での審理が、時には被害結果の重大性から従前の量刑判断を逸脱する危険性にブレーキをかける控訴審及び上告審の判断は支持し得るものである。

　最高裁判所は、以上考察した累次の判決及び決定において裁判員裁判に内在する諸問題に一定の判断を示し今後の方向性を示唆している。

　3．刑事確定訴訟記録法4条1項に基づく保管記録閲覧は、公判廷の傍聴では窺え知れぬ公判前整理手続等に内在する問題を顕在化する。公判前整理手続は、法曹三者の協働の名目のもと裁判長の資質の影響が垣間見られ、時には強引な運営となり当事者主義の視点から問題が内在することを指摘した。

　裁判員裁判合議体は、裁判長のリード如何が顕著に公判廷等で顕在化する。東京地裁平成25年5月21日第1刑事部は、若園敦雄裁判長のもと殺人未遂事案で予定された審理設定時間を厳格に進めた。東京地裁平成26年12月11日第11刑事部は、大善文男裁判長のもと強姦致傷、覚せい剤取締法、大麻取締法、麻薬及び向精神薬取締法事案で検察官の主張時間が延びそれに伴い弁護人の主張時間も延び審理設定時間が大幅に延長された[15]。

　両事案は、その難易度及び合議体の裁判員の理解度等において相違はあるものの裁判長の訴訟指揮において顕著な対照を示した。

　なお、審理期間及び審理計画の策定等は、公判前整理手続の到達点として重要な作業であり、裁判員の充実した審理への参加と加重な負担回避等にも配意を要する作業である[16]。

　4．傍聴を通して顕在化した裁判員裁判の問題の第1は、責任能力が争点となった事案での裁判員及び補充裁判員への検察官と弁護人のプレゼンテーション能力の懸隔である。責任能力の判断については、従前、法律家と鑑定人である精神科医双方が役割分担について明確な見解を持っていなかったとの指摘がなされている[17]。責任能力の問題は、裁判員裁判制度開始前から模擬裁判等でその用語及び概念の難解さが指摘されていた[18]。東京地裁平成25年5月21日第1刑事部判決の公判廷で、弁護人は被告人の供述を「優格観念」を用いて説明する。弁護人自身が、十全に理解していない概念を用いて裁判員及び補充裁判員を説得するのは困難である。弁護人は、裁判員にも了解可能な「周産期うつ病（Perinatal Depression）」ないし「産後うつ病（PND：Postnatal Depression）」と

のアプローチから説明すれば男女同数の裁判員及び補充裁判員の理解も得られ易いであろう[19]。

　第2の問題は、評議を含めた量刑判断のブッラクボックス化である[20]。量刑判断過程は、従前の職業裁判官のみで構成される裁判においても問題とされ、判決文に量刑判断過程をどのように反映するかが課題とされている。市民の参加する裁判員裁判では、量刑判断において評議でどのように展開されるか注視されている。最高裁平成26年7月24日第一小法廷判決は、量刑不当を理由とする控訴を棄却した原審大阪高裁平成25年4月11日判決を破棄自判した。法廷意見は、原原審大阪地裁平成24年3月21日判決の量刑判断に対し、「公益の代表者である検察官の懲役10年という求刑を大幅に超える懲役15年という量刑をすることについて、具体的、説得的な根拠が示されているとはいい難い。その結果、本件第1審は、甚だしく不当な量刑判断に至った」と判示する[21]。

　最高裁平成27年2月3日第二小法廷決定は、死刑判断の評議について「評議に際しては、その検討結果を裁判体の共通認識とし、それを出発点として議論することが不可欠である。このことは、裁判官のみで構成される合議体によって行われる裁判であろうと、裁判員の参加する合議体によって行われる裁判であろうと、変わるものではない。そして、評議の中では、前記のような裁判例の集積から見いだされる考慮要素として、犯行の罪質、動機、計画性、態様殊に殺害の手段方法の執よう性・残虐性、結果の重大性殊に殺害された被害者の数、遺族の被害感情、社会的影響、犯人の年齢、前科、犯行後の情状等が取り上げられることとなろうが、結論を出すに当たっては、各要素に与えられた重みの程度・根拠を踏まえて、総合的な評価を行い、死刑を選択することが真にやむを得ないと認められるかどうかについて、前記の慎重に行われなければならないという観点及び公平性の確保の観点をも踏まえて議論を深める必要がある。その上で、死刑の科刑が是認されるためには、死刑の選択をやむを得ないと認めた裁判体の判断の具体的、説得的な根拠が示される必要があり、控訴審は、第1審のこのような判断が合理的なものといえるか否かを審査すべきである。」と判示する[22]。

　裁判員裁判が裁判員及び補充裁判員に事実認定と量刑判断を求める根拠は、市民の視点を導入し従前の職業裁判官の硬直化した判断を是正することにある。裁判官は、従前の量刑判断の枠組みを当該事案との関連で裁判員及び補充

裁判員に分かり易く説明し、合議体の評議の基盤を形成する責務があることが前提である[23]。最高裁平成26年7月24日第一小法廷判決及び最高裁平成27年2月3日第二小法廷決定の法廷意見及び補足意見は、この点を明確に判示するものであり、裁判員裁判での裁判官の役割、評議の在り方についての指摘は妥当である。

　第3の問題は、死刑求刑事案等では裁判員及び補充裁判員に多大な負担を強いる点である[24]。裁判員及び補充裁判員の心理的プレッシャーは、公判時のみならず死刑執行時まで継続し、執行後は更に増幅する可能性もある。公判廷での刺激的映像の使用等は、最高裁判所の要請もあり東京地裁方式を参考に各合議体で改善されつつあるが、裁判員及び補充裁判員へのメンタルヘルスケアの継続的サポートは予防的ケアをも含めて不可欠の要請である[25]。

　5．最高裁平成26年3月10日第一小法廷判決は、最高裁平成24年2月13日第一小法廷判決[26]を引用し覚せい剤取締法及び関税法違反事案において原審の裁判員裁判の事実認定を経験則に照らして不合理であることを具体的に示して事実誤認があるとして破棄差戻した控訴審の判断を支持し控訴棄却とした[27]。横田尤孝裁判官は、補足意見で公判前整理手続における争点整理及び審理計画の策定の重要性とそれに基づく公判審理の重要性を指摘する[28]。

　公判前整理手続の円滑な運用には、検察官手持ち証拠の早急な開示が不可欠であり、検察改革の一端として現行証拠開示制度の枠組みを前提に検察官に対し検察官請求証拠の開示後、被告人又は弁護人から請求のあった時には速やかに証拠の一覧表を交付する制度の実施が求められている。

　裁判員裁判制度は、直接主義・口頭主義を前提に公判廷での供述を中心としながらも他方では取調べの可視化の要請もある。最高検察庁は、平成23年7月8日「検察改革-その現状と今後の取組-」において特捜部における被疑者取調べの録音・録画の試行、特別刑事部の独自捜査事件の被疑者取調べの録音・録画、知的障害によりコミュニケーション能力に問題がある被疑者等に対する取調べの録音・録画の実施をあげる[29]。最高検察庁は、可視化の拡大に伴う実施状況として平成26年10月からの3カ月間で、全国の検察において供述が立証の中心となる事件6246件を録音・録画したと公表する[30]。

　法制審議会・新時代の刑事司法制度特別部会は、『新たな刑事司法制度の構築についての調査審議の結果【案】』において取調べの録音・録画制度の導入

について提言する[31]。

　なお、行政府は、裁判員裁判対象事件と検察独自捜査事件の可視化を盛り込んだ刑事訴訟法改正案を第189回通常国会に提出する方針を打ち出しており、取調べの一層の可視化の進展が期待される。

　6．最高裁判所は、裁判員及び補充裁判員との意見交換会を各地で実施し議事録をHP上に公開している。福岡地裁は、全国でも逸早く平成22年12月17日に意見交換会を実施している。東京地裁及び大阪地裁では、平成27年2月までに支部も含め34回の意見交換会を実施している。意見交換会の議事進行は、各裁判所で異なるが実施回数を重ねる毎に改善が見られ、司会者は参加する法曹3者の自己紹介の後、裁判員及び補充裁判員の自己紹介に先立ち関与した事案を紹介しリラックスした中での意見交換会を試みている。当初の意見交換会は、裁判所サイドでテーマ設定し展開されていたが、次第にフリートーキングとなり参加者が自発的に自からの意見を開陳している。但し、意見交換会の開催時刻は、時間帯によっては有職者の参加が不可能な設定も散見され、工夫の余地が残されている。

　裁判員裁判は、裁判員及び補充裁判員の参加が大前提である。近時、選任手続期日の出席率低下と辞退率上昇傾向が顕著となり、制度開始後5年間で10ポイントの変化が見られるという[32]。裁判員裁判制度の安定した運営には、選任手続期日の出席率低下と辞退率上昇傾向の原因の分析と対応が焦眉の急を要する課題である。

1) 　臨時司法制度調査会は、昭和37年9月から昭和39年8月まで62回の会議を開催し、その成果を『臨時司法制度調査会意見書（昭和39年8月）』として公表する（http://www.moj.go.jp/content/000036339.pdf）。臨時司法制度調査会は、臨時司法制度調査会設置法（昭和37年5月11日法律第122号）に基づき設置期間を昭和37年9月1日から2年間とし内閣に委員20人（衆議院議員4人、参議院議員3人、裁判官3人、検察官3人、学識経験者4人、弁護士3人）とし設置された。委員は、衆議院議員小島徹三、同瀬戸山三男、同高橋禎一、同坂本泰良、参議院議員後藤義隆、同林田正治、同亀田得治、裁判官五鬼上堅磐・最高裁判所判事、鈴木忠一・東京高等裁判所判事、山本謹吾・東京地方裁判所判事、高橋一郎・最高検察庁公安部長、馬場義続・最高検察庁検事総長、渡部善信・東京地方検察庁検事正、弁護士島田武夫、同長野国助、同山本　登、学識経験者今里広記、同阪田泰二、同鈴木竹雄、同我妻　榮であり、会長は我妻　榮である。
2) 　司法制度改革審推進本部・法曹養成検討委員会委員として司法制度改革に関与したダニエル・H・フット教授の指摘は、わが国とアメリカの裁判制度の比較検討を踏まえ示唆的である。ダニエル・H・フット（溜箭将之訳）『名もない顔もない司法－日本の司法は変わるのか－』、NTT出版、2007年参照。村井敏邦「司法改革と刑事訴訟のあり方」（村井敏邦他編『刑事司法

結　語　375

改革と刑事訴訟法　上巻」、日本評論社、2007年、187頁以下所収）参照。
3）　刑集65巻8号1285頁参照。拙稿「裁判員裁判制度に内在する諸問題-鳥取地裁平成24年12月4日判決を素材に-」、島大法学56巻3号（2013年）4頁以下参照（本書149頁所収）。
4）　http://www.saibanin.courts.go/jp/vcms_lf/h27_2_saibaninsokuhou.pdf　実施状況（制度施行～平成27年1月末・速報）については、377頁以下参照。
5）　最高裁判所長官新年のことば（http://www.courts.go.jp/about/topics/sinnennokotoba_h26/index.html）。寺田逸郎長官が法務省司法法制部長当時に司法制度改革審議会設置法案提出時に事務当局は「司法制度審議会」と称する原案を提出したとのエピソードは、法務省と行政府の意識の差異を示し興味深い。寺田逸郎「ゆらぐ司法の輪郭-裁判の役割拡大とその変容」、司法法制部季報101号（2002年）1頁以下参照。
6）　刑集68巻3号93頁以下参照。最高裁平成21年10月16日第二小法廷判決は、裁判員裁判制度導入前ではあるが刑訴法改正を踏まえて公判前整理手続を視野に「審理の在り方としては、合理的な期間内に充実した審理を行って事案の真相を解明することができるよう、具体的な事件ごとに、争点、その解決に必要な事実の認定、そのための証拠の採否を考える必要がある。そして、その際には、重複する証拠その他必要性の乏しい証拠の取調べを避けるべきことは当然であるが、当事者主義（当事者追行主義）を前提とする以上、当事者が争点とし、あるいは主張、立証しようとする内容を踏まえて、事案の真相の解明に必要な立証が的確になされるようにする必要がある。」と判示する（刑集63巻8号937頁以下、特に945頁参照）。
7）　刑集66巻4号482頁以下参照。
8）　刑集68巻3号499頁以下参照。
9）　http://www.courts.go.jp/app/files/hanrei_jp/839/084839_hanrei.pdf及びhttp://www.courts.go.jp/app/files/hanrei_jp/840/084840_hanrei.pdf
10）　刑集68巻6号925頁以下参照。本事案は、身体的虐待の事例である。原原審大阪地裁平成24年3月21日第5刑事部判決及び本判決の詳細について、拙稿「裁判実務における児童虐待事案の刑事法的一考察」、法学新報121巻11=12号（2015年）599頁以下、特に、609頁以下参照。
11）　高刑集66巻3号1頁参照。
12）　高刑集66巻3号42頁参照。
13）　南青山事件について、裁判所時報1621号1頁参照。
14）　松戸事件について、裁判所時報1621号4頁参照。
15）　平成26年合（わ）第98号事件。本判決については、改めて検討する。
16）　これらの作業の実態は、外部からは見え難い作業である。裁判所内部からの以下の実証的研究は、大阪地裁での運用の実情を紹介し検討する論稿で今後の研究に示唆するところ大である。大寄　淳・福家康史「審理期間・審理計画の策定（一般）」、判例タイムズ1407号（2015年）5頁以下参照。
17）　岡田幸之「責任応力判断の構造と着眼点-8ステップと7つの着眼点」、精神神経学雑誌115巻（2013年）1064頁以下及び同「刑事責任能力判断と裁判員裁判」、法律のひろば67巻4号（2014年）41頁以下参照。
18）　刑事責任能力判断と精神鑑定に内在する課題について、伊東研祐「裁判員裁判における刑事責任能力判断と精神鑑定-刑事実定法研究者から見た今後の課題」、犯罪と非行170号（2011年）37頁以下参照。司法研修所編『難解な法律概念と裁判員裁判』、法曹会、平成21年参照。
19）　周産期メンタルヘルス・ケアは、精神科医、産婦人科医、小児科医、看護師、助産師、薬剤師、臨床心理士、保健師や精神保健福祉士の多職種間医療連携が必須の領域であり、国際標準化の必要性が指摘されている。精神神経学雑誌116巻12号（2014年）は、「周産期メンタルヘルスの国際標準化に向けて」を特集する。鈴木利人「英国周産期メンタルヘルスガイドラインの紹介-国内周産期メンタルヘルス機能の充実に向けて-」、同誌982頁以下、岡野禎司「周産期メンタルヘルス・ケア体制の国内外比較」、同誌990頁参照。周産期メンタルヘルス具体的アプローチとして、北村利則「周産期メンタルヘルスの臨床と研究における心理社会的アプローチの役割」、同誌1005頁以下参照。

20) 木谷 明教授は、評議のブラックボックス化を回避する方策として評議の冒頭である裁判長の説示を公判廷で行い双方当事者からの批判にさらすことを提案する。木谷 明『刑事裁判のいのち』、法律文化社、2013年、88頁参照。
21) 刑集68巻6号925頁参照。判例評釈として、原田國男「裁判員裁判の量刑の在り方−最高裁平成26年7月24日判決をめぐって−」刑事法ジャーナル42号（2014年）43頁参照。
22) 前掲註13）参照。
23) 評議については多くの論稿が蓄積されているが、特に、裁判官経験者による初期の論稿として、安井久治「裁判員裁判における評議について」（龍岡資晃他『小林 充先生・佐藤文哉先生 古稀祝賀刑事裁判論集 下巻』、判例タイムズ社、2006年、523頁以下所収）、川上拓一「裁判員の参加する刑事裁判における評議に関する覚書」（龍岡資晃他『小林 充先生・佐藤文哉先生 古稀祝賀刑事裁判論集 下巻』、541頁以下所収）、守屋克彦「裁判員裁判と評議」（本村 徹・石塚章夫・大出良知『宮本康昭先生古稀記念論文集 市民の司法をめざして』、日本評論社、2006年、427頁以下所収）参照。
24) 法律時報82巻7号（2010年）は、水谷則男教授の企画で裁判員法施行1年死刑判決0件時点で特集「裁判員時代における死刑問題」を掲載する。石塚伸一「大量死刑時代の終焉？−厳罰主義の後始末」、8頁以下参照。法律時報87巻2号（2015年）は、伊東研祐教授の企画で裁判員法施行5年死刑判決22件時点で小特集「世論・裁判員裁判と死刑」を掲載する。伊東研祐「日本の死刑論／死刑存廃論の現状と再定位」、54頁以下、若林秀樹「裁判員制度と死刑情報の開示−裁判員制度は『死刑の存廃判断の深化』をもたらし得るか」、72頁以下及び関谷 昇「国民主権・民主主義は死刑を正統化しうるか−社会契約説の観点から」、78頁以下参照。
25) 裁判員のストレスについてアメリカの陪審員制度の視点から、岩田 太「死刑判断と陪審の精神的負担−合衆国の経験から」、法律時報82巻7号（2010年）33頁以下及び河辺幸雄「アメリカ陪審員ストレス研究に学ぶ＜裁判員ストレスと「評議の秘密」の視座から＞（1）、広島法学37巻3号（2014年）47頁以下、同「アメリカ陪審員ストレス研究に学ぶ＜裁判員ストレスと「評議の秘密」の視座から＞（2）、広島法学37巻4号（2014年）85頁以下参照。
26) 刑集66巻4号482頁参照。
27) 刑集68巻3号87頁参照。
28) 刑集68巻3号93頁以下参照。
29) 最高検察庁「検察改革−その現状と今後の取組−」（http://www.kensatsu.go.jp/oshirase/sinki/kongonotorikumi.pdf）参照。
30) 毎日新聞 2015年1月27日朝刊参照。
31) 刑事法ジャーナル42号（2014年）は、「取り調べの録音・録画制度」を特集し、川出敏裕「被疑者取り調べの録音・録画制度−法制審議会答申に至る経緯−」、田野尻 猛「検察における取り調べの録音・録画制度の運用」、露木康治「警察における取り調べの録音・録画制度の運用と課題」、小坂井 久「取り調べの録音・録画制度の課題−要綱案を踏まえて−」の論稿を掲載する。
32) 平成26年11月13日開催第25回裁判員制度の運用等に関する有識者懇談会におけるオブザーバー合田悦三東京地裁刑事部長代行及び今田幸子委員の指摘。第25回裁判員制度の運用等に関する有識者懇談会議事録参照（http://www.courts.go.jp/saikosai/iinkai/vcms_lf/808025.pdf）。

結　語　377

【資料】裁判員裁判の実施状況について（制度施行〜平成27年1月末・速報）

表1　罪名別の新受人員の推移

	累計	平成21年	平成22年	平成23年	平成24年	平成25年	平成26年	平成27年(1月末)
総数	9,161	1,196	1,797	1,785	1,457	1,465	1,393	68
強盗致傷	2,181	295	468	411	329	342	321	15
殺人	1,927	270	350	371	313	303	302	18
現住建造物等放火	857	98	179	167	128	141	136	8
傷害致死	801	70	141	169	146	136	131	8
覚せい剤取締法違反	760	90	153	173	105	105	129	5
（準）強姦致死傷	676	88	111	137	124	121	91	4
（準）強制わいせつ致死傷	643	58	105	105	109	133	131	2
強盗強姦	397	61	99	83	59	57	36	2
強盗致死（強盗殺人）	234	51	43	37	37	37	27	2
偽造通貨行使	176	34	60	30	34	12	4	2
危険運転致死	123	13	17	20	27	21	23	2
通貨偽造	92	14	18	20	19	17	4	-
集団（準）強姦致死傷	64	13	2	17	6	9	17	-
逮捕監禁致死	51	4	18	21	1	4	3	-
銃砲刀剣類所持等取締法違反	45	13	5	3	4	10	10	-
保護責任者遺棄致死	44	7	9	12	4	5	7	-
組織的犯罪処罰法違反	28	6	5	-	-	3	14	-
爆発物取締罰則違反	13	6	-	-	5	2	-	-
麻薬特例法違反	13	1	5	3	2	1	1	-
麻薬及び向精神薬取締法違反	9	1	3	1	2	2	-	-
身代金拐取	6	-	3	-	-	-	3	-
その他	21	3	3	5	2	3	5	-

(注)　1　刑事月報による延べ人員である。
　　　2　受理後の罰条の変更等により，裁判員裁判対象事件になったものを含まず，同事件に該当しなくなったものは含む。
　　　3　1通の起訴状で複数の罪名の異なる裁判員裁判対象事件が起訴された場合は，法定刑の最も重い罪名に計上した。
　　　4　未遂処罰規定のある罪名については，未遂のものを含む。
　　　5　「組織的犯罪処罰法」は，「組織的な犯罪の処罰及び犯罪収益の規制等に関する法律」の略である。
　　　6　「麻薬特例法」は，「国際的な協力の下に規制薬物に係る不正行為を助長する行為等の防止を図るための麻薬及び向精神薬取締法等の特例等に関する法律」の略である。
　　　7　「危険運転致死」は，平成25年法律86号による改正前の刑法208条の2及び自動車の運転により人を死傷させる行為等の処罰に関する法律2条に規定する罪である。
　　　8　裁判員裁判に関する事務を取り扱う支部以外の支部に起訴された人員を除く。
　　　9　速報値である。

378

表2 庁別の新受人員、終局人員及び未済人員の推移

	累計			平成21年			平成22年			平成23年			平成24年			平成25年			平成26年			平成27年(1月末)		
	新受	終局	未済	新受	終局	未済	新受	終局	未済	新受	終局	未済	新受	終局	未済	新受	終局	未済	新受	終局	未済	新受	終局	未済
総数	8,381	7,484	897	1,142	148	994	1,591	1,530	1,055	1,624	1,568	1,111	1,345	1,526	930	1,331	1,415	846	1,287	1,220	913	61	77	897
東京地裁本庁	750	670	80	98	9	89	149	138	100	138	136	102	120	132	90	119	137	72	120	111	81	6	7	80
東京地裁立川支部	242	220	22	43	4	39	51	54	36	46	40	42	31	48	25	39	38	26	30	35	21	2	1	22
横浜地裁本庁	389	347	42	41	3	38	82	65	55	88	84	59	59	81	37	62	61	38	54	51	41	3	2	42
横浜地裁小田原支部	72	67	5	9	2	7	9	12	4	20	12	12	6	14	4	14	8	10	14	18	6	-	1	5
さいたま地裁本庁	421	371	50	59	7	52	74	68	58	67	77	48	91	79	60	55	77	38	71	58	51	4	5	50
千葉地裁本庁	884	781	103	115	14	101	175	143	133	194	202	125	118	166	77	128	128	77	149	121	105	5	7	103
水戸地裁本庁	169	155	14	22	1	21	38	48	11	29	25	15	28	29	14	27	27	14	25	24	15	-	1	14
宇都宮地裁本庁	146	133	13	16	1	15	26	26	15	26	26	15	23	26	12	36	30	18	19	23	14	-	1	13
前橋地裁本庁	122	115	7	21	1	20	22	33	9	24	20	13	31	29	15	9	17	7	15	12	10	-	3	7
静岡地裁本庁	47	43	4	4	-	4	8	9	3	12	8	7	10	10	7	5	7	5	8	9	4	-	-	4
静岡地裁沼津支部	76	60	16	11	2	9	13	14	8	16	13	11	11	16	6	8	7	7	16	7	16	1	1	16
静岡地裁浜松支部	50	44	6	5	1	4	8	6	6	8	7	7	9	11	5	10	7	8	10	11	7	-	-	6
甲府地裁本庁	65	60	5	8	2	6	10	9	7	15	12	10	12	16	6	9	12	3	11	9	5	1	1	5
長野地裁本庁	56	48	8	11	1	10	12	14	8	10	11	7	8	12	3	4	4	3	10	6	7	-	-	8
長野地裁松本支部	42	40	2	7	1	6	9	7	8	7	11	4	6	6	4	7	8	3	6	7	2	-	-	2
新潟地裁本庁	74	68	6	7	-	7	17	17	7	20	14	13	10	16	7	3	8	2	12	9	6	-	-	6
大阪地裁本庁	715	637	78	108	12	96	119	126	89	130	113	106	123	123	106	122	134	94	107	120	81	6	9	78
大阪地裁堺支部	202	188	14	29	1	28	43	38	33	42	41	34	31	41	24	35	37	22	22	28	16	-	2	14
京都地裁本庁	177	158	19	20	3	17	35	22	30	28	35	23	40	29	34	27	36	25	27	31	21	-	2	19
神戸地裁本庁	241	217	24	31	4	27	52	48	31	36	43	24	44	38	30	47	43	34	30	39	25	1	2	24
神戸地裁姫路支部	66	58	8	20	1	19	12	19	12	9	14	7	7	7	7	10	6	9	8	12	8	-	-	8
奈良地裁本庁	68	59	9	9	4	5	11	7	9	13	11	7	17	18	10	6	8	8	12	10	10	-	1	9
大津地裁本庁	82	77	5	18	6	12	19	18	10	17	18	9	16	14	11	15	17	9	6	10	5	1	-	5
和歌山地裁本庁	68	55	13	10	2	8	19	18	9	11	8	12	7	7	9	12	11	10	8	6	12	1	1	13
名古屋地裁本庁	373	324	49	63	4	59	67	74	52	88	77	63	53	73	43	38	43	38	61	49	50	3	4	49
津地裁本庁	127	106	21	13	1	12	21	18	15	25	21	19	25	25	19	16	28	7	26	11	22	1	2	21
岐阜地裁本庁	93	86	7	7	1	6	16	12	10	25	23	12	19	24	15	14	20	9	12	13	8	-	1	7
福井地裁本庁	119	108	11	17	4	13	25	21	17	18	23	12	15	19	8	8	30	19	13	22	10	1	1	11
金沢地裁本庁	40	35	5	3	1	2	7	4	5	12	7	10	4	10	4	4	7	1	9	6	5	-	1	5
富山地裁本庁	44	44	-	7	-	7	10	8	9	10	11	8	7	11	4	7	8	3	3	5	1	-	1	-
京都地裁岡崎支部	33	31	2	2	1	1	-	-	-	8	8	-	5	9	-	3	7	-	1	5	-	1	-	2

結　語　379

	累計			平成21年			平成22年			平成23年			平成24年			平成25年			平成26年			平成27年(1月末)		
	新受	終局	未済	新受	終局	未済	新受	終局	未済	新受	終局	未済	新受	終局	未済	新受	終局	未済	新受	終局	未済	新受	終局	未済
広島地裁本庁	184	166	18	23	4	19	36	24	31	33	34	30	29	36	23	39	31	31	22	36	17	2	1	18
山口地裁本庁	51	46	5	7	2	5	8	11	2	11	5	8	15	15	9	5	8	5	5	4	6	-	1	5
岡山地裁本庁	132	111	21	13	3	10	27	16	21	27	29	19	11	21	9	26	21	14	26	20	20	2	1	21
鳥取地裁本庁	21	17	4	5	2	2	2	3	2	4	3	3	-	2	1	4	4	4	5	6	3	1	-	4
松江地裁本庁	21	19	2	3	1	2	1	2	1	4	3	3	4	4	3	5	4	4	4	5	6	-	-	2
福岡地裁本庁	299	255	44	43	5	38	61	64	35	56	56	35	35	46	24	38	43	19	65	38	46	1	3	44
福岡地裁小倉支部	118	93	25	10	-	10	17	22	5	14	14	5	18	11	12	22	21	13	34	23	24	3	2	25
佐賀地裁本庁	53	47	6	6	-	6	5	9	2	8	6	4	11	10	5	13	14	4	9	6	7	-	-	6
長崎地裁本庁	51	47	4	14	2	12	6	15	3	8	5	6	8	11	3	7	7	3	7	7	3	1	-	4
大分地裁本庁	68	65	3	6	1	5	13	11	7	16	17	6	15	12	9	11	17	3	7	7	3	-	-	3
熊本地裁本庁	85	83	2	13	4	9	13	17	5	20	11	14	12	18	8	19	19	8	8	11	5	3	-	2
鹿児島地裁本庁	113	98	15	19	3	16	17	20	13	29	26	16	6	20	2	22	12	12	20	16	16	3	-	15
宮崎地裁本庁	57	45	12	6	2	4	9	9	4	11	8	7	14	12	9	2	9	2	14	4	12	1	-	12
那覇地裁本庁	96	87	9	15	1	14	18	24	8	16	19	5	11	13	3	16	12	7	20	16	11	1	2	9
仙台地裁本庁	110	104	6	18	6	12	28	29	11	26	17	20	13	21	12	16	21	7	8	10	5	1	-	6
福島地裁本庁	39	37	2	2	1	1	7	4	4	16	16	4	2	4	2	4	3	3	7	9	1	1	-	2
福島地裁郡山支部	76	74	2	14	2	12	24	21	15	11	22	4	10	7	7	9	11	5	7	11	3	1	-	2
山形地裁本庁	52	49	3	5	1	4	10	8	6	9	11	4	15	5	14	10	17	5	3	7	2	-	-	3
盛岡地裁本庁	33	30	3	2	-	2	6	4	4	7	6	5	5	6	4	7	9	5	2	5	2	-	-	3
秋田地裁本庁	33	29	4	3	1	2	5	3	2	4	4	4	8	7	5	7	7	5	6	7	4	-	-	4
青森地裁本庁	78	76	2	7	2	5	23	17	11	11	15	7	8	13	2	9	19	2	4	9	2	1	1	2
札幌地裁本庁	189	168	21	30	4	26	39	35	30	30	37	23	25	34	14	39	28	25	23	29	19	3	1	21
函館地裁本庁	32	29	3	2	-	2	6	6	3	7	7	3	6	6	3	7	8	2	4	2	4	-	-	3
旭川地裁本庁	32	29	3	5	-	5	6	6	5	4	8	1	7	4	4	4	7	1	4	4	4	2	-	3
釧路地裁本庁	45	44	1	2	1	2	6	3	5	12	11	6	12	10	8	11	15	4	1	5	-	-	-	1
高松地裁本庁	84	76	8	7	1	6	19	18	7	16	13	10	13	16	7	10	13	4	19	14	9	-	1	8
徳島地裁本庁	43	40	3	7	-	7	5	5	7	7	8	2	7	7	7	10	8	3	7	7	4	-	-	3
高知地裁本庁	42	35	7	13	1	12	3	14	1	6	5	2	3	4	1	8	5	4	7	6	5	2	-	7
松山地裁本庁	91	80	11	8	2	6	11	12	5	9	10	2	21	10	15	18	23	10	24	21	13	-	2	11

(注) 1　刑事局の調査による実人員である。
2　裁判員裁判に関する事務を取り扱う支部以外の支部に起訴された人員を除く。
3　訴因変更により裁判員裁判対象事件となった事件は、訴因変更決定日ではなく、起訴日をもって新受欄の当該箇所に計上した。
4　裁判員法3条1項の除外決定があったものを除く。
5　概数である。

裁判員裁判の実施状況について (制度施行～平成27年1月末・速報)

表3 罪名別・量刑分布別（終局区分別を含む）の終局人員及び控訴人員

	終局人員	終局区分 有罪																		無罪	家裁へ移送	その他	控訴人員	控訴率(%)
		有罪人員	死刑	無期懲役	有期懲役										有期禁錮			罰金	刑の免除					
					30年以下	25年以下	20年以下	15年以下	10年以下	7年以下	5年以下	3年以下			有期禁錮	執行猶予	うち保護観察							
												実刑	執行猶予	うち保護観察										
総数	7,484	7,292	22	146	72	102	330	786	1,494	1,448	1,246	451	1,189	644	-	1	-	4	1	41	5	146	2,606	35.5
強盗致傷	1,668	1,621	-	-	-	4	21	101	370	461	409	69	185	125	-	-	-	-	-	3	3	41	581	35.8
殺人	1,635	1,601	8	46	30	37	185	269	206	222	181	95	322	139	-	-	-	-	-	7	1	26	547	34.0
傷害致死	735	721	-	-	-	4	1	64	183	179	144	58	88	17	-	-	-	-	-	8	1	5	278	38.1
現住建造物等放火	688	675	-	1	1	2	8	21	33	85	177	78	269	181	-	-	-	-	-	-	2	11	127	18.8
覚せい剤取締法違反	656	626	-	-	-	-	21	96	340	140	18	8	3	2	-	-	-	-	-	18	-	12	323	50.2
(準)強姦致死傷	481	459	-	-	-	11	14	23	69	109	126	77	14	16	-	-	-	-	-	-	-	22	191	41.6
(準)強制わいせつ致死傷	433	428	-	-	-	-	3	9	21	51	105	70	169	119	-	-	-	-	-	-	-	5	88	20.6
強盗強姦	209	196	-	6	17	21	27	58	50	13	3	1	-	-	-	-	-	-	-	-	-	13	84	42.9
強盗致死(強盗殺人)	203	199	14	90	11	16	22	31	12	3	-	-	-	-	-	-	-	-	-	1	-	3	130	65.0
麻薬特例法違反	197	197	-	-	-	-	3	22	60	80	31	1	-	-	-	-	-	-	-	-	-	-	81	41.1
偽造通貨行使	119	119	-	-	-	-	-	-	-	1	28	17	72	25	-	-	-	-	-	-	-	-	15	12.6
危険運転致死	109	109	-	-	-	-	1	12	45	25	14	6	3	2	-	-	-	-	-	-	-	-	40	36.7
逮捕監禁致死	51	51	-	-	-	-	4	10	10	12	4	11	2	-	-	-	-	-	-	-	-	-	19	37.3
集団(準)強姦致死傷	44	43	-	1	-	2	6	6	16	7	1	1	3	-	-	-	-	-	-	-	-	1	19	44.2
保護責任者遺棄致死	40	39	-	-	-	-	-	1	5	10	11	4	8	1	-	-	-	-	-	-	-	1	13	32.5
銃刀法違反	32	29	-	-	-	-	-	7	4	12	6	-	-	-	-	-	-	-	-	-	-	3	12	41.4
傷害	31	31	-	-	-	-	-	-	-	3	7	14	7	-	-	-	-	-	-	-	-	-	8	25.8
通貨偽造	24	22	-	-	-	-	-	-	-	-	6	3	13	9	-	-	-	-	-	-	-	2	2	9.1
強盗	24	24	-	-	-	-	-	2	5	7	7	1	-	-	-	-	-	-	-	-	-	-	8	33.3
(準)強姦	20	20	-	-	-	-	2	2	11	3	2	1	-	-	-	-	-	-	-	-	-	-	5	25.0
組織的犯罪処罰法違反	15	14	-	2	-	-	5	2	2	2	1	-	-	-	-	-	-	-	-	-	-	1	10	66.7
爆発物取締罰則違反	10	10	-	1	-	1	1	3	1	2	-	-	1	-	-	-	-	-	-	-	-	-	6	66.7
麻薬取締法違反	10	10	-	-	-	-	-	4	3	2	1	-	-	-	-	-	-	-	-	-	-	-	5	50.0
窃盗	6	6	-	-	-	-	-	-	-	-	1	1	4	2	-	-	-	-	-	-	-	-	1	16.7
自殺関与及び同意殺人	5	5	-	-	-	-	-	-	-	-	-	3	2	-	-	-	-	-	-	-	-	-	1	20.0
海賊行為処罰法違反	5	4	-	-	-	-	-	1	3	-	-	-	-	-	-	-	-	-	-	-	-	1	4	100.0
拐取者身の代金取得等	4	4	-	-	-	-	2	-	2	-	-	-	-	-	-	-	-	-	-	-	-	-	-	-
非現住建造物等放火	3	3	-	-	-	-	-	-	-	-	-	-	2	1	-	-	-	-	-	-	-	-	-	-
建造物等以外放火	3	3	-	-	-	-	-	-	-	-	-	-	3	-	-	-	-	-	-	-	-	-	1	33.3
激発物破裂	3	3	-	-	-	-	-	-	2	-	1	-	-	-	-	-	-	-	-	-	-	-	1	33.3
暴行	3	3	-	-	-	-	-	-	-	-	-	-	-	-	-	-	-	-	-	-	-	3	-	-
建造物等延焼	2	2	-	-	-	-	-	-	-	-	-	-	1	1	-	-	-	-	-	-	-	-	1	50.0
集団(準)強姦	2	2	-	-	-	-	-	-	-	1	1	-	-	-	-	-	-	-	-	-	-	-	2	100.0
身の代金拐取	2	2	-	-	-	-	-	1	1	-	-	-	-	-	-	-	-	-	-	-	-	-	-	-
道路交通法違反	2	2	-	-	-	-	-	-	-	-	-	-	2	-	-	-	-	-	-	-	-	-	1	50.0
ガス漏出等致死	1	1	-	-	-	-	-	-	-	-	-	-	1	-	-	-	-	-	-	-	-	-	-	-
(準)強制わいせつ	1	1	-	-	-	-	-	-	-	-	-	-	1	1	-	-	-	-	-	-	-	-	-	-
死体損壊	1	1	-	-	-	-	-	-	-	-	1	-	-	-	-	-	-	-	-	-	-	-	-	-
業務上過失致死	1	1	-	-	-	-	-	-	-	-	-	1	-	-	-	-	-	-	-	-	-	-	-	-
自動車運転過失致死	1	1	-	-	-	-	-	-	-	-	-	-	1	1	-	-	-	-	-	-	-	-	-	-
保護責任者遺棄等	1	1	-	-	-	-	-	-	-	-	-	-	1	1	-	-	-	-	-	-	-	-	-	-
常習累犯強盗	1	1	-	-	-	-	-	-	-	-	1	-	-	-	-	-	-	-	-	-	-	-	-	-
恐喝	1	1	-	-	-	-	-	-	-	-	-	-	1	-	-	-	-	-	-	-	-	-	-	-
関税法違反	1	1	-	-	-	-	-	-	-	-	-	-	1	-	-	-	-	-	-	-	-	-	1	100.0
出入国管理及び難民認定法違反	1	1	-	-	-	-	-	-	-	-	-	-	1	1	-	-	-	-	-	-	-	-	1	100.0

(注) 1 刑事通常第一審事件票による実人員である。
2 「その他」は、公訴棄却、移送（少年法55条による家裁移送を除く。）等である。
3 未遂処罰規定のある罪名については、未遂のものを含む。
4 有罪（一部無罪を含む。）の場合は処断罪名を、無罪、その他の場合は終局時において当該事件について掲げられている訴因の罪名のうち、裁判員裁判対象事件の罪名（裁判員裁判対象事件が複数あるときは、法定刑が最も重いもの）を、それぞれ計上した。
5 起訴罪名と認定罪名が異なる場合や罰条の変更等の場合などにおいては、裁判員裁判対象事件の罪名と異なる罪名で計上されることがある。
6 「麻薬特例法」は、「国際的な協力の下に規制薬物に係る不正行為を助長する行為等の防止を図るための麻薬及び向精神薬取締法等の特例等に関する法律」の略である。
7 「銃刀法」は、「銃砲刀剣類所持等取締法」の略である。
8 「組織的犯罪処罰法」は、「組織的な犯罪の処罰及び犯罪収益の規制等に関する法律」の略である。
9 「麻薬取締法」は、「麻薬及び向精神薬取締法」の略である。
10 「海賊行為処罰法」は、「海賊行為の処罰及び海賊行為への対処に関する法律」の略である。
11 「危険運転致死」は、平成25年法律第86号による改正前の刑法208条の2及び自動車の運転により人を死傷させる行為等の処罰に関する法律に規定する罪である。
12 刑法3条1項の域外規定があったものを除く。
13 裁判員裁判に関する事務を取り扱う支部以外の支部に起訴され、当該支部の管轄区域を取扱区域とする本庁又は支部に回付された人員を除く。
14 速報値である。

結　語　381

表4　裁判員候補者名簿記載者数、各段階における裁判員候補者数及び選任された裁判員・補充裁判員の数の推移

		累計	平成21年	平成22年	平成23年	平成24年	平成25年	平成26年	平成27年(1月末)
イ	裁判員候補者名簿記載者数	1,970,906	295,036	344,900	315,940	285,530	259,200	236,500	233,800
ロ	名簿使用率(%)（「ハ」/「イ」）	34.2	4.5	36.7	41.7	47.5	52.2	52.0	3.8
ハ	選定された裁判員候補者数	674,478 [91.9]	13,423 [94.5]	126,465 [84.0]	131,880 [86.5]	135,535 [90.4]	135,207 [97.5]	123,049 [102.4]	8,919 [117.4]
ニ	調査票により辞退等が認められた裁判員候補者数	191,624	3,785	32,245	37,771	38,488	39,666	36,755	2,914
ホ	期日の通知・質問票を送付した裁判員候補者数（「ハ」-「ニ」）	482,854 [65.8]	9,638 [67.9]	94,220 [62.6]	94,109 [61.7]	97,047 [64.7]	95,541 [68.9]	86,294 [71.8]	6,005 [79.0]
ヘ	質問票により辞退等が認められた裁判員候補者数	204,202	3,185	34,147	37,756	42,443	43,451	40,351	2,869
ト	選任手続期日に出席を求められた裁判員候補者数（「ホ」-「ヘ」）	278,652	6,453	60,073	56,353	54,604	52,090	45,943	3,136
チ	選任手続期日に出席した裁判員候補者数	212,967 [29.0]	5,415 [38.1]	48,422 [32.2]	44,150 [29.0]	41,526 [27.7]	38,527 [27.8]	32,833 [27.3]	2,094 [27.6]
リ	出席率(%)（「チ」/「ハ」）	31.6	40.3	38.3	33.5	30.6	28.5	26.7	23.5
	（「チ」/「ト」）	76.4	83.9	80.6	78.3	76.0	74.0	71.5	66.8
ヌ	選任手続期日当日に辞退等により不選任決定がされた裁判員候補者数	56,363	1,326	11,850	11,308	10,933	11,055	9,321	570
ル(a)	辞退が認められた裁判員候補者の総数	406,207	7,134	66,977	77,909	83,426	85,615	79,288	5,858
(b)	辞退率(%)（「ル(a)」/「ハ」）	60.2	53.1	53.0	59.1	61.6	63.3	64.4	65.7
ヲ	くじの母数となった候補者数に、理由なし不選任数を加えたもの	183,466 [25.0]	4,802 [33.8]	42,559 [28.3]	38,274 [25.1]	35,768 [23.8]	32,586 [23.5]	27,703 [23.0]	1,774 [23.3]
ワ	選任された裁判員の数	42,268	838	8,673	8,815	8,633	7,937	6,938	434
カ	選任された補充裁判員の数	14,413	346	3,067	2,988	2,906	2,622	2,333	151

(注) 1　「イ」は刑事局の集計結果、「ワ」及び「カ」は刑事局への個別報告に基づく実人員であり、概数である。
　　 2　「ハ」ないし「ヲ」は刑事通常第一審事件数による延べ人員であり、速報値である。
　　 3　「ニ」及び「ヘ」には、辞退が認められた人のほか、(1)欠格事由、就職禁止事由に該当するとして、呼び出さない措置または呼出取消しがされたものが含まれ、さらに前者には、(2)転居先不明等により裁判員候補者名簿記載通知等が不到達であったものが含まれる。
　　 4　「ト」には、そもそも呼出状が到達しておらず、現実的には出席を期待し得ない裁判員候補者も含まれる。
　　 5　「ル(a)」のうち、平成21年及び平成22年の人数には、(1)欠格事由、就職禁止事由に該当するとして、呼び出さない措置がされたもの、(2)転居先不明等により裁判員候補者名簿記載通知等が不到達であったものが含まれる。
　　 6　補充裁判員から裁判員に選任された場合は、重複して計上した。
　　 7　[ ]は、判決人員（累計7,338人、平成21年142人、平成22年1,506人、平成23年1,525人、平成24年1,500人、平成25年1,387人平成26年1,202人、平成27年76人）1人当たりの平均である。なお、判決人員には少年法55条による家裁移送決定があったものを含み、裁判員が参加する合議体で審理が行われずに公訴棄却判決があったものを含まない。

表5 平均審理期間及び公判前整理手続期間の推移（自白否認別）

		累計	平成21年	平成22年	平成23年	平成24年	平成25年	平成26年	平成27年(1月末)
総数	判決人員	7,338	142	1,506	1,525	1,500	1,387	1,202	76
	平均審理期間（月）	8.7	5.0	8.3	8.9	9.3	8.9	8.7	8.2
	公判前整理手続期間の平均(月)	6.4	2.8	5.4	6.4	7.0	6.9	6.8	6.6
	公判前整理手続以外に要した期間の平均(月)	2.3	2.2	2.9	2.5	2.3	2.0	1.9	1.6
自白	判決人員	4,180	114	970	885	806	725	644	36
	平均審理期間（月）	7.2	4.8	7.4	7.3	7.2	7.1	7.0	7.3
	公判前整理手続期間の平均(月)	5.0	2.8	4.6	5.0	5.2	5.4	5.4	5.5
	公判前整理手続以外に要した期間の平均(月)	2.2	2.0	2.8	2.3	2.0	1.7	1.6	1.8
否認	判決人員	3,158	28	536	640	694	662	558	40
	平均審理期間(月)	10.8	5.6	9.8	10.9	11.7	10.9	10.6	9.0
	公判前整理手続期間の平均(月)	8.2	3.1	6.8	8.3	9.1	8.5	8.5	7.5
	公判前整理手続以外に要した期間の平均(月)	2.6	2.5	3.0	2.6	2.6	2.4	2.1	1.5

（注）1 刑事通常第一審事件票による。
2 判決人員は実人員である。
3 「公判前整理手続期間の平均（月）」は、裁判員裁判対象事件以外の事件について、公判前整理手続に付されずに公判を開いた後、罰条の変更等により裁判員裁判対象事件になり、期日間整理手続に付されたもの等を除外して算出した。
4 判決人員には少年法５５条による家裁移送決定があったものを含み、裁判員が参加する合議体で審理が行われずに公訴棄却判決があったものを含まない。
5 裁判員法３条１項の除外決定があったものを除く。
6 速報値である。

表6 公判前整理手続期間（公判前整理手続に付された日から同手続終了日まで）別の判決人員の分布及び平均公判前整理手続期間（自白否認別）

	判決人員	公判前整理手続期間													平均公判前整理手続期間
		15日以内	1月以内	2月以内	3月以内	6月以内	9月以内	1年以内	1年3月以内	1年6月以内	1年9月以内	2年以内	2年3月以内	2年6月以内	2年9月以内	3年以内	3年を超える	
総数	7,272	-	7	221	745	3,332	1,671	725	329	129	49	29	17	8	3	2	5	6.4月
自白	4,136	-	6	192	657	2,315	710	166	62	19	3	4	1	1	-	1	-	5.0月
否認	3,136	-	1	29	88	1,017	961	559	267	110	46	25	16	7	3	1	5	8.2月

（注）1 刑事通常第一審事件票による実人員である。
2 裁判員裁判対象事件以外の事件について、公判前整理手続に付されずに公判を開いた後、罰条の変更等により裁判員裁判対象事件になり、期日間整理手続に付されたもの等があるため、判決人員は他の表と異なる。
3 判決人員には少年法５５条による家裁移送決定があったものを含み、裁判員が参加する合議体で審理が行われずに公訴棄却判決があったものを含まない。
4 裁判員法３条１項の除外決定があったものを除く。
5 速報値である。

結　語　383

表7　平均実審理期間及び平均開廷回数の推移（自白否認別）

		累計	平成21年	平成22年	平成23年	平成24年	平成25年	平成26年	平成27年(1月末)
総数	判決人員	7,338	142	1,506	1,525	1,500	1,387	1,202	76
	平均実審理期間(日)	6.8	3.7	4.9	6.2	7.4	8.1	8.2	8.9
	平均開廷回数(回)	4.3	3.3	3.8	4.1	4.5	4.5	4.5	4.1
自白	判決人員	4,180	114	970	885	806	725	644	36
	平均実審理期間(日)	4.9	3.5	4.0	4.5	5.0	5.8	6.0	5.2
	平均開廷回数(回)	3.6	3.2	3.5	3.6	3.7	3.8	3.8	3.4
否認	判決人員	3,158	28	536	640	694	662	558	40
	平均実審理期間(日)	9.4	4.7	6.6	8.5	10.1	10.5	10.8	12.3
	平均開廷回数(回)	5.1	3.7	4.4	4.9	5.5	5.4	5.3	4.8

（注）1　刑事通常第一審事件票及び刑事局の調査による。
　　　2　判決人員は実人員である。
　　　3　実審理期間は，次の方法により算出した。なお，最長のものは95日であり，最短のものは2日である。
　　(1)　区分審理を行ったものについては，裁判員が参加した審理が行われた期間の合計を実審理期間とした。
　　(2)　裁判官のみで第1回公判を開いた後，裁判員裁判対象事件で追起訴があったため裁判員の参加する合議体で審理されて終局したものについては，裁判員が参加した審理が行われた期間を実審理期間とした。
　　(3)　東日本大震災の影響等で公判期日が延期され，全ての裁判員が解任されたものについては，改めて選任された裁判員の参加した審理が行われた期間を実審理期間とした。
　　(4)　(1)〜(3)以外のものについては，第1回公判から終局までの期間を実審理期間とした。
　　　4　開廷回数には，3(2)の場合の，裁判官のみで行われた公判の回数を含む。
　　　5　判決人員には少年法55条による家裁移送決定があったものを含み，裁判員が参加する合議体で審理が行われずに公訴棄却判決があったものを含まない。
　　　6　裁判員法3条1項の除外決定があったものを除く。
　　　7　速報値である。

表8　平均取調べ証人数の推移（自白否認別）

		累計	平成21年	平成22年	平成23年	平成24年	平成25年	平成26年	平成27年 (1月末)
総数	判決件数	6,914	138	1,423	1,442	1,415	1,294	1,131	71
	取調べ証人実人数	2.6	1.6	2.1	2.3	3.0	2.9	2.9	3.1
	検察官請求証人数	1.6	0.7	1.1	1.3	2.0	2.0	2.0	1.9
	弁護人側請求証人数	1.3	1.1	1.3	1.2	1.3	1.3	1.3	1.3
自白	判決件数	3,884	110	905	818	753	662	602	34
	取調べ証人実人数	1.7	1.4	1.5	1.5	1.8	1.9	1.9	2.0
	検察官請求証人数	0.6	0.5	0.4	0.4	0.8	0.8	1.0	0.9
	弁護人側請求証人数	1.2	1.0	1.2	1.2	1.2	1.2	1.2	1.3
否認	判決件数	3,030	28	518	624	662	632	529	37
	取調べ証人実人数	3.8	2.4	3.3	3.4	4.3	4.1	4.1	4.1
	検察官請求証人数	2.9	1.2	2.3	2.5	3.4	3.1	3.2	2.9
	弁護人側請求証人数	1.3	1.3	1.3	1.2	1.4	1.3	1.3	1.3

(注)　1　刑事局への個別報告による件数建てである。
　　　2　証人の数は，刑事局への個別報告による人員であり，相被告人のみの関係で取り調べた証人を含む。
　　　3　双方請求の場合には，「検察官請求証人数」及び「弁護人側請求証人数」に重複して計上した。
　　　4　「取調証人実人数」には，職権で取り調べた証人を含む。
　　　5　判決件数には少年法５５条による家裁移送決定があったものを含み，裁判員が参加する合議体で審理が行われずに公訴棄却判決があったものを含まない。
　　　6　裁判員法３条１項の除外決定があったものを除く。
　　　7　概数である。

表9 平均評議時間の推移（自白否認別）

		累計	平成21年	平成22年	平成23年	平成24年	平成25年	平成26年	平成27年(1月末)
総数	判決人員	7,338	142	1,506	1,525	1,500	1,387	1,202	76
	平均評議時間(分)	591.9	397.0	504.4	564.1	619.8	630.1	674.9	691.8
自白	判決人員	4,180	114	970	885	806	725	644	36
	平均評議時間(分)	475.8	377.3	438.7	468.4	475.2	498.1	532.2	520.1
否認	判決人員	3,158	28	536	640	694	662	558	40
	平均評議時間(分)	745.7	477.3	623.4	696.3	787.7	774.6	839.6	846.4

(注) 1　刑事通常第一審事件票による実人員である。
　　 2　評議時間には，中間評議に要した時間を含まない。
　　 3　判決人員には少年法55条による家裁移送決定があったものを含み，裁判員が参加する合議体で審理が行われずに公訴棄却判決があったものを含まない。
　　 4　裁判員法3条1項の除外決定があったものを除く。
　　 5　速報値である。

-http://www.saibanin.courts.go/jp/vcms_lf/h27_1_saibaninsokuhou.pdf-

跋　　文

　寺崎 修先生、藤田弘道先生との所縁は、1974年中央大学大学院で初めて日本法制史を担当された利光三津夫先生との値遇に始まる。筆者は、1年間僅か一人の継続的受講生として利光先生の講義に出席した。

　先生の御指導は、駿河台の教室のみならず講義後の喫茶店や時には三田の先生の研究室や中落合の御自宅でなされることもあった。三田での御指導の後は、利光先生を御送りする寺崎先生の運転される車に同乗させて頂く機会もあった。藤田先生は、利光先生と同時期に中央大学法学部で日本法制史を担当され時々聴講させて頂いた。

　利光先生は、資料重視の実証的研究方法を力説され、実定法研究者となった私に所蔵の貴重な資料『刑法改正起草委員會決議條項（刑法各則編第二次整理案）』を提供された。先生の御指導は、利光シューレの様々な研究分野に引継がれ多数の優れた研究成果を齎した。

　寺崎 修先生は、手塚 豊先生のアドバイスのもと最高裁判所図書館に死蔵されていた大審院明治14年12月21日判決の発見等貴重な資料に基づく研究成果を『明治自由党の研究　上巻』及び『明治自由党の研究　下巻』（慶應通信）として公刊されている。先生は、大学人として慶應義塾大学法学部退職後、武蔵野大学学長として女子大学を9学部9大学院研究科の総合大学へ脱皮する牽引者として強力なリーダーシップを発揮されておられる。

　藤田弘道先生は、手塚 豊先生のアドバイスのもと法務図書館所蔵足柄裁判所旧蔵『新律条例』及び国立古文書館等に所蔵されていた資料を駆使して新律綱領や改定律例の編纂過程を考察され『新律綱領・改定律例編纂史』（慶應義塾大学出版会）として公刊されている。先生は、日本法政学会事務局長及び理事長として学会の発展に貢献されるとともに大阪学院大学法学部設立メンバーとして御活躍され学部長の大任を果たされておられる。

　両先生の論文集は、後進の実定法研究者である筆者に常に知的刺激を与え、利光先生から付与された資料に基づく拙著『改正刑法假案成立過程の研究』の推進力ともなった。

　本書は、律令法制を継受する明治初期の刑事法立法過程の研究、制定直後の

集会条例に関する大審院判例の研究をなされた両先生の研究の系譜に連なる実証研究としての裁判員裁判の臨床的研究である。

　寺崎　修先生、藤田弘道先生に慶祝の念をこめ本書を捧呈する由縁であり、40有余年の御指導に改めて深謝申し上げたい。

　　2015年3月19日
　　　　　　小日向の蝸廬の孤小な書斎にて

　　　　　　　　　　　　　　　　　　　　　　林　　弘　正

著者略歴

林　弘正（はやし　ひろまさ）

- 1947年　神奈川県に生れる。
- 1983年　中央大学大学院法学研究科刑事法専攻博士課程後期単位取得満期退学
　　　　以後、中央大学法学部兼任講師、常葉学園富士短期大学教授、清和大学法学部教授、島根大学大学院法務研究科教授を経る。
- 2006年　アライアント国際大学カリフォルニア臨床心理学大学院（Alliant International University/California School of Professional Psychology）臨床心理学研究科修士課程修了・臨床心理学修士（Master of Arts in Clinical Psychology）
- 現　在　武蔵野大学法学部教授、島根大学名誉教授

主著

『改正刑法假案成立過程の研究』（成文堂、2003年）
『児童虐待　その現況と刑事法的介入』（成文堂、初版 2000年、改訂版 2006年）
『児童虐待Ⅱ　問題解決への刑事法的アプローチ』（成文堂、初版 2007年、増補版 2011年）
『相当な理由に基づく違法性の錯誤』（成文堂、2012年）
『法学―法制史家のみた』（共著）（成文堂、初版 1994年、追補版 2010年）
「危険運転致死傷罪についての一考察－最高裁平成23年10月31日決定を契機として－」島大法学55巻4号（2012年）
「非侵襲的出生前遺伝学的検査についての刑事法的一考察」武蔵野大学政治経済研究所年報8号（2014年）
「裁判実務における児童虐待事案の刑事法的一考察」法学新報121巻11＝12号（2015年）

裁判員裁判の臨床的研究

2015年5月16日　初版第1刷発行

著　者　　林　　　弘　正
発行者　　阿　部　成　一

〒162-0041　東京都新宿区早稲田鶴巻町514番地

発行所　株式会社　成　文　堂

電話 03(3203)9201(代) Fax 03(3203)9206
http://www.seibundoh.co.jp

製版・印刷　藤原印刷　　　　製本　弘伸製本
☆乱丁・落丁本はおとりかえいたします☆　検印省略
©2015 H. Hayashi　　Printed in Japan
ISBN978-4-7923-5149-6 C3032
定価（本体8000円＋税）